新时代高职院校评价体系研究

荣长海 主编

天津社会科学院出版社

图书在版编目（CIP）数据

　　新时代高职院校评价体系研究／荣长海主编 . --天
津：天津社会科学院出版社，2021.9
　　ISBN 978-7-5563-0748-7

　　Ⅰ.①新…　Ⅱ.①荣…　Ⅲ.①高等职业教育－教育评
估－体系－研究－中国　Ⅳ.G718.5

　　中国版本图书馆 CIP 数据核字（2021）第 170696 号

新时代高职院校评价体系研究
XINSHIDAI GAOZHI YUANXIAO PINGJIA TIXI YANJIU

出 版 发 行：天津社会科学院出版社
地　　　址：天津市南开区迎水道 7 号
邮　　　编：300191
电话/传真：（022）23360165（总编室）
　　　　　　（022）23075303（发行科）
网　　　址：www. tass-tj. org. cn
印　　　刷：高教社（天津）印务有限公司

开　　　本：787×1092 毫米　1/16
印　　　张：30.5
字　　　数：580 千字
版　　　次：2021 年 9 月第 1 版　2021 年 9 月第 1 次印刷
定　　　价：88.00 元

本书编纂委员会

主　　编：荣长海

副主编：赵丽敏　李维利

编　　委（以姓氏笔画为序）：

于　静　于兰平　于忠武　马忠庚

王　伟　孔维军　刘　斌　刘雁红

李　彦　吴宗保　张丹阳　张兴会

张泽玲　张彦文　张维津　戴裕崴

序 言

职业教育作为与经济社会发展紧密联系的教育类型,其学习地点既有学校,又有企业,这种跨界性决定了职业教育办学的评价问题,不能照搬普通教育的模式。

天津市高等职业技术教育研究会组织十六所高职院校和一个职教研究机构,对新时代高职院校评价进行了深入、全面的研究,通过制定评价体系进行自评和互评,对实际的评价过程加以引导的做法,是落实中共中央、国务院《深化新时代教育评价改革总体方案》(以下简称《总体方案》),响应孙春兰副总理在全国职业教育大会上讲话中提出的"探索符合职业教育特点的评价方法"的积极行动,对推进新时代高职教育发展具有重要意义。这既是一项对评价理论有价值的学术研究,也是一项对职业教育评价具有推进意义的实践。经过矢志不渝的努力,在实践中发现问题并不断完善评价理论,沉甸甸的研究成果令人兴奋。课题组邀请我谈点感想,那我就借此成果出版的机会,向关心和支持我国职业教育的各界人士,简要地推介这部著作。

教育评价,尤其是职业教育的评价,是一件很有难度的工作。这主要是因为职业教育涉及多个相关方,更为关键的是对人的思想和智力进步程度进行评价,是难以做出精准的判断和准确的结论的。但是,教育评价必须做,因为教育评价决定着教育发展的方向,决定着下一步进行教育改革的思路和举措。相对于基础教育和高等教育的评价而言,职业教育的评价目前在我国还是一个薄弱环节,其中高职教育就其全面发展的进程而言,也只有二十余年的时间。因而高职院校基本上一直处于边建设边发展边改进的状态,其评价的实践和理论的探讨都还很不系统。现在,天津市各高职院校共同完成的《新时代高职院校评价体系研究》一书,在高职院校评价领域达到了一个新的高度。

纵观全书,我认为该成果的主要特点,有以下三点:

第一，全面性。这份评价研究成果，共涉及三个方面的评价，一是高职院校综合评价和单项评价19项，包括高职院校办学质量评价、立德树人成效评价、德育评价、思政课程评价、课程思政评价、体育评价、美育评价、劳动教育评价、创新创业教育成效评价、校长专业标准、产教融合实训基地评价、职业教育集团（联盟）评价、产业学院（二级学院）评价、职继协同发展评价、职业培训评价、数字校园评价、国际合作办学评价、学校文化建设评价、职教本科评价；二是教师和教学评价10项，包括师德师风评价、教师教学评价、教师科研评价、教师评聘标准、"双师型"教师认定标准和兼职教师聘用标准、教师绩效评价、辅导员队伍专业化职业化评价、在线开放课程评价、虚拟仿真实训基地评价、职业技能大赛成果应用评价；三是学生评价2项，包括学生学业评价、学生就业质量评价。这些内容几乎涵盖了当前高职院校办学的全部工作。这样一个整体的全面的评价研究成果，在职业教育评价研究领域，应该是首次出现的。

第二，应用性。基于上述全面性，特别是对上述31个方面都分别设置了包含一级指标、二级指标和观测点的评价体系表，其中有些方面还分别设计了学校、教师两种评价体系表，这就使得《总体方案》中提出的评价要求，通过这些详细的指标设计而得到全面、充分的展示和落实。这些观测点，都是可以量化的指标，如教师评聘标准，分别列出一般教师、思政课教师和教育教学研究系列三个职称评审的标准，各高职院校可以直接应用于学校的评审工作。更为可贵的是，相关评价体系既体现了国家政策的要求，又体现了高职教育的特殊性。这种能在实际应用中达到可操作的成果，在职业教育的评价研究中也不多见。

第三，创新性。一是整个研究大纲的设计具有独创性：在该书31个具体项目评价指标之前，专门设有"职业教育评价的研究综述"和"职业教育评价的理论创新和制度设计"两章，就教育评价、职业教育评价、高职院校评价等方面已有的理论成果进行了系统的梳理和综合性评述，由此确立了评价提升的空间和创新的方向；二是评价体系指标内容的创新：这一点在那些很难量化的研究对象中表现得尤为明显，如学校立德树人成效评价、德育评价、职继协同发展评价、学校文化建设评价、师德师风评价、辅导员队伍专业化职业化评价、职业技能大赛成果应用评价等，都形成了定量和可操作的评价指标体系；三是研究组织的创新：这项研究由天津市高等职业技术教育研究会组织推动，各高职院校负责人牵头承担课题，共动员260位校领导和教师参加研究，开题伊始及其过程中，反复听取职教研究专家和各高职院校主要负责人的意见，其中职教研究专家侧重评审相关的理论阐释和理论创新，高职院校主要负责人侧重评审评价标准能否落地的问题,而各校领导又相互评审对方课题,有60余人/次专家和校领导参加评审,这种集体攻关的组织形式有利于形成评价的共识,是评价组织创新性的具体体现。

当前,面临世界百年之未有大变局,职业教育如何把握新发展阶段、贯彻新发展理念、构建新发展格局,为我国实现第二个百年的伟大目标做出自己的贡献,既是一项重大的使命,也是一个重大的课题。全国职业教育大会的召开,标志我国职业教育进入一个快速发展的新时期,对职业教育评价也提出了更高的要求。毫无疑问,这部著作所涉及的评价内容及相应的评价标准,也必将与时俱进。我的推荐,也是我的期待,意在呼唤同行们行动起来,加快教育评价的理论研究与实践进程,共同夯实职业教育的类型发展基础,同心协力推动高职院校的高质量前行。

是为序。

姜大源*
2021 年 10 月 20 日

---

* 姜大源研究员系我国著名职业教育研究专家,曾任教育部职业技术教育中心研究所所长助理、《中国职业技术教育》杂志总编辑,现任中国职业技术教育学会常务理事、学术委员会委员、教学工作委员会副主任兼课程理论与开发研究中心主任。

目 录

第一部分 基本理论研究

第二部分 学校综合和单项评价

第三部分　教师和教学评价

第四部分　学生评价

第一部分

基本理论研究

第一章 职业教育评价的研究综述

一、研究意义和研究思路

职业教育评价事关职业教育发展方向。新时代职业教育评价改革研究,必须以习近平总书记关于职业教育的重要论述为指导,认真贯彻落实中共中央国务院2020年10月印发的《深化新时代教育评价改革总体方案》的基本精神,从构建"高质量教育体系"的总体要求出发,把握职业教育评价的科学方法,应用教育评价的最新技术,助推职业教育的健康发展。

本书以研究新时代高职院校评价体系为中心任务,首先对已有的职业教育、职业院校评价研究成果进行系统的梳理和总结,在此基础上全面推出新时代高职院校评价体系。新时代高职院校的办学定位、培养方式、专业建设、师资队伍建设、"三教"改革、产教融合校企合作、信息化和国际化建设、学校现代治理,等等,都是本书所研究的评价体系所要涵盖的内容。但在研究上述各个方面的具体内容时,必须选择相应有效的理论依据、方法和政策依据,其中政策依据是最为直接的研究依据,因为本书的研究成果即各个方面的评价体系,必须能够用于当下高职院校的评价实践。

二、国内关于职业教育评价的研究现状

(一)关于新时代教育评价方法走向的研究

在理论研究方面,靳玉乐等强调新时代中国特色社会主义教育思想必定有新内容、新含义、新发展,在教育系统的思想指导方面,新的教育指导思想带来的

3

是教育评价领域在新时代中国特色社会主义的指导下的新目标与新挑战。[①] 朱成晨等从教育技术领域出发,将智慧评价纳入教育评价参考系,认为教育评价的现代化与专业化以信息技术为支撑,信息技术助推是第一位的,教育评价智能化将使教育评价走向智慧评价。[②] 程慧芳将教育评价方式与民主开放问题联系起来,提出大数据时代使教育评价呈现出时空开放、程序民主与主体多元的专业化样态。[③] 张志勇认为教育评价作为教育质量提升的指挥棒,将在新时代教育发展中发挥重要作用。[④] 杨现民等从新时代条件下的大数据视野,审视教育评价与信息技术的关系,认为教育评价伴随着现代教育与信息技术的发展而不断发展,大数据技术的发展开启教育信息化新篇章。[⑤] 刘尧认为,人民群众对高质量教育的需要是新时代教育评价需要关注的重要内容,同教育质量提升的新矛盾一样,构成教育领域社会主要矛盾的一个方面,因此需要从提升质量上关注教育评价。[⑥] 高山艳提出新技术引领教育评价现代化的发展进程,使现代教育评价能在全面、全员、全方位上得到更多体现。[⑦]

(二)关于高职院校评价指标的理论研究

近年来,研究者们对高职院校的评价较为关注,结合职业院校发展实际开展研究并取得了大量关于高职院校评价指标的研究成果。

在高职院校评价指标方面:荣长海、高文杰等通过分析高职院校质量互动机制,构建了社会声望、办学成效、人才培养、社会服务、基础建设和国际合作6项一级指标、17项二级指标、51项三级指标组成的高职院校评价指标体系框架,将高职院校评价指标设定集中在人才培养、社会服务等指标的考察与分解层面。[⑧] 杨建新等通过分析高职院校内涵式发展的需求,构建了由师资队伍建设、学校愿景规划、教学模式改革、学校文化建设、学生职业素质养成、专业建设6项一级指

① 靳玉乐,张铭凯.努力探索新时代中国特色社会主义教育思想体系[J].西南大学学报(社会科学版),2018,44(01):5-11.

② 朱成晨,闫广芬.现代化与专业化:大数据时代教育评价的新技术推进逻辑[J].清华大学教育研究,2018,39(05):75-80.

③ 程慧芳.大数据与教育评价的变革[J].海峡科技与产业,2017(03):170-171.

④ 张志勇.改革八个教育评价指挥棒的政策建议[J].人民教育,2019(05):37-41.

⑤ 杨现民,唐斯斯,李冀红.发展教育大数据:内涵、价值和挑战[J].现代远程教育研究,2016(01):50-61.

⑥ 刘尧.开创提升质量的教育评价新时代[J].教育测量与评价,2018(06):1.

⑦ 高山艳.新时代教育督导队伍专业化:诉求、问题与对策[J].当代教育科学,2018(11):74-79.

⑧ 荣长海,高文杰,冯勇,赵丽敏.关于高职院校教育质量及其评估指标体系的研究[J].天津师范大学学报(社会科学版),2016(03):40-47+75.

标、25 项二级指标、80 项三级指标组成的高职院校评价指标体系。此外,杨公安、白旭东等人专门就职业教育质量评价标准逻辑模型与体系建构,设计了包括 7 个类别、19 个项目、27 个领域、93 个关键点在内的新时代职业教育质量评价标准体系,主张以标准建设促进职业教育质量的提升。①

在高职院校的评价内涵与目的方面,樊明成认为,高职院校评价内涵是动态变化的,其终极内涵是评选出引领地方经济社会发展的高职院校。② 董刚等指出,内涵式发展是我国高职院校深化改革与发展的根本途径,应注重把目标性、适应性、兼容性和系统性作为构建原则,并基于内涵式发展要求构建高职院校内涵式发展质量评价体系。③

在高职院校评价对象研究方面,有的研究聚焦办学性质,有的以办学特色划分,有的以建设计划划分,如以公办、民办等办学性质和以示范骨干等建设计划,或者以综合、理工等办学特色展开研究。任丽君以民办高职院校为对象展开评价研究。④ 王昆欣等探讨了旅游高职院校的发展特点,并提出了适合旅游类高职院校发展的评价指标体系。⑤

在高职院校评价视角和方法方面,已有研究主要集中于内涵式发展、产教融合、可持续发展能力、人工智能、国际化视阈等研究视角。曹靖等基于"地校合作"视角建立了考察和评价高职院校办学质量与水平的评价指标体系。⑥ 何碧漪、李青海从人工智能视角出发,对职业教育人才培养质量评价体系展开研究,提出应从新时代人才培养特征的新样态出发,重点探析人才培养质量评价体系和标准的重要性和行动策略。⑦ 吴林璠、徐远火从产教融合视域出发,开展职业教育质量第三方评价研究,提出新时期开展职业教育质量第三方评价已经具备一定的制度、理论和条件基础,但在具体实施中,必须明确其逻辑依归,即"管办

---

① 杨公安,白旭东,韦鹏.职业教育质量评价标准逻辑模型与体系建构[J].中国职业技术教育,2019(20):78 - 85.

② 樊明成.一流高职院校的基本内涵探析[J].重庆高教研究,2014,2(06):59 - 62.

③ 董刚,杨理连,张强.高职院校内涵式发展质量评价体系的构建[J].高等工程教育研究,2013(05):113 - 117.

④ 任丽君.民办高职院校评价指标体系研究[J].职教论坛,2016(22):47 - 51.

⑤ 王昆欣,汪亚明,王方.旅游高职院校核心专业竞争力评价指标体系及排名研究[J].中国高教研究,2016(05):106 - 110.

⑥ 曹靖,方娇.高职院校办学质量评价体系的构建——基于"地校合作"的视角[J].职教通讯,2016(07):8 - 12.

⑦ 何碧漪,李青海.人工智能时代职业教育人才培养质量评价体系刍议[J].河北职业教育,2021,5(01):23 - 26.

评"分离的现实逻辑,产教融合全面深化的实践逻辑,教育链、人才链与产业链、创新链有机衔接的价值逻辑,在此基础上构建统筹机制、参与机制、对话机制以及评价机制。[①] 陈娇等以国际化视阈为审视范畴,认为职业教育第三方评价组织的培育研究亟待引起重视,有必要做好第三方评价组织国际化的战略规划和顶层设计,完善第三方评价组织的相关法律法规,培育有利于第三方评价机构发展的市场,形成第三方专业评价机构的国际特色,以促进第三方评价组织机构的国际化。[②]

(三)关于高职评价的政策与实践研究

大体上看,关于高职院校的评价还是进入新世纪之后的研究内容,毕竟高职院校基本上是 21 世纪初才陆续建立起来的。但教育评价在改革开放之后即已陆续展开,这些研究对 21 世纪以来的高职教育、高职院校研究具有启示和传承意义。因此,探寻改革开放以来教育评价研究的规律,必须梳理相关研究线索。

1985 年 5 月颁布的《中共中央关于教育体制改革的决定》中,首次使用了"高等学校办学水平评估"一词,提出在深化高等教育体制改革的过程中开展高等院校评估的要求。在 1990 年《普通高等学校教育评估暂行规定》、1993 年《中国教育改革和发展纲要》、1995 年《中华人民共和国教育法》等具有法律效力的政策文本中,均提出建立包括合格评估、水平评估、选优评估的教育评价体系和质量标准,1996 年颁布的《中华人民共和国职业教育法》明确提出县级以上人民政府要发挥其统筹协调和督导评估的作用,加强对本行政区域内职业教育的领导,为教育评价的展开提供了法律依据。而在具体涉及职业教育的政策文本中,《中共中央国务院关于深化教育改革全面推进素质教育的决定》《国务院关于大力推进职业教育改革和发展的决定》《教育部关于加强高职高专教育人才培养工作的意见》《教育部高等职业学校设置标准(暂行)》《国家中长期教育改革和发展规划纲要(2010—2020 年)》等政策文件更加突出职业教育,特别是高等职业教育评价的具体性问题,中国职业技术教育学会课题组的于志晶等研究团队在《"十二五"以来我国职业教育重大政策举措评估报告》一文中,从多种视角和国家经济社会发展的具体需求出发,论述了不同政策文本视域下国家关于职业教育评价的组织机构、框架体系、标准制定、方法改进和国际合作等问题,为新时

---

① 吴林璠,徐远火.产教融合视域下职业教育质量第三方评价研究[J].教育与职业,2021(06):19-26.

② 陈娇,罗汝珍.国际化视阈下职业教育第三方评价组织的培育研究[J].广东行政学院学报,2020,32(04):93-96.

代职业教育评价的政策文本梳理提供了研究参考。①

党的十八大以来,随着全面深化改革和国家治理现代化的推进,高职院校的评价进入更高境界。2013 年,党的十八届三中全会通过的《中共中央关于全面深化改革若干重大问题的决定》明确提出"深入推进管办评分离"。这里特别提出了第三方评价引入的问题,使高职院校的评价进入新的发展阶段。2014 年,《国务院关于加快发展现代职业教育的决定》中指出,"完善职业教育质量评价制度,定期开展职业院校办学水平和专业教学情况评估"。2015 年教育部《高等职业教育创新发展行动计划(2015—2018 年)》印发,提出将支持地方建设 200所左右的办学定位准确、专业特色鲜明、社会服务能力强、综合办学水平领先、与地方经济社会发展需要契合度高、行业优势突出的优质专科高等职业院校。2015 年,教育部出台《关于深入推进教育管办评分离促进政府职能转变的若干意见》,强调构建"第三方"教育评估价制度。2018 年全国教育大会上,习近平总书记强调要从教育体制改革全局出发,以教育评价为重要抓手,扭转不科学的教育评价导向,从根本上解决教育评价指挥棒问题。2019 年国务院印发《国家职业教育改革实施方案》,计划到 2022 年建设 50 所高水平高等职业学校和 150 个骨干专业(群)。2019 年底,教育部、财政部共同公布了第一轮中国特色高水平高职学校和专业建设计划建设单位名单。这些举措都旨在强调建立职业教育质量评价体系,重在抓住以学习者的职业道德、技术技能水平和就业质量,以及产教融合、校企合作水平为核心这一根本路径,为新时代高职院校评价指明了方向、提出了新要求。

在有关职业教育评价指标体系的地方性制度规范建设工作中,广东、上海和江苏的经验做法比较突出。在《广东省县域教育现代化指标体系及评估方案(试行)》中,共包含 3 个一级指标,分别是教育现代化保障、教育现代化实践和教育现代化成就;二级指标 14 个,主要观测点 43 个。这套指标体系由广东省在2008 年发行,它大体建立在 CIPP 评估模式基础之上,其中教育现代化保障指的是投入,教育现代化实践对应过程,教育现代化成就主要针对产出,体现了 CIPP评估模式的四个方面。上海市早在 2004 年就表示,到 2010 年在全市各个区域基本完成教育现代化建设,达到现代化水平。上海市教委在 2009 年公布出台了《上海市 2010 年教育现代化指标体系》,这一指标体系建立的依据是国际通行

① 中国职业技术教育学会课题组,于志晶,刘海,程宇,张祺午,孟凡华,李玉静,周晶,房巍."十二五"以来我国职业教育重大政策举措评估报告[J].职业技术教育,2017,38(12):10 – 32.

体系的内容和主旨,一级指标包含 28 项,其中有 14 项量化指标,如 2010 年高校毕业生初次就业率达 85% 以及财政性教育经费占 GDP 比例达 4% 等。这项指标体系的确立对全市教育起到了引导、监控和评价的作用。江苏作为全国首家启动县域教育现代化建设和评估的省份,它在 2007 年公布了《江苏省县(市、区)教育现代化建设主要指标》之后,2013 年初,江苏省 94 个县(市、区)顺利通过建设水平评估和验收,几乎所有县(市、区)实现了教育现代化,达到了教育现代化的水平。在《江苏省中长期教育改革和发展规划纲要(2010—2020 年)》的要求基础上,江苏省组织制定了《江苏教育现代化指标体系》,该指标体系共有一级指标 8 项、二级指标 16 项、检测点 46 个。其中,检测点的内涵和目标值从教育的普及度、公平度、质量度、开放度、保障度、统筹度、贡献度和满意度八大方面进行说明,旨在加快实现《江苏省中长期教育改革和发展规划纲要(2010—2020 年)》中要求的 2020 年实现教育现代化的目标,有力推动了江苏基本实现现代化的进程。

以上政策文件和制度规范的陆续密集出台,表明职业教育评价工作的理论创新和实践经验已经达到一个新的水平。但从另一方面也要看到,尽管政策文件的密集出台解决了高职院校评价"有法可依"的问题,但在实践层面来讲,我国高职院校评价的主体、方式、途径、技术、监测、指标体系构建尚在逐渐明晰完善的过程中,相关工作目前还处于发展阶段。例如,从国家层面还没有设立专门的职业教育评价中心,评价机构有的设立在综合教育研究机构,有的在高等教育评估中心内部设置,如政府评价机构方面的教育部学位与研究生教育发展中心、中国高等教育教学中心和教育部职业教育中心研究所,等等,专门的具有权威影响力的职业教育评价体系建立尚需进一步健全完善。

三、国外关于职业教育评价的研究现状

美国国家联邦层面,职业教育评价主要关注的是组织结构、学生入学与群体特征、教育质量改进措施等,对教育实施过程的合法性、结果与产出等因素的考察也较为关注;州层面评价的指标,关注学校办学的硬件与软件两方面的资源投入与建设,不仅考虑教育的质量和效率,同时也注重结果的公平和均衡;不仅关照学生参与度,同时也关注雇主的满意度;在强调职业教育项目质量的同时,也重视学术与通用课程的质量;在院校具体层面,院校自身评价通过系列活动对教育教学质量进行考察与整改。为了便于职教评价工作的开展,美国联邦教育部成立的"教育指标专门研究小组"(SSPEI)将焦点集中在教育政策问题层面,由此建构出教育指标的分析领域:学习结果、教育机构质量、社会对学习的支持、教育与经济生产力、公平性等。

英国高等职业教育主要由多科技术学院(polytechnic)承担,外部评价主要集中在英国高等职业教育评价体系,此外,英国职业教育质量保障体系也是国家层面职教评价机制一个重要组成。在机构设置上,英国高等教育质量保障署(QAA)负责制定并推广外部评价的主要步骤与评价标准。QAA 等机构会指派专门评价人员,采用实际工作中的任务操作、指定作业等形式进行评价。

德国高等职业教育主要由应用技术大学与双元制大学承担。德国高等职业院校的评价标准,在教育法管辖范围,主要通过联邦各州制定的相关职业教育质量框架来实施。德国非常重视职业教育发展各阶段的质量管理系统,强调其建设的基础性和质量开发过程的持续性,因此,职教评价的机制设计能够覆盖和涉及教育过程质量和教育的绩效质量。德国高等职业教育评价体系主要包含三方面:外部评价是社会中介组织负责,他们通过各州教育法律来制定相应的质量标准,从而完成对职业教育院校评价;在具体评价方面注重质量分析,这个过程要根据质量设定,完成对各项要素和结果的有效性分析,由此判别个体职业院校在人才培养质量水平方面是否符合国家标准;第三个方面集中在学校审查上,作为外部评价的补充形式,联邦各州的现场巡查及所形成的职业教育评价报告,构成其主要实现形式,职业院校将根据该评价报告完成相关改进举措和目标制定。①

通过阅读分析国内外相关的文献,可以发现国内外教育评价研究发展至今已经取得了丰富成果,特别是在高等教育评价方面形成了完整的理论体系。但相对高等本科教育而言,国内外高等职业院校评价工作都略显不足,这在很大程度上为本课题的开展留下了较大的研究空间。尽管目前国内外发表了多个高校评价或排行,但以高等职业院校(社区学院、多科技术学院、应用技术大学)为评价主体的评价活动还较少。我国为数不多的高职院校评价指标体系多被纳入高等教育序列,基本上是按照本科院校标准进行,并未体现出能够代表和反映高职教育特色的评价标准,这在国外职业教育和职业院校的评价体系中同样存在类似问题。进一步分析国外职教评价的有关文献可知,在关于国外职业教育监测与评价研究方面,美国学者斯塔弗尔比姆提出的决策导向型模式——CIPP 模式主张从背景、投入、过程及产出四个维度开展统计描述,其全程性、过程性和反馈性的特点非常适用于我国职业教育发展质量的评估与监测。反观当代国内职教评价研究现状,虽然关于职业教育的相关研究成果丰硕,但是关于新时代教育评

---

① 谢武.我国高等职业院校综合实力评价指标体系构建研究[D].湖北工业大学.2020.11.

价,尤其是新时代背景下的高等职业教育、高职院校的评价研究尚为数不多,以新时代职业教育评价的标准体系为研究视角的研究更为匮乏。

四、国内外研究述评

总体来看,相关职业教育评价学术研究中,有的以总结性评价为主,但发展性评价不足。虽然总结性的评价监测对职教目标的实现具有推动效用,但未能把评价作为促进学生、教师和学校发展的重要手段,其不可避免地存在局限性,容易出现忽视评价对象特殊性、发展性和"一刀切"的问题。

有的研究侧重于评价主体,以政府评价为主,但多元性评价不足。这些职业教育评价的组织和实施主体都是各级教育行政部门或人社部门。随着"管办评分离"的深入推进,政府职能逐渐转变,职业教育评价开始引入多元的评价主体。例如,天津市职业教育最显著的特征是"行业办学",但由于不少职业院校的主管企业行业实行转制混改,行业优势和特色逐渐消退甚至消失,其相关的评价主体面临着难以明确的困境。再如,国务院教育督导委员会办公室于 2016 年开始启动的三次全国职业院校评估工作,均以委托第三方专业评价机构组织实施的形式来开展,这一举措促进了职业教育第三方评价的发展。然而,虽然职业教育评价主体的多元性开始受到关注,但利益相关者仍然缺位,学校、教师、学生、行业企业在相应的评价中话语权仍然较低,评价多元性彰显不足,职业教育第三方评价的功能还未能充分发挥。

有的研究侧重于评价机制研究,以形式化评价为主,但实质性评价不足。出现这种现象的原因在于职业教育的评价机制"重形式、轻实质"。教育评价中的实质性评价要求所有指标的制定都必须直接体现评价对象本身的特征和要求。从这个目标来看,我国职业教育评价基本上都是表格化和书面化的形式呈现,表现为以形式化评价为主,将各种如升学率、就业率等概率问题视为对学生综合职业素养的评价指标,并在此基础上设定出评价标准和指标体系,这一举措容易造成职业院校对于指标性、数据性收集的片面化追求,而对于指标数据背后的职教质量的内涵性认识不足。

有的研究侧重于评价手段,以传统评价为主,但现代化评价不足。从以往历次开展职业院校层面的教育评价来看,多数评价活动都是以专家组进驻形式开展,包括对院校提供的基础材料进行评审,辅助以实地考察、随机访谈和现场评价等,在学生层面重纸笔测试、问卷调查等考核活动,教师层面重理论考试,对专业教学的实践能力考察存在不足,这些评价手段虽然在技术层面有较大程度的革新和改进,但并没有真正体现出职业教育评价的动态性、智慧性和现代性。

五、关于已有相关研究成果的综合判断

综合国内外关于职业教育、高职院校评价的研究成果分析,可以得出以下基本判断:

一是要明确职业教育评价的特色导向。教育的根本目的是育人,教育评价必须围绕"学生中心"的理念和价值追求开展,按照立德树人的根本任务和育人导向,坚持把立德树人的成效作为开展和检验职业教育评价工作的根本标准,形成高度关注育人机制的评价导向,从而确保职业教育评价、改革和发展的正确方向。此外,职业教育评价还须关注立德树人评价机制的构建,在做到"五育"并举的基本要求下,完成综合育人机制建设,不断夯实立德树人根本任务的落实基础。同时,职业教育评价还须坚持问题导向与目标导向,在评价方法和理念上既融通、借鉴国际先进职业教育评价的原则、方法和技术,又扎根中国大地,破立并举,坚持中国特色,从党中央关心、群众关切、社会关注的问题入手,推进职业教育评价关键领域改革取得实质性突破。

二是要健全职业教育评价的标准体系。如前所述,所谓教育评价的指挥棒,一定意义上就是指评价标准的导向性,评价标准导向是什么、指向是什么,职业教育就往哪个方向发展。这个工作开展过程中,要始终防止评价体系因"五唯"而陷入评价标准的窄化、矮化。坚决克服唯分数、唯升学、唯文凭、唯论文、唯帽子,抓住职业教育评价标准的过度单一化、简单化这个根源性问题,破除的是"唯"的思维与方法和影响全面评价、公正评价、客观评价的外在因素。做到严格遵循职业教育发展规律,建立要素健全、重点突出、逻辑清晰、定性定量并重的新时代职业教育评价标准体系。另外,职业教育评价体系的制定,还应防止因问题意识淡薄而导致评价标准泛化。要针对不同职业院校和评价主体、不同类型专业教育的特点特色,进行评价指标体系的分类设计、合理布局,着力解决职业院校立德树人体制机制构建中的薄弱环节,更好地将职业教育评价指标的引领性、导向性、激励性作用发挥出来。

三是要抓住职业教育评价的有效路径方法。科学、客观、有效的评价方法是教育评价改革的重要组成部分,评价路径与方法的选择,直接关系到评价目标的达成。应按照《深化新时代教育评价改革总体方案》要求,将"改进结果评价,强化过程评价,探索增值评价,健全综合评价"作为落实科学评价方法的重要指针,坚持统筹兼顾和综合施策,重视职业教育的育人过程和育人结果,尊重评价主体、内容、方法的多元性,从有利于促进学生德智体美劳全面发展的角度出发,推动内部与外部质量保障体系形成良性互动,注重发挥专业机构特别是第三方评价机构的作用,培育第三方评价机构和专业评价人员,委托第三方专业机构和社会组织在政府制定的评价框架内独立开展教育评价。

四是要大力探索和使用职业教育评价的新技术。新时代教育评价须充分利用大数据、互联网、云计算以及新媒体信息技术,提高职业教育评价指标设定的科学性、专业性和客观性。一方面,要利用人工智能和数据化的现代信息技术,挖掘已有的各类数据库资源,如职教教育质量监测数据平台、学生综合素质评价系统、国家统一的学籍库等数据,探索不同专业特色、院校特色的全过程纵向评价,注重德智体美劳全要素的横向评价;另一方面,要创新评价工具,针对职业院校和职业教育特点,开展评价技术研发和专项管理系统研制,促进信息技术与评估方式方法深度融合。

六、本书的创新方向和范围

本书研究"新时代高职院校"的评价问题,贯彻落实中共中央国务院发出的《深化新时代教育评价改革总体方案》的基本要求和2021年4月全国职业教育大会精神。在前一文件中,对新时代教育评价的内容和方法做出了明确规定;在后一大会上,发布了习近平总书记对职业教育的最新指示,孙春兰副总理在讲话中明确提出要"探索符合职业教育特点的评价方法"。这是本书研究高职院校评价体系的基本方向和理论、政策依据。以此为界,本文前面梳理的相关研究成果都是在上述文件和大会之前的成果。

根据上述分析和思考,对本书研究的范围进行如下界定:一是"新时代"。进入新时代以来,习近平总书记两次对职业教育发展做出重要指示,对职业教育改革实施提出具体方案,各方面为贯彻落实这些精神制定了一系列文件,所有这些都必须把它们看作一个整体,特别是看作本书所探讨的高职院校评价体系的理论基础和政策依据。从这个意义上讲,本书的成果将充分体现"新时代"的特点和要求,有明显的创新之处。二是"高职院校"。本书并不对区域职业教育进行整体评价研究,也不笼统地研究职业院校评价问题,而只研究高职院校的评价,特别是以天津市高职院校实践发展为主要现实依据,研究成果直接为天津市高职院校服务。这种专门研究高职院校评价体系的成果以前很少见到,即使有过也没有体现"新时代"的特点,这也是一个创新之处。三是"高职院校内部的全面评价"。本书对高职院校的评价是全方位的,从学校整体综合评价到各个具体工作方面的单项评价,从教师评价到学生评价,一共选取31个评价对象,其全面性也是"新时代"之前所没见过的,自然也有明显的创新性。

(本课题的承担单位为天津市三方现代职业教育发展研究院,课题主持人和完成人为李墨。)

第二章　职业教育评价的理论创新和制度设计

一、新时代教育评价改革的根本指针

2020 年 10 月 13 日,中共中央、国务院印发了《深化新时代教育评价改革总体方案》(本章以下简称《总体方案》),为构建符合中国实际、具有世界水平的教育评价体系提出了纲领性方案。无论在理论层面还是实践层面,《总体方案》都具有显著的创新,对开辟教育评价新格局具有极为重要的引领作用。可以说,《总体方案》是新时代教育评价改革的根本指针。本书研究"新时代高职院校评价体系",必须全面贯彻落实《总体方案》的具体要求。

(一)《总体方案》出台的背景、过程和意义

习近平总书记高度重视教育评价改革问题,曾对此做出一系列重要指示批示。他在 2018 年 9 月 10 日全国教育大会上,对教育评价问题进行了集中论述,明确提出健全立德树人落实机制,扭转不科学的教育评价导向,强调有什么样的评价指挥棒,就有什么样的办学导向;要坚决克服唯分数、唯升学、唯文凭、唯论文、唯帽子的顽瘴痼疾,从根本上解决教育评价指挥棒问题,扭转教育功利化倾向;对学校、教师、学生、教育工作的评价体系要改,坚决改变简单以考分排名评老师、以考试成绩评学生、以升学率评学校的导向和做法;国家机关、事业单位、国有企业要率先破除唯名校、唯学历是举的导向,建立以品德和能力为导向的人才使用机制,给全社会带个好头,担起育人的社会责任。2020 年 9 月 22 日,习近平总书记在教育文化卫生体育领域专家代表座谈会上强调,要抓好深化新时代教育评价改革总体方案出台和落实落地,构建符合中国实际、具有世界水平的评价体系。习近平总书记的这些重要指示和讲话,为深化新时代教育评价改革指

明了前进方向,提供了根本遵循。

为深入贯彻落实习近平总书记关于教育的重要论述和全国教育大会精神,教育部把深化教育评价改革作为重点攻坚任务,作为"龙头之战""最硬的一仗",成立专门工作组,切实加强对这项工作的组织研究和统筹协调。一是深入学习中央精神。以习近平新时代中国特色社会主义思想为指导,全面贯彻党的十九大和十九届二中、三中、四中全会精神,深入学习领会习近平总书记关于教育的重要论述和全国教育大会精神,始终把握教育评价改革的正确方向。二是开展全面系统调研。深入开展文献研究,分类开展专题研究,深度访谈专家学者,扎实开展实地调研,广泛听取各级教育行政管理人员、各级各类学校负责人、师生代表、有关专家和用人单位意见建议。三是广泛征求各方意见。文稿形成后,通过书面和座谈会等多种方式,征求有关部委、地方教育部门、各级各类学校代表和部分人大代表、政协委员、民主党派成员、国家教育咨询委员意见建议。四是认真研究论证完善。文件起草过程中,同步就教育评价改革的重要政策点开展论证,对各方意见建议逐一研究分析,不断修改完善文本,形成《总体方案》。

2020年6月30日,习近平总书记主持召开中央全面深化改革委员会第十四次会议,审议通过了《总体方案》,决定由中共中央、国务院印发。这是中华人民共和国第一个关于教育评价系统性改革的文件。《总体方案》的出台实施,对于全面贯彻党的教育方针,完善立德树人体制机制,破除"五唯"顽瘴痼疾,引导全党、全社会树立科学的教育发展观、人才成长观、选人用人观具有重大意义,必将有利于推动构建服务全民终身学习的教育体系,培养担当民族复兴大任的时代新人,培养德智体美劳全面发展的社会主义建设者和接班人,加快推进教育现代化、建设教育强国、办好人民满意的教育。

(二)《总体方案》的基本定位

教育评价改革是一项世界性、历史性、实践性难题,涉及历史文化传统、经济社会发展水平、思想观念等多重因素,涉及不同利益主体,牵一发而动全身,必须以攻坚克难的勇气、久久为功的韧劲,进行系统设计、辩证施治、重点突破。

《总体方案》的基本定位和考虑是:坚持以立德树人为主线,以破"五唯"为导向,以五类主体为抓手,着力做到政策系统集成、举措破立结合、改革协同推进。

以立德树人为主线,就是着眼于全面贯彻党的教育方针,牢记为党育人、为国育才使命,把落实立德树人根本任务,培养德智体美劳全面发展的社会主义建设者和接班人作为主线,贯穿于教育评价改革各项任务始终,引导确立科学的育人目标,确保教育正确发展方向,坚定不移走中国特色社会主义教育发展道路。

以破"五唯"为导向,就是从党中央关心、群众关切、社会关注的问题入手,紧扣破除"唯分数、唯升学、唯文凭、唯论文、唯帽子"的顽瘴痼疾,立足基本国情,坚持积极、稳慎、务实,改进结果评价,强化过程评价,探索增值评价,健全综合评价,既大力破除不科学、不合理的教育评价做法和导向,又着力建立科学的、符合时代要求的教育评价制度和机制。

以五类主体为抓手,就是立足全局,坚持整体谋划、系统推进,针对党委和政府、学校、教师、学生、社会不同主体,充分考虑基础教育、职业教育、高等教育不同教育领域和大中小幼不同学段特点,分类分层研究教育评价改革思路、提出改革措施、明确实施路径,增强改革的系统性、整体性、协同性。

(三)深化新时代教育评价改革的目标和重点任务

《总体方案》充分考虑教育评价改革的艰巨性、长期性,着眼于与中国教育现代化总体进程相适应,分两个阶段提出深化新时代教育评价改革的目标。第一阶段:经过五至十年努力,各级党委和政府科学履行职责水平明显提高,各级各类学校立德树人落实机制更加完善,引导教师潜心育人的评价制度更加健全,促进学生全面发展的评价办法更加多元,社会选人用人方式更加科学。第二阶段:到 2035 年,基本形成富有时代特征、彰显中国特色、体现世界水平的教育评价体系。

《总体方案》围绕党委和政府、学校、教师、学生、社会五类主体,坚持破立结合,重点设计了五个方面二十二项改革任务。一是改革党委和政府教育工作评价。"破"的是短视行为和功利化倾向,"立"的是科学履行职责的体制机制,相应提出完善党对教育工作全面领导的体制机制、完善政府履行教育职责评价、坚决纠正片面追求升学率倾向三项任务。二是改革学校评价。"破"的是重分数、轻素质等片面办学行为,"立"的是立德树人落实机制,相应提出坚持把立德树人成效作为根本标准、完善幼儿园评价、改进中小学校评价、健全职业学校评价、改进高等学校评价五项任务。三是改革教师评价。"破"的是重科研轻教学、重教书轻育人等行为,"立"的是潜心教学、全心育人的制度要求,相应提出坚持把师德师风作为第一标准、突出教育教学实绩、强化一线学生工作、改进高校教师科研评价、推进人才称号回归学术性荣誉性五项任务。四是改革学生评价。"破"的是以分数给学生贴标签的不科学做法,"立"的是德智体美劳全面发展的育人要求,相应提出树立科学成才观念、完善德育评价、强化体育评价、改进美育评价、加强劳动教育评价、严格学业标准、深化考试招生制度改革七项任务。五是改革用人评价。"破"的是文凭学历至上等不合理用人观,"立"的是以品德和能力为导向的人才使用机制,相应提出树立正确用人导向、促进人岗相适两项任务。

(四)改进评价标准和内容,引导各级各类学校认真落实立德树人根本任务

立德树人成效是检验学校一切工作的根本标准。为引导各级各类学校落实立德树人根本任务,切实推动把立德树人贯穿基础教育、职业教育、高等教育各领域,《总体方案》提出:坚持把立德树人成效作为根本标准,加快完善各级各类学校评价标准,将落实党的全面领导、坚持正确办学方向、加强和改进学校党的建设以及党建带团建队建、做好思想政治工作和意识形态工作、依法治校办学、维护安全稳定作为评价学校及其领导人员、管理人员的重要内容,健全学校内部质量保障制度,坚决克服重智育轻德育、重分数轻素质等片面办学行为,促进学生身心健康、全面发展。

(五)通过改革教师评价,引导教师更好履行教书育人职责

教师是立教之本、兴教之源,教书育人是教师的第一职责。为更好地引导广大教师履行职责,《总体方案》设计了一系列改革任务。

第一,坚持把师德师风作为第一标准。一是坚决克服重科研轻教学、重教书轻育人等现象,把师德表现作为教师资格定期注册、业绩考核、职称评聘、评优奖励首要要求,强化教师思想政治素质考察,推动师德师风建设常态化、长效化。二是健全教师荣誉制度,发挥典型示范引领作用。三是全面落实新时代幼儿园、中小学、高校教师职业行为准则,建立师德失范行为通报警示制度。四是对出现严重师德师风问题的教师,探索实施教育全行业禁入制度。

第二,突出教育教学实绩。特别强调把认真履行教育教学职责作为评价教师的基本要求,引导教师上好每一节课、关爱每一个学生。在职业学校教师评价方面,提出健全"双师型"教师认定、聘用、考核等评价标准,突出实践技能水平和专业教学能力。在高校教师评价方面,提出不得将国(境)外学习经历作为教师聘用和职称评聘的限制性条件;落实教授上课制度,对未达到要求的给予年度或聘期考核不合格处理。在教师工作量核定方面,提出把参与教研活动,编写教材、案例,指导学生毕业设计、就业、创新创业、社会实践、社团活动、竞赛展演等情况计入工作量。在平台建设和激励机制方面,提出支持建设高质量教学研究类学术期刊,鼓励高校学报向教学研究倾斜;完善教材质量监控和评价机制,实施教材建设国家奖励制度;完善国家教学成果奖评选制度等措施。

第三,强化一线学生工作。各级各类学校要明确领导干部和教师参与学生工作的具体要求。完善学校党政管理干部选拔任用机制,原则上应有思政课教师、辅导员或班主任等学生工作经历。高校青年教师晋升高一级职称,至少须有一年担任辅导员、班主任等学生工作经历。

(六)改进高校教师科研评价,克服"唯论文"等问题

高校教师是科研队伍的重要组成部分,教师科研评价对于激发教师创造力、提升学术和社会贡献水平具有重要意义。当前,"唯论文""重数量、轻质量"等倾向在高校科研评价工作中还比较突出,不利于提高高校教师科研水平。为引导树立科研评价的质量和贡献导向,加快破除"唯论文"等突出问题,《总体方案》在改进高校教师科研评价和高等学校评价中分别进行了政策设计。

第一,突出质量导向。教师科研评价重点在于学术贡献、社会贡献以及支撑人才培养情况,不得将论文数、项目数、课题经费等科研量化指标与绩效工资分配、奖励挂钩。

第二,实施分类评价。根据不同学科、不同岗位特点,坚持分类评价,推行代表性成果评价,探索长周期评价,完善同行专家评议机制,注重个人评价与团队评价相结合。探索国防科技等特殊领域教师科研专门评价办法。对取得重大理论创新成果、前沿技术突破、解决重大工程技术难题、在经济社会事业发展中做出重大贡献的,申报高级职称时论文可不作限制性要求。

(七)克服"唯帽子"倾向,推进人才称号回归学术性、荣誉性

为克服人才评价中的"唯帽子"问题,树立以品德、能力、业绩为导向的人才评价标准,促进人才称号回归学术性、荣誉性本质,《总体方案》提出了五条具体举措。一是切实精简人才"帽子",优化整合涉教育领域各类人才计划。二是改进学科评估,纠正片面以学术头衔评价学术水平的做法,教师成果严格按署名单位认定,不随人走。三是不得把人才称号作为承担科研项目、职称评聘、评优评奖、学位点申报的限制性条件,有关申报书不得设置填写人才称号栏目。四是依据实际贡献合理确定人才薪酬,不将人才称号与物质利益简单挂钩。五是鼓励中西部、东北地区高校"长江学者"等人才称号入选者与学校签订长期服务合同,为实施国家和区域发展战略贡献力量。

二、新时代教育评价的理论创新

(一)理论创新含义

理论创新是指人们在社会实践活动中,对出现的新情况、新问题,进行新的理性分析和理性解答,对认识对象或实践对象的本质、规律和发展变化的趋势做

新的揭示和预见,对人类历史经验和现实经验做新的理性升华。简单地说,理论创新就是对原有理论体系或框架的新突破,对原有理论和方法的新修正、新发展,以及对理论禁区和未知领域的新探索。理论创新是相对于应用创新而言的,可分为意识形态理论创新、基础研究科学理论创新。意识形态理论创新包括哲学理念创新、思想观念创新、法学原理新创、文化创新等。科学基础理论创新涉及面更为广泛。

熊彼特首创的"创新"概念演变至今,其内涵不仅包括技术创新和制度创新,还包括理论创新。这"三大创新"中,技术创新是基础与前提,制度创新是保证与关键,理论创新则是核心与灵魂。经济理论创新大体包括两部分内容,一是经济理论表现出独到的创新特色,二是经济理论发挥出创新的作用。

作为最高层次的创新,通过技术创新和制度创新的途径,理论创新在经济发展中的核心与灵魂作用得以充分体现和发挥。理论创新是科技创新和体制创新的先导,实现理论创新不仅要具有勇于创新的思想意识,还必须具有科学的思想方法。只有坚持在继承中求创新,在比较中求创新,在综合中求创新,在实践中求创新,才能使理论创新既具有坚实的基础,又能持续地与时俱进。

依据理论创新实现的不同方式,可以把理论创新分为五种,即原发性理论创新、阐释性理论创新、修正性理论创新、发掘性理论创新和方法性理论创新。

(二)教育评价理论的发展过程

教育评价理论的发展是随着教育改革的需要和推动而逐步发展演变的,同时也深受不同历史时期的社会因素的影响。

1.教育评价理论的延展:社会意识对教育评价理论的影响

评价理论与技术的改革和发展直接受不同时期、不同社会环境中主流社会文化思潮的影响。

第一代评价深受 20 世纪早期科学管理运动的影响,是基于科学主义的活动,评价等同于测量。第一代评价的形成深受美国科学管理运动和教育测验运动的影响。在 20 世纪早期,科学管理的观念在工业和教育管理理论中成为一种强大的力量。科学管理运动强调系统化、标准化,最重要的是强调效率。美国全国教育研究学会 1914 年和 1915 年年鉴中的标题也反映了其对"效率"的强调,如《测验教师效率的方法》和《测量学校及学校制度效率的标准和测验》。美国的教育测验之所以会在 20 世纪初成为一种运动,有其发展的历史背景,如德国实验心理学的发展、英国对个别差异的研究和法国对不适应者的临床关心等,这三种研究潮流的汇聚,对美国的教育测验运动起了很大的促进作用。受科学管理运动和教育测量运动的影响,第一代评价数据资料的收集从单独的个人收集发展到运用合适的测量工具进行收集。此时,评价等同于测量,与价值无关,是基于科学主义的活动。

第二代评价受实用主义思想的影响,并借用行为主义心理学,形成对目标达成程度进行描述的评价。1929 年至 1933 年,席卷美国、波及全球的经济危机使美国在走进 20 世纪 40 年代之初,便不得不对社会各方面的发展痛加反省,并从各部门的根本问题出发加以检讨。同时,这场经济危机也给教育带来了深刻影响。首先,经济危机导致教育经费拮据,美国有许多学校开始减少班级、解聘雇员甚至关闭学校等;其次,工厂倒闭导致失业青少年大量增加,加剧了社会与教育的危机。这些都给予了美国民众对教育的根本进行反省与改进的机会,促使他们对教育的社会价值、社会效益进行深入反思。当时推进美国教育改革的有志者,是以杜威思想为中心的"进步主义教育联盟",这些进步人士秉承"教育是改进社会原动力"的思想,自觉地肩负起推进美国教育改造与社会改造之使命。他们试图以行为主义心理学为工具革新教育,这股风潮就是当时的进步教育运动,是实用主义思想的反映。正是在这一背景下,以课程改革为核心的教育改革研究蓬勃开展起来。在"八年研究"实验中,泰勒等人创造设计了对目标达成程度进行描述的教育评价,使得新教育获得实效,证明了教育评价能够毫无遗憾地促进新教育的效果。这种基于经济危机而形成的对教育的反思,采用了改革教育的达成目标,形成了给予描述的评价,孕育了以描述为特征的第二代评价。

第三代评价深受第二次世界大战后美国国家主义意识形态影响,评价更多地关注价值判断,注重为决策服务。第二次世界大战后,各国都致力于战后经济的恢复和发展,重视人才培养和教育投资。20 世纪 50 年代末,美国针对"苏联卫星事件"做出强烈反应,并投重资在科学、技术与教育方面,以试图超越苏联在太空科技方面的成就。正如美国教育学家梅逊所认为的那样,1950 年以后,人们越来越根据教育对于国家的需要和国家的政策所做的贡献来评价学校教育,原先着重关心个人,现在则代之以关心国家。从全国性的教育改革来看,如果说 19 世纪末和 20 世纪初的进步主义教育运动是以社会力量为主,那么从 1958 年美国《国防教育法》的颁布开始,美国的教育改革从此步入"联邦时代"。伴随而来的问题是,这些金额庞大的计划若未实施绩效问责制度,那么在某些地方的投资就容易造成浪费。于是,罗伯特·肯尼迪参议员及其参议院的一些同僚在国会中修正了 1964 年制定的《初等及中等教育法案》(Elementary and Secondary Education Act,简称 ESEA),明确地揭示了评价是项目实施的必备条件。

联邦政府要求所有接受该法案资助的项目都必须加以评价,由此产生了对评价的需要,国家层面迫切需要关注教育结果的检测与评价,需要运用科学的教育评价来判断改革的功效问题。此时,评价的重点集中于联邦政府开展的大型教育项目,转向了对教育项目的过程和结果进行评价。以克龙巴赫、斯塔弗尔比姆为代表的学者认为,教育评价是为教育决策提供信息和依据的过程,CIPP 模式正是建立在这种观点的基础之上的。在这一时期,教育评价的功能得到了扩展,评价不仅仅只是进行描述,更强调进行判断。具体而言,是评价者假定一种价值中立的倾向,对被评对象的优点和价值做出判断。

20 世纪 80 年代后期,引起关注的第四代评价受新公共管理运动和人本主义思潮的影响,与多元文化和价值受到重视密切相关。第四代评价的有关思想在 20 世纪 70 年代已有所体现,如斯达克的应答模式、斯克里文的目标游离模式等,从这些评价方法的背后,我们或多或少地能发现其尊重价值多元的有关思想。但第四代评价的思想真正引起人们关注则是在 20 世纪 80 年代后期,这与世界意识形态对立结束、多元文化受到重视、新公共管理运动的兴起、社会的市场化、以人为本的观念等有密切联系,即它是建立在一个更强调个性、自由、多样、尊重的时代基础之上的。

20 世纪 80 年代以来,新右派思潮和管理主义兴起,社会福利和公共服务的私有化和市场化在欧美国家蔚然成风,并且逐步影响其他地区。美国在 20 世纪 80 年代以后,在日益突出的低经济增长、高通货膨胀、高财政赤字和高失业率同时存在的"滞胀并行"的背景下,政府管理出现危机,引发了"重塑政府""再造公共部门"的新公共管理运动,这一运动强调以公共利益为中心,以公众的满意度为评价标准,坚持顾客导向的价值理念。如此,教育不再是少数人的活动与特权,而是属于大众,相应地,教育评价也必须客观真实地反映各方意见,将各方利益相关者的意见和要求直接反映到教育决策中来。这种需求直接冲击了传统的基于价值确定与唯一的教育评价理念,为教育评价要关注多元利益主体价值诉求的兴起发挥了一定的推波助澜的作用。

这种关注多元利益相关者价值诉求的动向,实际上也是美国这一占主导地位的人本主义教育思潮在教育评价领域的反映,它要求社会尊重多元文化,减少对少数民族文化的偏见、歧视和机会不公等问题。另外,平等、公正等社会伦理观念也影响着教育评价活动。在这种背景下,第四代评价越来越关注社会的民主,强调个人在社会中地位的平等,特别是社会不利群体在评价中的价值诉求和授权的实现。

2.教育评价理论的主流方法论转换

随着教育评价理论的发展,其主流方法论也经历了一个转换过程。

(1)教育评价的"测量"和"描述"时代:实证主义方法论的主宰

20世纪初,实证主义作为一种时代精神逐渐渗入教育领域,进而也渗入教育评价的发展与改革中,并从方法论层面深刻地影响了教育评价的产生和发展,促成教育评价研究中科学主义价值取向的形成。在西方,从20世纪30年代开始,一直到20世纪70年代,逻辑实证主义的理念和方法规范在教育评价领域占据了主导地位。尽管此间人们对教育的目标究竟如何理解争议颇多,如从20世纪初便开始的进步主义、永恒主义、要素主义教育和改造主义流派等,围绕着究竟是人、社会还是其本身作为教育目标的聚焦点,众说纷纭,但这些纷争从未淡化教育评价作为一种由理性假设、经验事实资料采集到检验的工具性作用特征。第一、二代教育评价均以实证主义为方法论基础,重视定量分析和经验研究的应用。以豪斯和斯克里文为代表,他们在评价实践中大量运用了实验、统计分析等量化分析工具,侧重于描述事实及事实评价,如第二代评价的典型代表泰勒模式,就是科学主义实证化倾向,它根据预定目标评价教育教学效果,找出目标与实际教学水平的差距,并根据差距进行调整,即将预定目标视为评价的唯一标准,追求的是科学主义定量化。

(2)教育评价的判断时代:人文主义方法论的浸润,开始撼动实证主义营垒

20世纪50年代末,西方社会思想领域出现了以科技知识分子为代表的科学主义和以人文科学知识分子为代表的人文主义两大阵营。受人文主义科学观的影响,继泰勒模式之后,教育评价研究中的人文主义文化也开始萌芽。1963年,克隆巴赫尖锐地批评了以往的评价工作,认为以往的评价概念缺乏实用性和合理性,且用实验组和控制组的常模参照性测验分数进行比较,偏重于事后评价。他认为,应该把评价作为一个收集和报告对课程设计有指导意义的信息的过程,仅仅报告测验的平均分数而没有报告测验项目及其分析是没有用的。斯塔弗尔比姆在此基础上提出的CIPP模式,更是充分体现了过程评价的思想,他认为评价是为决策提供信息的过程,特别强调"评价的最主要目的不是为了证明,而是为了改进",指出过程评价要"通过描述真实过程,持续地与工作人员相互了解,观察其活动,控制评价活动的潜在障碍,保持对意外障碍的警惕,获得已确定的决策的特殊信息",以促进评价对象工作的有效改进。在评价中,评价者开始注意到与评价对象的充分交流,反映了人文主义的某些特征。但总的来说,科学主义实证化倾向仍占上风,评价者把研究局限于经验主义或对"事实性"现

象的调查,且较多采用田野研究和社会实验的方法。到20世纪70年代,教育评价中的人文化倾向得到迅速发展,但实证主义在新形势下同样也有所发展。

(3)教育评价的建构时代:后现代主义和建构主义方法论的盛行

后现代主义是一场发生于欧美20世纪60年代,并于20世纪七八十年代流行于西方的社会思潮。它以反思、批判现代主义的文化、理论取向及思维方式等为基本特征,以新的话语和形式解释世界为特点,其要旨在于放弃现代性的基本前提及其规范内容。后现代主义主张彻底的多元化,反对任何统一的企图以及将自己的选择强加于别人的霸权。理解是后现代主义的一个重要观点,解释学是后现代思潮的主要理论来源之一,建构是后现代思潮的主要思想之一。后现代主义的哲学思维向度对教育评价有重要的方法论作用。20世纪80年代末,库巴和林肯提出的第四代评价明显地表现出受后现代思潮的影响。第四代评价将以理解为核心思想的解释学作为一种方法论的哲学基础,并将其思想体现在评价模式的具体操作框架中,它根植于建构主义,假定社会现实是参与者不断建构的,存在多重因果关系结构,强调价值多元化,强调评价必须重视利益相关者的感受,并对利益相关者的价值诉求、利益和争执等做出应答。随着评价对象的拓展,评价标准开始关注多元价值,评价方法也发生了相应的转换,从第一代评价单一地强调被测群体的测验成绩,过渡到了第四代评价关注实践情景、注重采用质的方法收集评价的信息资料。

3.思考与启示

从以上分析可以看出,教育评价作为一种社会活动,它与社会的政治、经济和文化发展的宏观背景紧密相连。教育评价理论与技术是在教育实践中产生的,并随着文化的变迁、社会需求和教育改革的发展而逐步地发展与完善。我国关于现代教育评价理论的研究起步较晚,且深受西方现代教育评价理论的影响。为了使我国的教育评价更好地适应现实需要,对西方现代教育评价理论的发展脉络及其背景进行整体把握是很有必要的。同时,我国教育评价理论的研究和评价实践的改革更要考量中国特有的政治、经济、文化的宏观背景,要重视教育活动运行的现实环境、组织制度等因素对评价活动的影响。

教育评价理论的发展受不同时期特定社会需求的影响,运用评价改革推动教育改革是当下我国教育发展的现实需要。从教育评价发展的历史中我们不难看出,教育评价理论在西方形成并迅速发展,深受当时的社会发展条件的影响,评价理论的发展得益于社会发展的需要而促进教育改革,进而推动了评价理论与技术的发展。如果没有以合适的分类工具的发展为特征的第一代评价,来自明确,德育评价就难以确定科学而有效的方法和技术。从目前研究成果来看,德育评价内容研究质量参差不齐,成果稀少,认识不统一,在德育评价内容方面有待于深入的研究。

4.关于德育评价指标体系的研究

关于德育评价指标体系的研究,比较有代表性的观点认为,德育评价是一个完整的、系统的、网络化的体系,这个体系包括学校德育评价、班级德育评价和学生品德评价三个级别,涵盖大、中、小三个学段,每个学段都有自己的体系。这种德育评价体系覆盖范围广、层次分明,适用人群具有针对性,实践数据效果较具有可借鉴性。

还有学者认为德育评价的指标体系包括三个方面:"一是德育状态指标,包括德育规划、计划、制度措施的制定和执行情况,领导的态度、德育内容的确定、德育时间的投入以及德育方法、途径等;二是条件指标,包括德育实施系统、经费投入、物质装备、队伍、环境、基地的建设等;三是成果指标,包括德育对象的德育知识、行为和德育科研成果等。"此种观点认为分阶段检验德育指标体系的完成效果,对德育指标的划分比较精细,但缺乏对受教育者的指标体现,大多从教育者的立场出发。也有学者认为德育评价指标体系包括德育主体评价指标、德育阶段性目标的评价指标、德育措施的评价指标、德育效果的评价指标等。

综上所述,学界对德育评价的内容认识不统一,导致德育评价指标体系标准存在差异。目前我国学术界关于德育评价指标体系的研究成果虽然较多,但却存在着观点雷同、关键问题泛泛而论、缺乏研究深度等问题。

(二)本课题创新点

本课题将高职院校德育评价作为研究对象,坚持以习近平新时代中国特色社会主义思想为指导,旨在增强高职院校做好德育工作的责任感和使命感,并自觉将德育工作贯穿于教育教学的各个环节之中,促进学校主动利用各类资源,不断提升德育工作的针对性、实效性和创新性,提高学生的整体素质,完成立德树人的根本任务,培养社会主义合格建设者和接班人,促进社会的和谐与发展。

本课题开展的德育评价研究将坚持正确方向、育人为本、问题导向、以评促建等基本原则,将学校德育工作质量和对德育教师的评价作为德育评价的对象,并选取包括专家、思政教师、辅导员、学生、用人单位等在内的多元主体参与评价,实施评价方案,开展评价工作。在评价方式上,注重过程性评价与结果评价相结合,综合评价与特色评价相结合,自我评价与外部评价相结合,线上评价与线下评价相结合的方式,明确评价周期和评价过程中的流程措施、分工责任等,使高职院校德育评价工作更加标准化、科学化,设计合理、切实可行、可操作性强。

三、研究方法

目前学术界对德育评价方法的研究成果丰硕,针对大中小不同学习阶段有不同的研究方法,研究较具有针对性,同时研究方法具有综合性。本课题主要运用了以下三个方法进行研究:

(一)文献研究法

搜集研究文献的渠道多样,文献的类别不同,其所需的搜集渠道也不尽相同。搜集文献的渠道主要有图书馆、知网、专著、期刊、博士论文。全面搜集德育评价体系有关资料,经过归纳整理、分析鉴别,为搭建德育评价体系奠定坚实的研究基础。

(二)专家访谈法

走访相关领域专家,通过访谈学习了解德育评价领域发展前沿问题和本课题在研究过程中应重点解决的问题或突破的难点,同时在访谈中进一步拓展研究思路,加深对研究问题的认识,确保本课题的研究具有深度和广度。

(三)调查研究法

通过调查了解目前德育研究现状,直接获取有关信息,并对这些信息进行研究、分析,此方法可以不受时间和空间的限制,具有描述性、解释性和探索性。通过抽样调查研究,以多个兄弟院校与本校为分析单位,通过问卷、访谈等方法,以更真实地了解当前职业院校德育评价工作的现状。

四、理论依据

(一)习近平总书记的相关论述

习近平总书记一贯高度重视培养社会主义建设者和接班人,把立德树人作为教育的中心环节。2016 年,在全国高校思想政治工作会议上,习近平总书记强调:"高校立身之本在于立德树人……要坚持把立德树人作为中心环节,把思想政治工作贯穿教育教学全过程,实现全程育人、全方位育人,努力开创我国高等教育事业发展新局面。"2018 年,习近平总书记在北京大学师生座谈会上谈到:"人无德不立,育人的根本在于立德。这是人才培养的辩证法。办学就要尊重这个规律,否则就办不好学。要把立德树人的成效作为检验学校一切工作的根本标准,真正做到以文化人、以德育人,不断提高学生思想水平、政治觉悟、道德品质、文化素养,做到明大德、守公德、严私德。"在全国教育大会上,习近平总书记再次强调:"要在加强品德修养上下功夫,教育引导学生培育和践行社会主义核心价值观,踏踏实实修好品德,成为有大爱大德大情怀的人。"由此可见,做好德育工作是新时代高校完成立德树人根本任务的重要内容,更是培育新时代德智体美劳全面发展的时代新人的首要任务。同时,我们对德育评价的研究,必须以习近平总书记的上述论述为依据。

(二)相关学科的理论和方法论

1.哲学方法论——系统论

系统论原理讲究事物的整体性、有序性和动态原则。按照整体思想的观点,高校开展德育工作时的规划设计、推动实施、监督检查和成效成果,是其完成德育工作的一个协调统一的整体,所以在创建这个评价指标体系时,要坚持协调统一性。有序性要求我们既要反映评价的诸多要素,又不能等同看待不同要素对评价主体的影响程度,因为不同要素在不同环境、形势下的重要程度不同,所以评价要素既要具有设置的逻辑顺序,需要突出重点和比重。动态性要求我们要紧扣时代发展的要求,从学生的实际情况和发展来把握评价指标体系的动态调整和评价的结果,尤其是对评价的结果要从动态发展的角度来观察,了解学生思想道德水平的变化、学校德育工作开展质量的变化和德育教师评价结果的变化,从而体现测评指标体系的针对性。

2.教育学——多元智力理论

多元智力理论认为,人的智力有语言智力、数理智力、空间智力、动觉智力、节奏智力、人际智力和内省智力等几种,它们通常以复杂的方式综合运作。根据多元智力理论,对学生的道德素质水平和对德育教师的评价不应偏重于某个单项测评结果对学生或教师进行分类、排名次,或者贴标签,而应该采用多元评价结果的方式,体系的设置应涉及对学生和教师进行全方位的综合测评。

3.心理学——"知、情、意、信、行"的发展规律

心理学研究表明,学生思想道德的形成要经历"知、情、意、信、行",由简单到复杂,由量变到质变循环往复的过程,表现为认知产生思想,思想支配行为,行为改造外界并形成新认识和新思想,产生新行为,进一步改造外界。可见,学生的一言一行投射出学生的所思所想。因此,依据这样的发展理论,开展德育评价,尤其是对德育成效的评价,即对学生思想道德发展水平的评价,既要关注学生的思想认识,更要观察学生的行为和对事物的认知判断情况,通过评价判断认识大学生真实的思想、政治、品德、个性及行为面貌。

五、政策依据

关于高校德育工作的指导性文件,可以追溯至1995年教育部印发的《普通

高等学校德育大纲（试行）》，虽然时间较早，但仍对本课题研究具有政策性的指导作用。除此之外，课题组通过搜索教育部网站和天津市教委网站，搜索到近十年来关于职业教育评价改革及职业教育发展改革的相关文件中，关于强调职业教育德育工作发展和职业教育德育评价工作的相关政策依据包括：

2020 年 10 月 13 日，中共中央、国务院印发的《深化新时代教育评价改革总体方案》明确指出："完善德育评价。根据学生不同阶段身心特点，科学设计各级各类教育德育目标要求，引导学生养成良好思想道德、心理素质和行为习惯，传承红色基因，增强'四个自信'，立志听党话、跟党走，立志扎根人民、奉献国家。通过信息化等手段，探索学生、家长、教师以及社区等参与评价的有效方式，客观记录学生品行日常表现和突出表现，特别是践行社会主义核心价值观情况，将其作为学生综合素质评价的重要内容。"

2019 年 1 月 24 日，国务院印发的《国家职业教育改革实施方案》（国发〔2019〕4 号）指出："落实好立德树人根本任务，健全德技并修、工学结合的育人机制，完善评价机制，规范人才培养全过程。"

2017 年 2 月 27 日，中共中央、国务院印发的《关于加强和改进新形势下高校思想政治工作的意见》（中发〔2016〕31 号）指出："加强社会公德、职业道德、家庭美德、个人品德教育，提升师生道德素养。"

2011 年 9 月 29 日，教育部印发的《教育部关于推进高等职业教育改革创新引领职业教育科学发展的若干意见》（教职成〔2011〕12 号）指出："坚持育人为本，德育为先。高等职业学校要把社会主义核心价值体系、现代企业优秀文化理念融入人才培养全过程，强化学生职业道德和职业精神培养，加强实践育人，提高思想政治教育工作的针对性和实效性。重视学生全面发展，推进素质教育，增强学生自信心，满足学生成长需要，促进学生人人成才。"

除了以上文件中列出的关于职业院校德育工作的内容，近几年来对于德育工作的改革和要求多集中在中等职业院校领域，这也为本课题开展高等职业院校德育工作评价研究提供了参考和依据。如 2019 年 11 月 21 日教育部办公厅发布的《关于加强和改进新时代中等职业学校德育工作的意见》（教职成厅〔2019〕7 号）中明确指出："通过持续努力，中等职业学校德育工作的针对性、实效性、时代感和吸引力不断增强，整体水平大幅提升，德育在技术技能人才培养中的基础性、导向性、引领性作用更加突出。"

在这个方面，2020 年 8 月 17 日，《天津市委教育工委、市教委关于实施新时代中等职业学校德育改革创新工程的通知》（津教党〔2020〕36 号）更有明确的要求:"压实德育评价。各办学主管部门要将中职德育工作与思政课建设情况作为考核学校党组织和领导班子的重要内容,建立发展性评价、过程性评价、第三方评价以及教师、家长、企业参与的多主体评价机制。各学校要加强对思想政治课教学、其他课程教学渗透思想政治教育等的考核评价,探索建立适合中职生思想道德发展状况的评价方法,将思想道德评价结果记入学生综合素质档案,纳入综合素质评价体系,反映学生成长实际状况。市教育两委适时组织开展思想政治课教学成效监测和中职学校德育评价。"

六、德育评价指标体系的设计

表1　德育评价

一级指标	二级指标	观　测　点
顶层设计和保障条件	研究部署	学校定期研究部署德育工作
		学校把德育工作列入党政工作日程,制定年度学校德育工作规划和安排等
	体制完善	德育管理体制完善,工作机构健全,形成覆盖全校的德育工作网络
	制度建设	建立考评督促制度,对各部门、院(系)做好德育工作有具体的要求和标准
		有奖惩制度及德育工作队伍建设制度与政策
		制定并实施学生守则、选优评优制度、奖励制度、违纪条例、学生综合评价制度等
	组织管理	德育职能部门齐全,院(系、部)设有德育领导机构
		学校定期对院(系、部)德育工作检查、推动、考核
	人员保障	从事学生工作的专职思政人员生师比符合相关部门要求比例配备,且年龄、学历结构合理
		学生工作的专职思政人员培训制度、进修制度、岗位职责与工作条例、业绩考核与奖励制度等的制定与贯彻
		班主任或指导老师配备齐全,工作职责明确
		学校将教师担任班主任或辅导员的经历作为职称评聘的条件
		思政理论课教师按规定配备,学历达标,职称结构合理
		学生党团组织健全,能较好地发挥党团组织的组织功能
		加强学生骨干队伍建设,重点抓好学生党员、班团干部、入党积极分子等队伍,建立考核评比制度

续表

一级指标	二级指标	观　测　点
顶层设计和保障条件	经费投入保障	德育经费列入学校年度经费投入,年度德育总经费包含以下项目:①思想政治理论课教学、国防教育、学生社会实践、日常教育;②德育工作人员培养进修、学术交流、考察等;③购买与更新图书、音像资料;④大型德育活动、学生日常活动、学生宣传资料、德育奖励经费等
	设施保障	学校建有学生活动中心、升国旗场所、报告厅等用于开展德育活动的场所
		学校有思想政治教育专题网站、校报、学报、广播电视、宣传橱窗等用于开展德育活动的阵地
		学校有可用于开展德育活动的其他设施,如校史馆、展览馆、博物馆、谈话室等
	研究保障	学校成立思想政治教育研究会或其他德育研究组织,设立德育科研项目、德育科研成果发表与应用制度等,鼓励开展德育学术研究
推动实施	课程教学	课程设置和教材使用符合国家规定,教学计划、教学大纲科学并严格执行
		课堂教学注重道德教化和引领,将理论与实际相结合,不断改进教学方法,广泛应用先进信息技术和资源,丰富课堂内容和形式
	日常教育	思想政治教育做到经常化、制度化,确保各项活动开展正常,有评比,有表彰
		建立校领导、职能部门、院系联系学生制度,关心关怀爱护学生,解决学生实际问题
		重视学生心理健康问题,建立心理咨询室,配备专任教师,开设心理健康教育课程,开展日常心理健康宣传与咨询活动
	党团工作	党建工作规范,学习教育活动正常,党员骨干发挥先锋模范作用
		团组织积极开展活动,有评比,有表彰;认真做好推优工作并在思想教育中发挥积极作用
		建章立制,加强对学生会及学生社团工作的领导;学生会在校园文化活动中发挥重要作用,社团工作健康发展

续表

一级指标	二级指标	观 测 点
推动实施	社会实践	将学生社会实践活动列入学校教育教学计划,有经费保障
		社会实践活动有具体方案,学生参与比例高,建立校外德育基地
	学风建设	学校制定学风建设实施意见并认真组织实施,积极开展争创优良学风活动
		教师以良好的教风促进学风建设
	文化建设	校园文化建设纳入学校总体规划,形成先进的、富有特色的办学理念,校训、校徽、校旗、校歌齐全并有特色
		校园有高尚、健康、和谐的人文景观,有促进学生成才成人的路名、楼名等,公共场所张贴、悬挂标语等具有文化特点和职业教育特色
		校园文化活动主题鲜明,内容健康、向上,学生参与率高;文化活动有序开展,成果显著
		校园文化阵地管理规范,遵循"研究无禁区,讲坛有纪律"的要求,校园稳定、秩序井然
	宿舍文明建设	学校成立专门的学生寝室管理协调机构,各部门职责分工明确,权限清晰;有明确清晰的寝室管理工作理念和目标;将学生寝室的教育管理纳入学校工作日程并有工作部署和考核
		建立公寓学生自治组织管理制度等
		开展寝室文化活动,丰富学生业余生活;公寓文化氛围浓厚、具有育人功能
		定期对管理服务人员、学生进行安全教育及消防演习,定期排查安全隐患;建立寝室内务卫生管理制度并定期检查,有突发事件应对预案;学生公寓服务设施齐备、运行良好
	学校校风学风	学生自觉约束规范自己的行为,学生违纪率低,无违法现象,无不得体行为,不断涌现出一批先进集体和先进个人
		学生学习认真勤奋刻苦,学习气氛浓厚,在核心课程考试和创新竞赛中成绩显著
		校园无重大事故与突发性群体事件,校园精神风貌良好;学生有较强的归属感和荣誉感

续表

一级 指标	二级指标	观 测 点
德育成效	学生政治 品质	爱党、爱国、爱人民;有坚定正确的政治方向,自觉维护安定团结的政治局面;政治上积极要求上进,积极参加学校组织的各项活动;坚持原则,有辨别是非的能力;有崇高的目标理想,能把个人的发展与祖国的命运紧密地联系在一起;有"天下兴亡,匹夫有责"的责任担当,有复兴中华民族的使命感;能认真履行公民权利与义务,积极承担各项工作,敢于负责;对家庭、个人有很强的责任意识,言诺必行,以负责任的态度和行为对待一切人和事
	学生思想 品质	有科学的世界观、人生观、价值观;有勇于实践的精神,实事求是、一切从实际出发的态度;有积极的生活态度和人生理想;能积极开展批评与自我批评;初步具备科学的思想方法
	学生道德品质	文明修养:①文明待人,诚实守信,举止文雅,谦虚谨慎,正直正派;②团结友善,尊敬师长,敬老爱幼,乐于助人,同学间和睦相处;③与异性间交往得体、文明、大方;④积极参加志愿服务和社会公益活动
		集体观念:①关心集体,热爱集体,能正确处理集体与个人之间的利益关系;②积极参加各项集体活动,有较强的集体荣誉感,识大体、顾大局;③爱护学校公物,不损坏学校一草一木
		治学精神:①学习目的明确,态度端正,勤奋学习,刻苦钻研;②珍惜学习时间,独立完成作业,有良好的学习习惯;③遵守学习纪律,自觉维护课堂秩序;④积极参加各种科技活动和学术活动
		劳动态度:①热爱劳动,有较强的劳动观念和良好的劳动习惯;②积极参加学校组织的各种劳动(打扫宿舍、教室、环境卫生劳动等);③尊重他人劳动,主动做清洁卫生;④能保质保量完成学校、老师布置的各项学习和工作任务
		生活作风:①生活简朴,勤俭节约,不浪费粮食、水电,并能提醒或制止他人的浪费行为;②严格遵守学校作息制度和宿舍管理制度,无晚起、迟归、不归现象,无违章用电、赌博、酗酒行为;③消费适度,行为与学生身份相符合,不讲排场,不奢侈浪费

一级指标	二级指标	观　测　点
德育成效	学生法治品质	认真学习法律知识,有较强的法制观念;遵守宪法和法律,遵守《普通高校学生管理规定》《高等学校学生行为准则》《学生违纪处理有关规定》和学校各项规章制度;有较强的组织纪律观念,能正确处理同学间的矛盾和纠纷,自觉维护学校的正常秩序
	学生职业精神	把服务社会放在首位,树立从社会的整体利益出发的正确的职业理想;拥有正确的、积极的职业态度和高度负责的职业责任;认真学习和锻炼专业技能,锤炼本领,不断提高自己的职业技能,为将来就业工作打下坚实基础;学习了解和掌握实训操作程序,严格按照操作流程完成任务,自觉树立纪律意识,遵守行业纪律、规范要求;认真学习职业生涯规划和创新创业知识,对自己未来的职业发展有设想、有规划、有目标、有准备;学习了解劳模人物精神和事迹,并以此为榜样和动力,学习工匠精神和劳模精神,并为更高的目标和标准不断努力,在各级各类专业技能大赛和创新创业比赛中获奖
	评价和反响	学校在传承社会文明、辐射先进文化方面发挥重要作用,受到社会各方好评,学生素质受社会肯定
		学校教职员工、干部群众认可学校德育工作规范,并积极参与,"三全育人"形成机制
		学生普遍认同学校的德育工作
		德育工作在同类学校中具有创新性及特色

七、关于评价体系的说明

根据一般的思维逻辑,德育评价应当包括学校德育工作和教师德育教学两个方面。但是,鉴于高职院校并不开设专门的德育课程,而是将德育体现在各个层面,同时在思政课教学和专业教学中又有德育教育的内容,故本课题所设计的德育评价体系,基本上以学校德育工作评价为主体,其中在实施环节体现德育教育的内容。

整个评价体系共设三个一级指标:一是顶层设计和保障条件,二是推动实施,三是德育成效。从这三者的逻辑关系上看,其兼顾了过程性评价和结果性评价,以过程性评价为主;如果高职院校重视德育工作,就必然会去规划设计这项工作,同时提供保障条件,并切实加以实施;由于德育教育成效最终体现在学生身上的要素难以把握,这方面的标准设计则主要注重过程性,当然结果还是要加以显示。

根据以上思路,在"顶层设计和保障条件"这个一级指标下,设计了研究部署、体制完善、制度建设、组织管理、人员保障、经费投入保障、设施保障和研究保障八个二级指标,它们都是做好高职院校德育工作不可或缺的保障条件;在"推动实施"这个一级指标下,设计了课程教学、日常教育、党团工作、社团实践、学风建设、文化建设、宿舍文明建设七个二级指标,涵盖学校所有与德育相关的工作内容,体现了全方位育人的原则;在"德育成效"这个一级指标下,设计了学校校风学风、学生政治品质、学生思想品质、学生道德品质、学生法治品质、学生职业精神、评价和反响七个二级指标,这些指标中有五个直接从学生的素养上体现出来,加上另两个针对学校整体德育成效的评价,都是可以检测的。这样的评价体系,既反映了高职院校的特点,又是对已有德育评价研究主要是谈思路而难以操作的一个超越。

参考文献

[1] 贺进.德育评价实施的难点及其超越[J].教学与管理.2021(16).

[2] 支梅,张丽丽.课程德育评价指标构建——基于社会参与核心素养视角[J].中国德育,2021(08).

[3] 郑楠.多元德育评价,促进学生"和乐"发展[J].基础教育论坛,2021(04).

[4] 班华.现代德育论[M].合肥:安徽人民出版社,2001.

[5] 赵祖地.高校德育评估概论[M].浙江人民出版社,2003.

[6] 郑航.学校德育概论[M].北京:高等教育出版社,2007.

[7] 习近平在全国高校思想政治工作会议上强调:把思想政治工作贯穿教育教学全过程 开创我国高等教育事业发展新局面[N].人民日报,2016 - 12 - 09(1).

[8] 陆启越.德育评价范式:内涵、类型及改变[J].大学教育科学,2021(01).

[9] 米丽媛.立德树人视阈下高校德育评价体系的构建[J].教育观察.2020(06).

[10] 吕俊辰.立德树人视阈高校德育评价体系构建研究[J].教育现代

化,2020(64).

［11］　陶启栋.高校德育评价范式与变革探究[J].教师,2019(02).

［12］　高校德育评价范式及其转变[J].湖南师范大学教育科学学报,2018(02).

（课题承担单位为天津交通职业学院,课题主持人为唐东存。课题组成员：唐东存、张娟、李名静、陈钟、刘小飞、康志青。）

第六章　思政课程评价

一、核心概念界定

思政课程是思想政治理论课的简称,是国家规定的在高中阶段以上的学校开设的必修课程,主要包括马克思主义基本理论、中国特色社会主义理论与实践、法律和道德等具体课程。

本课题所研究的思政课程,其全称是"高职院校思想政治理论课",它属于高等学校思想政治理论课,但又必须体现高等职业教育的特点。对这门课程开展科学评价研究是非常必要的,也是具有一定难度的。因为思政课程具有政治性、思想性、理论性、科学性,其任务是引导学生立德成人、立志成才,树立正确世界观、人生观、价值观,坚定对马克思主义的信仰,坚定对社会主义和共产主义的信念,增强中国特色社会主义道路自信、理论自信、制度自信、文化自信,厚植爱国主义情怀,把爱国情、强国志、报国行自觉融入坚持和发展中国特色社会主义事业、建设社会主义现代化强国、实现中华民族伟大复兴的奋斗之中。

中央教育工作领导小组把思政课建设纳入重要议事日程,教育部、中央宣传部等部门牵头抓好思政课建设,教育部成立大中小学思政课一体化建设指导委员会,加强对不同类型思政课建设分类指导。将思政课学习实践情况作为重要内容纳入综合素质评价体系,探索记入本人档案,作为学生评奖评优重要标准,作为加入中国少年先锋队、中国共产主义青年团、中国共产党的重要参考。加大正面宣传和舆论引导力度,推动形成全党全社会努力办好思政课、教师认真讲好思政课、学生积极学好思政课的良好氛围。

二、思政课程评价的研究综述

（一）思政课程评价研究现状

对思政课程评价的研究主要有两个方面：一是思政课程评价倾向于对教师"教"的效果的评价。习近平总书记曾指出，思政课对教师综合素质要求很高。近一阶段对高校思想政治理论课的教学评价研究主要集中于教学方法、教学实效性、教学模式以及学生满意度调查等方面，其中对高校思想政治理论课学生满意度调查中，相当一部分研究主要通过对课程价值、任课教师、教学态度、教学内容、教学方法、教学技能、教学效果七大教学测评要素的调查基础上确定学生的满意度，这些可量化的指标被目前众多高校采用，通过学生在网上对这些指标打分来评估该门思想政治理论课的教学质量。有学者研究认为，思政课的考核不应该局限于课堂之上或知识考察，还应该延伸至日常生活中的行为考察，评价主体也不应该仅仅是思政课教师，辅导员、班主任甚至是班委会都应该纳入其中。

二是思政课程评价在对教师的"教"的教学效果评价的基础上增加了对学生"学"的效果评价，从两个维度来进行综合考量。有学者研究认为，高职思政课考核的内容和形式都应该改革，考试中应加大主观题如论述题、材料分析题等的比例，形式应该更多样化，开卷考试、调查报告、学生分组辩论或演讲等都可以作为考试形式，实践环节也应该纳入考核范围，并制定相应的考核细则。有学者认为考核评价的主体应该多元化，除了思政课教师，学校辅导员、实习实训相关负责人、学生都应该成为考核评价的主体，这样考核评价的结果才更有说服力。高职思政课考核评价方式应该从知识本位、单一终结性评价、单一化评价、量性评价向学生本位、终结性和形成性评价相统一、多元化评价以及量性与质性评价相结合转变。在评价主体上，甚至认为家长和社区也应该参与其中。

有学者研究认为，思政课考核评价机制的改革创新应该从教师主导性和学生主体性的统一、实践教学环节、过程与结果的统一、改革传统的考核评价方式、多媒体等具时代性教学手段的运用等几个角度着手。有学者研究指出，实践教学评价目标应该是"四位一体"的，即知识、能力、情感、素质的结合，要考查学生是否掌握了教学大纲中所要求掌握的基本知识，学生在实践过程中是否具有将所学理论知识应用于实践，并解决问题的能力，同时还要考查学生的情感变化是否符合实践预期，政治素质是否得到提高等。有学者研究提出，思政课的考核评价体系应该是"三主体两模块三位一体"，要求将学生学习思政课之前的自我评价与学习过程中的过程性评价以及考试结束时的结果性评价结合起来，构成一个有机整体。有学者研究认为，高校思政课教师评价的实质是在教学反馈环节实现教师主导与学生主体的有机结合,教学过程中两个能动性因素的和谐统一,形成共振,是理想状态下的主导性和主体性统一。

值得注意的是,关于高校思政课混合式教学的理论研究,日益重视如何体现"线上"与"线下"的有效衔接。虽然一般来说,教学评价无论结果评价还是过程评价,本身都对教学全过程起着认知总结的重要作用,但在高校思政课混合式教学改革创新中的评价体系更为重要。2019年国务院办公厅印发的《关于深化新时代学校思想政治理论课改革创新的若干意见》强调:"大力推进思政课教学方法改革,提升思政课教师信息化能力素养,推动人工智能等现代信息技术在思政课教学中应用,建设一批国家级虚拟仿真思政课体验教学中心。"尤其是聚焦疫情防控背景下的网络教学状况,有学者从高校思政课混合式教学学习效果的评价角度展开研究。比如有学者研究提出,在线课堂中学生普遍认为相比录播或者慕课,直播效果更好;同时他们还提出在线课堂中的教学管理对于学生学习效果而言十分重要。有学者研究提出,要注意学生参与在线课堂时注意力不集中、学习效果不佳的问题。另一些学者则通过教师教学效果评价开展研究,即通过评教视角观察高校思政课混合式教学相关研究,有学者研究提出在既有的教育主管部门、高校院系、教师同行和学生评价四大体系中,研究创新结合混合式教学模式下高校思政课教师评价体系,避免评价体系囿于线下传统教学时代制定的相关规范或仅流于形式的问题。

在学生学习效果评价端,教学评价体现了混合式教学是否超越、持平或是逊于线下传统教学效果的重要指针作用;在教师教学效果评价端,教学评价则揭示出高校思政课教师是否能有效运用混合式教学带来的新技术新手段,帮助其提高课堂教学的有效性,或是在不同场景下(如在疫情防控背景下开展的网络教学)开展教学的具体教学效果评价。有学者研究认为这两端的教学评价对高校思政课混合式教学改革创新的成功与否起着很重要的评价指标作用。相关学者对学生学习效果评价和教师教学效果评价的研究都具有较强的针对性,提出的问题也颇具实践意义,如果还需补充可以尝试在利用线上平台提供的评价功能上,将平台作为具有即时协同特性的手段,开展学生随堂评教,教师随堂测验和考试等领域的相关研究,拓宽高校思政课混合式教学过程中教学评价的相关研究领域。

虽然理论研究提出了很多可供高校思想理论课教学评价依据的原则、参考的指标体系,但是在实际操作中,依然更多地停留于对教师"教"的层面的评价,这方面的指标评价体系相对完善和量化。但对于学生"学"这方面的评价理论研究较丰富,但尚未达成统一的指标体系,且多为宏观层面的指标,可量化的较少。因此,在未来的研究中,对于高校思想政治理论课教学评价中学生"学"的方面的指标体系的建立、完善、量化及实践还有较大的研究空间。只有不断完善高校思想政治理论课教学评价,才有利于不断增强该课程的教育教学的良好发展。

(二)思政课程评价的初步探索

1.创建评价主体互动评价机制,构建主导性和主体性相统一的评价路径

优化思政课程评价路径,要以评价内容为导向丰富师生数据素养,使教师和学生共同参与到教师评价中来,既关照一线思政课教师教学实践的真实感受,又映射学生参与教学的现实需求,将现实性、实践性、真实性融入理论构建的全过程。提高教师的数据搜集能力、处理能力、解读能力,激发学生的数据供给意识、分辨意识,实现大数据技术与思政课教育的有机融合,创新教学数据应用方式,在提高思政课师生数据素养的过程中,深入挖掘思政课教学规律,以数据驱动思政课精准教学改革,以技术服务思政课建设。

以评价目标为指引提升教学质量,阶段性评价目标的完成与新目标的设定对下一阶段的教师评价起到导向性作用。通过引导思政课师生之间的有效沟通,积极鼓励师生在能动地认知教学规律的基础上提出创新性设想,在主导性和主体性相统一下明确评价目标,以评价为导向服务思政课师生队伍,以目标为指引提升思政课教学质量。

以评价形式为载体增强师生互动,思政课教师引导学生自觉参与教师评价需要与时俱进,依托多样化的评价形式,使学生在科学认知教师评价的基础上主动参与,并积极发挥主体性作用,借助图片、视频等多样化、专业化、科学化的评价形式提高学生的主体能力和教师的主导能力,实现不同角色间平等、有效地沟通,从根本上突破当前单向式高校思政课教师评价瓶颈,在主导性和主体性的统一中塑造教师评价共同体,实现教育教学水平的跃升。

2.完善思政课程评价体系,发挥教育价值

高校思想政治理论课教学评价存在向功利化发展的趋势,教学评价为管理服务而不是为教育服务,这使教学评价无法发挥应有的作用,而是成为一种高校管理层获取利益的工具。要使高校思想政治理论教育取得应有的成效,就必须完善思政课程评价体系,使教学评价的教育价值发挥应有的作用。

高校设立教学评价不单只是为了方便管理,同时也是为了通过教学评价实现对教育内容以及教学方法的改进,提高学生学习效率和道德素质。一方面,调

整创新思政课课程体系,加强以习近平新时代中国特色社会主义思想为核心内容的思政课课程群建设。结合大中小学各学段特点构建形成必修课加选修课的课程体系,整体规划思政课课程目标,评价教师是否对学生进行正确的思想政治引导;另一方面,建设一支政治强、情怀深、思维新、视野广、自律严、人格正的思政课教师队伍。要将思政课教师在中央和地方主要媒体上发表的理论文章纳入学术成果范畴。实行不合格思政课教师退出机制。对思政课程的评价是对教学过程的一种反思,是动态的,教学评价的教育价值与管理功能实现平衡,就是使教育主体、学习主体以及管理主体三个方面实现平衡,这样有利于教学评价的有效性发挥。

3. 加强党对思政课建设的领导,创新教学评价方法

推动建立高校党委书记、校长带头抓思政课机制。加强和改进高校领导干部深入基层联系学生工作,推动高校领导干部兼任班主任等工作,建立健全高校党委书记、校长及职能部门力量深入一线了解学生思想动态、服务学生发展的制度性安排,积极传播马克思主义科学理论、弘扬社会主义核心价值观,将其作为思想政治理论课教学评价的重要部分。

高校思想政治理论课的教学评价并不是单纯通过量化就可以实现的。每一门课程都有自身的教学目的以及意义,教学成效方面有立竿见影的短期效果,如高数、物理等能够通过数据直接体现出来;也有需要潜移默化,长期渗透才能够看出成效的,如考古、文学等。高校思想政治理论课就是在潜移默化中逐步发挥作用,它并不仅是为了向学生进行理论知识的灌输,而是通过长期教学使学生能够理智地面对并且分析社会问题,能够拥有自己正确的主观意识,同时能够树立正确的人生观和价值观,提升思想道德水平,从而最终服务于社会,成为对社会和国家稳定发展有促进作用的人。

三、研究方法

(一)文献研究法

研究的文献主要将习近平总书记发表的重要讲话和文章、知网期刊、中华人民共和国教育部官网等数据库作为检索库,查阅近十年来的相关研究成果,同时阅读相关学术著作,系统把握研究主题、局限性与推进方向。收集、阅读、整理党中央、国务院和相关部委出台的指导性文件,以及我国高等教育中关于思想政治课课程改革及教育教学评价改革的相关资料,为本课题的理论研究作铺垫。对文献中不同学者对思政课程评价的研究进行比较、分析,借鉴、吸收其中的有益经验。通过比较不同阶段思政课程教学评价指标体系,探究新时代思政课程评

价体系的新发展。

（二）专家访谈法

基于高校思想政治理论课教学评价指标的构建需要丰富的实践经验支持这一特点，在课题研究过程中致力于访谈咨询资历、阅历深厚、学识精湛、有丰富经验的教师，同时充分听取相关领域专家们的意见和建议，特别是听取研究职业院校思政教育特点的专家关于高职院校思政课研究意见，在此基础上形成高职院校思想政治理论课教学评价指标体系。

（三）问卷调查法

本课题为了保障研究的科学性，根据研究需要，制定了有针对性的调查问卷，并进行定点式的发放与回收，用设计好的统一问卷向被选取的调查对象了解有关情况，或者征求意见、建议。通过分析调查结果，为评价指标体系指标的确立和权重的计算奠定了基础。

（四）行动研究法

通过思政课教师互相听课、课堂教学改革，进一步对教学评价的理论进行验证，在实践中完善补充教学理论。同时在教育实践中对教学评价方法进行实验，为教学评价的实践探索提供条件。通过一个周期的前后效果对比，可以检测研究成效。

四、理论依据

党的十八大以来，以习近平同志为核心的党中央高度重视思想政治理论课和教师队伍建设。2019 年 3 月，习近平总书记亲自主持召开了学校思想政治理论课教师座谈会，强调："办好思想政治理论课，最根本的是要全面贯彻党的教育方针，解决好培养什么人、怎样培养人、为谁培养人这个根本问题。"习近平总书记关于思想政治理论课和思政课教师的重要论述，是本课题研究的直接理论依据。

2016 年 12 月 7 日至 8 日，习近平总书记在全国高校思想政治工作会议上强调："要坚持把立德树人作为中心环节，把思想政治工作贯穿教育教学全过程，实现全程育人、全方位育人，努力开创我国高等教育事业发展新局面。""教师是人类灵魂的工程师，承担着神圣使命。"

2017 年 11 月 20 日，习近平总书记在十九届中央全面深化改革领导小组第一次会议上指出，全面深化新时代教师队伍建设改革，要全面贯彻党的教育方针，坚持社会主义办学方向，遵循教育规律和教师成长发展规律，全面提升教师素质能力，深入推进教师管理体制机制改革，形成优秀人才争相从教、教师人人尽展其才、好老师不断涌现的良好局面。

2018 年 5 月 2 日，习近平总书记在北京大学师生座谈会上的讲话中强调："评价教师队伍素质的第一标准应该是师德师风。师德师风建设应该是每一所学校常抓不懈的工作，既要有严格制度规定，也要有日常教育督导。我们的教师队伍师德师风总体是好的，绝大多数老师都敬重学问、关爱学生、严于律己、为人师表，受到学生尊敬和爱戴。同时，也要看到教师队伍中存在的一些问题。对出现的问题，我们要高度重视，认真解决。"

2018 年 9 月 10 日，习近平总书记在全国教育大会发表重要讲话，全面总结党的十八大以来教育改革发展实践中形成的新理念新思想新观点，围绕培养什么人、怎样培养人、为谁培养人这一根本问题，提出工作要求、做出战略部署，为加快推动教育现代化、建设教育强国、办好人民满意的教育指明了方向。教育大计，建设社会主义现代化强国，对教师队伍建设提出新的更高要求，也对全党全社会尊师重教提出新的更高要求。教师是人类灵魂的工程师，是人类文明的传承者，承载着传播知识、传播思想、传播真理，塑造灵魂、塑造生命、塑造新人的时代重任。教师是人类灵魂的工程师，是人类文明的传承者。

2019 年 3 月 18 日，习近平总书记在学校思想政治课教师座谈会上发表重要讲话，强调"办好思想政治理论课关键在教师，关键在发挥教师的积极性、主动性、创造性"。

习近平总书记的这些重要论述，不仅是我们研究思政课程评价的指导思想，有些具体内容还应当成为这个评价体系的具体标准。

五、政策依据

2018 年教育部所颁布的《新时代高校思想政治理论课教学工作基本要求》（教社科〔2018〕2 号）提出：思政课的考核方式"要采取多种方式综合考核学生对所学内容的理解和实际运用，注重考查学生运用马克思主义立场观点方法分析、解决问题的能力，力求全面、客观反映学生的马克思主义理论素养和思想道德品质"；具体而言，"坚持闭卷统一考试为主，与开放式个性化考核相结合，注重过程考核。闭卷统一考试须集体命题，不断更新题库，提高命题质量。开放式个性化考核应具有严格的组织流程和明确可操作性的考核评价标准。要合理区分学生考核档次，避免考核走形式，引导学生更加重视思想政治理论课学习"。

2018 年教育部办公厅关于开展"三全育人"综合改革试点工作的通知（教思政厅函〔2018〕15 号）强调："以习近平新时代中国特色社会主义思想为指引，全面贯彻落实全国高校思想政治工作会议精神，深入学习贯彻习近平总书记在北京大学师生座谈会上的重要讲话精神,推动实施高校思想政治工作质量提升工程,强化基础、突出重点、建立规范、落实责任,一体化构建内容完善、标准健全、运行科学、保障有力、成效显著的高校思想政治工作体系,形成全员全过程全方位育人格局,切实提高工作亲和力和针对性,着力培养德智体美全面发展的社会主义建设者和接班人,着力培养担当民族复兴大任的时代新人。通过完善育人体系、丰富育人内涵、扩展育人渠道、创新育人载体、改善育人环境、提升育人能力,建立健全'三全育人'长效机制,切实推动高校思想政治工作供给侧结构性改革,着力打通高校思想政治工作存在的盲区、断点,构建宏观的一体化育人体系。"

2019 年中共中央办公厅、国务院办公厅联合印发了《关于深化新时代学校思想政治理论课改革创新的若干意见》,再次提出了"注重推动思政课建设内涵式发展,全面提升学生思想政治理论素养"的要求。提出:"切实改革思政课教师评价机制。严把政治关、师德关、业务关,明确与思政课教师教学科研特点相匹配的评价标准,进一步提高评价中教学和教学研究占比。""各高校在专业技术职务(职称)评聘工作中,要单独设立马克思主义理论类别,校级专业技术职务(职称)评聘委员会要有同比例的马克思主义理论学科专家。按教师比例核定思政课教师专业技术职务(职称)各类岗位占比,高级专业技术职务(职称)岗位比例不低于学校平均水平,指标不得挪作他用。要将思政课教师在中央和地方主要媒体上发表的理论文章纳入学术成果范畴。实行不合格思政课教师退出机制。"

2019 年中共教育部党组关于印发《"新时代高校思想政治理论课创优行动"工作方案》(教党函〔2019〕90 号)的通知指出:"充分发挥高校思政课落实立德树人根本任务关键课程作用,全面推动习近平新时代中国特色社会主义思想进教材进课堂进学生头脑,建设一支专职为主、专兼结合、数量充足、素质优良的思政课教师队伍,培育一批优质教学资源,打造一大批内容准确、思想深刻、形式活泼的优质示范课堂。教育引导学生深化对马克思主义历史必然性、科学真理性、理论意义和现实意义的认识,坚定对马克思主义的信仰,坚定对社会主义和共产主义的信念,坚定对实现中华民族伟大复兴中国梦的信心,形成正确的世界观、人生观、价值观,增强中国特色社会主义道路自信、理论自信、制度自信、文化自信,不断提升大学生对思政课的获得感,努力培养担当民族复兴大任的时代新人,培养德智体美劳全面发展的社会主义建设者和接班人。"

2020 年,党的十九届五中全会对社会主义文化事业和文化产业的发展提出了更高要求,对推进社会主义文化强国建设做出全局性安排,明确提出到2035年"建成文化强国、教育强国、人才强国"的战略目标。这些方针政策的提出为新时代高校思政课实现内涵式发展指明了方向。

六、高职院校思政课程评价体系的设计

设计高职院校思政课程评价标准,必须认真落实国家有关政策,切实从高职院校思政教育实践出发,并坚持以下四个原则:

一是兼顾高标准和个体特性的统一性,体现公平公正原则。第一,在对教学质量进行评价时,需考虑全面,确保评价过程和评价结果的公平公正。对于高职院校客观存在的条件差别需加以重视,以各高职院校间具有共性的评价标准进行评价。第二,因各高职院校各有不同的特色,因此针对教学质量的评价应坚持在符合国家政策要求的前提下,参照各高职院校的办学特色进行。第三,由于个体间存在不同程度的优势和劣势,因此在对教师教学工作进行评价时,应注重从多个方面针对其综合素质进行评价,切忌以偏概全。第四,不应偏重教学过程和教学结果中的任意一面,而应该综合考量。最后,学生对教学知识的掌握情况应综合课堂表现、考试成绩、实践能力等多个方面进行评价,以确保评价的公平公正性。

二是将科学性与实践性相结合。科学性是评价指标体系构建的根本原则,也是对高职院校思政课教学进行科学教学评价的基础。科学性原则体现在指标体系构建理论科学和方法科学等方面,遵循思想政治教育的一般规律和高等教育的一般规律。根据高校思想政治理论课的价值取向,结合国家意识形态教育的要求和教学目标制定科学的评价标准。同时,评价指标体系的构建也要以实践性为原则,构建的评价指标体系具有可操作性,具体指标的选取能够在评价过程中容易操作,结论真实可信,具有实践应用性。

三是要全面性与针对性相结合。高职院校思政课教学评价是一项综合性评价,指标的选择应涵盖高职院校思政课的各个方面,以及高职院校思政课的全过程。通过不同的维度和不同层次的指标,对高职院校思政课进行全面的评价。当然各个高职院校又具有不同的校情与特色,这一特殊情况的存在,要求高职院校思政课程的评价指标又要具有针对性。

四是要把独立性与可比性相结合。对高职院校思政课程教学进行质量评价既要自我评价的纵向比较,也要与不同学校进行横向比较,因此,评价指标体系的选取既要有独立性又要有可比性。在自我评价中,通过指标体系的应用,可以实现对高职院校思政课程教学质量单独评价。在与其他高校的横向比较中,通过该指标体系的应用,可以实现对不同高职院校思政课程教学质量进行的考察,得出定量和定性的差异结果,以便于不同高校在思政课教学评价中找出差距,提高教学水平。

根据以上原则,对思政课程评价提出如下方案:

思政课程评价一览表

一级指标	二级指标	观　测　点
学校保障条件	政治把关	要求教师有坚定的马克思主义信仰,在事关政治原则、政治立场和政治方向等问题上与党中央保持一致
		要求教师具有良好的思想品德、职业道德、责任意识和敬业精神,无学术不端、教学违纪现象
		要求教师在教学中旗帜鲜明,在坚持正面教育、用真理说服人的同时,敢于批驳错误言论、错误价值观
	落实政策	按照师生比不低于1:350的比例核定专职思政课教师岗位,在编制内配足,且不得挪作他用
		新任专职教师必须参加省级岗前培训;所有专职教师应积极参加省级或中宣部、教育部组织的示范培训或课程培训或骨干研修;学校每年对全体教师至少培训一次
		每学年至少安排1/4的专职教师开展学术交流、实践研修和学习考察活动
		在人才项目中对思政课教师加大倾斜支持力度,给予更多关心和支持;因地制宜推动实施思政课教师岗位津贴
		设立思想政治理论课教育教学研究专项课题;创造条件支持思想政治理论课教师申报各级各类课题,参评各种科研成果奖等
		配齐建好思政课实践教室、实训基地
教师教学能力	必备条件	懂得职业教育;了解授课学生所学专业的基本情况
		具备制作微课、上传资料、网上阅卷等信息化教学能力
		熟练开展线上线下混合式教学
	教学准备	定期进行集体备课、研讨
		教案准备及时且保证质量
		收集、整理优质教学辅助资料

续表

一级指标	二级指标	观　测　点
教师教学能力	教学理念	坚持政治性和学理性相统一,以透彻的学理分析回应政治问题,用真理的强大力量引导学生
		坚持价值性和知识性相统一,寓价值观引导于知识传授之中
		坚持理论性和实践性相统一,既要教育引导学生全面理解理论知识的内核与精髓,又要注重用实践案例证明理论的科学性
	教学创新	开展教学改革与创新并取得显著成果,且具有推广性
教学内容安排	教学目标	设有三维教学目标
		符合学生实际情况
	课程安排	授课计划中各章节学时安排合理,能突出教学重难点内容
		课堂规模一般不超过100人,实行中班上课、小班研讨的教学模式
	教材建设	使用国家统编的最新版思政课教材和大纲
		实现教材内容向教学内容转化
教学方法创新	授课方法	坚持统一性和多样性相统一,保持规范性、科学性、权威性
		运用现代信息技术,因地制宜、因时制宜、因材施教
		探索不同方法和路径,让学生爱听爱学、听懂学会
		积极开展各具特色的实践教学
	授课主体	坚持主导性和主体性相统一,坚持以学生为中心,研究学生的认知规律和接受特点
		运用小组研学、情景展示、课题研讨、课堂辩论等方式,充分发挥学生主体性作用,师生平等交流、开放对话,课堂氛围和谐融洽
		积极有效开展课堂教学管理
		做好画龙点睛工作,加强引导和总结提炼
	授课方式	坚持灌输性和启发性相统一,在向学生教授基础性理论知识的同时,注重启发式教育,引导学生发现问题、分析问题、思考问题
		会讲中国故事、讲好中国故事
	授课态度	坚持显性教育和隐性教育相统一,正面宣讲理直气壮、态度鲜明
		有热情,有激情,言传身教,润物无声

一级指标	二级指标	观 测 点
教学效果呈现	理论掌握	学生对思想政治理论课基础知识全面掌握
		学生运用理论知识和方法分析解决问题能力提高
		学生对重大现实问题做出方向性正确反应
	情感激发	学生对思政课程开设必要性和重要性的认识提高
		学生对思政课学习动机、兴趣提升,主动关注时事政治
		具有鲜明的国家立场,拥有正确三观,形成良好的道德品质
	信念养成	积极拥护中国共产党的领导,认同没有中国共产党就没有新中国、就没有中国特色社会主义
		自觉学习和践行马克思主义中国化的理论成果
		坚信中国特色社会主义道路必然成功

七、关于高职院校思政课程评价体系的说明

本课题设计的高职院校思政课程评价体系的一个重要特色,是尽可能纳入了"八个相统一"。2019 年 3 月 18 日,习近平总书记主持召开学校思想政治理论课教师座谈会并发表重要讲话,就如何办好思想政治理论课这一关键课程做出了具体部署和指导。对于如何推动思想政治理论课改革创新,习近平总书记在讲话中提出了"八个相统一":要坚持政治性和学理性相统一;坚持价值性和知识性相统一;坚持建设性和批判性相统一;坚持理论性和实践性相统一;坚持统一性和多样性相统一;坚持主导性和主体性相统一;坚持灌输性和启发性相统一;坚持显性教育和隐性教育相统一,这是高职院校进行思政课程教学质量评价的重要依据。

政治性和理论性是思想政治理论课的基本特征。思想政治理论课具有强烈的意识形态属性,就是为党育人,为国育才,必须培养一代又一代拥护中国共产党领导和我国社会主义制度、立志为中国特色社会主义事业奋斗终身的有用人才。因此首先要树立政治性和学理性相统一教学理念;思想政治理论课就是要引导学生树立正确的世界观、人生观、价值观,在学生心里埋下真善美的种子,帮助学生扣好人生的第一粒扣子,为学生一生的成长奠定科学的思想基础。因此要坚持价值性和知识性相统一的教学理念。当前国际思想文化领域斗争深刻复

杂,国内人们思想活动的独立性、选择性、多变性、差异性明显增强,社会主义主流意识形态教育面临着巨大挑战,仍然受到各种错误观点和思潮的干扰。因此教师要树立建设性和批判性相统一的教学理念。马克思主义不是书斋里的学问,而是实践的理论。实践性是马克思主义理论区别于其他理论的显著特征。因此要树立理论性和实践性相统一的教学理念。

思想政治理论课教学与其他课程比起来,更强调要落实教学目标、课程设置、教材使用、教学管理等方面的统一要求。实践证明,千校一面、万人一孔的思政课教学很难达到教学效果。因此,思政课教学要因地制宜、因时制宜、因材施教,激发每个学生的积极性、主动性和创造性。因此要贯彻统一性和多样性相统一。思政课教学离不开教师的主导,在解决思政课教学中教与学的矛盾,即教什么学什么、怎样教怎样学的矛盾时,思政课教师应该而且必须发挥主导作用。同时,思政课教学绝不能简单将学生视为被动接受的客体、对象,要承认和尊重学生的主体地位,充分激发学生学习的积极性、主动性。因此要贯彻主导性和主体性相统一。教师的理论灌输、理论传授是实现思政课教学目标的重要途径,是必不可少,也是无法替代的,但是绝对不是强制灌输,要注重启发性教育,在平等沟通、民主讨论、互动交流中,引导学生发现问题、分析问题、思考问题、研究问题,在不断启发中让学生水到渠成地得出结论,因此要贯彻灌输性和启发性相统一。思政课是落实立德树人的关键课程,其他课程则是重要的补充。思政课是一种显性教育,旗帜鲜明、理直气壮地对学生进行系统的马克思主义理论教育,切实做到入脑入心,而其他课程则是隐性教育,就是要将思想政治教育贯穿课程教学之中,做到春风化雨润物无声。因此要贯彻显性教育和隐性教育相统一。

为了较好地体现"八个相统一",课题组将思政课程评价体系设计出五个一级指标:一是"学校保障条件",包括政治把关、落实政策两个二级指标;二是"教师教学能力",包括必备条件、教学准备、教学理念、教学创新四个二级指标;三是"教学内容安排",包括教学目标、课程安排、教材建设三个二级指标;四是"教学方法创新",包括授课方法、授课主体、授课方式、授课态度四个二级指标;五是"教学效果呈现",包括理论掌握、情感激发、信念养成三个二级指标。这些一级指标之间具有逻辑联系,二级指标之间具有过程相关性,能较为全面地反映思政课程的基本面貌,有利于实践推进并在促进思政课程教学改革和创新中发挥其应有的作用。

(课题承担单位为天津城市建设管理职业技术学院,课题主持人为张泽玲。课题组成员:赵文泓、张捷、韩颖、冷珊珊、王亚萌。)

第七章　课程思政评价

一、核心概念界定

2016 年,习近平总书记在全国高校思想政治工作会议发表重要讲话,提出"其他各门课都要守好一段渠、种好责任田,使各类课程与思想政治理论课同向同行,形成协同效应"。由此,课程思政建设成为高校课程教育教学改革关注的热点。为构建"思政课程＋课程思政"大格局,全面推进课程思政建设,构建课程思政评价体系,监控和评价课程思政的建设效果对于提升课程思政建设质量十分必要。在开展课程思政评价研究之前,首要任务便是对课程思政进行概念界定。近年来,随着课程思政建设在高校特别是高职院校不断深入,许多学者也都对课程思政的概念进行了研究和界定。赵继伟提出,"课程思政"的含义可以理解为:依托、借助于专业课、通识课而进行的思想政治教育实践活动,或者是将思想政治教育寓于、融入专业课、通识课的教育实践活动。① 韩宪洲认为,"课程思政"是指导高校各门各类课程充分发挥所承载思想政治教育功能,形成"全课程育人"格局的一种新时代教育理念,它将高校思想政治教育的"主渠道"从单一的思想政治理论课延伸扩展到各门各类全部课程。② 通过对已有研究的分析,结合有关政策文件中对于课程思政的描述,结合当前高职院校课程思政建设的特点,我们将高职院校课程思政概念界定为:在专业人才培养的全部课程(非思政课)教学中,融入思想政治教育,以爱党、爱国、爱社会主义、爱人民、爱集体

---

① 赵继伟.“课程思政”:涵义、理念、问题与对策[J].湖北经济学院学报,2019,17(02):114 – 119.

② 韩宪洲.深化“课程思政”建设需要着力把握的几个关键性问题[J].北京联合大学学报(人文社会科学版),2019,17(02):1 – 6,15.

为主线,围绕政治认同、家国情怀、文化素养、宪法法治意识、道德修养,将习近平新时代中国特色社会主义思想教育、社会主义核心价值观教育、理想信念教育、宪法法治教育、劳动教育、心理健康教育、中华优秀传统文化教育、安全教育及国防教育、职业理想和职业道德教育、行业企业文化、工匠精神等融入课程教学中,围绕坚定学生的理想信念,引导学生树立正确的世界观、人生观和价值观,培养德智体美劳全面发展的中国特色社会主义合格建设者和可靠接班人的教育教学行为。

二、课程思政研究现状综述

(一)国内相关研究

1. 课程思政评价

对职业技术教育而言,随着职业技术教育转型升级的进行,职业技术教育服务国家发展战略、培养高素质技术技能人才的使命愈发重要,在职业院校广泛开展课程思政,培育德智体美劳全面发展、具备劳动精神、工匠精神、劳模精神和高超技术技能动手能力的社会主义建设者十分必要。

基于此背景,我国学者对在职业院校开展课程思政进行了一定研究,且我国学者已形成普遍共识,即课程思政是"大思政"工作格局中的重要环节,以立德树人为根本任务,旨在动员全体教师、学生广泛参与,挖掘各类专业、通识课程中的思政要素与思政资源,发挥全部课程的思政育人作用。

就课程思政评价而言,归纳总结主要观点,我国学界普遍认同课程思政评价应从以下几点入手,即全校全员联动,探索建立以校级为单位的课程思政教学评价体制机制,为提升教师课程思政能力提供思想引导、动力驱动、制度保障,实现课程思政的常规化、常态化,逐步建立长效机制。以定量为基础,突出定性评价权重,开展教师与教师、学生与学生之间的群体差异评价,同时关注个人的纵向发展性评价,带动教师与学生实现双向成长。教师参与课程思政教学改革的情况作为教师年度考核、选拔、评优奖励的重要标准,学院把各部门推进课程思政教学改革的成效纳入思想政治工作评价体系,形成全员全校联动的模式,构建以校级为单位的评价与监测体系。

2. 上海市课程思政试验

2014 年上海市教育委员会提出"课程思政"一词,并率先在上海市高校进行试点取得明显成效。2016 年,习近平总书记在全国高校思想政治工作会议中提到要"要坚持把立德树人作为中心环节,把思想政治工作贯穿教育教学全过程,实现全程育人、全方位育人,努力开创我国高等教育事业发展新局面"。2017

年,上海市先试先行落实习近平总书记讲话精神,推动课堂育人、课程育人创新实践,探索思政课堂改革路径,创新课程思政落实途径。

2018 年,《焦点访谈》节目专题报道上海市各高校课程思政建设情况,表明上海市课程思政建设经验得到中央相关部门认可。同年,《人民日报》专题报道上海市高校课程思政建设情况,并发表题为《将思想政治之"盐"溶入学校教育之"汤"》的文章。此后,课程思政概念由上海传至全国。

"课程思政"正是贯彻落实习近平新时代中国特色社会主义思想、党的十九大精神,贯彻落实习近平关于教育的重要论述,特别是在全国高校思想政治工作会议、全国教育大会、学校思想政治理论课教师座谈会上的重要讲话精神的重要举措。在这种形势下,高职院校的课程思政自上而下、层层推进,在课程建设、项目研究、师资培训等多方面都积累了许多先进的做法和经验。特别是高职院校充分利用自己职业教育的特性,巧妙将理论和实训与思政元素有效结合,进行了大量卓有成效的尝试。

然而,课程思政建设仍存在课程思政课程缺乏针对性、专业课程与思政内容融入度较低、教师思政素养难以满足课程思政建设等问题,仍是高职院校在开展课程思政建设中急需突破的难点。因此,理清思路,构建适合高职院校课程思政建设的有效路径及评价标准,已成为摆在当前高职院校课程思政教学改革工作面前的重要议题。

(二)国外研究现状

国外虽无"课程思政"一词,但各个国家立足各自国情,已形成一定育人经验和有效举措。

在美国,美式"课程思政"体现在无形的公民教育中。美国的"课程思政"分散在学校教育、社区教育中,内容要素划分为适用于资本主义社会的宗教教育、社会教育、政治教育等,极为重视对青年人国家文化自信的培养。其中,宗教教育被视为美国人团结的"强力胶",美国人认为其象征着"美国精神";社会规范教育在于进行权利、纪律、品德教育,培养忠于美国制度的公民;政治教育,在于传递服务美国资本主义制度的一元价值观。在美国高校的课堂教学中,除了教师的直接讲授之外,还有大量的讨论、角色扮演、价值澄清法等形式,讨论又可分为小组讨论、研讨两种。学生在大量的互动、辩论、交流中洞悉他人的观点,面对不同的观点和看法时,在老师的引导下积极思考,从而形成自己的价值意识。在这种方式下,学生在学习中位于中心,占主体地位;同时,教师在价值观传递、立德等隐性教育中占有主导地位,进而将专业学习与隐性的树人教育相结合。

在日本,其"立德树人"体现在将"人"的言传身教与"职业力"相结合。20世纪末,日本经济大萧条之后,日本将"日本人"的教育与"职业人"的教育紧密结合,提出教育育人要帮助学生形成面向未来的意识,形成正确的职业观,培养学生热爱日本、日本文化、日本乡土的意识。2016年,《未来工作方式2035:为了人人出彩》报告中指出,要帮助学生找到"喜欢并为之骄傲的发展道路",培养国家化的自信日本人。① 在具体实施上,就职业技术教育而言,日本重视对"工匠精神"与"日本文化自信"的培育,基于校企合作的技术技能人才教育可分为OJT、OFF-JT、SD教育三种。OJT指在工作岗位上进行的学徒制教育,特征为"以老带新"、注重专业技能培育、多以基于现场实践的教育方式进行。OFF-JT有两种,一种为工作前的学校技术技能教育,另一种为工作后的继续教育,两种教育均包括日本职人文化学习内容。OFF-JT一般在类似于日本"鲁班工坊"的机构、学校中进行,目的在于培养具备爱日本之心的"完满的技术人才",而不是"工蜂"。SD指自我启发教育,指借助领导、老师、前辈的协助和启发,引导学习者发挥自我能动性,激发每一个人的上进心,进而营造求知若渴、积极进取的集体氛围。②

三、研究方法选择与使用

(一)文献研究法

文献研究法主要指搜集、鉴别、整理文献,并通过对文献的研究形成对事实的科学认识的方法。本研究以知网为检索平台,以"课程思政""教育教学评价体系"为主题词进行文献检索,共检索到文献28080条,其中"课程思政"相关研究文献20307条,"教育教学评价体系"相关文献7773条。在"课程思政"相关研究文献中,关于"课程思政评价"的研究文献共计5154,占检索研究文献总数的25%,这从一个侧面反映目前课程思政评价的有关研究梳理仍然较少。对这些研究成果进行梳理和分析可以发现,当前关于课程思政评价的研究主要集中在评价的必要性、评价的内容和主体等方面,对于系统的评价体系构建仍显不足。依据检索的结果,研究重点针对现有的研究文献进行系统化的梳理和分析,从研究主体、研究内容、研究过程和研究结论等方面考察课程思政评价相关研究现状,为后续研究的有效开展奠定基础。

(二)调查法

调查法是指为了达到设想的目的,制定某一计划全面或比较全面地收集研

---

① 吴茂森.论职业院校师德评价指标体系的有效构建[J].智库时代,2018(51):62+65.

② 张帅,徐云露.地方高校师德评价指标体系构建研究[J].科教文汇(上旬刊),2021(07):15-17.

究对象的某一方面情况的各种材料,并做出分析、综合,得到某一结论的研究方法。调查法主要分为访谈调查法和问卷调查法两种。本研究采用问卷调查法与访谈调查法相结合的方式,通过设计调查问卷和访谈提纲,基于对已有研究成果的梳理和分析,归纳和整理出与课程思政评价研究相关的指标内容,并按照李克特五级计分法形成调查问卷,结合访谈提纲,邀请专家、教师、企业人员和学生进行座谈,由这些参与课程思政建设的主体对课程思政评价体系的各项指标内容的重要程度进行打分,并通过访谈提纲内容对问卷中的指标内容进行补充和完善,为后续课程思政评价体系构建过程中对设定指标内容进行筛选奠定了基础。

(三)案例研究法

案例研究法是指针对生产或生活中的实际问题,选择相关的实践案例作为研究对象,系统地收集相关数据和资料进行深入研究,从而找到解决实际问题的途径和方法。本研究以天津轻工职业技术学院课程思政建设实践为案例开展研究,从学院整体课程思政建设和课程思政示范课建设情况出发,从组织结构构建、专业建设、人才培养、师资队伍建设、校园文化建设等方面总结其中的建设经验和有益做法。通过对案例的充分研究,既可以为课程思政评价体系的构建打开思路,同时也能够及时发现课程思政建设实施过程中存在的问题,保证课程思政评价体系指标内容的科学性和准确性。

四、理论依据

(一)习近平总书记的相关重要论述

2016 年 12 月,习近平总书记在全国高校思想政治工作会议上提出:"要用好课堂教学这个主渠道,思想政治理论课要坚持在改进中加强,提升思想政治教育亲和力和针对性,满足学生成长发展需求和期待,其他各门课都要守好一段渠、种好责任田,使各类课程与思想政治理论课同向同行,形成协同效应。"这里明确了课程思政在协同育人中的重要作用。

2018 年 5 月,习近平总书记在北京大学师生座谈会上的讲话讲指出:"要把立德树人的成效作为检验学校一切工作的根本标准,真正做到以文化人、以德育人,不断提高学生思想水平、政治觉悟、道德品质、文化素养,做到明大德、守公德、严私德。要把立德树人内化到大学建设和管理各领域、各方面、各环节,做到以树人为核心,以立德为根本。"这里指明了课程思政建设在立德树人中的作用。

2018 年 9 月,习近平总书记在全国教育大会上的讲话上提出:"要把立德树人融入思想道德教育、文化知识教育、社会实践教育各环节,贯穿基础教育、职业教育、高等教育各领域,学科体系、教学体系、教材体系、管理体系要围绕这个目标来设计。"

习近平总书记关于课程思政和立德树人的重要论述,为本研究提供了重要理论支撑。

(二)教育学及相关学科和评估、评价的相关理论和模型

通过对目前已有的教育学及相关学科中常用的评价模式进行比较和分析,结合课程思政评价研究的实际需求,本研究最终选择 CIPP 评价模式作为课程思政评价体系构建的理论依据。CIPP 评价模式是在 1966 年美国教育改革运动中应运而生的,由美国学者斯塔弗尔比姆(Stufflebeam,D. L.)提出,其基本的理论观点是"评价目的不在于证明而在于改进",又被称为"决策导向型模式"。CIPP模式包括背景、输入、过程和成果四部分,即是 Context,Input,Process,Product,这也是模式名称的由来。随着 CIPP 模式的不断改进,在后期的持续的教育改革实践过程中,斯塔弗尔比姆又对该模式进行了进一步改进,他将"成果评价"进一步细分为影响、成效、可持续性和可推广性四个组成部分。在具体评价应用过程中,CIPP 评价模式包括背景、输入、过程和成果评价四个步骤,四个步骤即是四类评价,它们相互结合构成 CIPP 评价模式。

表 1 CIPP 的四个评价类型及主要内容一览表

序号	评价类型	评价内容	评价目的	评估类型	形成的决策类型
1	背景评价	根据社会需要对教育目标本身的合理性做出价值判断	确认方案目标与方案的实际影响之间的差距	诊断性评价	计划决策
2	输入评价	在方案目标确定后,对各种备择方案进行识别和评定的活动	对实施方案的可行性进行评价	诊断性评价	组织决策
3	过程评价	对方案实施情况的监督和检查	调整和改进实施的过程	形成评估价	实施决策
4	结果评价	测量、判断、解释方案的成就	确认和证实人们需要的满足程度如何终结性评价	再循环决策	

自 CIPP 创立以来,已被广泛用于各类教育发展评价当中,并且显示出其自身的普遍适用性,将这种成熟的评价模型引入课程思政评价体系构建研究中,具有重要的参考和借鉴价值。

五、政策依据

为保证研究内容有章可循,近五年各级各类政府及机构出台的与本课题相关的政策及公开文件,为本研究提供坚实的现实依据。

2016 年,中共中央、国务院印发的《关于加强和改进新形势下高校思想政治工作的意见》(中发〔2016〕31 号)指出:"要强化思想理论教育和价值引领,把理想信念教育放位;要培育和践行社会主义核心价值观,把社会主义核心价值观体现在教书育人全过程;弘扬中华优秀传统文化和革命文化、社会主义先进文化,实施中华文化传承工程,推动中华优秀传统文化融入教育教学。"

2017 年,中共教育部党组印发的《高校思想政治工作质量提升工程实施纲要》(教党〔2017〕62 号)提出:"深入推动习近平新时代中国特色社会主义思想进教材、进课堂、进头脑,大力推动以'课程思政'为目标的课堂教学改革,优化课程设置,修订专业教材,完善教学设计,加强教学管理,梳理各门课程所蕴含的思想政治教育元素和所承载的思想政治教育功能,融入课堂教学各环节,实现思想政治教育与知识体系教育的有机统一。"

2019 年 2 月,国务院印发的《国家职业教育改革实施方案》(国发〔2019〕4 号)明确提出:"以习近平新时代中国特色社会主义思想,特别是习近平总书记关于职业教育的重要论述武装头脑、指导实践、推动工作。指导职业院校上好思想政治理论课……推进职业教育领域'三全育人'综合改革试点工作,使各类课程与思想政治理论课同向同行,努力实现职业技能和职业精神培养高度融合。"

2019 年 8 月,中共中央办公厅、国务院办公厅印发的《关于深化新时代学校思想政治理论课改革创新的若干意见》(中办发〔2019〕47 号)中提出:"整体推进高校课程思政,解决好各类课程与思政课相互配合的问题,发挥所有课程育人功能,构建全面覆盖、类型丰富、层次递进、相互支撑的课程体系,使各类课程与思政课同向同行,形成协同效应。"

2020 年 4 月,教育部等八部门发布的《关于加快构建高校思想政治工作体系的意见》(教思政〔2020〕1 号)中提出:"专业课程要注重科学思维方法的训练和科技伦理的教育,培养学生探索未知、追求真理、勇攀科学高峰的责任感和使命感,培养学生精益求精的大国工匠精神。专业课程要注重培养学生的大国'三农'情怀,引导学生'懂农业、爱农村、爱农民'。专业课程要注重加强医德医风教育,注重加强医者仁心教育,教育引导学生尊重患者,学会沟通,提升综合素养。专业课程要教育引导学生树立正确的艺术观和创作观,积极弘扬中华美育精神。"

2020年6月,教育部印发的《高等学校课程思政建设指导纲要》(教高〔2020〕3号)提出:"课程思政建设内容要紧紧围绕坚定学生理想信念,以爱党、爱国、爱社会主义、爱人民、爱集体为主线,围绕政治认同、家国情怀、文化素养、宪法法治意识、道德修养等重点优化课程思政内容供给,系统进行中国特色社会主义和中国梦教育、社会主义核心价值观教育、法治教育、劳动教育、心理健康教育、中华优秀传统文化教育。推进习近平新时代中国特色社会主义思想进教材进课堂进头脑,培育和践行社会主义核心价值观。加强中华优秀传统文化教育。深入开展宪法法治教育。深化职业理想和职业道德教育"。

2020年9月,教育部等九部门印发的《职业教育提质培优行动计划(2020—2023年)》明确指出:"引导专业课教师加强课程思政建设,将思政教育全面融入人才培养方案和专业课程。"

所有这些文件精神,都为本研究指明方向和提示研究内容。

六、课程思政评价体系设计

根据国家相关文件精神和课程实施实际情况,关于高职院校课程思政的评价,应当从两个方面加以展开:一是高职院校课程思政建设整体评价,二是专业课教师课程思政评价。具体评价表设计如下:

表2 学校课程思政建设整体评价

一级指标	二级指标	观 测 点
规划	政策落实	及时贯彻落实党中央、教育部、天津市委、市委教育工委等关于课程思政建设的决策部署
		进行顶层设计,设计制定学校总体课程思政建设方案
		通过制度建设保障课程思政顺利实施
	建设目标	制定贯彻落实立德树人根本任务的具体方案
		将课程思政建设融入学校人才培养的各个环节,实现课程思政建设的"全覆盖"

续表

一级指标	二级指标	观 测 点
实施	管理体制	建立党委统一领导,形成党政齐抓共管、院系协同开展课程思政建设的工作格局
		成立课程思政建设工作领导小组
		成立课程思政教学指导委员会
		建立由教务部门牵头,马院、组织、宣传、各二级学院密切配合的课程思政建设工作机制
	师资队伍	形成课程思政专业教师队伍,教师专业能力、思政素养、教学态度、授课质量及科研能力、师德师风俱佳
		建立思政课教师与专业课教师、其他公共基础课教师"结对子"工作机制
		建立课程思政"传帮带"工作机制
		建立课程思政建设专项人才引进机制,吸纳多元化课程思政专项人才
		形成课程思政建设专项人才培育机制,构建科学完善的课程思政专项人才成长路径
		建立完善的师资培训体系,提供包括课程思政专题培训、思想政治教育、形势与政策教育培训、师德师风专题培训在内的多样化培训
		在职称评聘、考核奖励和评奖评优等政策文件中明确将开展课程思政建设状况作为必备业绩和评价标准
	资金投入	设置课程思政工作专项经费
		在教育教学、人才培养、科学研究、校园建设等项目经费中设有课程思政建设相关的经费投入内容
		制定课程思政经费使用管理办法及绩效考核办法
	实施方案	把课程思政的要求纳入专业人才培养方案、教学计划、课程标准,实现将思想政治教育贯穿人才培养全过程
		制定专业课程思政教学质量评价标准
		开展专业课及公共课课程思政示范课建设
		建设课程思政教学资源库
		课程思政教学信息化水平较高
		与企业开展课程思政共建活动,包括支部共建、"课程思政"进企业等

一级指标	二级指标	观 测 点
实施	实施方案	开展专业课、公共基础课课程思政教学评选与展示活动;开展课程思政优秀教师评选
		开展课程思政主题教学及实践活动
	建设监测	建立学校课程思政建设监测机制
		撰写学校课程思政建设监测年度质量报告
		联合学校纪检监察部门,成立课程思政建设督查小组,每年开展课程思政建设质量监督
	建设评价	建立学校课程思政建设动态评价机制
		制定学校课程思政建设评价指标体系
成效	学校成效	建立课程思政研究专项管理体系,优化和提升管理程序
		建立课程思政教学研究示范中心等机构,开展课程思政相关研究
		制定课程思政研究评价标准和学术评价方法
		形成一批高质量的课程思政研究成果
		建立课程思政研究成果转化机制,实现课程思政研究成果反哺教学和学校发展建设
		建立课程思政特色教学活动中心和实践育人基地
		将思政元素体现在校园公共设施及景观建设中,提升校园思政育人氛围
		学校获得课程思政建设相关的荣誉和教育教学成果
		学校综合办学能力得到显著提升
		学校"三全育人"效果突出
		学校专业建设水平得到显著提升
	学生成效	学生认可课程思政教学目标,学习态度和课堂参与度有明显改善
		学生对职业教育认识提升、工匠精神明显巩固
		学生通过参与课程思政教学实践活动,个人行为获得正向引导,综合素质得到明显提升,获得实习或用人单位的认可
	课程影响	形成了一批高质量的课程思政示范课
		建设了一批资源丰富、类型多样的课程思政教学资源
	体系建设	建立了科学系统的学校课程思政建设管理体系
		形成了学校具有课程思政特色的专业体系和课程体系

表3 专业课教师课程思政评价

一级指标	二级指标	观 测 点
课程目标	教学目标	自觉将五育并举具体化为教学目标,将贯彻落实立德树人根本任务具体化
		强化习近平新时代中国特色社会主义思想进教材、进课堂、进学生头脑的教学理念
		注重发挥社会主义核心价值观引领作用
	教学设计	注重塑造学生爱国、励志、求真、力行品质
		注重思想品德、专业技术能力、科学素养的培养,实现课程与思政教育同频共振
		遵循教学规律,注重理想信念引领,体现科学精神与工匠精神
课程教学	教学资源	教材选用规范科学,按要求参考使用相关思政教材
		教案中有明确的思政教育目标
		凝聚各类优质资源,支撑教学目标的实现
		教学文件齐备,格式规范,示范性强
	教学内容	注重学生专业知识、人文素养、科学思维与职业素养的教育,提高学生专业技能,培养学生科学精神、劳动精神与工匠精神
		注意将经济社会发展和专业领域最新成果引入教学
		每门课程发挥思政功能点不少于5个,专业教学与思政教育浑然一体、自然流畅
		精选讲授内容,体系严谨,逻辑性强,重点、难点突出
	教学过程	教师精神状态饱满,讲授条理清楚,信息量大,课堂管理有效
		紧扣教学大纲,知识传授、素质提升与思想政治教育结合紧密
		理论与实践相结合,对问题阐述深入浅出,能启发引导学生
		注重教与学之间的有效互动与交流

一级指标	二级指标	观 测 点
课程教学	教学手段	合理运用各种教学媒体,创新教学模式,并有机融入思政内容
		板书及课件设计重点突出,使用效果好
		注重线上线下思政教学互动
		注重使用教学资源库或云平台课程思政资源
		因材施教,灵活运用多种教学方法,引导学生用正确的方法认识和解决问题
课程教师	专业负责人	师德师风良好
		组织能力强,能发挥带头作用并具有指导能力
		思政知识丰富,教学能力强,教学经验丰富,教学特色鲜明
	团队建设	师德师风良好
		专业、学缘、年龄结构合理
		教师专业能力、教学态度、授课质量俱佳
		坚持教学研讨、集体备课,团队梯度建设好
课程效果	教师	自觉、准确、有效挖掘所授专业课程中的思政元素,在教学中自然应用
		课程思政目标有效达成
	学生	对本课程接受程度高、喜闻乐见、评价良好
	学院	校内督导评价良好
	企业	学生综合素质评价良好
课程保障	基地与活动	实践(实训)基地数量充足
		实践(实训)基地质量较好
		相关课程思政活动资源充足,形式多样
	资源与制度	课程思政经费支持充足
		开发课程思政教材资源具有可持续性
		线上资源和资源库建设良好
		教学信息技术手段多样化
		具备较完善的制度支持体系

一级指标	二级指标	观　测　点
分类评价	专业特点	文科:注重引导学生自觉弘扬和传承中华优秀传统文化,增强文化自信。在经管类专业教学中突出敬业、诚信等价值观引领;在艺术类专业教学中突出美育引导,在弘扬中华美育精神基础上改革创新 工科:注重科学伦理教育,培养学生科技强国的责任感和使命感。在课程思政教学中实现科学、技术、工程、人文相统一、相融合和相互贯通
	教学方法	文科:以丰富多样的课堂组织形式,突出学生的主体地位,通过实施案例教学、情景模拟等,引导学生思考并理解思政内容 工科:突出科技的应用性,在实施过程中注重培养学生解决问题的能力与信心,培养学生科学精神和正确方法
	考核评价	文科:注重学生课堂表现的即时评价,直接组织学生就课程中的思政点开展认识上的交流 工科:注重学生理论与实践操作能力评价,考查思政与技能的相互促进状况

七、关于课程思政评价体系设计的说明

考虑到课程思政在高职院校实施的重要性和特殊性,也为了评价本身的便利,本研究将课程思政评价分为针对学校整体和专业课教师两个层面的评价细则。下面分别加以简要说明。

关于学校课程思政建设整体评价,共设计了三个一级指标:第一个是"规划",包括政策落实、建设目标两个二级指标;第二个是"实施",包括管理体制、师资队伍、师资投入、实施方案、建设监测、建设评价六个二级指标;第三个是"成效",包括学校成效、学生成效、课程影响、体系建设四个二级指标。这个体系较为完整地应用了 CIPP 过程评价方式,从规划到实施到成效,过程一目了然,更突出过程评价,符合课程思政尚在试点推进之中的实际情况。

关于专业课教师课程思政评价,共设计了六个一级指标:第一个是"课程目标",包括教学目标、教学设计两个二级指标;第二个是"课程教学",包括教学资源、教学内容、教学过程、教学手段四个二级指标;第三个是"课程教师",包括专业负责人、团队建设两个二级指标;第四个是"课程效果",包括教师、学生、学校、企业四个二级指标;第五个是"课程保障",包括基地与活动、资源与制度两个二级指标;第六个是"分类评价",包括专业特点、教学方法、考核评价三个二级指标。这个评价依然使用 CIPP 评价模式,突出教学过程,但相对学校评价,这里设计得更为具体和详细,有利于通过评价在客观上促进专业课教师自觉开展课程思政建设。

特别要指出的是,在专业课教师课程思政评价体系设计中,特别贯彻了有关文件关于区分学生专业特点的要求。这个要求其实是很高的,毕竟高职院校专业设置很复杂且不断变化,完全按照专业去设计课程思政评价标准,至少在当前不具备可能性,但一定要有所尝试,本课题就按目前高职院校专业设置大体上有工科和文科两大类别来区分评价。自然,这部分评价还要看实施效果再修订。

参考文献

[1] 朱小蔓,王坤."情感—交往"型课堂:课程育人的一种人文主义探索路径[J].课程.教材.教法,2018,38(05):17-25.

[2] 陆道坤.课程思政评价的设计与实施[J].思想理论教育,2021(03):25-31.

[3] 李如占,张冬冬.课程思政:各类课程与思想政治理论课协同育人的有效路径[J].高教论坛,2018(06):14-16+26.

[4] 夏佳音.将"思政"元素融入药学专业免疫学教学的探索[J].中国免疫学杂志,2019,35(03):360-362.

[5] 罗美玲.基于 CIPP 评价模式的高职院校内部专业评估指标体系构建研究[D].广东技术师范学院,2016.

(课题承担单位为天津轻工职业技术学院,课题主持人为李云梅。课题组成员:张如意、王妍、张冠男、王春媚、李悦、王宝龙、周京、王鹏、孙梅、魏所库、赵彦玮、靳禹。)

第八章 体育评价

一、核心概念界定

体育评价的核心概念主要包括体育评价、学校体育评价和学校体育相关五个核心概念,概念界定的主要根据是现有文献以及国家有关文件。

（一）体育评价

体育评价作为一种认识活动,是人们对体育的价值判断,对各类体育活动对社会的意义或价值的认识活动,分为学校体育评价、竞技体育评价、社会体育评价和体育产业评价四个主要领域。①

（二）学校体育评价

从广义来讲,根据《高等学校体育工作基本标准》,学校体育评价包含所有学校体育工作各方面的评价,主要有体育工作规划与发展、体育课程设置与实施、课外体育活动与竞赛、学生体质监测与评价、基础能力建设与保障等内容。从狭义来讲,根据《全国普通高等职业（专科）院校公共体育课程教学指导纲要（试行）》,学校体育评价侧重于对学校体育课程的评价,主要包括对学生的学习、教师的教学和课程建设三个方面。本课题以高职院校体育评价为研究对象,从宏观视角看,全面评价高职院校体育工作,主要从体育工作规划与发展、体育课程设置与实施、课外体育活动与竞赛、学生体质监测与评价、基础能力建设与保障五个方面进行。

---

① 杨军,闫建华.我国体育评价的起源与发展[J].体育学刊,2017(1):52-57.

（三）五个核心概念内涵

体育工作规划与发展是学校体育工作的重要内容，它规范着学校体育工作方向，确保学校体育目标实现的关键环节，它包括体育制度政策、体育组织管理、实施体育监督与检查三方面内容。

体育课程评价包括对学生的学习、教师的教学和课程建设三个方面。学生的学习评价应是对学习效果和过程的评价，主要包括体能与运动技能、认知、学习态度与行为、交往与合作精神、情意表现等。教师的教学评价内容主要包括教师业务素养（专业素质、教学能力、科研能力、教学工作量）和课堂教学两个方面。课程建设评价的内容主要包括课程内容、教材建设、课程管理、体育经费、场馆设施等。

课外体育活动与竞赛是建设校园体育文化和培养竞技体育人才的主要载体，是高校体育工作中不可或缺的环节内容，也是高校体育工作肩负的重要职责功能。课外体育活动与竞赛包含课外体育锻炼、学校体育竞赛和课余体育训练。

2014 年教育部出台《国家学生体质健康标准》，要求高校每年对全体学生进行体质测试，并于 2014 年 4 月 21 日印发关于《学生体质健康监测评价办法》，推动学生体质健康监测标准化建设，完善组织保障和优化运行机制，加强监测服务队伍建设等。

基础能力建设与保障主要指体育师资、体育经费、体育设施三方面内容，是指体育比赛、训练、教学以及群众健身活动中人、财、物的总称。

二、体育评价研究相关文献综述

在职业高等教育的教育评价体系中，现阶段体育应有的地位、位置和分量都没有得到充分体现，这也是造成学校体育长期徘徊不前，广大青年体质健康一直在低水平徘徊，甚至呈现下滑局面的直接原因，而该范畴下的体育评价研究工作，在很长一段历史中没有被重视起来，因此相关文献比较少。现有调研发现，体育评价相关文献主要是基于普通高校，缺少对职业高等院校体育评价的聚焦，且有关高校体育评价的研究文献多是关于体育课程的评价和学校体育工作的评价，其他方面的体育评价研究较少。

（一）学校体育工作评价

高校体育工作综合评价体系的构建是一项复杂的工程，包括确定评价目的、分析评价客体、制定评价标准、构建指标体系、选用评价方法和数学模型、计算合成评价结果及对结果的检验等。现有高校体育工作综合评价体系的成果并不多。关于学校体育工作综合评价研究方面，相关文献多采用经验选择法、问卷调研法、专家咨询法等定性方法,基于工作经验和专业人员的意见选择指标,同时,研究的具体内容和评价客体多针对某一地区或学校体育某一方面工作,如毕丹(2013)、杨光(2013),都采用定性方法,分别构建了江苏省和河南省的普通高校体育工作评估指标体系;关于评价指标体系研究方面,程亚飞(2018)、刘杰(2020)分别以普通高校、特殊教育类学校为对象,构建了包含完整三级指标体系的学校体育工作评价指标体系;在评价方法上,李莉(2008)运用的统计经济学中数据包络分析(DEA)方法发展了普通高校体育工作综合评价与诊断系统的研究。然而,现有关于学校体育工作评价的研究大多只完成了构建评价体系中的部分环节,研究内容与步骤的缺失影响了完整评价体系的构建;同时,评价结果的客观性和真实性也受到影响。

从国际上对有关问题的研究来看,瑞典学校体育质量督导在实践中建立了有效的运行机制,其督导框架的形成以体育知识、运动技能、体育态度、终身体育能力4个方面的达成度为依据,对学校体育发展的规划层面、执行层面、核验层面3个维度进行全面督导评估,可以为我国体育质量督导提供改革发展思路(田霆,2019);借鉴芬兰经验,在体育质量检测中突出成果导向,有利于提升学校体育质量,强化我国学校体育督导的目标性和规范性,有助于我国督导评估指标朝向可测化和具体化方向发展(闫静,2020)。

(二)体育课程评价

早些时期,陈侠的《课程论》、冯生亮的《课程评价定义的批判分析》、黄政杰的《课程评鉴》等课程评价相关文献在国内影响比较大,特别是钟启泉主编的《课程设计基础》在课程评价概论、模式和评价的方法等方面做了系统、深入的研究。21世纪以来,人们对体育教学评价有了系统思考,如姚蕾(2002,2004)在《对我国体育教学评价的体育思考》《新中国成立以来我国体育教学目标、内容与评价的回顾与展望》等文章中多次强调体育教学评价方面存在的评价目的认识有偏差、评价内容不够全面、评价方法不科学的三大问题,并提出了评价理念不断更新、评价内容不断扩展、多种评价方式综合运用的发展趋势展望,其文章对于体育教学评价的本质、功能、特点、主要问题、发展趋势的探讨较为全面。

令人遗憾的是,目前关于体育课程实施效果的评价还没有完整的定论,虽然崔伟、李艳翎、刘刚、佟铸等人分别从不同层面界定了体育课程的实施效果和课程评价,但他们的概念认识各有不同,因此很难对课程评价的概念给予统一的解释,但从中可以发现以下三个共同点应予重视:进行信息的收集与处理;检验课程的应用效果是否与课程设置的目标相一致;课程实施效果评价的过程和结果将为今后课程改革进一步深入发展提供重要支撑资料。

从国际上对有关问题的研究来看,颜亮等(2020)从微观角度对美国体育课程标准中结果的设计和评价进行分析,发现美国体育课程标准近年来的改革是一种结果导向教育理念下的课程实践,对我国当下的体育课程而言,我们可以从设计具体明确的目标、构建科学系统的学科内容体系、促进多层能力的发展3个方面来提升和保障我国体育课程的质量。

(三)课外体育活动及竞赛评价

长期以来,我国高校的课外体育活动在体育教育中的作用并未得到充分的发挥,对其评价研究也不受重视。陈友民提出缺乏课外体育活动"考核"体系影响了学生参与课外体育活动及竞赛,主张运用系统论的方法,把课外体育活动看成一个有机的系统,从而促进普通高校课外体育活动参与的积极性。随着时代发展,课外体育活动及竞赛研究内容也在不断改变,近几年对于课外体育活动及竞赛与体育课程的融合机制分析以及结合"互联网+"时代背景,开展信息化手段应用研究日益普及,如李朝阳等(2020)以中山大学"四年一贯制"体育课程改革为例,介绍了体育第一课堂与第二课堂高度融合的举措,提出实施体育双课堂的改革实践措施;管月泉、陈欣(2020)探讨了信息化背景下,体育应用类手机应用程序对课外体育活动的促进作用;许珂(2019)以驻宁本科院校课外体育活动管理现状及其管理模式进行调查,在调查结果的基础上分析了管理中存在的问题及其成因,结合南京师范大学的智能管理系统案例,提出结合"互联网+背景"构建新型课外体育活动管理模式。课外体育活动及竞赛评价指标体系的研究根据研究对象不同,大致分为中小学阶段、高校阶段两种类型。郭凯燕(2018)进行了核心素养下中学生课外体育活动评价指标体系的研究,依据系统评价理论和健康促进模式两大理论,综合运用德尔菲法、文献资料法、AHP分析法等科学方法,建构了以活动管理机制、资源配置、活动组织、活动效果和社会环境5个维度为一级指标的课外体育活动评价指标体系。郑振昆、王彦收(2014)运用文献资料法、专家访谈法、德尔菲法、数理统计法对松江大学城课外体育活动评价指标体系进行研究,构建包括4个一级指标、10个二级指标的评价指标体系,为高校课外体育活动的描述、评价提供了参考。

(四)学生体质监测与评价

学生体质健康监测出自《国家学生体质健康标准》,该文件具有直接的政策指导性,因而目前国内学者对该文件的政策性讨论较少,对学生体质健康监测的研究主要集中在对实施情况的现状调查和对策研究方面,研究目标多是致力于在不同地域学生体质健康监测基础上构建效果评价指标体系等。学者们分别撰文分析了山东、河南、浙江、陕西等省份大学生体质健康测试过程中存在的问题，又提出了相应完善体测检测评价体系的构建和完善。如刘利波提出建立矩阵式的《国家学生体质健康标准》组织委员会管理体制和相应的运行机制体系框架构建较为完善，包含决策调控机制、运行协调机制、监测预警机制、保障动力机制、考核评价机制、激励约束机制和自我教育机制等各方面；李晓雪（2017）等从教育功能角度出发，以教育激励目的的实现为导向，确定了《国家学生体质健康标准》实施效果评估理论框架，肖林鹏等（2009）对我国青少年体质健康服务体系的构建进行了初步探讨。目前没有针对大学生群体健康标准的评价研究，且无高职院校学生的相关研究，评价指标的建立也主要是针对目前学生体质健康监测过程中出现的问题，且多是聚焦于地域性研究。

从国际上对有关问题的研究来看，孙双明（2017）、叶茂盛等（2017）对美国、俄罗斯、日本和欧盟的学生体质健康测试工作进行了详尽的梳理，发现国外学生体质测试存在的 5 大趋势，对我国学生体质健康测试工作在理念方面、参与群体方面、评价主体方面、指标体系方面、保障机制方面的发展具有借鉴意义。

（五）体育基础能力建设与保障

体育基础能力建设与保障评价相关文献较少，刘杰的硕士论文《河南省特殊教育学校体育工作评价指标体系构建》对河南省特殊教育学校体育工作评价指标体系进行了研究，在总结前人的基础上，结合调查法、数理统计法、逻辑分析法等多种方法，重新建立了特殊教育学校体育评价与评估、评价指标体系，然而，在学校体育基础能力建设与保障部分室内外体育场地生均面积、体育器材配备情况等部分并没有给出明确的参考标准，同时随着新时代的发展，建立体育信息化管理系统势在必行，需要加强重视。从国际上对有关问题的研究来看，刘珍等分析了美国在线体育课程及其课程指南，这对于我国当前体育课程信息化建设的发展和提升具有一定借鉴意义。

综上所述，广义的体育评价体系现有文献较少，针对高职院校体育工作的特点、探索职业高等院校体育评价体系的文献更是稀缺。但是相关研究的成果和方法，可以成为本研究的借鉴和参考资料。

三、研究方法

（一）文献资料法

根据研究需要，课题组对查阅的大量相关研究文献资料进行搜集、整理、分析、选取，同时还通过图书馆、中国学术期刊网、中国知网、中国硕博论文全文数据库等查阅文献资料上百篇,查阅了与本研究相关的著作若干本,阅读近 5 年来党中央、国务院、教育部等部委、天津市委市政府、市教委、市人社局等发布的公开文件中的有关内容,特别是《关于进一步加强学校体育工作的若干意见》《2010 年 - 2020 年中长期教育改革和发展规划纲要》《学校体育工作条例》《普通高等学校本科教学工作合格评估实施办法》《高等学校体育工作基本标准》等,获得了构建职业高等学院体育工作评价体系的政策支持和法规依据。

(二)专家访谈法

在开展本研究的过程中,课题组成员先后拜访了天津市高等职业技术教育研究会、天津体育学院等单位的多位从事高职教育研究和体育教学研究的学者和专家,他们对确立本课题研究思路、研究方法和评价框架提出了好的思路。课题组还请专家进行了评议,其实施步骤分为以下几步:首先,组成专家小组明确研究目标;其次,向所有专家提出所要征询的问题及有关要求,请专家填写调查表;再次,专家根据调查表,结合自己的判断,提出修改意见,同时需要说明修改原因;然后,将专家第一轮的修改意见进行整理后,再次发给这些专家,让专家思考自己同其他专家的不同看法与意见,同时继续完善自己意见和看法;最后,专家根据第一轮专家调查的结果,修改、完善自己的意见,同时说明理由。如此反复,直到每名专家都不再改变自己的意见和看法为止。

(三)问卷调查法

根据研究的需要,在查阅相关文献资料的基础上,通过问卷形式对从事学校体育学、体育评价学和综合评价学方面的专家学者和实际工作者进行访谈。问卷采用李克特(Likert)五级量表的形式,在进行数据统计时,被调查者的总得分是他们每一道题目得分的总和,可以反映他对于该项的态度以及在整体维度上的总体态度。

(四)数理统计法

采用 SPSS13.0 统计软件进行数据处理与分析。采用均数、构成比进行描述性分析;专家积极系数用问卷有效回收率和提出建议的专家比例表示;专家意见集中程度用指标的重要性赋值均数表示;专家意见协调程度用变异系数表示;指标的最终确定是根据 Delphi 法的结果,采用均数法确定各指标。

四、理论依据

(一)习近平总书记关于体育事业的重要论述

习近平总书记高度重视和深切关注国家体育事业,多次阐述体育的重要作用,并对做好学校体育工作发布明确指示。2018 年 9 月 10 日,习近平总书记在全国教育大会上发表重要讲话,发出了推动学校体育进行革命性变革的号召,他强调:"培养德智体美劳全面发展的社会主义建设者和接班人。"五育是相互融合、相互配合的统一的教育过程,"德智体美劳"全面发展,重视美育、体育的价值,体现了新时代新形势、改革开放和社会主义现代化建设、促进人的全面发展和社会全面进步对教育和学习提出的新的更高的要求。习近平总书记对做好学校体育工作开出"良方",即要坚持立德树人目标,彻底改革教育评价体系,加快补齐教育短板:"要树立健康第一的教育理念,开齐开足体育课,帮助学生在体育锻炼中享受乐趣、增强体质、健全人格、锤炼意志。"学校体育要谋划、设计、推动好相关工作,一是要转变思想观念,把"教会""勤练""常赛"作为学校体育改革的目标;二是要扎实做好学校体育改革发展的保障工作要建立学校场地设施新标准,配齐配强体育教师;三是健全评价体系,动员社会各方力量支持学校体育工作。这是给学校体育工作在新时代做出的全新定位,也是开展新时代高职院校体育评价研究的指导思想。

(二)CIPP 评价模式

CIPP 评价模式又称为决策导向或改良导向评价模式,是由美国著名教育评价家斯塔弗尔比姆(Stufflebeam)于 1967 年在对泰勒(Tyler)的目标评价模式进行反思的基础上提出的,该模式由背景(Context)、输入(Input)、过程(Process)和结果(Product)四个评价环节构成。CIPP 评价模式具有以下基本特征:一是决策导向,即评价不局限于目标的达成度,而应是为决策提供有效信息的过程;二是重在改进,强调评价最重要的目的不是为了证明,而是为了改进;三是全面整合,CIPP 模式注重将诊断性评价、形成性评价和终结性评价三者整合在整个评价过程中,以突出评价的发展性功能;四是操作灵活,在运用本模式时,既可以根据实际需要采用一种评价,也可综合运用多种评价,既可以在方案实施后使用,也可以在方案实施前、实施中等环节灵活运用。

目前,我国高职课程建设及评价工作正处于全面深化改革阶段,这一时期的发展态势及其对教育评价的需求,与 CIPP 评价模式所具有的特征之间存在较多共性,都要求课程评价能对课程活动的改进和课程成效的提高做出贡献,使课程评价的激励性功能和发展性功能得到更为充分的发挥。在这一背景下,合理借鉴 CIPP 评价模式的观点与方法,以此促进高职课程评价的机制创新,对于高职课程建设的深入推进和教育教学质量的持续提升,具有较为重要的现实意义。

五、政策依据

国家近年来出台了一系列有关体育工作的综合性文件、重要会议文件、规划等,指明了体育工作的各项重点,为本研究确立评价体系提供了直接的依据。

(一)《深化新时代教育评价改革总体方案》

中共中央、国务院2020年10月印发的《深化新时代教育评价改革总体方案》,为克服唯分数、唯升学、唯文凭、唯论文、唯帽子的顽瘴痼疾,提高教育治理能力和水平指明了方向。该文件特别提出,教育评价改革总体方案要坚持破立结合、多措并举;在学生评价方面,破除以分数给学生贴标签的不科学做法,确立德智体美劳全面发展的育人要求;强调"强化体育评价。建立日常参与、体质监测和专项运动技能测试相结合的考查机制,将达到国家学生体质健康标准要求作为教育教学考核的重要内容,引导学生养成良好锻炼习惯和健康生活方式,锤炼坚强意志,培养合作精神……加强大学生体育评价,探索在高等教育所有阶段开设体育课程"。这些重要精神可以直接转化为体育评价的内容或指标。

(二)《关于全面加强和改进新时代学校体育工作的意见》

中共中央办公厅、国务院办公厅2020年10月印发的《关于全面加强和改进新时代学校体育工作的意见》是新时代学校体育工作的纲领性文件,将对学校体育工作的重视推到了新的高度,特别强调"健全教育督导评价体系""把政策措施落实情况、学生体质健康状况、素质测评情况和支持学校开展体育工作情况等纳入教育督导评估范围……把体育工作及其效果作为高校办学评价的重要指标,纳入高校本科教学工作评估指标体系和'双一流'建设成效评价。对政策落实不到位、学生体质健康达标率和素质测评合格率持续下降的地方政府、教育行政部门和学校负责人,依规依法予以问责。"该文件的出台有力推动高校认真贯彻落实习近平总书记关于教育、体育的重要论述和全国教育大会精神,把学校体育工作摆在更加突出的位置,构建德智体美劳全面培养的教育体系。该文件对于学校体育工作明确提出"建立日常参与、体质监测和专项运动技能测试相结合的考查机制,将达到国家学生体质健康标准要求作为教育教学考核的重要内容",这一点特别有利于推进学校体育评价改革。

(三)《普通高等学校体育工作基本标准》

2014年教育部印发的《普通高等学校体育工作基本标准》(下简称《基本标准》),提出了对于普通高等学校体育工作的指导思想和具体要求,规定了高校体育工作根本任务和基本内容,是对高校体育工作目标的全面与完善的诠释。文件中明确提升体育教学质量和学生体质水平是高校体育工作的基本任务,以体育工作规划与发展、体育课程设置与实施、课外体育活动与竞赛、学生体质监测与评价和基础能力建设与保障共计五个方面对目前高校体育工作内容进行了完整的规划与阐释,并正式提出高校体育工作的社会公益服务与文化传承创新功能。该文件作为国家的正式公文对现实高校体育工作明确提出了标准与规范,也是开展高校体育工作评估与检查的重要参考指标和政策依据。有鉴于此,本研究关于高校体育工作评价指标体系的构建直接以其为政策依据。

（四）《全国高等职业（专科）院校体育课程教学指导纲要（试行）》

2014 年教育部印发的《全国高等职业（专科）院校体育课程教学指导纲要（试行）》,直接针对高职高专院校体育课程提出了基本要求和规范,是高职高专院校制订体育课程教学大纲和对体育课程建设与评价的主要依据,也是评估、检查高职高专院校体育工作的重要依据。文件对高职高专院校体育课程的性质、目标、设置与结构、内容与方法、建设、组织与保障、评价七个方面进行了界定和指导,对于本课题的指标设定具有直接指导意义,尤其是“课程评价”部分,设定了学生的学习评价、教师的教学评价和课程建设三项评价内容,对本课题具有直接应用价值。

六、关于高职院校体育评价体系的设计

根据国家有关文件精神,从高职院校公共体育课开设的实际出发,特别是兼顾高校一般要求和职业教育特殊要求的情况下,将高职院校体育教育的评价体系量表设计如下:

体育评价一览表

一级指标	二级指标	观 测 点
目标与规划	制度与方案	认真执行国家教育和发展规划中关于体育工作的要求,建立完善有关体育教学的会议制度、管理与评价制度并遵章开展工作,明确工作目标、具体任务、保障措施和责任分工
	组织管理	学校有领导分管负责体育工作并成立专门机构（如体育工作委员会等）,建立部门协同工作机制,配备专职干部、教师和工作人员
	监督与检查	学校定期组织检查、考核,及时公布监督检查结果并对存在的问题限期整改;向社会公布学生阳光体育运动工作方案、基本要求和监督电话,利用公告栏、家长会和校园网,通报学生体育活动情况

一级指标	二级指标	观 测 点
制度保障	师资保障	在校学生与专任体育教师配备比例原则上控制在350∶1以内,专任体育教师与外聘教师比例不得超过3∶1;定期组织教师外出培训并系统开展校内培训
	待遇保障	生均体育教学维持费原则上与学校教育事业经费同步增长;体育教师课时量计算及福利与其他专业课教师相同,同时把课外体育活动、课余训练竞赛和实施《国家学生体质健康标准》等工作纳入体育教师工作量
教学内容	教学管理	灵活运用分组讨论、角色扮演、启发引导等教学方法,精讲多练;根据课程特点,有针对性地进行讲解与示范相结合,运用案例教学、项目教学、探究式教学相融合的教学方法,体现"教学做"一体化的现代职教理念;熟练运用现代教育技术,提高教学质量和效率;课堂清晰有序,场地器材布置得当,教学区域规范安全;课堂组织到位、控制得力,教学过程中师生互动、生生互动到位,配合良好,有效时间利用率高;注重突出学生主体地位,学生普遍积极参与教学活动
	课程内容	准确挖掘教学内容中的思政元素,积极有效开展课程思政;教授国家统一规定的体育课程知识与技能,在此基础上传授与未来职业特点相关联的身体锻炼知识和技能;设定探究性学习模块,引导学生自主学习能力形成;让学生形成积极的学习态度、健康向上的人生态度,成为有社会责任感的社会成员
体育成效评价	课余体育活动	每年不定期举办全校综合性运动会并取得新成绩;承办区县及市级综合性运动会或单项体育竞赛且本校成绩突出;学生体育社团数量多且年均开展活动频次高;本校成立运动队并在行业内有一定影响
	学生体质	每年对所有学生进行体质健康测试,测试成绩稳定并有提升;学生体质测试成绩列入学生档案,作为评优、评先重要依据;建立学生体质健康状况分析和研判机制;根据学生体质健康状况制定干预措施;用人单位对学生身体素质满意

七、关于高职院校体育评价体系设计的说明

在上述评价指标体系确立的过程中,为确保所建立的指标体系切实能够全

面反映职业高等院校体育工作的现实情况和发展水平,本研究遵循系统科学、教育评价学和综合评价学等科学理论和方法论,恪守建立评价指标体系的科学原则,针对职业院校体育工作的实践表现和时代特征,在现有研究成果和政策文件要求的基础上,完整构建职业院校体育工作综合评价指标体系表。

本评价体系共设计四个一级指标:第一个是"目标与规划",包括制度与方案、组织管理、监督与检查三个二级指标;第二个是"制度保障",包括师资保障、待遇保障两个二级指标;第三个是"教学内容",包括教学管理、课程内容两个二级指标;第四个是"体育成效评价",包括课余体育活动、学生体质两个二级指标。这些设计,实现了将文件精神向教育评价的转换。换言之,作为评价体系,不应当也不可能直接照搬文件,一是因为文件与评价体系的表述体例不一致,二是因为必须充分考虑高职院校开设公共体育课的实际状况。

参考文献

[1] 毕丹.江苏省普通高等学校体育工作评估指标体系的构建研究[D].江南大学,2013.

[2] 杨光.河南省普通高等学院体育专业评估指标体系的构建[D].郑州大学,2013.

[3] 程亚飞.普通高校体育工作综合评价研究[J].体育科技,2018(4):112-114.

[4] 刘杰.河南省特殊教育学校体育工作评价指标体系构建[D].河南大学,2020.

[5] 李莉.我国普通高等学校体育工作综合评价与诊断方法的研究[D].武汉体育学院,2008.

[6] 田霆.瑞典学校体育质量督导研究及启示[J].武汉体育学院学报,2019(9):95-100.

[7] 闫静.成果导向的学校体育质量检测结构及运行机制研究——芬兰经验与启示[J].武汉体育学院学报,2020(1):78-84.

[8] 姚蕾,闻勇.对我国体育教学评价的理论思考[J].2002(25-1):92-95.

[9] 姚蕾.新中国成立以来我国体育教学目标、内容与评价的回顾与展望[J].体育科学,2004(1):44-47.

[10] 颜亮,孙洪涛,张强峰等.美国体育课程标准中结果的设计与评价——结果导向教育理念的课程实践与启示[J].天津体育学院学报,2020(6):

634 – 638.

[11] 李朝阳,张新萍,仇亚宾."四年一贯制"大学体育综合课程:第一课堂与第二课堂高度融合[J].体育学刊,2020(5):96 – 101.

[12] 管月泉,陈欣.现代信息技术背景下普通高校课外体育活动创新研究[J].学校体育学,2020(11):120 – 121.

[13] 许柯."互联网"背景下高校课外体育活动管理模式构建研究——以江苏驻宁本科院校为例[D].南京师范大学,2019.

[14] 郭凯燕.核心素养下中学生课外体育活动评价指标体系的研究[D].山西师范大学,2018.

[15] 刘利波.山东省高校大学生体质健康测试机制研究[D].曲阜师范大学,2015.

[16] 李晓雪.评估《国家学生体质健康标准》实施效果方法的研究[D].北京体育大学,2017.

[17] 肖林鹏,孙荣会,唐立成等.我国青少年体质健康服务体系构建的理论分析[J].天津体育学院学报,2009(4):281 – 284.

[18] 孙双明,叶茂盛.美、俄、日和欧盟体质健康测试概述[J].北京体育大学学报,2017(3):86 – 91.

[19] 郑振昆,王彦收.阳光体育背景下高校课外体育活动评价指标体系的构建——以松江大学城为例[J].西部体育研究,2014(3):71 – 74.

[20] 叶茂盛,陶永纯,郝阳阳等.美俄日英澳5国体育课程标准研究[J]北京体育大学学报,2017(9):81 – 87.

[21] 潘绍伟,于可红.学校体育学[M].北京:高等教育出版社,2005.

[22] 李秉德.教学论[M].北京:人民教育出版社,2002.

(课题承担单位为天津体育职业学院,课题主持人为王伟。课题组成员:张趫、张彧、潘政彬、康璐、于红、王虎、续芳。此外,在课题调研过程中,何建龙、杜欣芮、李帅、李鹏程、施宁都做出了积极的贡献。)

第九章　美育评价

一、核心概念界定

"美育"是本研究的核心概念。美育是美学和教育结合的产物。"美育"首先在 18 世纪德国作家、美学家席勒的著作中提出,席勒针对 18 世纪末西方资本主义工业化引发的社会生存改变对西方人文理想扭曲的问题,力求通过美育规划出一条实现"完整人性"的以"自由"为标志的审美超越之途。目前,学界关于美育概念的认识有多种。按照不同认识视角,可以归为以下两类:一是基于美育目的和结果的认识。这些认识侧重于美育的目的,将美育界定为审美知识、审美力或人格等培养结果的产生活动。可事实上,美育概念除了美育功能结果以外,还涵盖着美育方法、美育活动等系列内容,仅从功能和结果的角度来认识美育的概念显然难以揭示全貌。二是基于美育内容和结果的认识。这样的定义,不仅涵盖了美育实施后的结果,还指出美育的内容。然而问题是,有关美育概念的认识并没有全面地揭示美育概念的特征。不少研究者将美育等同于审美教育,忽视了创造美这一方面。综合已有认识,本研究认为,美育是有意识、有计划地培养和提高人们的审美观和审美趣味,以及在社会生活实践和艺术实践中欣赏、创造美的能力的教育。

二、已有相关研究成果和实践发展的综合性评述

(一)有关美育信息化的研究

通过文献梳理发现,随着"互联网 +"等信息化手段引入教育领域,给美育教育注入了一股新的活力。

第一,在课程教学方面,构建"互联网 +"美育课堂教学新模式,主要涉及优化课程体系和教学内容、改进教学方法、促进美育与思想政治教育有机融合、专业课程与文化课程相辅相成等内容。基于移动互联网和大数据技术的替代、延伸、扩展、模拟辅助等特殊功能,将激发学生内生学习动力。李艺、曹亮认为,"互联网＋"的引入提高了高职学生的综合素质,提高了学生的专业技能。作为一种新的美育教学方法,打破了学生对传统职业道德教学方式不容易认同和接受的禁锢,应用学生喜欢的方式进行组织教学,进而得到良好的教学效果。刘鑫通过研究少数民族大学生美育教育,发现在"互联网＋"时代,提升少数民族大学生美育教育应用技能的具体路径有以下三个:一是依托互联网积极改进美育教学模式;二是充分挖掘美育资源,创新美育实践模式;三是建立互联网美育交流学习平台。章晶晶、王钰彪两位学者认为学生可以通过"互联网＋"这种学习平台去主动搜索和使用优质的美育课程资源和数字资源,开阔视野、得到更丰富的学习资料。同时,石春轩子认为利用互联网信息技术,构建美育课程"超市",可以平衡高校艺术资源。

第二,在构建校园网络共享平台方面,形成美育工作新阵地。高校可以开设多种类型的美育共享平台,使之成为美育工作的新领地,例如各高校的微课、慕课、翻转课堂、网络公开课等相关课程。建立公共艺术教育资源服务平台,将优秀的文化艺术作品从海量的网络资源里筛选出来,整合开发,构建"网络美育大课堂"。信息化赋能后的美育教学必将追求和张扬个性化教学、智慧化课堂、自适应学习、混合式学习等新理念,使大学美育的方法、工具、路径发生革命性的变化。郑藤也提到了"互联网＋"美育体现出了融合性、开放性和可参与性。目前,独立特色的美育教学平台和实验平台的建设正处于起步阶段。

第三,开展线上线下结合的美育实践活动,提升高职校园文化的美育功能。相关研究表明,高职学生更喜欢在虚拟的网络平台上表达情绪和自我。高职院校可以利用学生这一特点,将美育潜移默化地融入校园文化之中,立足本校的专业特色,挖掘、培育、营造好美育校园文化氛围。

然而,众多研究也发现美育与"互联网＋"不够深度结合的弊病。李艺、曹亮研究发现,基于"互联网＋"的高职美育改革中存在审美客体不明确的问题,审美客体质量参差不齐。郭晶晶认为,互联网时代,美育教育缺少有效引导、缺少教学创新、缺少融合。同时,受发展规模、教育理念的制约,高职院校的美育工作大多存在工作机构不健全、工作评价机制缺失、美育校园文化淡薄等问题,美育工作开展没有抓手、氛围较差、不能有的放矢地找到自身美育工作的薄弱环节,导致相关职能部门、教学部门没有形成美育工作合力。

（二）关于美育元素融入高职院校相关课程的研究

有不少研究者认为,高职院校专业课程要体现美育的思想性和文化性。江明荟以艺术设计专业教育为例,探索课程的思想性和文化性,指出把一些思想境界高和艺术水准高的优秀作品纳入教案,通过洞悉、挖掘作品背后蕴涵的思想性,达到思想性和学理性相统一,引导教育学生透过作品寻求其深厚的思想意义的目的,使他们在美学感知中感悟作品与时代的关联性。因此,高职院校专业课程是否具备思想性和文化性,可作为美育元素是否融入的评价标准之一。还有研究者探讨了高职院校美育课程要注重教学内容设计和课程结构的改良。例如:杨艺贞认为,课程是培育工匠精神的重要载体,要改变传统的教学方式,不断在课堂渗透美育,使学生从简单掌握技术转变为匠术。尤其是与美育息息相关的创新能力和精益求精的精神,必须作为职业课程的一部分加以考虑。比如工业机器人、服装设计等专业,要不断融入美的元素、增强学生美感,同时要与创新创造紧密结合,以此培养学生的工匠精神。因此,课程教学内容设计和课程结构中是否具备提升学生审美素质的环节和内容,也可作为高职院校专业课程美育元素是否融入的评价标准之一。还有研究者提到高职院校专业课程要注重美育隐性课程资源的开发,隐性课程资源必须关注人的情感体验和全面发展。隐性课程资源作为地域文化的重要体现,对艺术院校其实更为重要。隐性课程资源润物无声地把道德、审美、价值等观念渗透到艺术院校的各种载体中,达到寓教无声的效果。而现实中专业课程忽视了隐性课程资源的开发,阻碍了学生情感、意志、品格的养成,导致其在言行举止、处世方式乃至整个世界观、价值观等方面的不足和缺失。课程也因此失去了在潜移默化中影响学生身心发展的作用,这极易导致学生在提高道德认识、陶冶道德情感、规范道德行为等方面的关注不足。由此可见,隐性课程资源正确开发会提升学生美育的体验,因此高职院校专业课程是否注重隐性课程资源的开发也可作为高职院校专业课程美育元素是否融入的评价标准之一。

（三）有关高职院校美育教材的研究

于千千、文婷认为目前已出版的《大学美育》《大学美术》《大学音乐》等教材,为高校美育工作提供了参考,但"简约、概括性专业知识介绍"特征过浓。通识美育面对不同高校各学科专业的学生,如果不考虑院校的实际,不考虑学习需求,课程内容缺少个性和吸引力,往往会使学生失去兴趣。普洱学院以绝版木刻创作为特色的美术学专业应该编写绝版木刻沿革与鉴赏、绝版木刻技法入门等校本教材,配合课程有效地开展直观、立体的教学,使学生通过美育课程的学习,达到陶冶情操、提高审美能力的目的。因此,高职院校要结合特色专业特征开发提升学生美育素养的校本教材,将专业知识增长与美育素养提升同步进行。高职院校是否结合特色专业特征开发提升学生美育素养的校本教材,也可作为高职院校专业课程美育元素是否融入的评价标准之一。

(四)有关美育评价机制与改革

万芬在《试论美育学习评价体制的改革与创新》中提出"对学生美育学习效果进行评价方面的大胆尝试"。陈磊在《高职院校美育教育工作协同机制的构建与创新研究》中提出"高职院校美育教育工作应紧密围绕高素质技术技能人才培养目标,充分结合职业教育特色,遵循美育教育育人规律,遵循技术技能人才成长规律,遵循高职学生成长规律,将'以美育人、以文化人'的教育理念融入高等职业教育的人才培养全过程。针对高职院校美育教育工作存在的短板和不足,创新构建高职院校美育教育工作协同机制,包括美育第一课堂和第二课堂的协同运行机制;美育师资建设和美育场馆建设的协同保障机制;美育工作机构、美育评价体系和美育校园文化的协同推进机制"。张科海、付胜利认为,"高职院校的审美教育大都囿于培养审美情趣、提高审美能力的范畴,教育效果差强人意,没有真正发挥其'以美育人'的作用,其中的主要原因是美育育人机制建设与创新不足。基于充分发挥美育的育德作用,促进高职院校更好地完成立德树人任务,就高职美育育人理念的确立、美育育人推进机制、保障机制和评价机制的构建与创新等进行了探索研究"。叶碧在《高校美育评价的内容与方法》中提出:"'评什么'和'怎么评'是高校美育评价中的两个基本问题。高校美育以丰富情感世界、升华精神境界、促进人性完善为目的,所以,评价应当采用以定性为主的方法。高校美育实践良好效果的取得,离不开正确的思想指导、相应的条件保障和精心的活动组织,因此,评价内容应当包括思想认识、条件建设、活动组织和教育效果等几个方面。由于这几个方面都各有其特点,评价中应当注意从实际出发,科学选择、综合运用各种评价方法。"杨晓慧、黄君录在《高职院校劳动美育体系构建:目标、重点与路径》中提出:"大力加强劳动教育和美育是新时代的要求,是高职教育'以美育人'与'以劳育美'的融合。构建高职院校劳动美育体系,需要以劳动美的创造者和审美者为培养目标,在共性与特色的把握中确立教育重点。在实施中,需要搭建校企家社联动的格局,构建课程、实践、文化'三位一体'的实施体系,建立组织机构、师资队伍、经费'三个到位'的保障体系,构建常态化评价反馈体系。"

（五）已有研究的不足

总体上看,关于高职院校美育评价的研究还处于探索与起步阶段。已有的相关研究为我们的研究奠定了一定的基础并提供了一些理论资源。通过梳理文献可知,已有研究还存在如下问题:

1.缺乏对高职美育评价的系统研究

真正的高职美育评价是理论者和实践者共同参与,需要真正的扎扎实实的系统研究。从搜集到的文献来看,迄今尚未有一部专门论述高职美育评价的专著问世。一些研究还处于初级阶段,很多研究都比较零散。因此,亟须对高职院校美育评价展开研究。

2.忽视理论支持的作用

理论对一项研究的作用是不言而喻的。通过对已有的美育评价相关研究的梳理,我们发现,研究者们对高职美育评价的研究缺乏系统的理论基础。缺乏理论的支撑总是会给人一种隔靴搔痒的感觉。因此,在寻求理论支撑的同时,从理论的高度来审视和研究高职美育评价指标研究就变得尤为重要了。

三、研究方法

（一）文献研究法

本研究通过图书馆、中国知网(CNKI)、万方、超星、读秀等数据库以及包括百度在内的网络资源搜索了国内外相关的文献资料。同时,也注意阅读搜集大量有关学校评价的书籍。文献检索的范围主要包括以下几个部分:美育的研究、美育评价的研究、学校美育管理的研究、美育教育评价的研究。研究者仔细阅读并且深入分析所收集的文献资料,认真做好文献综述工作,把握研究问题的现状和发展趋势。通过批判性地借鉴他人研究成果,拓展自己的思路,丰富自己的材料,从而为本研究奠定坚实的历史和现实基础。

（二）专家问卷法

专家问卷法又称德尔菲法,应用该研究方法的目的是建立高职美育评价指标体系的内容效度。内容效度指一个测验对它想要测量的知识或技能的实际测量程度,一般由一组专家来判断,通常是用对某测验的内容是否合适的一个共识判断来表示的。依据上述标准,研究者将分别从高职艺术专业课教师、高职院校管理者、高职专业课教师(非艺术类)三大类人员中选择专家,建立专家咨询小组。本研究还需要考虑的一个实际问题是样本的大小。戈登提出,多数德尔菲法研究使用的专家小组成员为到 15～35 人,也有的多达上百甚至是上千人。其他研究者指出,德尔菲法对样本大小虽然没有一个严格和稳定的准则,但一般应考虑以下因素:当小组同质时,10~15人的一个小样本就足够了;但是,当小组不同质时,就需要一个大样本并可能有数百人参与,样本越大,结果可信度越高,但是,超过一定界限后,执行专家咨询及分析数据的过程将变得棘手而使研究者获益不大。① 依据上述综述研究的结果,在本研究中,针对每一类专家,在人数达到20人左右时停止邀请。咨询专家选定后,即以"高职美育评价指标的专家意见咨询调查问卷"请专家提供意见。问卷形式为半结构式,请专家按三个等级(从适合到不适合)评定各评价标准的适合度,并提供其他修改意见。研究中将进行数轮咨询,直至专家意见达到高度集中为止。

(三)访谈法

访谈法是指研究者通过问答和谈话的方式,从被研究者那里获取一手资料的研究方法。本研究拟对部分高职院校校长进行访谈,了解高职院校美育工作及其对评价指标体系的认知程度以及可能存在的问题和建议。除此之外,本研究还对部分教师进行访谈,收集他们有关美育的认识,为美育评价指标体系的制定、修改和完善提供更多补充建议。

四、理论依据

(一)习近平总书记的有关重要论述

习近平总书记在给中央美术学院8位老教授的回信中提到:"做好美育工作,要坚持立德树人,扎根时代生活,遵循美育特点,弘扬中华美育精神,让祖国青年一代身心都健康成长。"②习近平总书记2018年在全国教育大会中强调:"要全面加强和改进学校美育,坚持以美育人、以文化人,提高学生审美和人文素养。"③习近平总书记这两次关于我国美育教育的论述,明确了新时代下的学校美育工作需要遵循的原则,实际上也提供了建立我国美育评价体系的理论基础和框架基础。它表明,推进新时代美育改革发展需要以美育人、以文化人;关注开展美育教育的场所需求;大力挖掘美育工作的着力点,全面落实立德树人根本任务,高度重视思想和价值观的培育,将美育教育与坚定文化自信相结合。

(二)教育评价理论

教育评价理论是教育学理论中的一个重要组成部分。它不仅对教育教学目

---

① 姜涛.物理探究课有效教学评价指标体系构建研究[D].西南大学博士学位论文,2013:9.

② 于园媛,张玉梅.扎根时代生活 弘扬中华美育精神——习近平总书记给中央美术学院老教授回信引起强烈反响[EB/OL].https://news.gmw.cn/2018-09/01/content_30910171.htm,2018-09-01

③ 习近平出席全国教育大会并发表重要讲话[EB/OL].http://www.gov.cn/xinwen/2018-09/10/content_5320835.htm,2018-09-10

标、内容、过程和程序进行判断,对教育教学活动的输入输出做出相应反馈,此外,它为教育改革、教育管理和决策的制定也提供了基础依据和发展方向,从而提高教育质量。教育评价理论最早开始于国外学者的研究,中国起步较晚。目前,教育评价理论经历了四个发展阶段,分别为第一代测量时代(1900—1930年),第二代描述时代(1930—1950年),第三代价值判断时代(1950—1970年),第四代建构主义时代(1980年至今)。① 国内学者关注教育评价理论以来,一直进行教育评价理论中国化研究,为建构中国特色教育评价积累了丰富的理论基础。第四代建构主义教育评价理论认为,评价是各要素之间的相互融合、相互衡量价值标准的一个过程。在这个过程中,不仅涉及各要素之间的物理建构过程,也涉及各要素之间的心理建构过程。② 建构主义教育评价理论认为,评价的标准应该具有多元化特征,不仅仅要关注学生是否达到了既定目标,更要重视学生在整个教育实施过程中自身的经验与知识的建构。建构主义体现在评价方法上,强调以成绩为主的终结性评价转向以过程建构为主的过程性评价。在评价中,要充分听取各因素的意见和建议,统筹协调好价值判断标准,最大可能地求同存异,通过持续性的协商与融合,最终实现共同的心理建构。

(三)CIPP 评价理论

1966 年,在批判泰勒目标评价模式的基础上,美国著名教育学者斯塔弗尔比姆提出了一种新型的评价模式——CIPP 评价理论。这种评价模式也被称为改良导向性评价模式,其最终目标是为决策提供依据。其整个评价过程可以分为四个组成部分:背景评价(Context Evaluation)、输入评价(Input Evaluation)、过程评价(Process Evaluation)和结果评价(Product Evaluation),贯穿于教育评价的全过程。CIPP 评价模式可以较好地契合高职院校美育评价体系构建的内在诉求。利用 CIPP 评价模式对高职院校美育评价体系构建进行理论基础的指导,即利用其四种评价模式,生成与之相匹配的评价体系要素,进而更好地诊断高职院校美育发展,促使其立足于学校的人才培养目标,全方位、全过程地增强高职院校学生的美学修养与实践能力,达到立德树人的根本目标。

(四)现代美育理论

美育理论产生于人类长期的生产实践活动,是人类特有的教育实践活动。

---

① 齐宇歆.当代教育评价理论及其历史演进过程中的知识观分析[J].远程教育杂志,2011(05):76 – 82.

② 李凌艳,李勉.从西方教育评价理论发展的视角看我国学校评估研究[J].教育理论与实践,2010(4):25 – 29.

"美育转向"是现代美学研究发展的必然趋势,"美学走向美育"已在学术理论研究上达成共识。① 西方的美育理论是以康德、席勒为开端的。尤其是席勒,他首先提出美育概念并加以阐释。他认为:"从感觉的受动状态到思维和意志的能动状态的转变,只有通过审美自由的中间状态才能完成。"②而马克思的美育思想是对人的异化状态的救赎,始终以"人"为核心,将"人的自由全面发展"作为美育理论的核心。高职院校美育评价指标体系的构建需要始终以"人"为核心,始终关注学生的发展,集中指向了人性的建构、人格的完善。开展本研究必须始终以现代美育理论作为基础,将评价指向高职学生美育发展,使高职学生自由全面发展。

五、政策依据

党的十八大以来,党和国家高度重视学校美育工作,把学校美育工作摆在更加突出位置,特别是针对高等学校美育工作,对美育教学、提高学生审美与人文素养、促进学生全面发展等方面,相继做出一系列重大决策部署。

2015 年 9 月,国务院办公厅印发《关于全面加强和改进学校美育工作的意见(国办发〔2015〕71 号)》,强调要"加强美育综合改革,统筹学校美育发展,促进德智体美有机融合;整合各类美育资源,促进学校与社会互动互联,形成全社会关心支持美育发展和学生全面成长的氛围"。

2019 年 4 月,教育部印发《关于切实加强新时代高等学校美育工作的意见(教体艺〔2019〕2 号)》,对新时代高等学校美育工作提出了政策制度要求,规划了改革路径与前进方向,从总体要求、重点任务、主要举措和组织保障四方面对高等学校的美育工作进行了全面的顶层设计,使高校美育工作有据可依、有规可循。该文件强调,美育工作要"遵循美育特点,弘扬中华美育精神,以美育人、以美化人、以美培元,培养德智体美劳全面发展的社会主义建设者和接班人"。其明确了"高校美育要以艺术教育的改革发展为重点,紧紧围绕高校普及艺术教育、专业艺术教育和艺术师范教育 3 个重点领域,大力加强和改进美育教育教学,建强美育教师队伍、深化美育教学改革、推进文化传承创新、增强服务社会的能力水平,全面加强组织保障",同时提出"各高校要明确普及艺术教育管理机构,把公共艺术课程与艺术实践纳入高校人才培养方案,纳入学校教学计划,实行学分制管理。每位学生须修满学校规定的公共艺术课程学分方能毕业"等具

① 赵聪.大学生美育的现实困境、原因及其策略研究[D].长春:东北师范大学,2014:8 - 9.
② [德]席勒:美育书简[M].徐恒醇译,中国文联出版公司,1984:116.

体要求。考虑到完善美育评价监测督导作为学校美育工作的重要组成部分,该文件为高职院校完善自身美育工作机制提供可行性意见:"完善高校美育评价体系,把美育工作及效果纳入普通高校人才培养工作评估指标体系,作为办学评价的重要因素,积极探索中国特色现代高校美育评价制度。"

2019年6月,教育部印发《关于职业院校专业人才培养方案制订与实施工作的指导意见(教职成〔2019〕13号)》,特别强调要重视和加强学校美育工作,为培养更高水平的人才提供重要保障。这一文件在"规范课程设置"中提出:"高等职业学校应当将美育课程列为必修课或限定选修课。深化体育、美育教学改革,促进学生身心健康,提高学生审美和人文素养。"

2020年10月,中共中央、国务院印发了《深化新时代教育评价改革总体方案》,作为指导深化新时代教育评价改革的纲领性文件,为深化新时代教育评价改革指明了前进方向、提供了根本遵循。文件中对"美育评价"提出了具体要求:"推动高校将公共艺术课程与艺术实践纳入人才培养方案,实行学分制管理,学生修满规定学分方能毕业。"该文件继《关于职业院校专业人才培养方案制订与实施工作的指导意见》后,再一次强调在人才培养中要重视公共艺术课程及艺术实践活动,高校需要进一步构建、完善公共艺术课程体系,推动公共艺术课程建设的规范化、制度化和科学化。

2020年10月,中共中央办公厅、国务院办公厅发布《关于全面加强和改进新时代学校美育工作的意见》,对学校美育工作提出更加系统性、立体化、全方位、切实可行的指导意见,明确了改革发展的重点任务,针对美育工作的薄弱环节,找准突破口和落脚点,力争在课程教学、教师队伍、条件改善、评价机制等现有工作的基础上,进行进一步的改革,实现新的发展进步。该文件对高职院校美育工作在课程方面的基本要求包括:"完善课程设置,将艺术课程与专业课程有机结合,强化实践,开设体现职业教育特点的拓展性艺术课程;科学定位课程目标,强化艺术实践,培养具有审美修养的高素质技术技能人才,引导学生完善人格修养,增强文化创新意识。"同时,美育工作及其效果也将成为高校办学评价的重要指标:"健全教育督导评价制度,把政策措施落实情况、学生艺术素质测评情况和支持学校开展美育工作情况等纳入教育督导评估范围。"

天津市积极响应党和国家对学校美育工作的重要部署,市人民政府办公厅印发了《关于全面加强和改进学校美育工作的实施意见(津政办发〔2017〕32号)》,结合天津市学校美育工作情况,为进一步强化美育育人功能,推进学校美育改革与发展,提出切实可行的实施方案。2021年年初,市教委印发《关于做好

2021年寒假学校美育工作的通知》，要求各高校"本着面向全体、以美育人、因地制宜、改革创新的原则，做好寒假美育工作"。

通过梳理近五年来党和国家对于新时代学校美育工作的谋划和部署，我们深刻领悟到"学校美育是培根铸魂的工作"，充分认识其重要战略地位，明确"全面加强和改进美育是高等教育当前和今后一个时期的重要任务"，必须利用好美育评价的指挥棒，健全美育工作机制，建立科学规范的美育评价体系，加强对地方和学校开展美育工作的督导，强化结果应用。

六、高职院校美育评价体系的构建

高职院校美育评价工作是一个动态发展的过程。因此，在选择评价指标时，不仅应有反映客观情况的结果性指标，也应有过程性指标，抽取某些过程并设置考核评价点，根据当下实际情况，不断修改与完善各项指标。同时，构建高职院校美育评价指标体系的目的是能在美育工作中获得实际应用，将理论转化为客观的统计数据，这就要求评价指标体系的可行性。在指标设计的方法上，要采取定性与定量混合评价的方式。指标里所需的数据要易获取、可测量，避免没有实际意义、冗长的指标项。

本研究构建高职院校美育评价体系，首先采用文献分析法对美育及其评价相关文献和资料进行收集整理，统计研究关注点，借鉴教育评价理论和模式初选评价指标。在此基础上，运用专家问卷法、访谈法等将初选的评价指标进行修订和完善，确定高职美育评价指标的内容选择、评价标准，并对每一级指标内容进行逻辑关系和内容层面的分析。本研究借鉴有关评价理论和模式，按照高职院校美育工作开展的过程逻辑，将美育评价体系设计如下：

美育评价一览表

一级指标	二级指标	观测点
规划设计	制定美育规划	将美育教育纳入学校发展规划和年度工作计划中
	了解学生需求	学校了解学生美育需求，每学期都开展相关调查
		学生愿意参加美育教学活动
	着眼学生全面发展	符合学生全面发展的需要
		将学生美育意识、观念作为高职院校培养人的目标之一

续表

一级指标	二级指标	观　测　点
教学实施	管理体制	有主管美育工作的校领导,熟悉美育工作相关要求
		有专门负责美育工作的管理部门和教学部门
		负责美育管理工作的教师有清晰的岗位职责
	运行机制	建立美育组织实施的工作机制,制定美育工作具体方案,并且能够定期更新
		将美育纳入学生综合素质评价
		每年安排专门的美育工作经费,且逐年有所增加
	师资人员	按照规定配齐美育相关课程教师
		聘请相关校外专业人士担任美育兼职教师或指导教师
		专职美育教师在职务评聘、奖励、进修、培训等方面与其他专业教师具有同等待遇
	课程安排	面向全体学生开设美育必修课
		每个学生至少修满2学分的美育课
		依据不同专业特点,将美育渗透于各门专业课程中
		将美育纳入各级各类课程评比条目
	场馆设施	学校有专门的展览馆等艺术活动场地或艺术类实训基地等场所
		学校图书馆、阅览室为美育教育教学配备足够的图书、影像资料
		学校美育教育教学设备设施能够正常运转
	实践活动	学校有固定的艺术展演活动
		学校有一定数量的艺术类社团
		能够定期组织艺术场馆参观活动
	检查评价	学校定期召开美育工作会议,规划安排学校美育工作
		学校有关部门能够有效管理本校美育工作

一级指标	二级指标	观 测 点
教育成效	教改贡献	有美育课程优质数字资源
		每年有关于美育相关的科研课题获得立项
		美育课程教学改革成果获得相关方面的认可、认定
	社会服务	开展社区美育志愿服务
		参与美育定点帮扶工作
		参加与地方政府、行业企业、高校间、中小学以及社区等合作的美育协同创新活动并形成协同育人机制
	学生发展	学生掌握必要的艺术知识和技能
		学生对什么是美有了更深入的认识
		学生审美、情感、价值观发生积极转变
	成果推广	美育工作方法及方式可推广到其他高职院校应用
		参与不同级别美育活动、艺术展演并获奖

七、关于设计高职院校美育评价体系的说明

上述关于高职院校美育评价各项指标的设计，是在反复学习、领会国家有关文件精神、广泛征求高职院校教师和校长以及研究专家意见的基础上而提出的。就是说，它既要遵循国家相关文件要求，也要反映高职院校的实际情况，将其定位于以公共基础课为主的评价，而且在评价实施初期所设计的指标宜粗不宜细。

这个评价体系共设有三个一级指标：第一个是"规划设计"，学校对美育工作应当有规划和计划，必须了解学生的美育需求，将美育工作定位于有利于学生全面发展（这三个方面分别成为三个二级指标）；第二个是"教学实施"，这是评价体系的主体部分，着重于过程评价，包括管理体制、运行机制、师资人员、课程安排、场馆设施、实践活动、检查评价七个二级指标；第三个是"教育成效"，评价学校美育工作在教改贡献、社会服务、学生发展、成果推广四个方面的成效（分别列为四个二级指标）。

必须指出的是，在国家多个文件以及专家论文中反复提及的对学生进行隐性美学教育而达到美育成效的思路和做法，本评价体系仅在"课程安排"这个二级指标中设计了一个观测点："根据不同专业特点，将美育渗透于各门专业课程

中。"这主要是从当前高职院校专业课教师的实际情况来考虑的,毕竟现在专业课教师推进课程思政困难较多,再安排一个与之类似的美育教育进入专业课,全面推进起来肯定会有一定难度。但这个内容又不能没有,在下次调整和完善这个评价体系时,会有所加强和改善。

（课题承担单位为天津工艺美术职业学院,课题主持人为马忠庚。课题组成员:冯宇星、李博、顾雯雯、高培培、李倩男、孙聪聪、田伟、杨槟、刘蕊、侯雁、王韬、陈建华。）

第十章　劳动教育评价

一、核心概念界定

劳动教育不是一个新概念。马克思早在《资本论》中就指出："未来教育对所有已满一定年龄的儿童来说，就是生产劳动同智育和体育相结合，它不仅是提高社会生产的一种方法，而且是造就全面发展的人的唯一方法。"[1]马克思把劳动和教育结合起来，体现了马克思主义劳动教育观的基本内容。

学者李鹏充分考虑高职劳动教育的特性和优势，将高职劳动教育界定为：高职院校通过有目的、有计划地组织学生参加与劳动有关的课程学习、社会实践、专业实习实训、生产生活劳动等，培养高职学生树立正确的劳动价值观，养成良好的劳动习惯，同时获得劳动知识和技能的教育活动。[2]

根据上述理论和实践分析，本研究对高职院校劳动教育做出如下界定：高职院校结合专业特点，开展日常生活劳动、校内外公益服务劳动，依托实习实训提高学生职业劳动技能水平，培养学生马克思主义劳动观念，增强职业荣誉感和责任感，培育不断探索、精益求精、追求卓越的工匠精神和爱岗敬业的劳动态度，进而促进学生全面发展，成为符合新时代要求的高素质技术技能人才的教育活动。

二、已有相关国内外研究成果和实践发展的综合性评述

本课题组从研究高职院校劳动教育评价的角度，对近十年来劳动教育实施案例和研究成果进行梳理总结，以便学习成果，总结得失，明确目标方向，进而归

---

① 马克思. 资本论，第 1 卷［M］. 北京：人民出版社，2004：582.
② 李鹏. 高职劳动教育考核与评价研究［J］. 人民论坛，2020 年 4 月上.

纳出劳动教育的评价体系。

（一）国内高职院校劳动教育评价研究现状

课题组在中国知网资源库中以"劳动教育"为主题进行检索（截止时间为2021年6月17日），共检索到期刊文献11106篇，学位论文397篇。在此范围内以"评价"为主题进行检索，检索结果为57篇。以"劳动教育"为篇名进行检索，结果为4931篇，在此范围内以"高职"为篇名进行检索，结果为191篇，再以"评价"为篇名进行检索，结果仅为4篇。从数量和内容上看，这些研究有以下特点：

1. 研究热度高

对以上检索结果甄别梳理后发现，2012年后对劳动教育的研究相对集中，特别是2018年全国教育大会和2020年3月中共中央国务院印发《关于全面加强新时代大中小学劳动教育的意见》（本节以下简称《意见》）实施之后，国内有关学者和各类各级学校，从不同的视角对劳动教育进行了研究，研究范围涉及广泛，对劳动教育的研究保持了较高热度。

2. 研究方向集中单一，理论性强，实践性弱

有关学者和各类各级学校对劳动教育从人的全面发展、马克思主义劳动观、社会经济学、心理学、教育学、德育同劳育融合、智育同劳育融合、劳育对智育的促进作用、体育同劳育融合等多视角、多维度开展深入研究。目前这些研究大多集中在劳动教育对人的全面发展的重要意义、社会发展需求的现实意义、劳动教育的途径和方法以及对劳动教育内涵的释义方面。这些研究主要还是说明劳动教育的重要性，还停留在理论层面，实践性上的指导意义不大。

3. 针对高职院校劳动教育的研究较少

职业教育作为与普通教育具有同等重要地位的不同教育类型，有其自身的独特性，职业教育中的劳动教育必然有其区别于其他教育的特点。在检索结果中，涉及高职劳动教育的研究成果只有191篇。可见，针对高职院校的劳动教育研究还不够深入和广泛。

4. 关于高职院校劳动教育评价体系的研究基本处于空白状态

检索结果中涉及高职教育劳动教育评价的只有4篇，可见对高职劳动教育评价体系的研究几乎处于空白状态。教育主管部门虽然可以根据《意见》对高职院校劳动教育开展情况和成效进行监管，但是由于教育主管部门对高职院校劳动教育评价体系还未构建，对高职院校劳动教育监督还缺少有效的办法和抓手，不能有效落实监督监管，进而不能指导高职院校劳动教育的完善和提升。因此，及时开展对高职院校劳动教育研究，建构完善的、具有高职教育特点的、针对

高职院校的劳动教育评价体系是非常必要的。

5. 关于高职院校劳动教育和劳动素养概念的界定分析

高职院校培养的是高素质的技术技能型人才,能满足生产一线岗位需求,这决定了高职学生不仅要掌握精湛的生产技能,更要具备吃苦耐劳、艰苦奋斗的精神。因此,高职院校劳动教育要适应其人才培养目标需求,不但要培养学生热爱劳动、崇尚劳动,更要培养学生尊重劳动成果的精神。

羌毅、姜乐军等学者认为,劳动素养的内涵应包括劳动观念、劳动态度、劳动情感、劳动知识、劳动思维、劳动技能和劳动习惯等因素。[1] 黄加敏在分析他人研究成果的基础上,认为劳动素养内涵包括劳动认知、劳动能力、劳动习惯与品质、劳动精神、劳动价值观五个方面的内容。[2] 这两种观点具有代表性。

6. 关于构建高职院校劳动教育评价体系的研究分析

构建和完善高职院校劳动教育评价体系,有利于帮助高职院校分析、诊断、整改、提升劳动教育中目标制定、实施过程、教育成效等方面存在的问题。学者姚蔺将评价体系分为 4 个一级指标和 16 个二级指标,其一级指标为:强化组织保障、建立长效机制;优化课程设置、规范教学体系;重视教学素养、强化育人述评;注重劳动素养、促进全面发展。[3] 李鹏认为高职劳动教育与评价应基于学习成果建立,在实践层面,可采用直接评量和间接评量等考核评价工具和方法,构建全过程、动态的多元化、多层次考核评价体系。[4]

部分学者认为,劳动素养是劳动教育的核心,并尝试建立劳动素养评价体系。如黄加敏将劳动素养评价体系分为 5 个一级指标和 10 个二级指标,分别为:劳动认知(劳动观念、劳动知识),劳动能力(劳动技能、劳动创造),劳动习惯与品质(劳动习惯、劳动品质),劳动精神(劳动精神、工匠精神),劳动价值(劳动态度、劳动伦理)。[5]

(二)国外劳动教育研究现状

汇总有关文献资料,目前国内学者对国外劳动教育的研究,主要集中在劳动教育的制度、体系构建、教育方法、实施途径和效果方面。

① 羌毅、姜乐军. 新时代我国职业院校劳动素养评价[J]. 教育与职业,2021 年 2 月下第四期.
② 李鹏. 高职劳动教育考核与评价研究[J]. 人民论坛,2020 年 4 月上.
③ 姚蔺. 心理健康教育视角下高职院校劳动教育评价体系研究[J]. 湖南邮电职业技术学院学报,2021 年 6 月下第 20 卷第 2 期.
④ 李鹏. 高职劳动教育考核与评价研究[J]. 人民论坛,2020 年 4 月上.
⑤ 黄加敏. 高职院校学生劳动素养评价指标构建探析[J]. 科技风,2021 年 5 月.

1. 关于国外劳动教育制度保障的研究

部分西方国家采用立法的方式保障劳动教育的实施和开展。俄罗斯沿用苏联时期通过的《苏联各加盟共和国国民教育立法纲要》，明确要求"按照科学技术进步的要求，对学生实行综合技术教育、劳动教育和职业指导"①。美国 20 世纪 60 年代颁布《职业教育法案》，1977 年颁布《生涯教育促进法》，采用"法律保障下的生涯教育"的劳动教育模式②。英国颁布《1918 年教育法》和《1992 年继续教育和高等教育法》，将劳动教育和职业资格证书制度紧密结合，促进劳动教育的实施和落实③。日本在 1947 年制定、2006 年全面修订的《教育基本法》中，对劳动教育相关内容进行了规定④。

2. 关于国外劳动教育认知

西方国家对劳动教育重要性的认知在全社会达成了高度的统一，社会、学校、家庭共同参与开展劳动教育，企业协助学校开展劳动教育，积极提供人员、场地、设备设施支持，构建了全民参与劳动教育的社会氛围。

英国职业学校采用"社会参与性学习"的模式，给学生提供参加校内外社会经济实践活动的机会，使学生了解生产劳动和各种职业生活，在观念、心理、技能和职业上为他们走向职业生涯创造条件。俄罗斯采用在企业、国有农场、集体农庄、科研机构举办校办工厂的方式，对学生开展劳动教育。瑞士将劳动生产实践的培训，纳入培训教育的重要内容。

3. 关于国外劳动教育体系的研究

国外劳动教育体系本着实用主义路线构建，以人的生存、发展、提升为构建脉络，对劳动教育的时间、内容、方式和途径进行详细的规划，指导各级各类学校开展劳动教育。俄罗斯设置"工艺学"课程，包括信息工艺学、农艺工艺学和工业工艺学。德国双元制职业教育采用半工半读的方式进行，规定每周都要安排学生在企业进行生产实践学习，劳动教育融于技能学习当中。英国职业教育采用"企业—学校—企业"工读结合方式进行。美国职业教育主张以学生为中心，通过"做中学"，将教育与生产劳动相结合，着眼于受教育者谋生能力的建设和

① 郭永. 国外几个国家实施教育同生产劳动相结合的实践概况和特点［J］. DOI：10，12353/j. cnki. jpe. 1996.08. 006.

② 庄坚俍、高磊. 劳动教育的国外模式与课程实施［J］. 思想政治课教学，2021（02）.

③ 刘晓、黄东显、杨宁. 国外职业教育与劳动力市场互动关系对我国的启示［J］. 中国高校管理，2016 年 5 月第 13 期.

④ 姚旭. 国外职业学校劳动教育研究与启示［J］. 河南农业，2021 年第 3 期.

社会职业发展的需要。

三、研究方法

(一)文献研究法

利用图书馆、中国知网、计算机互联网,搜集、鉴别、整理文献,厘清劳动、劳动教育的概念,在全面搜集有关文献资料的基础上,经过归纳整理、分析鉴别,对劳动教育专题的研究成果和进展进行系统、全面的叙述和评论,为本研究的创新准备基础性条件。

(二)行动研究法

针对高职院校劳动教育活动和教育实践中的问题,在行动研究中不断地探索、改进工作,解决实际问题。将劳动教育的实施过程与研究工作相结合,与劳动教育的具体改革行动紧密连接,边执行、边评价、边修改。采用"提出劳动教育评价的最初设想—收集资料进行初步研究—拟定劳动教育评价总体目标—制定具体评价指标—实施劳动教育评价行动—总结反思修订评价指标"的模式进行研究。

(三)个案研究法

个案研究一般针对研究对象的一些典型特征进行全面、深入的考核和分析,透过现象看本质,得出规律性的结论,找出解决问题的办法。本课题以天津铁道职业技术学院的劳动教育评价为个案,结合该校劳动教育评价具体实施过程中存在的问题和解决途径,找到劳动教育评价的规律性特征,并加以推广。

(四)专家访谈法

本课题组在开题、中期汇报阶段分别认真借鉴并参考了天津市教育科学研究院、天津师范大学、天津体育学院以及各高职院校主要负责人等专家学者的意见,这些经验丰富的专家对劳动教育体系的架构、各级指标的关系等提出了建设性意见和有针对性的指导,课题组将这些意见作为课题调研的参考依据,对课题研究的整体实施做出相应改进。

四、理论依据

党的十八大以来,习近平总书记就劳动教育进行多次论述,在实践方面给予了指示和部署。习近平总书记在 2013 年全国劳动模范代表座谈会上指出:"实现我们的奋斗目标,开创我们的美好未来,必须紧紧依靠人民,始终为了人民,必须依靠辛勤劳动、诚实劳动、创造性劳动。"2014 年,习近平总书记在接见劳动模范时,强调了对青少年和全社会加强劳动教育的重要性:"我们要在全社会大力弘扬劳动光荣、知识崇高、人才宝贵、创造伟大的时代新风,促使全体社会成员弘扬劳动精神,推动全社会热爱劳动、投身劳动、爱岗敬业,为改革开放和社会主义现代化建设贡献智慧和力量。"在 2015 年庆祝"五一"国际劳动节暨表彰全国劳动模范和先进工作者大会上,习近平总书记指出,要"教育孩子们从小热爱劳动、热爱创造,通过劳动和创造播种希望、收获果实,也通过劳动和创造磨炼意志、提高自己"。

2018 年 9 月 10 日,习近平总书记在全国教育大会上强调,要"坚持中国特色社会主义教育发展道路""培养德智体美劳全面发展的社会主义建设者和接班人"。劳动教育已经从过去与教育相结合的途径,提升为全面发展的教育内容本身的一部分,劳动教育成为人的全面发展的重要内容。习近平总书记特别强调:"要在学生中弘扬劳动精神,教育引导学生崇尚劳动、尊重劳动,懂得劳动最光荣、劳动最崇高、劳动最伟大、劳动最美丽的道理。"

习近平总书记在全国教育大会的讲话,从党的教育方针和国家战略层面,突出强调了劳动教育的地位和作用,确立了德智体美劳五育并举的教育格局。在五育中,劳动教育既缺少完整的体系,也缺少理论的支撑。要落实德智体美劳全面发展的教育方针,就必须尽快明确劳动教育的深层目标,构建适应新时代的更高水平的劳动教育评价体系。

学者吕文清指出,劳动教育的深层目标包括构建认知世界的方式;习得参与社会的基础技能;培养探索精神、创新能力和实践经验;学习知识运用、整合、联结等高阶思维和能力;炼制观察、好奇、想象、分析、综合、评价、创新等人工智能时代不可复制的关键能力;让知识可视,让学习可见,让思维深化,增强输出式学习、创新性学习和问题解决能力等方面。[①] 本课题的研究,正是要挖掘这些劳动教育的深层目标,指导学生学会学习、学会理解、学会生活、学会创造,增强综合素质和关键能力,为终身发展和人生幸福奠定基础。

在劳动教育评价体系引入 CIPP 评价模型的"背景评价、输入评价、过程评价和成果评价"四位一体的评价理念和方式,可以实现对劳动教育的全过程、全要素、全方位的评价,探索具有可操作化和实际指导意义的劳动教育评价指标体系。

五、政策依据

2020 年 3 月,中共中央、国务院印发《关于全面加强新时代大中小学劳动教育的意见》(本文以下简称《意见》),同年 7 月,教育部印发《大中小学劳动教育

---

① 吕文清.劳动教育需要"四个进化"[N].中国教育报,2018 年 11 月 07 日第 9 版.

指导纲要(试行)》(教材〔2020〕4 号)(本文以下简称为《纲要》),两份文件是国家层面关于劳动教育的纲领性文件。

《意见》要求,全面构建体现时代特征的劳动教育体系。要把握劳动教育基本内涵,组织学生参加日常生活劳动、生产劳动和服务性劳动,培养学生正确劳动价值观和良好劳动品质;要明确劳动教育总体目标,使学生能够理解和形成马克思主义劳动观;要将劳动教育纳入职业院校人才培养方案,职业院校以实习实训课为主要载体开展劳动教育;要注重围绕创新创业,结合学科和专业积极开展实习实训、专业服务、社会实践、勤工助学等,重视新知识、新技术、新工艺、新方法应用;要注重培育公共服务意识,使学生具有面对重大疫情等危机主动作为的奉献精神;要健全劳动素养评价制度,制定评价标准,建立激励机制,组织开展劳动技能和劳动成果展示、劳动竞赛等活动,全面客观记录课内外劳动过程和结果,加强实际劳动技能和价值体认情况的考核。

《纲要》提出职业院校劳动教育的主要内容是结合专业特点,增强职业荣誉感和责任感,提高职业劳动技能水平,培育积极向上的劳动精神和认真负责的劳动态度。组织学生持续开展日常生活劳动;定期开展校内外公益服务性劳动;运用专业技能为社会、为他人提供相关公益服务;依托实习实训,参与真实的生产劳动和服务性劳动,培育不断探索、精益求精、追求卓越的工匠精神和爱岗敬业的劳动态度。

天津市下发的《关于全面加强新时代大中小学劳动教育的若干措施》(津党办发〔2020〕18 号)(本文以下简称《措施》)提出,要构建大中小学一体化劳动教育体系,完善职业院校人才培养方案,制定劳动教育指南。《措施》提出:要加强劳动教育课程体系建设,主要是优化劳动教育课程设置,深入挖掘各学科劳动教育内容,在各学科中有机渗透劳动教育,实现德智体美劳"五育"并举;要加强劳动教育实践资源建设,包括重点建设"农业+""工业+""科技+""生态+""文化+""旅游+""制造业+"等行业劳动实践教育基地,建立劳动教育实践资源共享机制,充分利用现有职业院校劳动实践场所,建立健全开放共享机制,鼓励职业院校建设职业体验中心;要加强劳动教育师资队伍建设,包括建强劳动教育师资队伍,建立专兼职结合的劳动教育师资队伍,推动职业院校与中小学、普通高等学校建立劳动教育师资交流共享机制,建立劳动教育教师特聘制度,聘请相关行业专业人士担任兼职教师;要建立完善劳动教育评价制度,包括健全劳动素养监测评价制度,将劳动素养纳入学生综合素质评价体系,建立劳动教育信息化评价系统,运用大数据、云平台、物联网等现代信息技术手段,开展劳动教育过程监测与评价,确保记录真实可靠,将劳动教育纳入教育督导评估体系,对学校劳动教育开课率、学生劳动实践组织有序性、教学指导针对性、保障措施有效性等进行督查和指导。

所有这些重要精神,都是本课题构建高职院校劳动教育评价体系的直接依据,有些内容甚至可以成为具体的指标内容。

六、关于高职院校劳动教育评价体系的设计

劳动教育评价是劳动教育的指挥棒,可以及时纠正劳动教育实施过程中的偏差,保证劳动教育始终围绕着为党育人、为国育才的初心和使命。教育主管部门或社会组织对高职院校劳动教育评价的关键是构建评价体系。评价指标要体现思想性、实践性、操作性、客观性、全面性和准确性,并实行过程性评价和结果性评价相结合,定性评价和定量评价相结合。

劳动教育评价一览表

一级指标	二级指标	观　测　点
规划与制度	体制机制	制定劳动教育总体实施方案,纳入专业人才培养方案;劳动教育理念纳入管理干部、教师、辅导员培训内容,全面融入公共基础课、专业教育(实习、实训)
		建立健全劳动实践学分制度,将劳动素养纳入学生综合评价体系
		建立劳动教育教师工作考核制度
		建立健全开放共享机制(如建设职业体验中心等)
		与地方政府或相关企业合作建立劳动实践育人基地
		建好校内外劳动实践基地,配齐专兼职教师
		建立劳动教育信息化评价系统
	评价制度	将劳动教育纳入教育督导评估体系
		健全劳动素养监测评价制度
		融入思政课教学,设置劳动教育专题模块,其中劳动价值观专题教育模块不少于2学时
	风险评估制度	制定劳动实践活动风险防控预案,完善应急与事故处理机制
		认真排查、清除学生劳动实践中的各种隐患

一级指标	二级指标	观　测　点
规划与制度	保障制度	建立健全安全教育与管理并重的劳动安全保障体系
		强化劳动过程每个岗位的管理,明确各方责任
		将校外劳动实践中学生伤害事故纳入校方责任保险范围
		合理确定劳动教育教师工作量,将组织开展课外劳动教育、劳动周等纳入教学工作量
实施过程	教师	建立专兼职相结合的劳动教育师资队伍
		建立劳动课教师特聘制度,聘请社会上具有实践经验的专业技术人员、劳动模范等担任兼职教师
		设置劳动教育教研室,定员、定编,谋划试点课程、示范课程、培育课程建设
		聘请"大国工匠"、劳动模范、先进生产工作者等对劳动教育教师进行专项培训
	教学	定期开展校内外公益服务劳动,参加职业教育社会调查、社会实践活动;开展校内外实习实训,参加真实的生产劳动和服务性劳动
		结合植树节、五一劳动节、学雷锋纪念日、志愿者日等开展劳动主题教育活动
		围绕创新创业积极开展实习实训、专业服务、社会实践、勤工助学等
	课程	开足、开齐劳动教育课程,严格执行劳动教育课程安排;以实习实训为主要载体,开设劳动专题教育必修课不少于16学时
		编写劳动实践指导手册,提供劳动教育课程套餐
		定期开展学工、学农、学军等活动,举办"大国工匠进校园""劳模进课堂""优秀毕业生报告会"等劳动榜样人物进校园活动

一级指标	二级指标	观 测 点
教育成效	实施反响	家长对学校的劳动教育认可度高
		劳动教育成效在毕业生素质中的体现得到企业认可
		建立起由劳模、企业家、杰出校友等组成的劳动教育专家库
	成果推广	建立行业企业劳动教育参评机制,并用于改进人才培养方案
		完成劳动教育专项科研课题
		通过专题研讨会等方式推广经验成果
		媒体对学校以歌颂劳动、劳动者为主题的歌曲、诗歌、视频、话剧等文艺作品进行转载或宣传

七、关于高职院校劳动教育评价体系的说明

设计高职院校劳动教育评价体系,既要体现国家有关文件要求,也要从职业教育的实际出发。本评价体系的设计,本着宜粗不宜细的原则,以实际可应用为基本出发点。各高职院校在实践中创造了很多有益形式,但并不一定适应所有学校。

根据以上思路,本评价体系共设计了三个一级指标:第一个是"规划与制度",包括体制机制、评价制度、风险评估制度、保障制度四个二级指标;第二个是"实施过程",包括教师、教学、课程三个二级指标,第三个是"教育成效",包括实施反响、成果推广两个二级指标。

必须说明的是,劳动教育不同于智育、体育课程有明确的载体和可测量的工具,也不同于美育要渗透到专业课程之中,其实在实际操作中,劳动教育总是放在德育这个大范畴之内的。特别是在职业院校,劳动教育与实习、实训中的技能锻炼是难以区分清晰的。所以,在设计这个评价体系时,我们基本上是从狭义的劳动教育课程这个角度去考虑的。这个思路和这些具体指标设计,一定会随着劳动教育的深入推进而不断完善起来。

参考文献

[1] 李鹏.高职劳动教育考核与评价研究[J].人民论坛,2020 年 4 月上.

[2] 张铭.高师院校劳动教育评价指标体系构建初探[J].安庆师范大学学报(社会科学版),2021 年第 1 期.

［3］　王慧.基于 CIPP 模型的新时代大学生劳动教育评价研究［J］.现代交际,2021 年第 9 期.

［4］　羌毅、姜乐军.新时代我国职业院校劳动素养评价［J］.教育管理,2021 年 2 月下.

（课题承担单位为天津铁道职业技术学院,课题主持人为徐群。课题组成员:纪红妍、胡修茵、崔炜、武姣宁、刘文贤、尚丽媚。）

第十一章　创新创业教育成效评价

一、核心概念界定

（一）创业概念的界定

创业，由创和业两个字构成，创一般为动词，指开创、创建、创立等；业，包括学业、事业、功业、家业、产业等含义，内涵极为丰富。就创业而言，从词意上理解，意为"开创事业"或"创立企业"。《辞海》对创业的解释为"创立基业"。在学术界，创业被公认的含义有广义和狭义之分，广义来讲，创业更多指的是一种创业精神，创业者获取了创业精神之后能够在现有条件和环境中，通过所在岗位或所从事职业来展现自己专业能力、个性魅力等才能来增加经济效益或社会价值；狭义来讲，创业就是创业者通过个人或组织团队自主创办企业或各种合法社会组织，通过计划、组织、指挥、协调、控制、运营等方式来实现组织目标。

（二）创新概念的界定

吕强、张建华、王飞在《创新创业基础教育》一书中指出，创新是以新思维、新发明和新描述为特征的一种概念化过程。其具有三层含义：第一，更新；第二，创造新的东西；第三，改变，即对各种产品、工作方法、商业模式、服务模式的改进等活动均属于创新。吴勇、李彬源、周勇军在《创新创业基础》一书中认为，创新是一个经济学概念。奥地利经济学家熊彼特首次提出"创新"这一概念。熊彼特认为，创新就是建立一种新的生产函数，即把一种从来没有过的关于生产要素和生产条件的"新组合"引入生产体系。这种新组合包括新产品、新的生产方法、新市场、材料的新来源、任何一种工业的新的组织这五种情况。所以创新与技术发明不一样，创新是把现成的技术革新引入经济组织，形成新的经济能力。

王利晓主编的《管理学基础》一书对创新的概念是这样定义的：创新是指个体根据一定目的和任务，运用一切已知条件，产生出新颖、有价值的成果（精神的、物质的）的认知和行为活动。其中影响创新的主要因素分为内部和外部两部分。内部影响因素主要是创新精神、知识及经验与技能、创造性思维与创新技法、工作勤奋度；外部影响因素主要为激励和环境。

由此可见，创新包含两个层面的意思：第一层面是发明创造；第二层面是对已有的经济体系各环节或经营理念等的更新、提高或升级改变。

（三）创新和创业的关系

奥地利经济学家熊彼认为创新来源于创业。在通过文献和政策的梳理和研究之后，本研究认为创新和创业具有相互促进、紧密联系的关系。即创业是创新的依托和支撑，同时创新反过来促进创业的发展，二者相互依存，相互促进。

二、创新创业教育成效评价研究现状

（一）国内研究现状

通过中国知网（CNKI）高级检索，以"创业教育"为关键词条检索，搜索到期刊、博硕论文共计 16659 篇；以"大学生创业教育"为关键词条检索，搜索到期刊、博硕论文 3090 篇。从检索结果来看，创业教育和大学生创业教育是学术界研究的热点问题，研究的热度和连续性较好，学者们针对大学生创业教育形成的成果为本研究进一步深入探索提供了良好的借鉴基础。当前，关于大学生创业教育的研究文献，国内学者主要集中在大学生创业教育现状相关研究、高校创业教育课程体系研究、创业教育模式研究、探讨国内外创业教育典型经验研究、创业价值观教育研究等方面，课题组通过梳理相关文献，归纳了国内学者关于创业教育的相关研究成果。王伟、新在《高职学生创新创业能力素质综合评价指标体系构建》一文中主要以能力素质模型为理论基础，在遵循指标体系选取原则下以高职学生产出（成果）的测量结果作为价值判断的主要依据，从创新创业知识、技能、自我概念、特质、意识动机五个方面选取指标。王青叶在《基于"双创"能力培养的实习教学评价研究》一文中提出通过确立高职高专认识、跟岗、顶岗三种实习教学的一般性目标来确定评价指标，而且创新相关指标确定为加分项。王秋梅、张晓莲在《高职院校创新创业教育质量评价模型构建与实证分析》一文中提出，可以从要素评价、过程评价和影响力评价三个维度出发构建高职院校创新创业教育评价指标。王小妮则认为，目前的评价体系都太过单一，重结果、轻过程，其从"互联网＋"的角度出发，提出开通网络教育评价平台，完善评价体系。何向荣的《高职教育创新创业研究》和刘法权等的《高职生创新创业指导》

从现实案例、理论探讨和方法指导等几个方面对高职院校的创新创业教育进行了研究和探索。总之,这些年我国创新创业教育的研究比较深入和广泛,但是对创新创业评价体系的研究才刚刚开始,还不是很成熟;对于创新创业教育评价体系的通识性指标研究还很少,有待于完善。

1. 关于大学生创业教育现状的分析研究

金霞、黄芳(2015)在《高校创业教育现状调查分析》中针对高校开展创业教育的调查分析,认为当前大学生创业教育还存在师资队伍薄弱、创业教育课程流于形式、教育内容与时代脱节等问题。薛倩、武永花(2016)在《我国大学生创业教育分析》一文中认为,当前的大学生创业教育面临诸多困难与挑战,虽然取得了一定的教育成效,但大学生创业项目转化为创业实践的成功率不高,亟须一系列的促进措施推进大学生创业教育的持续开展。郭燕锋(2018)在《大学生创业教育存在的问题与对策》一文中,结合我国高校创业教育开展的情况,总结出创业教育体系尚不完善、有效的创业教育质量评价体系缺乏、创业教育效果无法得到有效保障、创业实践水平不高等诸多问题,并提出了解决问题的思路和有效措施。成伟(2018)在《从背离到融合:大学生创业教育与专业教育关系的创新》一文中,基于大学生创业教育的时代视角对大学生创业教育展开了分析,认为当前大学生创业教育存在片面化、形式化;创业教育与专业教育脱节等现象,这极大影响了创业教育的实效。石磊(2019)在《从单向走向立体:大学生创业教育的现代转型探论》一文中,分析了当前大学生创业教育的现状,提出创业教育存在系统性不足、大学生参与度不高、创业教育覆盖面不广等问题,诸多问题造成了大学生创业教育效能不高的现实困境。

2. 关于大学生创业教育课程的相关研究

成希、张放平(2017)在《基于核心素养理念的高校创新创业教育课程建设》中,剖析了当前我国创新创业教育课程体系存在的诸如课程目标不清晰、内容同质化、教学形式化等问题,提出了基于核心素养理念的分层、分类的课程体系构建;融汇、综合的课程内容设计;情景、体验教学模式的转变等解决思路。杨晓慧(2015)在《大学生就业创业教育研究》一书中认为,构建大学生创业课程应处理好教学与实践、知识传授与能力培养、实际教学与新媒体应用等方面的关系,着力构建创业课程教学的立体网络,将心理辅导、生涯规划等融入创业课程体系。王占仁(2012)在《"广谱式"创新创业教育体系建设论析》一文中提出了依据创业课程的模块结构、核心方法和培养目标,探索构建课上与课下、教育与实践相融合的"广谱式"创业教育课程体系。林成华、谢彦洁(2017)在《众筹理念下高校精准式创业教育课程的生成逻辑与建设策略》中,提出众筹理念的创业课程体系,设置以需求为导向的课程内容,对大学生开展精准帮扶,将专业社团、外部支撑、协同服务等元素融入课程体系,提升创业课的教育实效。

3. 关于大学生创业教育模式的相关研究

当前,高校创业教育经历了自由探索和试点实验阶段,已经逐渐在各高校形成了具有各自特点的创业教育模式,如清华大学、北京航空航天大学、黑龙江大学、中国人民大学等都有自己创新创业教育的独特模式。除了基本的教学实践模式之外,学者们对创业教育模式的研究还集中在体验式教学模式、项目参与式教学模式、协同创新教学模式、工作室模式等几个方面。张育广、刁衍斌(2017)在《高校体验式创新创业教育模式的探索》中认为,创业教育采用体验式教学模式能够将场景体验融入教学环节,让学生置身于知识建构、能力拓展、运用体验的互动场域之中,激发学生的创业潜能、提升自觉参与的主动性,在思考、探究、体验中实现创业教育的效果加成。王双宏(2015)在《大学生项目参与式创业教育模式探究》中提出实现项目教学与创业教育的资源整合,在企业资深导师的指导下,学生参与到项目运营中,依托"干中学"的手段实现创业意识的提升、创业思维的强化、创业能力的加强,以合作、参与、互动的项目化模式完成创业课程的教学,挖掘学生的创业潜能,提升创业教育的实效性。陈波涌、刘青(2017)在《工作室创业教育模式:内涵、优势及展望》一文中提出,将教师指导、学生主体、半市场化运作相当于社会上小型公司的工作室作为创业教育的着眼点,通过教师承接社会项目,学生参与完成,从项目洽谈、谈判合作、跟进结项、后续服务等方面实行半商业运作,这种以理论与实践并重理念的工作室教学模式通过模块化、标准化、可评价、半市场化的运行构成了完整的创业教育链,将日常创业实践与创业教育有机融合,符合社会对创业型人才的发展需求。罗贤甲(2018)在《协同创新视域下大学生创业教育的现实逻辑》文中针对高校开展大学生创业教育的单兵作战现象,提出政府、社会、企业、高校协同开展创业教育的新模式,整合各类资源打造校企联合开放课程、创业实践平台共享、资源优势互补的创业教育协同创新平台,依托产学研创合作平台开展协同育人模式,提升资源的利用率,从而提高创业教育的实效性。

4. 关于中外高校创业教育比较的相关研究

陈强胜、高俊山(2018)在《中美高校创业教育的比较及启示》一文中,从国内高校与美国高校开展创业教育情况展开比较,借鉴美国高校在校内外协同、广泛与个性教育相结合、理论与教学相融合等方面的创业教育经验和启示,提出我国应从树立科学理念、完善课程体系、构建监测体系、打造协同实践平台等方面推进高校创业教育改革。王文通、雷利（2018）在《中外高校创业教育组织模式比较》一文中，对国外创业教育组织模式进行了剖析，通过比较提出了依据大学生创业阶段的不同需求，设立创业教育学院、创业指导机构、创业孵化平台三维立体的模式和服务架构，助力创业型人才的培养。黄首晶、杜晨阳（2017）在《试析社会、高校、政府在高校创业教育中的主体功能——基于中美的比较分析》一文中，借鉴美国高校创业教育经验，提出了我国开展创业教育应遵循社会核心价值引领、高校主动推进、政府宏观引导的职能转向定位原则，确保大学生创业教育良性发展。

5. 关于创业教育与思想政治教育关系的研究

通过文献梳理发现，学者们一般将创业教育与思想政治教育分开研究，二者关系研究主要集中在融合的意义、融合可能性、融合路径等方面。艾军、邹金成（2014）在《论高校思想政治教育与大学生创新创业教育的有机融合》一文中提出，二者都是以实践为根本的教育形式，高校思想政治教育工作和创业教育的融合为大学生创业能力的积累提供了深厚的实践土壤。王占仁（2018）在《创新创业教育与思想政治教育的关系论析》中认为，高校思想政治教育同创业教育具有交叉和共性特征，二者的教育目标一致，教学内容相同，教育方法具有兼容性，融合具有可行性，可相互借力、协同发展。李荣胜（2017）在《高校创业教育与思想政治教育相融合之研究》一文中认为，创业教育与思想政治教育的融合能够把握创业教育的"方向"，增强思想政治教育的"实效"，提升大学生的"素质"，既明确了方向指引，又在教育的提"质"增"效"方面起到了重要的推动作用。

6. 关于大学生创业教育评价体系的相关研究

邱丽华（2015）在《高校创业教育评价体系构建及应用研究》一文中，结合大学生创业教育体系的构成元素，从创业知识、师资队伍、创业能力培养、实践平台建设、创业教育效果几个方面构建了大学生创业教育量化指标体系，通过每一个指标的权重计算，综合评价创业教育开展的效果。王占仁、刘志等（2016）在《创新创业教育评价的现状、问题与趋势》一文中认为，创新创业教育的评价需要综合价值导向、质量标准和评价策略，融合主观和客观、长期和短期指标，以模块化体系开展创业教育的评判，对创业教育、创业意向、创业能力进行综合评价，仅靠创业率的数量估量创业教育效果的好坏是不客观的，需要建立与当前高校创业教育相匹配的多维评价体系，实现创业教育质量水平的科学评估和客观评价。理查德·韦伯（2017）在《创业价值评价》一书中，将经济学领域的研究方法和理论与创业教育理论相结合,细化了创业教育的评价指标和评估方式,丰富了创业教育的评价内容和维度,将不同学科的理论和实证支撑相互融合,使创业教育的评价效果更加科学,为更好地开展创业教育提供了评价角度的有效支撑。李亚东、朱伟文(2019)在《高校创新创业教育评价监测研究》一文中,通过对国内外创业教育评价检测相关指标的梳理和比较,以"广谱式"和"模块化"指标设计为基础,结合大数据分析方法,集成实施评价和检测系统,多层面、多维度地制定了"三评一测"创业教育评价方案,为创业教育的评价体系提供了有益的实施思路。

7. 关于大学生创业价值观教育的相关研究

创业价值观是社会主义核心价值观在创业教育领域的体现,是创业主体对创业行为的价值评价、实践认知的要素维度。当前,对创业价值观的内涵研究,学者们有着不同视角的界定。创业价值观的概念最早由张进辅(2006)在《青少年价值观的特点:构想与分析》一书中提出,他认为创业价值观是规范创业者创业行为和态度的行为准则,是从个人实际出发,在创业活动中起指导作用的价值取向标准,是创业活动有效开展的基本前提。陈龙山(2017)在《大学生创业价值观的偏离与矫正——湖南省大学生创业价值观实证调查》一文中,通过对湖南省大学生创业价值观培养现状进行了梳理,发现问题主要集中在大学生创业意识模糊、对创业困难意识不足、信心不足、意志不坚定等方面,针对存在的这些问题,陈龙山从政府、学校、社会、家庭、个人层面给出了创业价值观教育的参考意见。李志兵(2019)在《大学生创业价值观培育略论》一文中认为,创业价值观是社会主义核心价值观的具体落实,通过规划价值观教育顶层设计,以校园文化建设、课堂主渠道、实践平台搭建、新媒体优势的发挥涵养大学生创业价值观。刘海滨(2019)在《大学生创业价值观转变的影响因素研究》一文中,通过探讨创业价值观教育的转变和影响因素,提出注重氛围营造,发挥环境育人作用,同时注重创业挫折教育,积极干预创业失败的实践策略。宋妍(2017)在《论当代大学生创新创业价值观的引领》一文中,提出从国家、社会、个人三个层面依托社会主义核心价值观的科学引领,培育大学生积极的创业价值观,涵养创业德行,提升创业综合素质。

综上,国内学者关于大学生创业教育的相关研究成果颇多,从创业教育的课程设置、实践体系、教学模式、应用对策、国外经验对比等方面展开了相关研究,研究视角分散且多样,为大学生创业教育提供了优质的建议和对策。然而,学者们对大学生创业教育理论层面的研究较多,还缺乏行之有效的实证研究和具体的解决措施,此外,从思想政治教育视角出发展开大学生创业教育中的价值观教育研究也相对较少,这为本研究的进一步拓展提供了新的思路和着眼点。

(二)国外研究现状

国外的创新教育发端于20世纪40年代。20世纪50年代,美国开始了关于大学生创业教育研究。1949年,哈佛大学创业历史研究中心成功创办和出版了《创业历史探索》杂志,这是人类历史上第一本以创业为主题的期刊,该杂志的创办为创业教育的研究和开展奠定了基础,为后续美国学术界和商业界对创业教育的研究和创业者意识的培养起到了重要的推动作用。随着研究和实践的不断深入,在创业教育历史上先后出现了彼得·德鲁克、杰弗里·蒂蒙斯等杰出代表性人物,他们出版的《创业者》《论创业经济学》等著作对创业教育的发展产生了巨大影响,对后续百森商学院、硅谷创业园等的建立和崛起提供了充足的理论来源。在国外的相关研究中,创新教育一般用"creative education"表示。帕垂克·格林(Patricia G. Greene)等人在2007年出版了《创业教育》一书,书中就是否创业、创什么业、如何创业和创业评估进行了论述。2010年,丹麦还成立了专门的"丹麦新创企业创业基地"(The Danish Foundation for Entrepreneurship - Young Enterprise)。这个组织主要从事创业教育和研究。通过对国外创业教育相关文献的梳理和归纳,当前研究主要集中在以下几个方面:

1. 关于创业教育基本概念研究

"Entrepreneurship Education"是20世纪50年代哈佛大学商学院最早提出的,从概念来讲强调的是商业性创业教育,是面向少数商业人士的精英教育,突出创业机会的把握和创造。早期的创业教育是以"企业家速成"为教育目标的,带有功利性色彩,随着社会的进步发展和演进,功利性的创业教育逐步转变为非功利性的创业教育,超越了"新企业创办的教育"过程,当代的创业教育更加关注受教育者的能力素质。1989年,联合国教科文组织提出的创业教育突出强调了教育理念的转变,倾向于创业者创业精神和创业技能的培育。20世纪80年代,西方掀起了创业学研究的热潮,随着研究的不断深入,创业教育这一概念的提出得到了学者们的普遍关注。国外学者对创业教育开展了深入探讨,但对其概念和内涵的界定尚未达成共识。Plachka和Welch认为,创业教育是一种新的生产力形式,创业教育是通过教育和学习能够造就创业精神和创业能力的专门人才,创业人才通过知识和能力将科学技术转化为巨大的物质生产力,为社会创造价值,促进产业和行业的快速发展。Goman和Halon通过梳理创业研究文献认为,创业教育是培养创业精神的重要途径,通过构建创业知识结构、获得创业能力,为有创业想法的人们提供必要的创业支持,鼓励和引导民众利用学习提升创业技能,让创业教育成为经济社会发展的重要动力。还有的学者认为,创业教育是一种全新的教育理念和模式,不仅仅是教育和行为训练,还是一种渗透于人们日常生活中的思维和行动方式。Colin 认为创业教育是提升学生创业认知、捕捉创业机会的教育过程,是知识、技能和意识的融合教育,以培养人的创业意识、创业精神、创业思维等综合素质为核心的教育。

2.关于大学创业教育课程的开设状况

1947 年,美国哈佛商学院的迈莱斯·麦斯为全校 MBA 专业的学生开设了《新创企业管理》课程,这门课程被看作是创业教育领域的第一门专门课程,课程的内容也得到了创业教育研究者们的高度关注。1967 年,杰弗里·蒂蒙斯在著名的百森商学院开设了具有典型代表性的创业课,随后,在百森商学院的引领下,美国麻省理工学院基于学生专业的特点,提出了培养学生专业领域的创新精神教育,设置的创业课程体系既涵盖通识教育下的综合素质提高内容,又包括针对学生个性特点开设的开拓性和创新性内容,遵循"创业观念产生""创业商业化设计""产品制造""资金融合及新公司创立"渐进脉络的创业教育课程体系。荷兰高校将创业教育作为人才培养的一个部分,将"企业管理"和"创业学"相融合,采取案例分析法开展教学,以真实的创业案例引导学生创业教育实践,吸取经验教训,指导学生如何发现商机、利用商机。日本在创业教育方面虽起步较晚,但发展迅速,在教育模式、课程设置等方面都进行了大胆尝试,形成了具有本土文化气息的创业教育课程体系,例如日本高校开设的技术革新管理课程,探索自然科学和社会科学的衔接,培养创业者对高新技术和市场的敏锐性、洞察力,课程注重实践训练,将创业实务训练渗透进课程当中,培养学生的创业意识和决策能力。英国高校在创业教育方面以系统化、分层次的课程为主,注重实践操作,围绕学生的未来职业生涯和职业需求引导学生增长知识、充实技能。英国高校采用专业教育和创业教育相融合的教学模式,在培养创业精神和创业意识的同时,让学生知道为什么创业、如何创业,依托具有可持续性的创业人才培养方式,提升学生创业能力。

3.关于创业教育中价值引导的相关研究

创业教育中的价值引导是对创业者结合自身发展定位,对创业认知、创业实践的根本看法和态度的有效引导。由于各个国家的社会教育背景和经济发展水平存在差异,对创业领域的价值引导层次也不相同,但从启示和经验方面来看,其对我国大学开展创业教育仍具有一定的借鉴意义。国内学者结合各自的研究视角对国外高校的创业价值观教育展开了比较研究,梳理出了一些可供借鉴的观点和理论。如袁小平(2016)在《日本高校创业教育发展及经验借鉴》一文中,通过对日本创业教育的发展历程及特点进行分析认为,日本在创业教育过程中着重强化了"企业家精神"的教化和养成,以价值塑造和能力培养为教育核心,依托政府、高校、大学生形成教育的合力推进创业价值观教育。陈强胜(2018)在《中美高校创业教育的比较及启示》一文中对中美高校创业教育进行比较,认为美国高校创业教育更加注重学生个性化教育及价值观发展,关注能力的提升和人格的塑造,这对我国高校开展大学生创业教育提供了经验和借鉴。庄珺(2016)在《当代大学生创业价值观教育探析——基于杭州市大学生创业价值观现状调查》一文中,对美国、日本、新加坡等国家的创业价值观教育进行梳理,归纳出国外高校开展创业教育以人的主体地位提升为重点,促进人的综合发展;尊重个性培养;注重实践中的道德教育,引导公民价值取向。国外高校开展创业价值观教育各具特色,在明确创业教学实践中人的角色变化与定位的同时,将价值体验与引导作为教育的重要内容,这对我国高校开展创业教育具有重要的启示作用。此外,国外学者还从心理学角度对创业教育影响因素进行分析,结合心理学量表和问卷对测试者进行心理测量,分析创业教育的影响因素。Liliana 和Cismariu(2014)对 300 名学生进行了心理测试,测试从人的性格和价值观对创业意向及成功率的影响展开。Biriey 和 Westhead(1994)对英国 400 余名社会企业家进行了心理学问卷测试,得出社会认可、个人需要、创业手段、角色扮演、福利支持等方面都是创业成功与否的影响因素。

当前,创业教育得到了国内外学者的普遍关注,学者们从不同视角展开研究,成果丰富了大学生创业教育的内容和相关理论,为推动创业教育的发展提供了翔实的理论参考。综合来看,国内学者对创业教育研究的系统性研究还不够,缺乏有效的实证研究,主要表现在如下几个方面:一是对大学生创业教育研究主要集中在宏观教育层面,理论研究居多,研究者大多关注大学生创业教育的过程研究,探讨如何实施大学生创业教育,缺乏相关的实证数据研究和创业教育发展现状微观层面的分析;二是对大学生创业教育研究的视角有局限性,对结合当前大学生所处的经济、社会、文化的时代特征缺乏深入的分析和探究,提出的观点和对策与时代发展结合得不紧密、不契合;三是对大学生创业教育存在的问题研究较多,对大学生创业教育的影响因素分析研究不多;四是对大学生创业教育中的价值引领教育研究不多,探究创业教育与思想政治教育有效融合的实证研究较少。

国外学者关于创业教育的研究则围绕着创业教育课程设置、教学模式探索、社会创业者素质拓展、围绕国家对创业政策的调整等方面,但现有的创业教育研究也存在缺乏系统性和经济社会发展背景的相关分析,利用多学科的相关理论对创业教育进行的相关研究还不足,相应的理论体系尚未建立。

三、研究方法

(一)文献研究法

本研究以文献和资料搜集与整理作为创新的基础,通过梳理国内外有关著作、论文、报刊等文献,掌握高校创新创业教育最新的动态,吸收和借鉴国内外学者们的相关研究成果,对搜集到的文献开展深入的分析、综合、比较、归纳,把握当代大学生创新创业教育成效的现状,从而对研究内容形成理性认识,客观把握研究的整体思路。

(二)实证研究法

本研究结合大学生创新创业教育相关内容,选取若干所有代表性的高校创新创业教育相关数据,考虑高校地域、高校层次、年级分布、男女比例等问题,保证数据源的均衡分布,以期相对客观地反映高校双创教育的现状,力争做到分析结果客观、科学有效。

(三)多学科综合研究法

当前对创业教育的研究不应局限于教育学或者思想政治教育学等学科,应综合哲学、社会学、管理学等多学科的理论基础,对高职院校双创教育的特点和规律进行总结和归纳,形成对高职院校双创教育成效的综合认识。

四、理论依据

当前,国家经济社会发展对高校人才的培养提出了全新的要求和评价标准,人才培养的方向和质量成为关乎中国社会主义现代化顺利实现的关键因素。习近平总书记在2016年12月召开的全国高校思想政治工作会议上指出:"高校思想政治工作关系高校培养什么样的人、如何培养人以及为谁培养人这个根本问题。"提出为谁培养人这一根本问题为高等教育的教育目标和人才培养指明了方向,具有鲜明的政治方向性。高校大学生是社会主义事业建设的主力军,又是国家的宝贵人才资源,还是创新创业领域最活跃的群体,在大学生中开展创业教育既是培养成功企业家的教育,也是对"为谁培养企业家"问题的回答。因此,培育大学生创新精神,提升创业能力,帮助他们树立正确的创业价值观是培养德行并重创业者的实践问题,也是时代赋予高校人才培养的光荣使命,更是国家人才培养战略的必然要求。

五、政策依据

2015 年 5 月,国务院办公厅下发的《关于深化高等学校创新创业教育改革的实施意见》明确指出:"深化高等学校创新创业教育改革,是国家实施创新驱动发展战略、促进经济提质增效的迫切需要,是推动高等教育综合改革、促进高校毕业生更高质量创业就业的重要举措。"实施意见的发布标志着创业教育已被纳入国家的发展战略,引领高校创业教育进入了深化发展关键期,开启了全民化创业教育的新时代。

2015 年 6 月下发的《国务院关于大力推进大众创业万众创新若干政策措施的意见》(国发〔2015〕32 号)文件指出:"推进大众创业、万众创新,是发展的动力之源,也是富民之道、公平之计、强国之策。"明确了"双创"发展的总体思路,并对创业相关政策进行了详细的说明和指示。

2018 年 9 月发布的《国务院关于推动创新创业高质量发展打造"双创"升级版的意见》(国发〔2018〕32 号)文件,对"双创"发展提出了更高的定位,即创新是引领发展的第一动力,是建设现代化经济体系的战略支撑,为创新创业的高质量发展提供了政策上的保障。

2019 年 7 月,教育部印发了《国家级大学生创新创业训练计划管理办法》,为创新创业训练计划的有效管理提供了依据。

在此期间,国家教委、人社部等颁发了与创新创业相关的 20 多个文件,由此可见,"双创"教育模式已经成为高等教育发展的重要形式,也是对传统高等教育的一种革新。在这种情况下,对"双创"教育的有效评价就尤为重要。一个有效的评价体系是"双创"教育不断完善和发展的有力保障。本研究就是要以上述国家政策为依据,设计出一套有效的高职院校创新创业教育成效评价体系,以促进高职院校"双创"教育的健康发展。

六、关于高职院校创新创业教育成效评价体系的设计

按照教育部办公厅 2020 年 9 月 18 日下发的《教育部办公厅关于做好深化创新创业教育改革示范高校阶段性总结工作的通知》(含《深化创新创业教育改革示范校建设成效自评表》)和天津市教委于 2021 年 3 月下发的《2020 年度普通高校创新信息采集报表》中的相关指标,结合相关文献的研究成果,课题组设计了高职院校创新创业教育成效的评价体系。这个体系将过程性评价与结果性评价统一起来,比较符合当前高职院校"双创"教育的实际。其评价体系如下表所示:

创新创业教育成效评价一览表

一级指标	二级指标	观 测 点
保障条件	经费投入	学校每年安排一定额度的创新创业教育专项资金;学校设立创新创业基金和奖学金;社会组织、企事业单位和个人投资"众创空间"、创新创业园等的建设和管理,扶持大学生创新创业
	实践平台	学校独立建设有实习、实训、实践基地;校企合作共建的实习、实训、实践基地用于创新创业教育
	体制机制	双创教育体制机制建设;双创教育相关管理制度建设及实施
	师资队伍建设	建设专兼职结合、具有创新创业能力和经验的教学团队;将教师从事创新创业教育与实践情况作为教师专业技术职务评聘和绩效考核的重要指标;将创新创业教育意识和能力作为教师培训的重要内容;聘请专家、创业成功人士、企业家等担任兼职创新创业教师
实施过程	培养方式	创新创业课程设有专门的培养方案;不定期举办创新创业活动及其规模、内涵、效果
	课程建设	学校独立编撰创新创业必修课、选修课教材;学校与企业合作编写创新创业必修课、选修课教材;创新创业理念在专业课程教材中的渗透和体现
	教学过程	在创新创业教学活动中注重课程思政建设实践;注重创新创业实践教学(如案例教学等);专业课和基础课教学中渗透创新创业教育
	众创空间建设	"众创空间"软硬件投入、科学管理运行机制建设;"众创空间"的创新创业实践服务平台建设;"众创空间"的创新创业实践服务效果
	创新创业活动学生参与度	学生参与创新创业课程教学的积极性;学生参与创新创业专项活动以及第二课堂(如相关社团活动)的主动性及效果
教育成效	创业成效	在校生或毕业生创新产业即自主创业的数量和效果;依托创新创业平台实现科技成果"转化孵化"的数量和效果;学校立项国家级大学生创新创业训练计划项目数;用人单位对毕业生就业时的双创精神(能力)的评价
	创新成效	学生参加各级、各类大学生创新创业大赛及获奖的数量、等级;在创新创业教育过程中科研成果获得数量及应用效果;教师在创新创业教育的教学改革中取得的教学成果数量及应用效果

七、关于评价体系的说明

上述指标体系的设计,基本兼顾了过程性评价和结果性评价,以过程性评价为主。指标体系共包括三个一级指标:第一个是"保障条件",包括经费投入、实践平台、体制机制、师资队伍建设四个二级指标,其中既有硬件条件,也有软件条件;第二个是"实施过程",包括培养方式、课程建设、教学过程、众创空间建设、创新创业活动学生参与度五个二级指标;第三个是"教育成效",包括创业成效和创新成效两个二级指标。需要说明的是,第一、二个一级指标有些难以区分的交叉内容,如众创空间建设,既可以归入保障条件,也可以纳入实施过程,从实际效果看,其放在实施过程中更为合理。

(课题承担单位为天津城市建设管理职业技术学院,课题主持人为辜林。课题组成员:王敏、张智明、吕行、李维、李静玲。)

第十二章　学校校长专业标准

一、核心概念界定

2019 年 2 月,国务院发布《国家职业教育改革实施方案》,专门强调"构建职业教育国家标准",其中明确提出"实施教师和校长专业标准"。本书全面探讨高职院校评价体系,就包括这些内容,其中教师标准体现在各项评价之中,并专门设有"双师型"教师认定标准和兼职教师聘用标准;本节内容则专门研究高职院校的"校长专业标准"。

在我国,高职教育发展时期并不长。我国公办学校领导人历来参照公务员选拔办法任命,因而职业院校校长专业标准是一个新事物、新提法,没有现成的参考材料供本研究使用。在这种情况下,本研究只能从最一般的意义上给"校长专业标准"下定义:以国家现行政策法规为依据、参与国际上选聘校长的成功经验,以胜任高等职业院校领导工作岗位要求为根本要求而制定的校长岗位任职条件。

二、国内外相关研究成果和实践发展评述

(一)国内研究成果和实践状况

随着职业教育类型定位的确定,构建现代职业教育体系加快步伐,职业本科教育探索逐步展开,高职教育的改革发展向纵深推进,"双高计划"建设和"提质培优"工程全面推进,在高职院校规模日益扩大基础上,提高办学质量导向不断强化,人才培养模式改革势在必行,学校治理难度日益提高,学校校长面临的挑战与要求更加复杂多元。在这一背景下,国内学术界和教育教学工作者对高职校长专业标准问题开展了理论思考和实际探索,主要形成了以下基本判断:

　　高职学校管理是专业化工作,学校的领导者校长必须是专业化人员,校长岗位必须职业化。校长的专业化能力主要包括较强的动态管理和组织能力、资源整合能力、战略决策和规划能力。应建立校长的专业标准,实现校长从权力本位向专业本位的转变,转变校长是行政官员的观念,实现学校管理政校分开、管办分离,取消管理者的行政级别,采用市场化管理模式。

　　高职院校需要专业型校长,不断提升引领学校发展的专业能力。高职院校与区域经济社会发展和产业转型升级有着重要联系,学校要尽最大努力实现与企业对专业设置和人才培养目标的需求相一致。面对高职院校的复杂性和变动性,校长不应仅是一位卓越的管理者、成功的经营者,更应是一位优秀的学术领袖。

　　要从传统的"管理型"校长转向"治理型"校长。校长治理能力的关键之处在于不断完善符合新时代高职院校内涵发展需求的治理体系,不断提升治理能力,不断增强在学校建设的体制机制创新、人才培养模式改革、师资队伍建设、国际交流与合作等方面的引领力。

　　当前在高职校长的选拔任用过程中,仍然基本参照行政干部管理的模式。对高职校长的任职资格、任期、实际经验、管理能力和选任程序等只确定了一般性原则,过于笼统,并未针对高职校长的职业化做出明确具体规定。在高职校长遴选方面,可以采用市场聘任制度,主要考察应聘者是否具有担任校长职务的专业资格。应制定高职校长专业标准,实行资格证书制度,构建开放式市场选聘机制,以公平竞争的方式选聘校长。

　　进入"双高计划"建设时期,"高水平引领"是"双高院校"内涵发展的目标和归宿,强调通过提高办学质量作为高职院校发展的核心,即内涵式发展,即"双高院校"建设的核心。"双高院校"校长必须从普通示范型校长角色转向"高水平引领型"的校长角色。在内涵式发展阶段,校长的角色功能主要定位于通过调整专业设置、教育教学改革、师资队伍建设等内涵性要素,提升学校高质量发展。校长的素质和能力必然随之重构,以主观层面的政治素质、专业素养和客观层面的领导力、执行力引领学校内涵发展。

　　高职校长专业标准应构成完善的体系。校长不仅仅是一个行政上的职务,更是一种职业,肩负着引领与管理双重职责,校长是以职业人的身份受聘于学校,全面负责学校办学和学校管理工作,接受学校监督和考核;校长更加专业地管理学校,以独立自主的办学理念,使学校得到更好的发展。从趋势上看,校长必然会走职业化道路,目前已在若干学校进行试点。

对高职院校校长及后备人选进行系统、科学和专业的培训,不仅有利于校长自身的提升,更有利于高职教育整体的长远发展。但我国目前对高职院校校长的职业培训并不系统,没有长期的培训实施计划,更没有专门负责校长培训的具体单位,这显然不利于高职院校校长的职业化发展。

综合分析,国内高职校长专业标准的理论研究和实践发展状况尽管取得了一些进展,在某些方面提出了独到见解,但是,总体上滞后于高职教育、高职院校的改革发展进程。研究成果数量较少,研究方法比较单一,话语体系构建尚未开启;基本上没有从历史发展过程透视高职校长群体的产生、发展规律和本质特征,对校长群体的内在特质缺乏规律性认知;离开党的干部制度和中国国情去孤立地谈校长专业标准;对高职教育发展规律、办学方向、根本任务、本质属性、办学模式和高职院校改革发展的理解不够全面深入,尤其是对新时代背景下的"职教二十条"等重要政策颁布之后,高职院校内涵发展对校长的新要求、新挑战缺乏深刻认识;遵从法律和政策规范对校长的政治素质、专业素养表述不清晰、不完整,有的研究过程样本选取数量过少,抽样方法不科学,比较研究的方法运用偏少;对实践发展情况的分析一般停留在具体工作层面的总结梳理,未能上升到理论层面。

(二)国外相关研究成果和实践状况

随着信息化、智能化等为标志的世界科技革命快速推进,许多国家的高等学校也随之快速变革,以增强经济社会和科技文化的发展动力。一些国家对高校校长专业能力提升和标准体系构建非常重视。这些国家在原有认识基础上,将完善校长专业标准,提升校长专业能力作为战略导向,以充分发挥校长对高校发展的重要推动作用。很多国家修订完善了权威性、科学性、时效性很强的国家层面规范,以立法等方式对校长专业标准加以强化。比如,美国教育管理者委员会2015年颁布的《教育领导者专业标准:2015》就非常具有代表性。在这一背景下,国外高校的校长专业标准研究在长期历史积淀的基础上不断注入新的内容,并在学校实际运行中取得了良好效果,对我们有一定的参考价值。

校长要适应新世纪的要求,将具有使命感、愿景规划与核心价值观等要素作为校长专业标准的重要内容。克拉克·克尔在《大学之用》中指出:"他应当既坚定又温和;对他人敏感,对自己迟钝;放眼过去与未来,但坚定着眼于现在;既有幻想又脚踏实地;既和蔼可亲又善于反思;其想象力鼓舞人心,但其行动小心谨慎;为人富有原则,但善于进行妥协;具有远见卓识,而又能认真注意细节。"

校长不仅要掌握专业化的大学教育理念和知识,通晓大学教育规律,熟悉现代大学制度和大学治理方式,具备引领学校走向未来、组织课堂教学、管理学校运行、理顺学校公共关系等方面的专业能力。菲利普·阿尔特巴赫在《21世纪美国高等教育社会、政治、经济的挑战》中指出:人们普遍期望大学校长能够成为"学生的朋友、教师的同事、校友的好友、校董的好行政管理者、对公众的好演说家、同基金会和联邦部门的机敏议价者、州立法议会的政客、工业与劳工与农业的朋友、对捐赠人有说服力的外交家、通常来说是能为教育奋斗的人、专业(特别是法学与医学)的支持者、对报界的发言人、本身就是学者、州一级和全国一级的公仆、对歌剧和足球并重的热心人、体面像样的人物、好丈夫和好爸爸、教会的积极信徒""人们期待校长既是一个复杂的官僚体制的行政首长,同时又是一个专业社团的同僚召集人;既像是大学校园文化中共有的价值与富豪的象征性长老,又是(某些学校)对董事会负责、对其他政府机构的要求予以回应的公务员。"

构建优秀的教师队伍,保证学校的质量和声誉。哈佛大学文理学院院长亨利·罗索夫斯基在《美国校园文化:学生·教授·管理》中说:"迄今为止,衡量大学状况最可靠的指标,是教师队伍的优秀程度,这几乎能决定其余一切;一支优秀的教师队伍能够吸引优秀的学生、基金会以及校友和公众的支持,并能赢得国内和国际的承认,保持和提高学校声誉最为有效的办法就是改善教师队伍的质量。"

校长应树立起职业角色意识,具有为教育事业献身的精神,有深厚的历史使命感和强烈的责任心,秉持从单纯行政化走向专业化的目标追求。大学校长要坚守大学教育本质和发展原则,同时关注社会对人才培养需求的动态,校长的首要专业能力在于培养学生的核心素养,帮助学生形成适合于社会的价值观,致力于打造支持、公平、包容和公正的环境,人与人之间的开放、包容和信任,实现学校和个人的持续性发展。这在发达国家已形成共识。

大学校长遴选制尽管形式、内容有所差异,但是均规定了严格的遴选程序、遴选标准和遴选评价制度,具有较为鲜明的法制化、制度化特点。而且,校长专业标准体系是遴选制所依据的核心要素,遴选制又比较好地维护了校长专业标准体系的权威性、规范性,确保将达到专业标准的人员选拔到校长职位。大学校长遴选制度也在很大程度上推进了校长专业能力提升和专业标准体系的不断完善,有效地发挥着监督、评价校长的重要作用。

为提高校长在管理工作中的积极性,需要建立一套具备科学性和操作性的校长评价机制,采取合理有效的物质激励、精神激励和制度激励等,尤其是要让优秀的校长薪资远远高于一般教授的收入。另外,在进行激励的同时,也要对校长的权力进行必要的约束和监督,逐步完善职业化校长的内部与外部约束机制。

三、研究方法

本研究以我国公办高职院校校长为直接研究客体,主要采用文献资料法、案例研究法、比较研究法等研究方法,以历史过程审视、新时代要求和教育发达国家有效做法等方面的综合分析为基础,以新时代职业教育的新理念、新战略、新目标和新任务所确定的职业教育类型属性、体系构建、"双高计划"建设、提质培优行动等视角为切入点,深入探索校长专业标准体系构建的理论依据、现实需求和方法措施,探索构建校长专业标准体系的框架结构。

课题组在中国知网(CNKI)等数据库中检索高等教育、职业教育期刊 2016 年至 2020 年发表的全部论文,依据研究口径,从中筛选出"高职校长""大学校长""高职院校改革发展"等类研究论文共 200 余篇。从各高职院校、教育部和地方教育行政部门官网采集公办高职校长数据,在归纳、整理基础上形成样本数据,在全面搜集有关文献资料的基础上,经过归纳整理、分析鉴别,对近五年的相关研究成果和进展进行较为系统、全面的叙述和评论,形成专题性文献综述,为分析研究我国公办高职校长专业标准的研究和构建的水平、动态、应当解决的问题和未来的发展方向,提出意见和建议奠定重要基础。

按照国家统计局对东、中、西部和东北地区划分标准,课题组选择了不同区域的高职院校校长 60 余人的案例研究资料,按照案例研究法的原理,从校长专业能力对开展学校实际工作的影响、规划学校发展能力提升、教育教学工作组织管理水平的角度,对校长的专业素养和工作业绩的关系等作为参照体系分析校长专业标准制定依据。

根据比较研究法中的横向比较范式,以空间上同时并存的事物的既定形态进行比较。课题组选取了我国高职校长与大致同一时期欧美教育发达国家中,形式与我国相近的高等学校校长的情况进行横向比较。同时,就某些特殊问题采用以时间坐标为参照的纵向比较,从而更为清晰地测查教育发达国家的校长专业标准体系与我国高职校长专业标准的异同,探求校长专业标准构建的规律,为形成我国高职校长专业标准制定更为有效的方法措施提供有益参考。

四、理论依据

(一)习近平总书记关于职业教育的重要论述

习近平总书记就加快职业教育发展做出了一系列重要指示。这些重要指示不仅对高职教育改革发展有着深远的时代意义,而且是高职校长专业标准构建的根本性指导原则和理论依据。

2014年6月，习近平总书记对职业教育作出重要指示："职业教育是国民教育体系和人力资源开发的重要组成部分，是广大青年打开通往成功成才大门的重要途径，肩负着培养多样化人才、传承技术技能、促进就业创业的重要职责，必须高度重视、加快发展。""要牢牢把握服务发展、促进就业的办学方向，深化体制机制改革，创新各层次各类型职业教育模式，坚持产教融合、校企合作，坚持工学结合、知行合一，引导社会各界特别是行业企业积极支持职业教育，努力建设中国特色职业教育体系。"

2020年，习近平总书记指出："人力资源是构建新发展格局的重要依托。要优化同新发展格局相适应的教育结构、学科专业结构、人才培养结构。要完善全民终身学习推进机制，构建方式更加灵活、资源更加丰富、学习更加便捷的终身学习体系。要大力发展职业教育和培训，有效提升劳动者技能和收入水平，通过实现更加充分、更高质量的就业扩大中等收入群体，释放内需潜力。"

2021年4月，习近平总书记再次对职业教育做出重要指示："要从我国改革发展实践中提出新观点、构建新理论，努力构建具有中国特色、中国风格、中国气派的学科体系、学术体系、话语体系。""要围绕建设高质量教育体系，以教育评价改革为牵引，统筹推进育人方式、办学模式、管理体制、保障机制改革。""要增强教育服务创新发展能力，培养更多适应高质量发展、高水平自立自强的各类人才。""要坚持党的领导，坚持正确办学方向，坚持立德树人，优化职业教育类型定位，深化产教融合、校企合作，深入推进育人方式、办学模式、管理体制、保障机制改革，稳步发展职业本科教育，建设一批高水平职业院校和专业，推动职普融通，增强职业教育适应性，加快构建现代职业教育体系，培养更多高素质技术技能人才、能工巧匠、大国工匠。"

五、法规和政策依据

《中华人民共和国高等教育法》（1998年8月29日第九届全国人民代表大会常务委员会第四次会议通过，2015年12月27日，根据第十二届全国人民代表大会常务委员会第十八次会议《关于修改〈中华人民共和国高等教育法〉的决定》修正）：

第三十条　高等学校自批准设立之日起取得法人资格。高等学校的校长为高等学校的法定代表人。

第三十九条　国家举办的高等学校实行中国共产党高等学校基层委员会领导下的校长负责制。中国共产党高等学校基层委员会按照中国共产党章程和有关规定,统一领导学校工作,支持校长独立负责地行使职权,其领导职责主要是:执行中国共产党的路线、方针、政策,坚持社会主义办学方向,领导学校的思想政治工作和德育工作,讨论决定学校内部组织机构的设置和内部组织机构负责人的人选,讨论决定学校的改革、发展和基本管理制度等重大事项,保证以培养人才为中心的各项任务的完成。

第四十条 高等学校的校长,由符合教育法规定的任职条件的公民担任。高等学校的校长、副校长按照国家有关规定任免。

第四十一条 高等学校的校长全面负责本学校的教学、科学研究和其他行政管理工作,行使下列职权:

(一)拟订发展规划,制定具体规章制度和年度工作计划并组织实施;

(二)组织教学活动、科学研究和思想品德教育;

(三)拟订内部组织机构的设置方案,推荐副校长人选,任免内部组织机构的负责人;

(四)聘任与解聘教师以及内部其他工作人员,对学生进行学籍管理并实施奖励或者处分;

(五)拟订和执行年度经费预算方案,保护和管理校产,维护学校的合法权益;

(六)章程规定的其他职权。

高等学校的校长主持校长办公会议或者校务会议,处理前款规定的有关事项。

《高校党建工作重点任务》(组通字〔2018〕10号):

建立落实党委领导下的校长负责制情况报告制度,学校党委要结合年度考核向地方党委和主管部委专题报告党委领导下的校长负责制执行情况,学校领导班子成员要在民主生活会、述职评议、年度工作总结中报告个人执行情况。

高校领导班子成员都要在党委集体领导下开展工作,建立书记和校长经常性沟通制度,书记和校长要带头增进班子团结,带头做党委领导下的校长负责制的维护者和实践者。

按照干部管理权限,配强高校书记、校长,选好班子成员,选拔政治素质过硬、熟悉教育规律、品行作风优良的干部到学校各级合适的岗位。严守选人用人规矩和程序,落实"凡提四必"要求,严把人选政治关、品行关、作风关、廉洁关。

《中国共产党普通高等学校基层组织工作条例》(2009 年 11 月 5 日中共中央政治局常委会会议审议批准,2010 年 8 月 13 日中共中央发布,2021 年 2 月 26 日中共中央政治局会议修订,2021 年 4 月 16 日中共中央发布):

第三条　高校实行党委领导下的校长负责制。高校党的委员会(以下简称高校党委)全面领导学校工作,支持校长按照《中华人民共和国高等教育法》的规定积极主动、独立负责地开展工作,保证教学、科研、行政管理等各项任务的完成。

第三十五条　按照社会主义政治家、教育家标准,选好配强高校党委书记、校长,把政治过硬、品行优良、业务精通、锐意进取、敢于担当的优秀干部选配到学校领导岗位。学校行政领导班子成员是党员的,一般应当进入党委常委会或者不设常委会的党委。纪委书记、组织部部长、宣传部部长、统战部部长一般应当由党委常委或者不设常委会的党委委员担任。

《中共教育部党组关于直属高校进一步贯彻落实党委领导下的校长负责制等若干事项的通知》(教党函〔2016〕25 号):

推动党委领导下的校长负责制落地落实落细:

——全面梳理学校党政领导班子会议制度和议事规则。与党委领导下的校长负责制内容要求相抵触的,要予以废止;与学校实际不相适应的,要予以修订完善;配套制度不健全的,要抓紧研究建立。

——严格落实党委领导下的校长负责制执行情况报告制度。领导班子成员要在民主生活会、任期述职、年度工作总结中报告党委领导下的校长负责制的执行情况,学校领导班子也要结合年度考核向部党组专题报告党委领导下的校长负责制贯彻执行情况。

——强化督促检查。把党委领导下的校长负责制贯彻落实情况作为巡视工作重要内容。对不落实或不正确落实党委领导下的校长负责制的领导班子和领导人员,视情况进行提醒、诫勉谈话;对搞无原则纠纷的依纪给予纪律处分,情况严重的予以免职。

《高等学校领导人员管理暂行办法》(中组发〔2017〕2 号):

高等学校领导人员应当具备下列基本条件:

——具有较高的思想政治素质和政策理论水平,坚持以马克思列宁主义、毛泽东思想、邓小平理论、"三个代表"重要思想、科学发展观为指导,深入学习贯彻习近平总书记系列重要讲话精神,坚持党对高等学校的领导,坚定中国特色社会主义道路自信、理论自信、制度自信、文化自信,全面贯彻党的教育方针,坚持社会主义办学方向,严守政治纪律和政治规矩,牢固树立政治意识、大局意识、核心意识、看齐意识,在思想上政治上行动上同以习近平同志为核心的党中央保持高度一致,经得起各种风浪考验。

——具有胜任岗位职责所必需的专业知识和职业素养,熟悉高等教育工作和相关政策法规,坚持全员全过程全方位育人理念,了解和掌握思想政治工作规律、教书育人规律和学生成长规律,善于做知识分子工作,业界声誉好。

——具有较强的组织领导和管理能力,自觉坚持党委领导下的校长负责制,贯彻执行民主集中制,具有全局观念和改革创新精神,能够科学谋划,依法依规办事,团结合作,善于集中正确意见。

——具有强烈的事业心和责任感,热爱教育事业,坚持原则,敢于担当,勤勉尽责,能够全身心投入工作,实绩突出。

——具有良好的品行修养,坚持不懈地培育和弘扬社会主义核心价值观,恪守职业道德,立德树人,为人师表,追求真理,淡泊名利,能够正确行使党和人民赋予的权力,严于律己,清正廉洁,群众威信高。

——党委书记和校长应当符合社会主义政治家、教育家的标准,善于从政治上看问题把方向,有坚定的政治立场、崇高的理想信念、服务国家和人民的价值追求,有正确的教育思想和深厚的学识学养,有相当的教学科研和学校管理能力,有高尚的道德情操和人格魅力。

高等学校领导人员应当具备下列基本资格:

——应当具有大学本科以上文化程度。

——一般应当具有五年以上工作经历。行政领导人员一般应当具有高等教育工作经历。从高等学校提任的,一般应当具有院(系)管理工作经历。

——从副职提任正职的,应当具有副职岗位两年以上任职经历;从下级正职提任上级副职的,应当具有下级正职岗位三年以上任职经历。

——专业技术人员直接提任领导人员的,应当具有一定的管理工作经历,且已担任正高级专业技术职务或者三年以上副高级专业技术职务。其中,直接提任本科院校领导人员的,应当已担任正高级专业技术职务。

——应当经过党校、行政学院、干部学院和教育行政学院或者干部教育培训管理部门认可的其他培训机构的培训,培训时间达到有关规定要求。确因特殊情况在提任前未达到培训要求的,应当在提任后一年内完成。

——具有正常履行职责的身体条件。

——符合有关法律法规和行业主管部门规定的其他任职资格要求。

——坚持和完善高等学校党委领导下的校长负责制,健全党委统一领导、党政分工合作、协调运行的工作机制。完善学校内部治理结构和内控机制,实行权力清单制度,明确权力运行程序、规则和权责关系,公开权力运行过程和结果,健全不当用权问责机制。

——积极推进校务公开,注意发挥学术委员会、教职工代表大会和学生会等组织在学校民主管理方面的作用,畅通师生员工参与讨论校内事务的途径,拓宽表达意见的渠道。

教育部等九部门关于印发《职业教育提质培优行动计划(2020—2023年)》的通知(教职成〔2020〕7号):

发挥标准在职业教育质量提升中的基础性作用。适时修订中职学校、专科高职学校设置标准,研制本科职业学校设置标准。结合职业教育特点完善学位制度。实施职业学校教师、校长专业标准,制定"双师型"教师基本要求。

强化职业学校校长队伍建设,完善选拔任用机制。落实和扩大职业学校办学自主权,健全完善职称评聘、分配制度等,支持学校在限额内自主设立内设机构,按规定自主设置岗位、自主确定用人计划、按规定自主招聘各类人才。建立国家、省、市(县)分级培训机制,组织开展职业学校校长和管理干部培训,造就一支政治过硬、品德高尚、业务精湛、治校有方的管理队伍。到2023年,集中培训5000名左右中职校长(书记)和1000名左右高职校长(书记),各级各类培训覆盖全部职业学校管理干部。

教育部2021年工作要点:

启动国家师范教育基地和教师教育改革实验区建设。改进部属师范大学公费师范生履约管理,深入实施卓越教师培养计划2.0,加大研究生层次中学教师培养改革力度。稳步推进三级五类师范类专业认证。启动实施新周期"国培计划"和名师名校长领航工程。

六、高职院校校长专业标准设计

根据以上研究,从我国特别是天津市高职教育发展实际出发,将高职院校校长专业标准设计如下:

学校校长专业标准一览表

一级指标	二级指标	观　测　点
政治素质	政治家意识	坚持坚定正确的政治方向,全面贯彻落实党的教育方针,将立德树人根本任务落实到位
		政治站位高,树牢"四个意识",增强"四个自信";做到"两个维护",对党忠诚,勇于担当;政策理论水平高
		自觉坚持和执行党委领导下的校长负责制
	教育家思维	具有现代教育思想和理念、专业化的教学科研能力、专业化的管理知识、职业化的历史使命感
	品行修养	大局和合作意识强,廉洁自律,坚持原则,作风正派
	企业家精神	具有"经营"学校的能力,在保障必要的办学经费的基础上,把服务社会、获取社会效益放在首位;同时具有遵纪守法、艰苦奋斗的精神,创新发展、专注品质、追求卓越的精神,履行责任、敢于担当、服务社会的精神
专业素养	专业基础知识和专业经历	符合负责高职院校全局工作的相关学历、经历要求,具有相应的专业理论基础、实际工作经验和能力
		积极学习行业企业工作经验,具有与行业企业开展常态沟通的主动性和能力
	专业基础能力	正确认识高职教育使命和责任,了解国内外高职教育改革创新发展趋势
		准确把握发展机遇,发挥学校特有优势,带领学校高质量发展,各项主要指标保持较高达标率
		充分调动教职工积极性,营造和谐稳定氛围,群众综合评价良好
		牢固树立终身学习观念,不断优化自身知识结构,将学习作为专业发展和改进工作的重要途径
		主导建立应急体制机制,妥善处理复杂局面

一级 指标	二级指标	观 测 点
组织 发展	依法 治校	熟悉国家相关法律法规和职业教育政策,全面理解和把握依法办学、依法治校、依法治教的精神实质
		按照教育部和天津市委、市政府相关依法治校文件要求具体落实到位
		推进学校法治化运行的基础建设,建立法律顾问机构并配齐人员
	科学 规划	明确学校办学定位和内涵建设内容,规划学校发展的工作思路清晰、完整
		将专业(群)建设作为发展规划的重中之重,关注产业动态并坚持实施动态调整专业
		完善以章程为核心的学校制度建设,学校制度体系科学合理、完整规范
		组织学校远景规划、年度工作计划实施、监测和工作目标体系构建
	凝聚 共识	主导建立师生员工参与的学校规划发展相关制度,并经常性开展交流沟通
		汇集政行企校力量,形成学校发展合力
		立足学校办学传统和办学实际,凸显学校特色
		通过提高"经营"学校的水平,努力提升师生幸福感和学校美誉度
管理 学校	落实德技 并修	依据德技并修、工学结合育人原则,加强学生的职业道德、职业素养、职业行为习惯培养
		加强通识类课程教学工作,注重公共基础课程教学质量
		实现思想政治教育与技术技能培养的有机统一
	实施人才 培养	人才培养方案思路清晰、制订程序规范、内容更新及时、监督机制健全、文本完整
		依据教学标准构建人才培养环节要素,教学文件规范完整
	打造"双 师"队伍	以"四有"标准打造数量充足、专兼结合、结构合理的高水平"双师"队伍
		推动教师角色的转变和教育理念、教学观念、教学内容、教学方法以及教学评价等方面的改革
		建设符合项目式、模块化教学需要的教学创新团队,不断优化教师能力结构

续表

一级指标	二级指标	观 测 点
管理学校	推进"三教"改革	全面开展教学研究工作,"三教"改革持续推进
		加强教学管理,规范教学秩序,优质课堂建设成果显著
		强化企业、社会参与的诊断督导工作,以就业质量作为检验教育教学质量的重要指标,形成常态化修正机制
	创新教学评价	落实培养目标和培养规格要求,完善以学习者为中心的专业和课程教学评价体系
		严格考试纪律,健全考核评价体系
	创新服务平台	建设集人才培养、团队建设、技术服务于一体,资源共享、机制灵活、产出高效的人才培养与技术创新平台
		建设体现学校特色的产教融合平台,提升校企合作水平
		建设兼具产品研发、工艺开发、技术推广、大师培育等功能的技术技能服务平台
	营造育人文化	积极构建"思政课程 + 课程思政"大格局,落实"三全育人"
		强化专业课教师立德树人意识,推动专业课教学与思想政治理论课教学紧密合作、同向同行
		加强校园环境建设,倾听师生员工呼声,主动为群众排忧解难,营造良好氛围
		组织开展创新创业、职业生涯规划、礼仪规范等主题教育活动,开展积极向上的文体活动
		凝聚学校文化建设力量,推进优秀企业文化进校园,广泛开展学生文化活动
	加强科技服务	建立科研工作体系,完善科研工作制度
		扎实推进技术研发工作,逐年提高技术服务水平和效益
	夯实信息化基础	持续推进信息技术和智能技术深度融入教育教学和管理服务全过程
		落实师生信息素养提升工作,有效推进自主、个性化学习
	提升国际化水平	引进优质职业教育资源,开发高质量标准,打造国际品牌
		参与"一带一路"建设和国际产能合作,开展国际职业教育服务

一级指标	二级指标	观 测 点
推进治理	提升学校治理水平	通晓高职学校治理的理论与方法,工作思路清晰,工作措施具体
		建立学校、行业、企业、社区等共同参与的学校理事会或董事会
		学校各类机构设置规范合理,运行高效
		强化二级单位办学功能,逐步实现二级学院办学格局
	保持学校正常运行	建立"节点工作""目标工作""阶段工作"管理体系,有序推进学校工作运行
		有序开展人事财务、资产后勤、安全保卫、卫生健康等日常管理工作,基础保障充分顺畅
		建立科学公平有效的评价体系,完善教职工绩效考核与激励约束机制。
		建立和完善应急管理制度和工作机制,及时有效处置突发事件,有效应对疫情、火灾、失窃等情况发生
		与学校所在地区党政机关和社区单位保持密切合作和良性互动

七、关于设计高职院校校长专业标准的说明

从前面的基础研究中可以看到,我国高职院校的校长标准研究,要参考的文献很多,但要兼顾的各种因素更多,从发展现状和趋势来看,这方面达到稳定的状况还需要很长时间。这个设计主要考虑了当下的各种情况,基本上是一个过渡性的方案。

基于这些情况,本标准共设计五个一级指标:第一个是"政治素质",包括政治家意识、教育家思维、品行修养、企业家精神四个二级指标;第二个是"专业素养",包括专业基础知识和专业经历、专业基础能力两个二级指标;第三个是"组织发展",包括依法治校、科学规划、凝聚共识三个二级指标;第四个是"管理学校",包括落实德技并修、实施人才培养、打造"双师"队伍、推进"三教"改革、创新教学评价、创新服务平台、营造育人文化、加强科技服务、夯实信息化基础、提升国际化水平十个二级指标;第五个是"推进治理",包括提升学校治理水平、保持学校正常运行两个二级指标。

需要说明的是,五个一级指标中,"管理学校"是主要内容,这与校长的主要职责相关;在"政治素质"这个一级指标中,特别增加了文件中尚未见到的"企业

家精神"这个二级指标,这是根据 2021 年 4 月全国职业教育大会精神而提出的,也符合高职院校需要"经营"的特点。

参考文献

[1] 于颖,蒋梓淇,刘净净.大学校长职业化研究述评[J].黑龙江教育(高教研究与评估),2016(08):49-52.

[2] 康万栋,邵喜珍.校长与学校发展[M].石家庄:河北大学出版,2012:175.

[3] 毛建青,侯春笑,张凤娟等.中美大学校长职业特征的比较研究[J].江苏高教,2020(07):16-23.

[4] [美]克拉克·克尔.大学之用[M].高铦,高戈,汐汐译.北京:北京大学出版社,2008:6.

[5] 菲利普·阿尔特巴赫.21 世纪美国高等教育:社会、政治、经济的挑战[M].北京:北京师范大学出版社,2005:321.

[6] 亨利·罗索夫斯基.美国校园文化:学生·教授·管理[M].济南:山东人民出版社,1996:204-205.

[7] 陆登庭.一流大学的特征即成功的领导与管理要素:哈佛的经验[J].国家高级行政学院学报,2002,(5):10-26.

(课题承担单位为天津市三方现代职业教育发展研究院,课题主持人为王胜利。课题组成员:单战、马杰、王洽。)

第十三章　产教融合实训基地评价

一、核心概念界定

（一）实训基地

实训教学是高职教育技术技能型人才培养的关键内容。实训即职业技能培训与实践，是指在学校控制状态下，按照人才培养规律与目标，对学生进行职业技术应用能力训练的教学过程。实训基地就是实施实训教学过程的实践场所，其基本的功能包括完成实训教学与职业素质培养、职业技能训练与鉴定等，并逐步发展为培养高等职业教育人才的实践教学、职业技能培训、新技术研发和推广等的重要基地。

（二）产教融合实训基地

产教融合实训基地指的是院校根据专业设置，为满足某专业或专业群实训教学需要，积极融入区域产业发展，由学校与企业（行业）共同组建的将实训教学与产业密切结合的，相对系统和完整的实验实训环境。产教融合实训基地分为校内实训基地、校外实训基地和虚拟仿真实训基地，三种实训基地都通过校、企单独或者合作建设成立。同时，产教融合实训基地是产业与教育的一种深度合作，将培养人才的目标与企业的需求相结合，其基本标志是产生新的产教融合体。

二、已有相关研究成果和实践发展的综合性评述

（一）国内研究现状

国内产教融合实训基地建设与发展正处于蓬勃发展的阶段。早在2007年，紫琅职业技术学院施也频等人开始探索产教融合办学特色，认为产教融合办学

是产业系统与教育系统相互融合而形成的有机整体,是教育部门(主要是院校)与产业部门(行业、企业)在社会范围内,充分依托各自的优势资源和优势,以互信和合约为基础,以服务经济转型和满足需求为出发点,以协同育人为核心,以合作共赢为动力,以校企合作为主线,以项目合作、技术转移以及共同开发为载体,以文化共融为支撑的产业、教育内部及之间各要素的优化组合和高度融合。产教融合实训基地的构建与评价有利于高职院校动态设置和调整专业,有利于满足区域行业企业人力资源开发的需求,有利于激发学生的学习兴趣并真正做到学做合一,有利于"双师型"教师的培养。2015 年,贺耀敏在进行产教融合实训基地建设时提出,产教融合实训基地建设是一种多赢合作的必然需求,政府推进产教融合实训基地的构建及评价可以促进职业教育和经济的发展,职业院校推进产教融合能实现学校与经济社会发展的良性互动。2016 年,榆林学院文学院苏晓暹尝试产教融合理念下地方高校新闻学专业立体化实训平台的构建,产教融合背景下实训基地建设的雏形基本形成。经过"十三五"时期的职教发展,从对校企合作、工学结合实训基地这一模式的肯定到产教融合,从如何稳定运营到追求可持续发展的研究,实现了对实训基地的研究由"管什么"向"如何管"过渡。但是目前我国的研究主要侧重于产教融合实训基地的建设和运营,主要包括建设内容、融合模式及机制等。建设内容方面,研究者大都同意"五个对接"的观点。2014 年,秦斌提出产教融合开展的基本要求是实现"五个对接":专业设置与产业需求对接,课程内容与职业标准对接,教学过程与生产过程对接,毕业证书与职业资格证书对接,职业教育与终身学习对接。贺星岳等认为,产教融合建设包括职业教育与经济社会发展、专业设置与产业需求、课程内容与职业标准、教学过程与生产过程、产业岗位职业环境与教学情境的融合。产教融合模式方面,2015 年,柳友荣提出,应用型本科院校产教融合包括产教融合研发、产教融合共建、项目牵引、人才培养与交流四种模式。产教融合研发模式和产学项目牵引模式受政府部门政策、市场环境以及文化环境影响较大,产教融合要求高校与企业相互融入,共同介入人才培养的全过程,实行高校与企业"双主体"的育人模式。产教融合建设机制方面,产教融合主要来自共同的利益、内在的变革和外部经济社会发展的驱动。

总的来看,国内对于产教融合校企合作主要集中在对于产教融合的经验总结与做法介绍、国内外的产教融合工作的比较与借鉴、产教融合校企合作模式与体制机制研究、存在问题与解决问题的理性思考等方面,不仅理论性的探讨不足,而且缺乏实践性的内容,对于合作不稳定,融合渠道不贯通;合作模式单一,合作内容不深入;合作对象的选择存在误区;校企合作的经费难以保障;双师型师资队伍建设滞后;质量保障体系和评估体系的缺位等问题目前都无法达到有效解决,没有明确的标准可以指导开展实施。当前国内对于产教融合实训基地的质量保证和评价体系研究较少,尤其对于产教融合实训基地有效评价指标和体系的构建研究处于空白阶段。

(二)国外研究现状

有关产教融合、校企合作的实践,欧洲一些高等教育发展较早的国家已经有了上百年的经历,可谓经验丰富。在不同的经济文化政治和教育观念的作用下,形成了不同的名称、主体、模式以及体制或机制。从总体来看,产教融合建设发展得很好的国家都有着一些共同的特征:第一,相关的政策制度已经比较完善;第二,政府在资金拨付方面会给予大力的支持;第三,企业在产教融合实施方面会全程参与;第四,这些国家往往都会实行就业资格准入制度。国外关于产教融合的实践研究主要集中于产教融合的内涵、影响因素、存在的问题等方面,对实训基地评价研究则还处于初始阶段。Jon Whittle 等认为教育发展与社会发展之间存在着教育与整个社会发展趋势相结合、职业学校与产业部门相依存、职业学校与学校自身发展相依赖三个层面的关系,因此,产教融合的内涵应从教育与社会经济发展相协调、职业学校的办学体制和教学模式的"宏观—中观—微观"层次上进行把握。

产教融合实训基地的建设受到多种因素的影响,职业学校的自身条件是影响产教融合的主要因素。学校的专业设置、师资水平、院校的执行力等都会影响学校对产教融合信息的捕捉和理解,进而影响产教融合的实施动力。企业是影响产教融合的关键因素。企业的目的会影响企业与学校合作的意愿和积极性,一般以短期盈利为目的的企业合作意愿不高,倘若学校与此类企业合作,很可能不利于学生的发展。目前研究发现,产教融合实训基地的建设存在诸多问题:模式途径不统一、没有规范化统一的模式标准。德国的产教融合是"双元制"教育模式的标杆,这一模式培养了具有超高技艺的技术工人,提高了德国制造业在全世界的知名度,为德国经济的发展做出了巨大贡献,但是实训基地缺乏有效的评价和考核机制。法国的学徒制有学校、企业、学生培训中心以及政府的共同参与,文化课程以及技术理论课在学徒培训中心进行,实践课在合同工厂进行,并且有专业的老师进行指导。澳大利亚"新学徒制"开设学徒培训课程为在校大学生提供了多样化的培训途径,并且开设成人在职培训课程,为社会上的年轻人提供培训。英国的"三明治"教育,能把工程设计、研究、实验与教学融为一体。

诸多研究中,关于产教融合实训基地的建设质量有效保障和评价体系寥寥无几。

（三）综合性评述

对已有研究进行梳理后发现,产教融合建设评价的研究存在以下问题:第一,关于产教融合的评价多数从企业、政府以及学校的角度来设计评价指标,忽略了学生作为产教融合的客户群体在其中发挥的能动性,产教融合的目的是培养应用型人才,以学生为视角建立评价指标体系的较少。第二,在研究视角上,指标体系的建立内容混乱,标准不一,缺少按照产教融合实训基地建设的过程来建立评价指标。本研究将在这两个方面有所改进,并提出完整的评价体系。

三、研究方法

（一）文献研究法

通过对国务院、国家发改委、教育部网站,Pubmed、Medline、CNKI、万方数据库对国家政策、文献进行搜索。以"产教融合""实训基地""评价体系"为关键词搜索,整理了近3年的相关研究成果,共计86篇。经阅读,筛选出与本研究相关程度较高的核心资料24篇,掌握了目前产教融合实训基地建设评价的动态,包括产教融合实训基地建设现状、建设内容、影响因素等,以此作为评价指标的相关要素加以应用和参考。

（二）实地调研法

对天津市胸科医院、天津市第一中心医院、威莎世纪美容集团、天津市鹤童养老院、天津慧医谷科技有限公司5家产教融合实训基地进行实地调研,与实训基地建设和管理专家、实训教师等相关人员进行深入交流,就基地建设规划、现状、是否有必要制定评价体系等方面进行调研,掌握实训基地建设过程中的实际情况。

（三）专家访谈法

采用现象学深度会谈法进行资料收集,即在自然情景下完成无诱导、无暗示、开放的面对面访谈,研究者深入研究现场,不施加任何干预,通过对受访对象观察、录音和记录等方式完成资料收集。撰写产教融合实训基地访谈提纲,对北京、天津等5所中、高职院校的校长(含副校长)5人次,5家实训基地的管理人员代表约5人次进行访谈,形成访谈报告。

（四）问卷调查法

围绕管理形式、设施资源、师资队伍、人才培养、建设成效不同角度设计、制作、修正专家调查问卷、教管人员调查问卷、教学人员调查问卷。调查问卷由研究者统一发放给调查对象,当场作答,统一回收,保证调查资料客观、真实。发放调查问卷 15 份,回收 15 份,其中有效问卷 15 份,有效率为 100% ,详细展示了产教融合实训基地的建设、管理和评价现状,为本研究提供客观、真实的参考资料。

四、理论依据

本研究以行动导向理论为基础,结合价值论、系统论、教育经济效率论、利益相关者论等多角度、系统、动态分析产教融合实训基地评价体系的各构成要素。

（一）行动导向理论

"行动导向"的职业教育教学论旨在体现现代职业教育教学目的和学习目标。新的信息技术与技术密集性劳动市场的出现,面对知识的更新、"知识爆炸"等局面,要求提高学生的自学能力和解决问题的能力显得尤为迫切。行动导向的教学论一方面表现了师生之间互动的形式;另一方面证明了这是一种传递现代教学内容的新手段,是引导学生学会学习的最佳途径之一。行为导向的教学论中一种重要的教学方法是模拟,它是指在一种人造的情境或环境里,学习职业所需的知识。模拟通常在一些模拟办公室或模拟工厂里进行,职业学校对这种模拟教学非常重视,其原因是可以降低训练的实际成本,也可减少不必要的消耗和危险,对教学组织也提供了许多重复的机会和随时进行过程评价的可能性。产教融合实训基地是为学生提供生产实训、实践活动的场所,它的建设是提高高职院校实践教学水平的重要保障,也是高职院校加强内涵建设的重要一环,而产教融合实训基地质量的评价能够保证让学生在真实或接近真实的工作环境中进行职业活动的实践,培养学生的综合职业能力,为学生提供完整工作过程的学习机会,能够运用所学理论知识完成真实生产任务,在掌握生产技能的同时培养创新精神和综合职业素养。行动导向理论是产教融合实训基地建设的基础理论依据。

（二）教育经济效率论

教育经济效率是指教育投入和教育产出之比,即在一定的社会条件下,为取得同样的教育成果,教育资源占用和消耗的程度。从教育经济效率理论出发,产教融合实训基地评价体系的构建是对产教融合实训基地投入与产出认识的深化和发展,它影响了评价的导向与具体内容。依据教育经济效率理论,产教融合实训基地评价体系的构建,要从客观层面反映产教融合实训基地投入与产出的最优化原则,要求指标的构建具有科学性和合理性。

（三）利益相关者论

产教融合的参与主体涉及政府、学校、行业、企业、教师、学生、企业职工等多个性质不同的组织机构或个体,每一个组织或个体都拥有自己的目的与需求,都期望能从产教融合的过程中获取预期收益。因此,产教融合实训基地评价体系的构建,要充分考虑到各个主体的利益诉求。

五、政策依据

2019 年 2 月,国务院印发《国家职业教育改革实施方案》,提出"打造一批高水平实训基地",特别指出:"面向先进制造业等技术技能人才紧缺领域,统筹多种资源,建设若干具有辐射引领作用的高水平专业化产教融合实训基地,推动开放共享,辐射区域内学校和企业。"这个提法将"产教融合实训基地"与其他类型实训基地区分开来,最后对所有培训基地提出了"提高实训基地规划、管理水平"的统一要求。

2019 同年 4 月,国家发改委、教育部印发《建设产教融合型企业实施办法(试行)》,提出产教融合型企业是指深度参与产教融合、校企合作,在职业院校、等学校办学和深化改革中发挥重要主体作用,行为规范、成效显著,创造较大社会价值,对提升技术技能人才培养质量,增强吸引力和竞争力,具有较强带动引领示范效应的企业。其重要特征是"通过独资、合资、合作等方式,利用资本、技术、知识、设施、管理等要素,依法举办或参与举办职业教育、高等教育,在实训基地、学科专业、教学课程建设和技术研发等方面稳定开展校企合作"。建设产教融合型企业是深化推动教育改革、重塑我国人力资源优势的实践创新。

2020 年 9 月,教育部等九部门印发《职业教育提质培优行动计划(2020—2023 年)》,在"深化职业教育产教融合、校企合作"方面,明确提出:遴选建设一批产教融合型城市,推动试点城市建设开放型、共享型、智慧型实训基地。"推动建设 300 个左右具有辐射引领作用的高水平专业化产教融合实训基地。"天津市成功入选全国第一批产教融合型城市,这个关于产教融合实训基地建设的要求对天津市自然具有重要意义。

六、产教融合实训基地评价体系的设计

目前,产教融合实训基地作为一个新提法,其建设及功能远远未达到实际的需求。只有构建科学、合理的评价体系,才能对产教融合实训基地建设工作进行有效评估,进而使之为专业建设和发展、人才培养模式改进、教学质量提升提供有力的服务。

根据以上相关理论、方法和国家政策,本研究在设计产教融合实训基地评价体系时,坚持以下原则:一是客观性原则,尽力减少评价过程中需要主观判断的评价指标的选择和使用,从实际出发,尽可能地保证评测结果的客观真实。二是科学性原则,在评价指标的选择过程中,力求广泛适用、科学合理,恰当地划分层

次,以确保所得数据的准确性以及统计方法的合理性。三是可操作性原则,所有
评价指标、评价方式和手段的选择必须优先考虑其可操作性。四是动态性原则,
评价要贯穿于基地建设的过程之中,重视被评基地的起始点及其发展过程中所
面临的各种问题,注重评价的反馈作用。五是整体性原则,既要在评价过程中把
评价对象作为一个有机的整体来看待,又要保证评价内容的整体性。六是发展
性原则,指评价指标体系本身要有发展性,同时评价结果对基地建设影响也要有
发展性。根据这些原则,本研究设计的高职院校产教融合实训基地评价指标体
系见表1:

表1　产教融合实训基地评价

一级指标	二级指标	观　测　点
基地治理	管理体制	符合校办企业、引企入校、厂中建校、职教集团等其中一种模式;基地管理包含企业和学校双主体;具有产学研创协同育人的基本职能
	管理制度	具有完备的建设规划;具有规范的实训管理规章、监督制度;考评办法科学合理,有利于激励改革创新;管理制度根据情况适时进行修订;适时进行实训基地建设总结及诊改
	运行机制	有固定经费支持,满足日常运行和可持续发展;制度运行有效,日常工作有序,未出现明显纰漏;定期对仪器设备等硬件、教学情况等进行巡视监督,常规检查与随机抽查相结合;突发事件处置有预案、预演,处置及时得当,有效控制风险和损失
设施管理	使用效率	基础设施、"共享型"设施、大型仪器设备、虚拟仿真资源等具有较高的使用效率
	教学支持	场地、仪器设备、虚拟仿真等满足教学、培训需求,覆盖率较高;基础设施资源完备,整备率高;中高价值仪器设备的更新适应专业教学
	设备维护与更新	正常运行的仪器设备等比例较高;定期对仪器设备、精密仪器及工具检测,对损坏的及时修缮或更换,低价值常用设备仪器有储备;建立完善的设施资源报废管理制度

一级指标	二级指标	观 测 点
师资队伍	师资结构	教师职称结构合理;"双师"型教师和来自企业的兼职教师占比高于作为基地主体之一的学校
	团队建设	建有创新型教学团队;按项目开展跨功能团队协作活动;实施教师绩效考核
	师资培训	及时开展师德师风培训、"双师"素质提升培训、信息化教学能力培训等
人才培养	校企合作教学设计	校企共同制订人才培养方案、教学大纲、课程标准等教学文件;合作开发专业拓展课程
	实训教学与教材建设	教学内容基于真实工作任务、项目及工作流程、过程;实行工学交替、课岗互动教学模式;合作编写活页式、工作手册式新型教材;创新产教融合实训教学方法
	技能培训	合作开发培训项目,培训规模达标;开展"1+X"职业技能等级证书培训
建设成效	育人成效	学生的职业素养、职业技能和工匠精神得到提升,职业技能等级证书通过率较高;大学生创新创业(大赛)成绩好
	科技开发	开发新技术、新材料、新工艺、新产品等科技成果,专利和科研成果转化率较高
	产业服务	为行业企业发展服务效果好(包括受托举办技能大赛、培训员工等)
	标准开发	合作开发实训项目教学标准、生产标准、职业技能等级证书等相关标准

七、关于高职院校产教融合实训基地评价体系的说明

(一)本评价体系的设计、研制过程

本研究将产教融合实训基地建设定为评价对象,首先结合实训基地建设的相关文献、资料所提供的信息,多次深入实训基地开展调查、访谈资深专家以及部分参加实训基地建设的教师与相关管理人员获取实际信息,初步拟定了包含5项一级指标、16项二级指标评价指标体系,并将其设计成专家问卷发放给5名相关专业领域的专家进行专家调查。最后,使用德尔菲法进行了三轮专家调查,最终使专家的意见逐渐统一,确定了一级指标包括基地治理、设施管理、师资队伍、人才培养、建设成效五个方面,二级指标包括管理形式中的管理类型、管理制度、运行机制,设施资源中的使用率、对教学教改的支持率、设备维护、增值性,师

资队伍中的管理模式、团队建设、管理渠道、适应程度,人才培养中的专业建设支撑、课程建设、教学、学生培养、技术研发、技能培训,建设成效中的科研成果、育人成效、科技开发、产业服务、标准开发等方面,形成二级结构的产教融合实训基地评价体系。

1.咨询专家组确定

专家组的确定至关重要。所选专家应在产教融合实训基地建设工作上具有一定的经验,并且在该领域有一定的权威,最终确定了19位专家,见表2:

表2 专家调查法所涉及专家的信息统计

类别		频数
职称	教授	12
	副教授	7
专业方向	基础学科	10
	应用学科	9

2.评价指标体系的确定

课题组通过向专家多轮次发放、收回问卷、分析提炼等工作环节,最终确定了5项一级指标、16项二级指标。随后,又采用同样的方法,确定了各项评价指标的权重。

(二)本评价体系内容的说明

总体上看,产教融合实训基地并没有现成的实体案例作为研究对象,本设计与其说是一个"评价体系",不如准确地说是一个"建设标准"。就是说,根据国家相关政策和已有的实训基地建设经验,才提出了这个评价表。本表的五个一级指标分别是:第一个为"基地治理",运用职业教育治理现代化的新思路,将管理体制、管理制度和运行机制三个方面确立为二级指标,至少在概念和思路上有新意;第二个为"设施管理",将使用效率、教学支持、设备维护与更新确立为二级指标,实际上突出基地的效能和可持续发展;第三个为"师资队伍",包括师资结构、团队建设、师资培训三个二级指标;第四个为"人才培养",包括校企合作教学设计、实训教学与教材建设、师资培训三个二级指标;第五个为"建设成效",包括育人成效、科技开发、产业服务、标准开发四个二级指标。其中,第三、第四个一级指标突出企业在教师、人才培养方面的主体作用。这个指标体系从整体上看,有些特别需要突出的指标没有列,如涉及产权、生产性项目等,因为实践中不好操作而难以做到;但就目前而言,如果这个指标体系的内容真正落实了,也是一件很了不起的事情。

参考文献

[1] 李峰.面向企业实际需求的高职院校实训室建设方向研究[J].才智,2019(6):117-118.

[2] 施也频,陈斌.产教融合特色办学[J].中国职业技术教育,2007(35):18-19.

[3] 贺耀敏,丁建石.职业教育十大热点问题[M].北京:中国人民大学出版社,2015.

[4] 苏晓暹.产教融合理念下地方高校新闻学专业立体化实训平台的构建[J].陕西教育,2016(05):43-44.

[5] 闫生辉,高玉红.高职院校实验实训基地建设研究[J].经贸实践,2017(21):324.

[6] 贺星岳.基于现代职教体系的产教融合、校企一体化研究与实践——以浙江工贸职业技术学院为例[J].职业技术教育,2015,36(21):61-64.

[7] 柳友荣.深化产教融合的路径与方法[J].应用型高等教育研究,2021,6(01):9-21.

[8] 张斌,兰富才,蔺文刚.面向实践教学改革的高职院校实训基地建设模式和策略研究[J].科技与创新,2020(22):156-163.

[9] 商丽莉,祝士明.我国高职院校校企合作应用型人才培养探讨[J].成人教育,2019(4):67-70.

(课题承担单位为天津医学高等专科学校,课题主持人为王庆。课题组成员:简雅娟、蒋师、陈梦越、景文莉、金凤娟、张秀丽、吕辉、徐蓉、许英、赵颖、郭巧云、王娜。)

第十四章 职业教育集团(联盟)评价

一、核心概念界定

职业教育集团是指基于技术技能型人才合作培养纽带而组建的多法人组织集合体。它通常以校际合作或校企合作为主要载体,以集团章程为共同行为规范,以技术、技能型人才合作培养为中心工作而开展相关的集团化活动,以有利于提高特定环境中职业教育资源合作配置效率。由于存在大量与职业教育集团极为相似的职业教育联盟,本研究把它们二者作为同等事物对待(在特定语境下则明确区分二者)。

职业教育集团化办学则是指具有职业教育集团特征的多法人集合体的办学行为。职业教育集团化发展则是指具有职业教育集团化办学特征的合作职业教育发展模式。职业教育集团化办学超越了职业院校自身办学模式的改革,涉及包含办学体制、管理体制(宏观与微观)、投资体制、招生与就业体制、教学与实习实训体制、科研体制等一揽子变革策略,已经成为中国经济转型期职业教育发展模式的一种新型战略选择。在本研究中,职业教育集团化、职业教育集团化办学、职业教育集团化发展都属于近义词,相互可以通用。只是在谈及发展模式而不是办学模式时,倾向于选用职业教育集团化发展这个概念。

二、已有相关研究成果综述

(一)国内相关研究综述

张晶晶(2021)提出职业教育工学结合、校企合作的属性是职业教育集团化办学的逻辑起点,职教集团的产生发展正是职业教育类型特点的重要外部表征。研究从职业教育集团的社会组织身份出发,以自组织和他组织理论为基础,分析职教集团的内部产教融合功能和外部产教融合功能。职业教育集团化办学在集团内部促进校企深度融合,通过学徒制、实习实训、订单班、1＋X证书等项目形式合作育人;在外部发挥社会组织身份功能,作为第三方机构、行业组织以及职业教育大赛等活动组织者推进职业教育发展。在产教融合加快推进的政策环境与市场需求背景下,系统分析、阐述职教集团在产教融合中的内外部功能将为职教集团研究和现实功能定位提供更多思路和探索空间。

刘殿红、徐龙海、徐洪祥(2021)提出基于院校主导型职教集团的内涵、特质,兼顾内部各利益主体的合理诉求,立足区域经济社会发展,顶层设计治理机构建设、运行机制完善和实体化项目运作三个关键环节,实现"政行企校"互联互动、共生共荣,合力推动集团实体化运作。王春娟(2018)认为,职教集团是构建现代职业教育体系以及提升职业教育治理能力现代化的教育主体。当前,我国职教集团的参与者较多,主要有职业院校、政府部门、企业、行业以及社会组织等,不同的主体由于立场、角色的差异导致其利益诉求有较大的不同。明确各方参与主体在职教集团化办学模式中的利益诉求差异是构建职教集团化办学模式内部治理机制的逻辑起点。在现实运作中,由于我国职教集团大部分是松散型的联合体,导致内部治理机制在基本架构上存在着组织设计、规则制定和制度体系等方面的缺陷。因此,职教集团化办学模式内部治理机制需要从制度、组织和参与等方面予以完善。

徐承萍(2020)指出,职教集团(联盟)在运行过程中,众多职教集团自身经营的意识和能力不强,集团成员间利益纽带脆弱,集团的设计功能泛化,面临形具而神散、运行不畅、作用不明、活力不够、特色不显等发展困境,职业教育集团化办学难以达成预期的促进职业教育改革和发展的目标。现代职业教育治理追求政府、市场、行业协会、职业院校等多元主体的共治,倡导协调权利矛盾形成价值共识,公开治理信息鼓励民主参与,明确治理责任,形成问责机制,制定法律规范主体行为,建立反馈机制及时回应民意,尊重治理科学提高治理效率。

苏州大学刘晓宁在2019年提出运用博弈理论来解读职教集团(联盟)办学如何推动变革时代的经济社会发展服务。他指出,职教集团包含政府、院校、行业企业、学生家长、社会力量等异质主体,是一个社会化的"利益相关者组织",利益主体之间分工不同、诉求各异,具有不同的职责、权利和利益边界。根据办学主体与职业教育的天然关联度,可以划分为核心利益主体、潜在利益主体以及边缘利益主体。三类主体既相互依存又相互排斥,由于价值追求差异,在共享整体利益的同时,时常会面临局部利益冲突。因此,职教集团的利益主体需要一种互相牵制、彼此约束的利益机制,以协调利益博弈过程中的摩擦,使合作达成共轭共赢效应,促进集团化办学的可持续发展。

崔发周、田红磊(2018)提出,职教集团是实现产教融合和构建现代职业教育体系的重要载体,是具有中国特色的现代职业教育发展模式。事实上,职业教育集团在我国得以快速发展的潜在原因就是填补行业组织的不足,构建一个校企合作、产教融合的稳固平台。职教集团绝大多数为职业院校牵头组建的松散型联盟组织,不具有法人地位,属于一种非典型组织(也称为"其他组织");在现行的《职业教育法》中,没有规定职教集团的性质、功能和组织形式。存在着决策程序简单粗放、工作协调手段单一、执行过程缺乏监督等问题。从总体来看,职教集团仍处于初级发展阶段,整体上由非法人组织过渡到法人实体还需一个较长的过程。深入探索和优化非法人职教集团的治理结构和治理方式,充分发挥职教集团作为合法民事主体的社会作用,促进职教集团发展成为我国现代职业教育体系中的中坚力量,是职教集团化办学工作的一个重点内容,对于发展现代经济体系、促进产教融合具有重要作用。

与此同时,重庆学者朱丽佳、罗能也对于职教集团(联盟)合法性身份缺失这一问题提出了见解,他们表明,随着高等职业教育的快速发展,职教集团化办学模式发展迅速,尽管职教集团化办学已经逐渐成为中国特色职业教育的重要组成部分,但是由于其合法性身份的缺失,导致在构建现代职业教育体系和推动建立适应产业经济结构转型升级的技术技能积累创新等方面,难以有效发挥功能。联盟型的职教集团并不具有独立的法人资格,它们一般是为完成多元主体的共同目标,通过契约联结各成员单位而形成的独立法人之间的集合体。联盟型职教集团的参与主体主要包含相关政府部门、职业院校、行业企业、科研院所和其他社会组织等。除此之外,全国范围内还有少数职教集团以其他形式存在,如事业单位法人型职教集团、企业法人型职教集团、民办非企业法人型职教集团、社团法人型职教集团等,但是由于全国范围内大部分职教集团都属于联盟型,这就导致我国职教集团的身份存在严重的合法性危机。

朱翠苗(2017)根据《现代职业教育体系建设规划(2014—2020 年)》要求,深度剖析现代职业教育集团建设的必要性,从推动区域职教集团多元一体化发展的视角,创新了"产业人才智能数据库、区域职业教育链人才规格、中高本现代职业教育组合体、跨企业联合训练中心、多方位开展国际教育合作"等方面,对"多元参与、校企协同、社会开放"现代职教集团建设路径,并从"校企师资工作站、行业化技能竞赛、创业项目、第三方评价机制、生产流程化实训基地"方面,讨论了"多元参与、校企协同、社会开放"现代职教集团的保障机制,构建了区域集团化职业教育体系,为现代职业教育体系建设提供了案例样板。

刘晓宁、刘晓(2016)提出职教集团认定标准与评价体系的构建,既是实践发展的需要,也是内涵提升的觅求,在实施过程中要严格按照可量化指标考核、监督,以达到"真集团、真运行"的理想化状态。教育管理部门应尽快建立起职教集团质量评价制度,在继续加大政策支持、经费投入的基础上健全质量保障机制,委托专门机构实施质量评价工作,并通过遴选一些改革成效显著、办学特色突出的职教集团标杆,逐步渗透推进,在更大范围内推广改革示范成果。此外,理应科学合理运用评价结果,建立结果发布机制,在一定范围内公开质量评价报告,接受社会公众监督,促进职教集团的优胜劣汰和良性发展。

(二)国外相关研究综述

国外已有的教育集团化办学多数是私立、营利性组织,以提高教育质量和顾客满意度为目的,趋利性明显,这与发达国家的市场经济体制是相适应的;而我国职业教育集团化发展以推动公办职业院校资源整合和重组、提高职业教育资源配置效率为目的,以校际合作、校企合作为主,是非营利性多组织集合体,这是与中国经济转型期的社会主义市场经济体制相适应的。国外的教育集团与国内的职业教育集团化办学模式在经济属性上有着本质区别。

国际教育体系分类中,除德国和澳大利亚外,中国这样职业教育自成鲜明体系的国家不多,大多数国家的普职渗透特征和趋势明显。联合国教科文组织在1974年修订的《关于技术和职业教育的建议》指出,技术与职业教育是"作为一个涉及教育过程方面的综合术语来使用的,所包括的除了普通教育外,还包括技术和相关学科的学习,以及与经济和社会生活各部门的职业有关的实际技能、态度、理解力和知识。技术与职业教育进一步理解为:a.普通教育的一个组成部分;b.为某一职业领域做准备的一种手段;c.继续教育的一个方面"。这一建议对世界各国的职业教育发展影响深远。21世纪初,联合国教科文又提出了"改善TVE体系以利于终身教育和培训"的建议,并认为"有些国家已着手对他们的职业教育体系进行体制改革",主要的改革模式有三种:"普通教育9~12年的中小学教育之后在工作现场给予技能培训和再培训;普通教育后,有学校为基础的技术与职业教育或'双轨制';普通教育中加进职业教育内容。"

发展中国家几乎没有与中国的教育集团化办学相对应的专题研究,但对亚非拉发展中国家教育组织变革的相关研究中发现,有不少关于教育集团化办学现象的案例剖析,这些案例多以私立教育集团或教育公司的为主,也有的涉及公立或非营利性教育组织的集团化现象。其中比较有影响力的研究当数世界银行下属的国际金融公司(International Finance Corporation,以下简称 IFC)在 20 世纪 90 年代的一次大规模调研。IFC 从关心对全球发展中国家教育投资的效益角度(IFC,1998),曾组织了庞大的教育专家队伍,深入细致地研究了"12 个发展中国家的来自公司、学校或大学的 18 个教育项目"。

对发达国家的教育集团化办学现象考察中可见,发达国家目前也尚无明确的"教育集团化办学"的提法,但在市场经济体制健全的发达国家,冠以"Education Group""Education Company(或 Inc. ,corporate)"或"schools"等具有教育集合体性的名称的教育组织却不少,主要散见在对欧美、澳大利亚等国的关于教育集团、教育公司或营利性高等教育机构等的描述中,如"University in Chains-confronting the military Industrial""University,Inc. -the corporate corruption of American HED""the rise of the For-Profit University""the Transformation of Higher Education"。但到目前为止,大多是对上述私立教育集团名称和运作方式的简单介绍,系统全面的研究尚未见到。

实践中,近年来发达国家的私营性教育集团在招生、机构数量及市场份额等方面有不断发展壮大的趋势,其独特的办学理念、运营模式、财务机制、学术文化等对美国传统的高等教育组织来说无疑正掀起多维度的变革和挑战,这也是值得我们在构建职业教育集团化办学战略时应加以考察和探讨的。

三、研究方法

（一）文献研究法

现有文献为本研究提供了丰富的理论与实证依据。文献研究贯穿于本研究的始终。在本研究正式开始前,我们在考察大量职业教育集团化办学现有研究成果、政策法规、国外经验及相关学科观点的文献分析基础上,确立了本课题研究的框架,并进一步通过国内外文献研究为课题的完成奠定了基础。本研究根据问题解决的需要,扩展了文献研究范围,进一步涉猎了管理学、运筹学等与本课题相关的研究成果分析。

（二）专家访谈法

本研究采用咨询的方法征询和倾听专家及相关人员意见,完善建构测评指标,并利用其匿名性、反馈性、统计性等特点,使得最终的指标更加科学化。以口头形式,根据被询问者的答复搜集客观的、不带偏见的事实材料,以准确地说明样本所要代表的总体的一种方式。尤其是在研究比较复杂的问题时需要向不同类型的人了解不同类型的材料。对于职业教育、职教集团(联盟)研究方向的专家学者以及相关管理者进行一对一访谈。从办学组织、办学形式、办学机制、办学效益等四个方面进行访谈,了解新时代高等职业院校在职教集团(联盟)评价体系的搭建情况。

(三)规范分析与实证分析相结合的研究方法

规范研究可以回答"应该是什么"这一问题。在研究新时代职教集团(联盟)评价体系时,本文借鉴美国新职业主义、全面管理理论等学科中关于"过程—结果"的研究内容,探讨职业教育校企合作的实施效果。从理论层面分析新时代职教集团(联盟)评价体系研究的影响因素,并深入探讨了提升新时代职教集团(联盟)评价体系的相关建议。实证研究方法则重在回答现实问题"实际是什么""怎么解决",更强调利用实际数据、较科学的分析方法或先进手段来探索经济管理中的现实答案。

四、理论依据

(一)美国新职业主义

新职业主义教育思想在继承并发扬了"大职业主义"和"生涯教育"中的教育思想的同时,具有与以往职业教育理论的不同之处,其新的特点主要表现以下几个方面:第一,对职业认识的新变化。新职业主义是处在一个新的时代背景与社会背景中,各国之间的竞争不断激烈,新技术革命带动了职业结构的升级换代,从根本上改变了人们对职业的看法、人才的要求及就业方式。第二,职业人才培养目标、内容发生了变化。新职业主义针对美国教育目前的实际情况,强调以课程整合为中心和学习的实践性、现场性,重视个人能力的陶冶,主张提高职业能力标准。第三,职业人才培养方式的新变化。突出强调"整合"的作用和意义,即主张职业教育与学术教育的整合;中学教育与中学后教育的整合;学校与工作的整合。在这一时期新职业主义的教育主张得到了政府的大力支持。

美国新职业主义不仅制定了一系列教育改革法案以确保这些教育主张的执行,而且还设置了相关机构来推动教育改革的发展。以下是新职业主义教育的一些改革主张。

1.获得更高水准的学术能力,具备宽厚的知识基础

加强学生在读写能力,以及在历史、地理、公民常识、数学、自然科学等方面的坚实基础,以及足以应付在未来社会中所必备的基本的知识与技能。在基础课程的设置上,重视基础学力与公民素养的提高。其次是思考技能,包括创造性思维、决策、问题解决、想象、推理、如何学习;此外还包括培养个人品质,如责任心、自尊、交际能力、自我管理和诚实。新职业主义者认为,在大批新职业不断涌

现、职业结构形态以及就业方式发生变化的情形下,无论是职业学校还是普通中学的学生,都应该具备宽厚的基础知识,打好坚实的文化、知识基础,这样才能具备适应未来生活所需要的能力,为打造现代企业需要的复合型人才奠定基础。

2.养成轻松进入某行业的专业技能

一个国家经济竞争力的强弱,取决于其综合国力,归根到底,取决于人才的竞争力。在一个国家的产业大军中,需要大量的成熟的、具有应变能力和创新能力的工作人员。高度重视技术教育,强调职业教育与普通教育的结合,为学生做好职业准备教育,才能为其在未来进入工作岗位打好实践基础。

3.具备多元的职业核心能力

新职业主义认为,职业能力开发不是训练人的机械性的技艺,而是要为个体未来的工作生活做准备;职业能力开发不应是针对某一项具体工作进行的培训,而应是"工作导向"的培训,其任务是在个体和他未来的工作生活之间架起一座通畅的桥梁。

新职业主义的基本思路和所提出的解决问题的办法,在当前我国高职院校(甚至整个职业教育体系)条件下是难以马上适应和回答的。职业教育集团化办学则由此具有重要的必要性和迫切性。

(二)全面管理原理

全面管理顾名思义就是对工作过程所涉及的各个环节、过程、人员、财务等均进行控制与管理,概括起来可以表述为三个大的方面:全员参与管理、全过程管理、全方位管理。在全面管理原理中,特别强调要坚持系统性原则(强调"人一机一环境"的综合管理)、动态性原则(建立空间时间相联系的动态管理体系)、效果性原则(强调闭环管理,重视最终的效果和业绩)、阶梯性原则(不断改进、不断完善,建立持续发展的机制)、闭环原则(要求安全管理,具有目的性和效果性,对结果要有评价机制)、分层原则(管理目标结合实际,针对条件和可行性确定,既不能不切实际也不能无所追求)、分级原则(管理和控制要有主次,要求抓住重点、单项分别解决)、等同原则(无论从人的角度还是物的角度必须是管理因素的功能大于和高于被管理因素的功能)和反馈原则(对于计划或系统的输入要有自检、评价、修正的功能)。对于职业教育集团的评价,也可借用全面管理的这些原理和原则。

五、政策依据

2019 年 2 月,国务院印发的《国家职业教育改革实施方案》,对我国职业教育下一步改革发展做出了具体部署,其中所提出的发展要求和改革原则,对职业教育集团(联盟)的发展走向和内部治理都具有重要指导意义。特别是该文件明确提出:经过5至10年左右的时间,职业教育基本完成由政府举办为主向政府统筹管理、社会多元办学的格局转变,由追求规模扩张向提高质量转变,由参照普通教育办学模式向企业社会参与、专业特色鲜明的类型教育转变,大幅提升新时代职业教育现代化水平,为促进经济社会发展和提高国家竞争力提供优质人才资源支撑。

最新的关于职业教育集团(联盟)发展和改革的国家文件,是2020年10月15日教育部正式发布的《第一批示范性职业教育集团(联盟)培育单位名单的通知》。该通知要求以建设培育示范性职业教育集团(联盟)为契机,进一步完善职业院校治理结构,扎实有效开展实验探索,全面增强职业教育集团化办学的活力和服务能力。其一是明确工作定位:把建设培育示范性职业教育集团(联盟)作为深化产教融合、校企合作的重要抓手,以服务发展为宗旨、促进就业为导向,以完善现代职业教育体系为引领,以提高技术技能人才培养质量为核心,进一步激发职业教育办学活力,促进优质资源开放共享。其二是加强组织领导:各地教育行政部门和有关单位要创新工作机制,有效整合资源,加强对集团化办学的统筹、协调、督导和管理。将示范性职业教育集团(联盟)培育单位纳入职业教育提质培优行动计划(2020—2023年)重点任务,待培育期满后,教育部将组织统一认定500个左右实体化运行的示范性职教集团。其三是注重探索创新:把职业教育集团化办学作为深化职业教育办学体制机制改革,推进现代职业教育体系建设的重要手段,加快完善集团化办学实现形式。优先在示范性职业教育集团(联盟)培育单位探索产权制度改革和利益共享机制建设,开展股份制、混合所有制办学试点。其四是落实支持政策。对示范性职业教育集团(联盟)培育单位开展体制机制改革、招生招工一体化、培养模式创新等探索实践,要优先给予政策支持。各级教育行政部门要积极协调发改、财政等部门,统筹推进产教融合建设试点、示范性职业教育集团(联盟)等工作,落实好财税、土地、金融等支持政策。这些内容都是对职业教育集团(联盟)进行评价的重要依据,有些内容甚至可以接纳入评价指标。

六、关于职业教育集团(联盟)评价体系的设计

(一)对新时代职业教育集团(联盟)特征的把握

在职业教育实践中,判断多组织间的合作是否为职业教育集团化发展,需要注意以下几个职业教育集团的特征:

1. 多元合作性

组织成员多元和组织类型多元。多元性有两方面的含义,包括组织成员多元和组织类型多元,即职业教育集团中的成员为若干个,其共同属性是"组织",其类型可以多样,主要是以职业学校、企业或其他与技术、技能型人才培养利益直接相关的组织为集团成员,政府和行业不直接构成职业教育集团成员,但却是职业教育集团健康发展不可或缺的"守望者"。合作是职业教育集团的组建初衷,也是职业教育集团化发展的意义所在。

2. 组织性

具有母子集合或子集合式的集团组织特征。职业教育集团中的成员通常都是具有独立法人资格的组织,构成集合体之后,职业教育集团本身也是个组织,但却不一定具有法人资格。作为一个组织集合体的职业教育集团必须有自己的组织机构、规章制度、管理体制和运行机制。这是区别职业教育集团与一般的校企合作行为的关键,也是建立校企合作或校际合作的长效机制的组织基础。

3. 纽带性

以技术技能型人才合作培养为主要的利益纽带。各个单体组织联系在一起必须有一种集合的利益纽带。企业的本质是追求利润,组织的本质是追求利益,所以,利益是组织集合的唯一纽带。不过,这种利益纽带的具体形式是多样的,可以是经济利益、政治利益、文化利益或其他默契的利益。其中经济利益可以资产的形式出现,文化利益可以图书资源共享或人才培养等形式出现,分别形成企业集团、图书馆联合体或教育集团。实践中,这种利益纽带可以通过章程、契约、合同或者协议甚至口头约定的形式固定下来,成为各单体组织共同遵守的行为准则。有不少研究认为,契约或合同甚至章程等是教育集团的纽带。本研究认为技术技能型人才合作培养是职业教育集团的利益所在,也是职业教育集团的追求所在,既是利益纽带,也是集团化的目标。围绕这个纽带和目标,职业教育集团的各个成员组织需要开展教育、教学、科研、管理等多维度的产学研合作,这是集团化活动的主要内容。并且,在校企合作态势下,其中的技术技能型人才培养既包括对在校学生的就业前准备教育,也包括对企业在岗、转岗职工的职业培训。

(二)职业教育集团(联盟)评价体系设计的原则

1. 简明科学性原则

职业教育集团(联盟)运行是一种复杂、艰巨、关联多方利益又具有外部公共性的系统活动。选择职业教育集团(联盟)评价有效性的指标体系,必须是对职业教育教育(联盟)客观状况进行真实描述,根据各指标间的逻辑联系来构建,同时,评价指标体系不能过于庞大,宜粗不宜细,评价结果能够科学反映出职业教育集团(联盟)的有效性情况,具备较好的可靠性、代表性和便于统计。

2. 可操作性原则

在确定指标体系的过程中,要考虑其可操作性。只有运用科学的方法保证评价结果的有效性和可信度,才能促进职业教育集团(联盟)有效开展活动并实现可持续发展。

3. 整体性原则

组成集团(联盟)的单位性质、规模大小、能力强弱、作用大小都不相同,对职业教育集团(联盟)的评价主要是评价其整体运行情况。这种整体要求也包括评价的全面性,至少包括学校、学生、企业和政府等四个方面。

4. 导向性原则

导向性原则也可理解为超前性原则,即所提出的评价标准要反映职业教育集团(联盟)当下较高的水平和一定时期内未来的发展趋向。即通过评价能够得出职业教育集团(联盟)有效性的真实程度,从而发现当下职业教育集团(联盟)在哪些方面存在不足,为职业院校、企业以及政府今后在集团内的工作指明努力的方向。

(三)高职院校职业教育集团(联盟)评价体系的设计

根据以上分析,将高职院校职业教育集团(联盟)评价体系设计如下:

职业教育集团(联盟)评价一览表

一级指标	二级指标	观 测 点
集团组成	集团架构	参加主体涵盖面(政府、行业、企业、职业院校、研究机构、社会组织等);集团内部层级设置及参与主体实际参与程度;整个集团的实体化程度(内含独立法人数量、职能部门设置数量及工作职责划分)
	集团章程	建立章程,且对集团的性质、目标、任务以及成员各方的责权利等界定清晰;章程制定过程及通过的流程规范、科学
	管理制度	涉及集团内部单项事务的制度(如人员、资源、财务、产权制度等);涉及职教集团运行、活动、行为的决策管理制度

一级指标	二级指标	观　测　点
集团运行	组织机构运行	理事会(董事会)管理决策及时、有效;秘书处(办公室)工作有专人负责并日常有效运行;各执行机构、分支机构(实体机构)按章程规定有效运行
	经费使用	有稳定的日常经费;经费来源多元化;经费使用的有效性(如预算、决算、绩效等的准确性和实效性)
	考评与激励	制定集团化办学考评方案;考评过程规范;考评结果的激励作用
	信息交换	建立集团化办学管理与服务系统;建立集团网站且常态运行;共享信息资源丰富;合作需求信息发布及时;达成合作频次较高
办学成效	资源共建共享	专业、师资队伍、课程、教材、实训基地等共建共享
	协同育人成效	校企联合培养(如订单式、委培式、定向式、现代学徒制试点等)的稳定性和有效性;集团内企业为学生提供实习实训岗位量;中高职人才培养衔接的有效实验;对提高集团成员院校就业率的作用;集团覆盖专业的就业质量(对口就业率、薪酬水平、岗位升迁等)
	技术研发并反哺教学	技术、工艺合作研发创新的成果数量增加并应用于教学的成效;建设产学研一体化研发中心和共享型教学团队(如名师工作室等)并有效传承职教文化,实现校企文化融合
服务能力	服务发展	专业设置和布局与区域或行业企业需求相适应、协调;行业企业对人才培养质量满意度;主动对接和服务国家发展战略(中国制造2025、精准扶贫、乡村振兴、健康中国等);服务所在区域、行业(如推动或参与行业标准的制订等)发展成效
	促进就业创业	为企业职工培训数量增加和为社会培训服务面扩大
		服务所在区域的就业创业能力增强

七、关于职业教育集团(联盟)评价体系设计的说明

根据相关研究而提出的这个评价体系,共设计了四个一级指标:第一个是"集团组成",这是对评价对象的基本描述,包括集团架构、集团章程和管理制度三个二级指标;第二个是"集团运行",集团组建后运行的状况才是评价的主要

内容之一,体现过程性评价的特点,共设计了组织机构运行、经费使用、考评与激励、信息交换四个二级指标;第三个是"办学成效",是对集团运行主要结果的评价,包括资源共建共享、协同育人成效、技术研发并反哺教学三个二级指标;第四个是"服务能力",是对集团运行结果的延伸评价,即集团不仅要为办学服务,还要开展社会服务,包括服务发展、促进就业创业两个二级指标。毫无疑问,随着职业教育集团实体化推进,这些指标都将进行补充和修订。

参考文献

[1] 张晶晶.职教集团产教融合功能构建与实践路径研究[J].工业技术与职业教育,2021,(19):23-25.

[2] 刘殿红,徐龙海,徐洪祥.院校主导型职教集团内涵、特质与实体化运作路径研究[J].中国职业技术教育,2021,(04):49-50.

[3] 王春娟.职业教育集团化办学模式内部治理机制的逻辑起点、架构缺陷及推进路径[J].中国职业技术教育,2018,(32):126-130.

[4] 崔发周、田红磊.基于非法人组织视角的职教集团基本特征与内部治理结构完善[J].中国职业技术教育,2018,(21):32-41.

[5] 朱丽佳、罗能.职教集团合法性身份缺失的困境表征与对策思考[J].中国职业技术教育,2018,(01):50-61.

[6] 徐承萍.职业教育治理框架下职教集团发展路径选择[J].职教论坛,2020,(02):14-18.

[7] 朱翠苗."多元参与、校企协同、社会开放"现代职教集团的研究[J].职教论坛,2017,(36):112-118.

[8] 刘晓宁.职教集团参与主体的利益博弈与共轭协调[J].中国职业技术教育,2019,(02):14-18.

[9] 刘晓宁,刘晓.职教教育集团化办学:规范、认定与评价[J].职教论坛,2016,(25):23-28.

[10] 刘殿红,徐龙海,徐洪祥.院校主导型职教集团内涵、特质与实体化运作路径研究[J].中国职业技术教育,2021,(04):49-50.

(课题承担单位为天津渤海职业技术学院,课题主持人为王义龙。课题组成员:花玉香、刘正杰、徐文、魏文静、王佳山、孙皓、王志东、殷伊琳、江秀华、崔凤岐、李贵军。)

第十五章　产业学院(二级学院)评价

一、核心概念界定

高职产业学院是产教融合的具体表现形式,是一种深层次、立体化、全方位的校企合作办学模式。关于高职产业学院的内涵,当前学术界尚未形成一致的看法,专家学者往往基于自身的研究领域,从不同的侧面总结产业学院的办学特色和要点等。很多学者对高职产业学院内涵的具体认知和理解不尽相同,但对其基本内涵总体上看法还是一致的,概括而言,产业学院是以提升高校服务特定产业能力为目标,整合高校、政府、行业、企业资源,建立以应用型人才培养为主,兼有学生创业就业、技术创新、科技服务、继续教育等多功能的、多主体深度融合的新型实体性办学机构。学者们从不同研究视角给出了不同的阐释。产教融合是职业技术教育的本质特征,而产业学院则是一种创新型的产教融合组织形态,是推动松散型校企合作关系逐步走向深度、实质性融合的有益探索。根据区域产业与产业链的发展及高职产业学院的功能等维度,本课题组认为,高职产业学院可以界定为:在某一特定区域中,以区域内的某一特色或优势主导产业或支柱产业集群为服务对象,以一所院校的相关专业群建设为基础,政府、院校、行业企业、产业园区等多元主体共建共享资源,集人才培养与培训、技术研发、社会服务等多功能为一体的一种新型的育人实体组织。高职产业学院是一种校企合作的新模式,是产业链、人才链和创新链相互融合的有效载体。它既是办学模式的创新、人才培养模式的创新、校企深度融合模式的创新,也是一种教育组织和管理模式的创新。

二、相关研究综述

（一）关于产业学院建设的背景分析

中华人民共和国成立以来，我国校企合作、产教融合大致经历了四个发展阶段：20世纪50年代至70年代，企业举办职业教育，厂办学校、厂校一体；20世纪80年代至90年代，行业举办职业教育，校企分离、校办工厂；21世纪初，政府部门举办职业教育，行校分离、产教结合、校企合作、工学结合；进入新时期，多元主体办职业教育，产教融合、校企双元。校企合作经历四个发展阶段，取得了巨大成效，但是"产"与"教"两张皮现象依然存在，根本原因是产教融合多元主体的主观认知、利益视角和行为逻辑存在差异。因此，《国家职业教育改革实施方案》中提出要"推动职业院校和行业企业形成命运共同体"。如何构建职业教育命运共同体，产业学院是重大突破口。因为产业学院可以把政校行企多元主体紧紧联结起来，实现产教价值共同、利益共同、治理共同、育人共同、文化共同、情感共同，从根本上破解产教融合深层次的问题。建设产业学院的关键，要不断搭建平台，通过平台建设，整合政校行企各方资源，形成命运共同体。

（二）关于产业学院建设的必要性

与普通高等教育相比，高职教育是一种面向产业、行业、职业的教育类型，其存在和发展的合理性在于是否可以满足产业对技术技能型人才的动态需求。高职院校作为高水平技术技能型人才的主要供给端，为经济社会发展输送了大批人才，为区域经济发展做出了突出贡献。值得注意的是，经济社会发展对高职人才培养质量提出了更高的诉求，对专业建设有了更高的期待，但是在专业建设实践中，专业群组建方式、资源配置方式、组织管理方式以及人才培养模式等，更多的是在原有基础上修修补补，具有明显的路径依赖特征，因此迫切需要建设产业学院，充分将专业群建设与社会需要紧密联系，改变人才需求供需失衡，建立以产业需求为导向的专业群。

产业学院采用的是混合所有制合作办学模式，教学设备、设施通常由高职院校、地方政府、行业协会和企业等多方投资或捐款形成，能有效缓解职业教育资金紧张的局面，又有利于提高教学设备、设施的利用率。以区域产业发展急需为牵引，面向行业特色鲜明、与产业联系紧密的高校，重点是应用型高校，建设一批现代产业学院。在此基础上，引导高校瞄准与地方经济社会发展的结合点，不断优化专业结构、增强办学活力，探索产业链、创新链、教育链有效衔接机制，建立新型信息、人才、技术与物质资源共享机制，完善产教融合协同育人机制，创新企业、兼职教师评聘机制，构建高等教育与产业集群联动发展机制，打造一批融入才培养、科学研究、技术创新、企业服务、学生创业等功能于一体的示范性人才培养实体,为高职院校建设提供可复制、可推广的新模式。

产业学院紧跟国家产业政策和市场供需变化,调配产业学院的资源、确定发展方向,最大限度地发挥产业学院在课程设置、科研项目和社会服务上的关键作用。产业学院按照市场经济状态下组织机构运行的规律,减小运营成本,减少不必要的行政环节,充分发挥产业学院企业属性优势。产业学院的优势在于校企双方是"同在一条船上"的命运共同体,彼此的利益休戚相关。产业学院的建立在一定程度上解决了传统的校企合作中学校一头热、不关注彼此发展、实践教学不深入等问题,在治理结构、运行机制等方面完成了对松散的校企合作本质上的超越。

(三)关于产业学院的建设路径

当前我国高职产业学院在建设中仍然存在理念之惑、地位不清、产权不清以及治理之争等现实困境,需要从匡正思想、澄明身份、明确产权、优化治理等四个方面进行发力,寻求产业学院发展的新突破。一种观点认为,推动高职产业学院的建设路径,一方面要注重贯彻落实国家的产教融合政策,另一方面要立足于产业学院建设的内涵机理。应大力促进高职产业学院组织模式和专业教学模式的创新,夯实建设的基本框架;推动治理方式的变革,激发高职产业学院的发展活力;加强加快保障机制建构,巩固高职产业学院的发展环境;共建产学研合作平台,实现高职产业学院的多方共赢等四个方面的建设规划。有专家基于深度产教融合的产业学院建设提出在职业院校预备建立产业学院时,需要根据职业院校内部的实际情况确定产业学院内的重点建设专业,寻找合适的企业进行合作,学校与企业共同签订办学协议,拟定规章制度和学生培养方案,根据行业的需求及时对重点建设专业及学科进行调整,确保学生成为符合行业、企业发展的复合型人才。有的专家提出了四元协同共建产业学院,依据利益相关者理论,树立政校行企四方共建共治共赢的理念,实施理事会领导下的院长负责制,保障兼顾四方利益诉求,引导参与各方积累丰富的产教融合资源,进行三教改革,提高产业学院的育人质量,坚持改革开放理念构建多元评价的保障体系,加强党的领导,实现产业学院可持续、内涵式创新发展。随着社会资本进入高职产业学院办学,市场机制在配置教育资源时发挥越来越多的作用,产业学院内部分化出管理者(政府)、举办者(企业)、办学者(学校)等不同的角色。从另外一个层面来看,传统上作为公共利益的教育作为一种产业商品进入了市场。在市场机制运行中,利益冲突是产业学院诸多困境产生的根源。建立治理主体间的利益协调机制,目的是对冲突的利益进行有效调节,化解利益关系过度失衡,促进集体行动的协同。对产业学院合作的产教双方高层而言,他们根据各自需要从战略角度积极思考,引导校企双方协同联动培养产业所需的高素质技能人才,提高办学质量,提升企业效益。但就具体操作层面来说,高职院校的专业教师与企业的业务骨干在人才培养方案、专业建设、课程设计等方面合作紧密度不高。一方面,高职院校各专业缺乏合作主动性,与企业互动交流、实地调研的少;另一方面,企业的业务骨干因为自身的工作压力、协调成本高等原因,也不愿主动交流,导致校企各层次的合作不平衡,产教融合深度不够。

（四）关于产业学院的人才培养机制

产业学院是集人才培养、技术研发、技能培训和生产服务于一体,而人才培养位居首位。实现校企协同育人是高职产业学院创立的初衷和目的,也是高职产业学院的主要组织特征。不同地区、不同类型的高职产业学院与合作企业开展协同育人的路径和方法多种多样,但重点内容大体相近,其主要特征表现为人才共育、专业共建、师资共培。有学者提出,产业学院融合育人的人才培养模式,就是人才培养与行业企业要求融合,建立产业需求侧主体与教育供给侧主体的联合平台,在这个平台上,产业需求侧的人才需求进入教育供给侧之中,并将企业岗位人才的各项需求转换为人才培养的目标、规格与计划等要素,实现需求与供给的无缝对接。专业教师与能工巧匠相融合,产业学院汇集产业需求侧的产业管理人员、企业技能大师和一线企业师傅,以及教育供给侧的教学名师、技术研发人员和一线教学骨干。他们经验互补、优势互补,携手培养高素质技术技能人才,同时在合作中双向交流、互联互通,不断提升彼此的专业水平。理论教学与技能实训相融合,教育供给侧的教师与产业需求侧的技能大师、一线技术人员通过产业学院的合作,把产业最前沿理论与技术转换为技术应用、教学项目和育人实践。教学内容与工作任务相融合,通过产业学院教学,把工作任务转换为教学内容,学生在项目中学习,在学习中完成项目;教师在教学中服务,在服务中教学;企业师傅在工作中育人,在育人中完成工作任务。还有学者提出基于特色产业学院的双元育人人才培养路径,通过校企共同建设高水平专业、共同开发课程标准、共同打造师资团队、共同设立研发中心、共同开发高端认证证书、共同"走出去"等"六个共同"的育人模式。产业学院到具体专业,依据人才培养目标的内在层级研究提出了基于岗位关键能力的"三阶段螺旋递进式"人才培养模式,岗位关键能力由岗位基础能力、岗位核心能力和岗位创新能力三部分构成,以岗位关键能力为基础,开发"三阶段螺旋递进式"人才培养方案、专业课程体系、专业课堂教学方式、考核评价体系等。

（五）关于产业学院的治理模式

有学者通过对比不同产业学院的治理模式,将目前的产业学院治理模式分为内部治理模式、外部治理模式和半内部治理模式。内部治理模式是校院两级组织,校长和产业学院院长有明确的行政隶属关系,主要特征是产业学院的院长向大学校长负责,产业学院与大学之间是一种上下级关系,注重垂直管理,通过建立层级关系和建立稳定的资产和经营关系,达到密切科研、教学、人才培养和服务等方面相互协作的目的。外部治理模式被称为"董事会"或者"理事会"的治理模式。大学对产业学院的决策权分散、直接指挥的作用有限,产业学院的治理权掌握在专门的产业学院管理者手中,这是以外部监控机制发挥主要监控作用的治理模式。半内部治理模式是指介于内部化模式与外部化模式之间的一种模式,如董事会领导下的院长负责制模式,这类产业学院产权不甚清晰,参与的各方主体也较松散,较难形成有效的董事会或理事会进行治理。有学者从"利益契合"的角度探讨产业学院的治理策略,认为必须整合政府、学术、市场和社会等各方力量和手段,建立"制度—机制—责任"协同治理路径,形成地方政府统筹规划、企业和学校双主体推进的"三位一体"产业学院协同治理模式。建立完备的法律法规体系,各级政府对合作过程中产生的权责界定、利益分配等做出明确的法律规定;加大办学主体赋权增能力度,制定赋权清单,实现内部管理权"应放尽放",赋予产业学院更大的改革自主权;落实企业主体办学地位,将企业真正纳入职业教育发展的基本要素,从企业经济立场出发,在决策中要充分考虑整合各方利益群体的需求,为企业建立利益保障机制;实施理事会领导下的院长负责制治理模式,塑造权力多元化制衡的议事组织和议事程序。理事会由政府、学校、企业、行业人员组成,是产业学院重大事务管理的权力和决策机构,共同审议、监督和指导产业学院建设过程中的经费投入、利益分配、专业建设、人才培养等重大事项。

（六）关于产业学院的产权结构

高职产业学院要实现市场化运作,离不开明确清晰的产权归属。产权的界定、归属、流转和保护是发展高职产业学院的关键问题,也是当前产业学院办学实践中的焦点问题。理论研究和实际工作中的普遍认识是,当前我国在高职产业学院运营过程中普遍存在产权不清的问题,这是制约产业学院向更高水平发展的核心因素。高职院校与企业联合投资办学,其中来自高职院校的资金通常都是国有资本或集体资本,因而产业学院的产权不同于公办职业院校的单一国有成分,其中还包含了国有产权、集体产权以及私有产权等。既然产业学院的产权中包含有公有产权部分,就需要建立配套的国有产权保护机制,避免在办学过程中造成国有资产流失,但目前我国尚未出台相关法律法规来保证产业学院中国有资产的权益。

由于产业学院的合作主体多元性,合作横跨了教育界与产业界,传统的办学经费投入、教育教学运行、人才培养效果评价等制度已不能适用,需要更加灵活创新的制度规范。由于高职院校的教学属性与企业的经济属性不同,各自的组织目标、管理部门、内部结构等有其独特性,在产教融合校企合作中,仅依靠双方自身来平衡协调双方的利益,解决矛盾存在困难。国家现有的相关政策虽然存在,但大多停留在颁布引导层面,并没有明确具体的配套政策、可操作性实施细则等出台,产业学院相关利益者的权责利不明确,教学质量保障机制不健全。

三、研究方法

(一)文献研究法

课题组共搜集到近5年有关产业学院建设、评价等的文献资料100余篇,其中具有参考价值的文献共计30余篇。课题组首先对文献内容进行深入剖析,并对重点相关内容进行梳理,全面了解我国高职院校产业学院(二级学院)建设现状、体制机制、建设路径和产权结构等,深入了解并分析其中可以作为评价指标的核心要素,并进行汇总。

(二)专家访谈法

课题组选择在产业学院领域研究较深入的专家学者、产业学院的相关管理者、教育研究专家等进行访谈,就高职院校产业学院评价指标体系的重点内容请教专家,列出访谈提纲,初步构建评价指标体系。如对课题组所在学校健康照护学院——鹤童养老院、美容学院——美丽田园等的相关专家进行访谈,共计访谈专家20人,梳理其对产业学院的认识,对评价指标构建的想法,对初步构建的指标进行评价,看其是否可以作为主要指标。课题组归纳有效指标元素总计11个,其中经过此方法形成的二级指标元素包括目标定位、发展规划、规章制度、机构设置、人员配置、条件保障、人才培养、课程体系、专业建设、文化建设、实训基地。

(三)问卷调查法

首先确定问卷的内容,构建问卷调查提纲,如对产业学院的认识、产业学院建设内容包括哪些、产业学院评价指标有哪些等,并制作问卷100余份,对高职院校相关学者、校企合作人员、产业学院建设人员、院校领导等进行发放,回收问卷 70 份。通过对回收的问卷进行梳理汇总、分析比较和归纳总结,确定高职院校产业学院的评价体系。

四、理论依据

在 2021 年 4 月全国职业教育大会召开之前,习近平总书记对职业教育的改革发展做出重要指示,其中特别提到要深化改革,促进发展。习近平总书记指出,要"深入推进育人方式、办学模式、管理体制、保障机制改革,稳步发展职业本科教育,建设一批高水平职业院校和专业,推动职普融通,增强职业教育适应性,加快构建现代职业教育体系,培养更多高素质技术技能人才、能工巧匠、大国工匠。各级党委和政府要加大制度创新、政策供给、投入力度,弘扬工匠精神,提高技术技能人才社会地位,为全面建设社会主义现代化国家、实现中华民族伟大复兴的中国梦提供有力人才和技能支撑"。本课题研究产业学院的评价,必须以习近平总书记对职业教育做出的重要指示为指导,坚持在构建现代职业教育体系的框架下进行改革创新。

在研究教育评价的实践中,人们都很重视甚至直接运用 CIPP 模型或方法。CIPP 模型是对教学课程中背景、投入、过程以及成果四个方面进行的评价,是一种能直观、全面的反应课程实施效果的评估模型。研究发现,CIPP 模型理念与产业学院评价理念相契合,该模型在改进以建设效益为评估内容的现状中有不可替代的地位,因此在构建产业学院评价体系时,可以选用 CIPP 模型对产业学院的建设内容、运行机制以及建设成效等进行全方位的评价。评价过程一般由背景评价、投入评价、过程评价、结果评价四部分构成。

(一)背景评价

主要是分析产业学院建设的必要性,产业学院是高校与企业联合办学,培养高素质应用型人才、复合型人才、创新型人才的新型办学模式,与原先校企合作建立的实习合作项目、实践基地等政策不同,它打破了校企育人"双重主体",学生学徒"双重身份"的界限,是产学研深度融合为一的高阶形态。无疑,作为校企联合培养技术技能型人才的一种有效探索,产业学院帮助高校相关专业与服务产业的对象相匹配,对促进学生就业、降低企业人力成本、提高技术研发等方面具有更大的优势。

(二)投入评价

CIPP 评价理念认为投入评价的侧重点应是对产业学院的建设内容、结构资源的评估。产业学院建设是一个新生事物,在建设过程中不仅会受到外部政策、环境等的影响,还会受到产教双方自身经验、资源等方面的很多制约,需要产教双方全力投入,积极创新,而且付出的心血和努力往往不会立即见效。因此,在设计评价体系时,应多做加法,少做减法。

（三）过程评价

过程评价是指对产业学院建设内容的评价,行业企业深度参与学校的管理、教学、科研和社会服务等核心环节,共同完成育人过程各环节的任务,共同打造更优管理制度和教学科研环境,共同进行技术创新和社会服务。具体说来,共同育人就是校企共同设置人才培养方案,共同进行课程、教材开发,共同打造"双师型"师资团队,共同组织课程教学和考核等。

（四）结果评价

结果评价是基于前三个环节评价的基础上,对产业学院的建设成效进行评价。产业学院的建设成效主要分为人才成果、技术成果、经济效益等方面,可以通过多种形式对产业学院的建设成效进行评价,这种评价要有利于促进其长远发展。

五、政策依据

2017 年《国务院办公厅关于深化产教融合的若干意见》(国办发〔2017〕95号)明确指出,进入 21 世纪以来,我国教育事业蓬勃发展,为社会主义现代化建设培养输送了大批高素质人才,为加快发展壮大现代产业体系做出了重大贡献。但同时,受体制机制等多种因素影响,人才培养供给侧和产业需求侧在结构、质量、水平上还不能完全适应,"两张皮"问题仍然存在。深化产教融合,促进教育链、人才链与产业链、创新链有机衔接,是当前推进人力资源供给侧结构性改革的迫切要求,对新形势下全面提高教育质量、扩大就业创业、推进经济转型升级、培育经济发展新动能具有重要意义。其中对深化产教融合的具体要求,对本研究具有重要指导意义。

该文件明确指出:深化产教融合的主要目标是,逐步提高行业企业参与办学程度,健全多元化办学体制,全面推行校企协同育人,用 10 年左右时间,教育和产业统筹融合、良性互动的发展格局总体形成,需求导向的人才培养模式健全完善,人才教育供给与产业需求重大结构性矛盾基本解决,职业教育、高等教育对经济发展和产业升级的贡献显著增强。构建教育与产业统筹融合发展格局,鼓励企业以独资、合资、合作等方式依法参与举办职业教育、高等教育。坚持准入条件透明化、审批范围最小化,细化标准、简化流程、优化服务,改进办学准入条件和审批环节。通过购买服务、委托管理等,支持企业参与公办职业学校办学。鼓励有条件的地区探索推进职业学校股份制、混合所有制改革,允许企业以资本、技术、管理等要素依法参与办学并享有相应权利。支持引导企业深度参与职业学校、高等学校教育教学改革,多种方式参与学校专业规划、教材开发、教学设计、课程设置、实习实训,促进企业需求融入人才培养环节。推行面向企业真实生产环境的任务式培养模式。职业学校新设专业原则上应有相关行业企业参与。鼓励企业依托或联合职业学校、高等学校设立产业学院和企业工作室、实验室、创新基地、实践基地。近年来,我国部分高职院校落实上述产教融合、校企合作的要求,陆续成立了以优势专业或特色专业为载体的校企共建二级产业学院,成为高职院校创新办学体制与机制、充分利用企业资源实现自身发展的重要突破口。

2020 年,教育部、工业和信息化部联合印发《现代产业学院建设指南(试行)》(教高厅函〔2020〕16 号),对现代产业学院建设提出了具体要求,成为本研究的直接指导文件。该文件明确从创新人才培养模式、提升专业建设质量、开发校企合作课程、打造实习实训基地、建设高水平教师队伍、搭建产学研服务平台、完善管理体制机制等七个方面加以具体描述,本研究将以此为据直接设计产业学院的评价标准。

六、高职院校产业学院(二级学院)评价体系的设计

考虑到当前我国高职院校以公办性质为绝对主体,整个学校通过产权重组而办成产业学院的情况很少,本评价体系的设计主要还是针对高职院校的二级学院这个层面的产业学院而言的。

产业学院(二级学院)评价一览表

一级指标	二级指标	观 测 点
体制机制	办学主体	依托职业院校的优势专业(集群)、行业企业、地方政府等多元主体协同共建产业学院情况
	治理体制	职业院校、地方政府、行业协会、企业机构等多元主体协同,形成共建共管的组织架构,如理事会、管委会等完善的治理机构
	治理机制	具有完备的关于人权、事权、财权等的制度体系;形成职业院校与产业转型发展和区域经济社会深度融合,教育链、创新链、产业链深度融合的办学理念和机制

一级指标	二级指标	观 测 点
培养模式	目标定位	面向产业转型发展和区域经济社会需求,以强化学生职业胜任力和持续发展能力为目标,深化校企合作,创新人才培养方案、课程体系、方式方法、保障机制等
	课程体系革新	打破常规对课程体系进行大胆革新,探索构建符合人才培养定位的课程新体系和专业建设新标准
	教学方式	推进启发式、探究式等教学方法改革,推进合作式、任务式、项目式、企业实操教学等培养模式综合改革,促进课程内容与技术发展衔接、教学过程与生产过程对接、人才培养与产业需求融合
专业建设	专业结构	围绕国家和地方确定的重点发展领域,深化专业内涵建设,主动调整专业结构,着力打造特色优势专业,推动专业集群式发展
	专业运行建设	与企业合作成立专业建设指导委员会,引入行业标准和企业资源,积极开展国际实质等效的专业认证,提高专业建设标准化、国际化水平
校企合作课程开发	课程内容	实现课程教学内容迭代,关注行业创新链条的动态发展,推动课程内容与行业标准、生产流程、项目开发等产业需求科学对接,建设校企合作课程,编写相关教材和工程案例集
	实践教学内容	以行业企业技术革新项目为依托,紧密结合产业实际创新教学内容、方法、手段,增加综合型、设计性实践教学比重,把行业企业的真实项目、产品设计等作为毕业设计和课程设计等实践环节的选题来源
	课程教学改革	依据专业特点,使用真实生产线等环境开展浸润式实景、实操、实地教学,着力提升学生的动手实践能力,有效提高学生对产业的认知程度和解决复杂问题的能力
实习实训基地	共享型实践教学平台	统筹各类实践教学资源,充分利用科技产业园、行业龙头企业等优质资源,构建功能集约、开放共享、高效运行的专业类或跨专业类实践教学平台
	产学研用基地	通过引进企业研发平台、生产基地,建设兼具生产、教学、研发、创新创业功能的校企一体、产学研用协同的大型实验、实训实习基地

一级指标	二级指标	观　测　点
师资队伍建设	人才流动机制建设	依托现代产业学院,探索校企人才双向流动机制,设置灵活的人事制度,建立选聘行业协会、企业业务骨干、优秀技术和管理人才到校任教的有效路径
	产业教师引进制度	探索实施产业教师(导师)特设岗位计划,完善产业兼职教师引进、使用机制
	教师培训	加强教师培训,共建教师企业实践岗位,开展师资交流、研讨、培训等业务,将现代产业学院建设成"双师双能型"教师培养培训基地
	教学团队	开展校企导师联合授课、联合指导,探索教师激励制度,打造高水平教学团队
产学研服务平台	平台建设	学校和企业整合双方资源,建设联合实验室(研发中心),围绕产业技术创新关键问题开展协同创新,直接服务区域经济社会发展,促进产业转型升级
	联合研发	校企联合开展技术攻关、产品研发、成果转化、项目孵化等工作,共同完成教学科研任务,共享研究成果,提升产业创新发展竞争力
	科教融合	将研究成果及时引入教学过程,促进科研与人才培养积极互动,提升服务产业能力
保障条件	组织人力保障	各机构配置合理,行政人员、科研人员、教师队伍等人员数量满足需要,结构合理,其中"双师型"教师占比充足
	基本条件保障	办学场地满足产业学院的发展,有稳定持续的资金支撑发展,物资保障产业学院的健康运行
建设特色	发展方向	在同等条件下,实行混合所有制(涉及产权重组等)管理的产业学院评价等级更高
	负面清单	实行混合所有制的产业学院,设置必要的负面清单(如不能造成国有资产流失、领导干部不得违规取酬等)

七、关于产业学院评价体系的说明

在国家发出产业学院建设指导文件即《现代产业学院建设指南(试行)》之

后,研究产业学院的评价体系就可直接列入该文件内容。这样做是必要的,毕竟国家政策是本书撰写评价指标的第一依据。这方面当然应当改革创新,但不能与国家政策相冲突。这个文件明确是"试行"方案,预示着将来随着形势的发展变化,必然会修订和完善。

关于产业学院的改革创新评价,本课题组专门设立了"建设特色"这个一级指标,下设发展方向和负面清单两个二级指标,表明既鼓励创新,又划出不可逾越的红线。这是本评价体系的最大创新之处。从整体上看,所有指标中,七个一级指标和二十二个二级指标,都是直接将国家文件引入而设立的。

参考文献

[1] 汪慧琳.产教融合背景下高职院校产业学院建设的实践探索[J].科技风,2021(06):69-70.

[2] 郭湘宇,周海燕,廖海.产教融合视角下"双主体、深融合"产业学院建设[J].教育与职业,2021(08):62-65.

[3] 蒋新革.产教融合视阈下产业学院治理体系建设研究[J].职业技术教育,2020.41(24):30-34.

[4] 成宝芝,徐权,张国发.产教深度融合的产业学院人才培养机制探究[J].中国高校科技,2021(Z1):98-102.

[5] 林仕彬,林文锋.产业学院的组织形态及其治理模式研究[J].高教论坛,2021(03):71-73.

[6] 殷勤,肖伟平.产业学院运行机制改革研究[J].教育与职业,2020(22):40-45.

[7] 郭雪松,李胜祺.混合所有制高职产业学院人才培养共同体建设[J].教育与职业,2020(01):20-27.

[8] 朱艳峰等.基于产业学院的协同育人模式探索与实践[J].中国职业技术教育,2020(20):58-63.

[9] 汤丽娟,孙克争.基于深度产教融合的产业学院建设路径研究[J].湖南邮电职业技术学院学报,2021.20(01):49-51.

[10] 赵新宽.扩招背景下产业学院差异化柔性人才培养模式构建研究[J].机械职业教育,2021(02):14-17.

[11] 卢广巨,余莎,胡志敏.利益分析视角下产业学院的发展逻辑与治理策略[J].职业技术教育,2021.42(07):49-53.

[12] 楼平,赵远远,吴湘莲.企业学院视角下"三阶段螺旋递进式"人才培

养模式构建——以嘉兴职业技术学院自动化类专业为例[J].职业技术教育，2015.36(32):23-25.

[13] 金炜.新时代高职产业学院的建设逻辑、现实困境与破解路径[J].教育与职业,2020(15):28-34.

[14] 周步昆,许广举,冀宏,张根华.融合创新视角下应用型高校产业学院的特征、架构与评价[J].黑龙江高教研究,2021(5):35-40.

[15] 吴新燕,席海涛,顾正刚.高职产业学院绩效考核体系的构建[J].教育与职业,2021(3):27-33.

[16] 金劲彪,候嘉淳,李继芳.现代产业学院建设的法律风险与防范——基于浙江产业学院建设的实证分析[J].教育发展研究,2021(5):20-26.

[17] 林仕彬,林文锋.产业学院的组织形态及其治理模式研究[J].高教论坛,2021(3):71-73.

[18] 杨欣斌.基于特色产业学院的校企双元育人模式探索[J].中国职业技术教育,2019(31):10-13.

[19] 鲍计国.建设产业学院的必要性研究[J].天津中德应用技术大学学报,2021(5):33-37.

[20] 万伟平.基于产教融合的"镇校企行"合作办学模式实证研究——以中山职院专业镇产业学院建设为例[J].职教论坛,2015(27):80-84.

（课题承担单位为天津医学高等专科学校,课题主持人为张彦文。课题组成员:刘洪亮、贺桂泉、潘海生、简雅娟、郭巧云、蒋师、方嘉珂、刘宏、靳建忠、薛梅、张秀丽、刘芳、景文莉、马菲菲、王德银、曾昭全。）

第十六章　职继协同发展评价

一、核心概念界定

（一）职业教育

从宏观角度分析,职业教育是区别于普通教育的一种类型教育,是一种面向市场的就业教育、面向能力的实践教育、面向社会的跨界教育。它是指专门增进学习者职业知识、能力,培养职业情感、态度和价值观,使其能胜任某种社会职业的教育活动。对于职业教育的概念,联合国教科文组织和国际劳工组织推荐的提法是技术和职业教育与培训(Technical and Vocational Education and Training,即 TVET),为学习者掌握在某一特定的职业或行业或某类职业或行业从业所需特有的知识、技艺和能力而设计的教育,强调职业教育不仅包括技术教育,还包括职业培训。因而,大职业教育概念包含学校教育、社会培训、产业教育、师徒及团队非正式教育、在岗自我提高等各类职业学习活动。

从微观角度分析,职业教育主要是指职业学校教育,指对学生进行有目的、有组织、有计划的教育活动,以帮助其获得某一职业所需的知识、技能和态度等,使之成为面向生产、建设、服务、管理于一身的技术技能型人才。职业学校教育是整个职业教育体系中的核心部分,承载着职业教育的职能和使命。高等职业学校教育不仅要承担教育与科研责任,培养高素质劳动者和技术技能型人才,进行技术技能研究与创新,还有社会服务功能,即为广大劳动者提供职业培训,提升其职业能力。因而狭义上的职业学校教育也包含职业教学和职业培训活动,教育与培训是职业教育的应有之义。

（二）继续教育

从终生教育理论出发,继续教育具有广义和狭义之分。广义上讲,继续教育一般是指个人所接受的正规教育结束后而开始的再学习活动。继续教育包括两方面的内容:其一,从纵向角度看,每个人在一生中接受的各种教育是一个承前启后的动态过程,即先接受的教育是后接受的教育的基础,后接受的教育是先接受的教育的继续。其二,从横向角度看,每个人接受继续教育,既包括在学校、家庭、社会上所进行的再学习活动以及个人自我提高的再学习活动,包括成人教育、社区教育、老年教育、社会培训等正规学习活动,也包括社会法律教育、文化教育、生活教育以及自我训练等非正式学习活动。继续教育是一个动态的过程,它的起始位置是随着时间和社会的变化而变化的。随着环境等因素的变化,继续教育范围也在逐渐变大。

狭义上讲,继续教育是指每个人在接受就业教育并谋到某种职业后一直到退休的这段时间内所接受的各种内容和形式的教育。它的主要对象是已参加工作和负有成人责任的人,是对专业技术人员进行知识更新、补充、拓展和能力提高的一种高层次的追加教育。比如学历继续教育(高等教育自学考试、网络教育、成人高考、开放大学等)和非学历继续教育(职业培训等)。它包含以下三种含义:第一,受教育者在学历上和专业技术上已达到了一定的层次和水平;第二,继续教育的内容是补充新知识、新技术、新理论、新方法、新信息、新技能;第三,学习的目的是为了更新补充知识、扩大视野、改善知识结构、提高创新能力,以适应科技发展、社会进步和本职工作的需要。

（三）职继协同发展

从大职业教育概念上看,职业教育包含了职业培训,一定程度上承担了继续教育的功能。从广义继续教育概念上看,继续教育主要内容是职业知识、能力、态度的再提升,是典型的职业教育。因而职业教育和继续教育相互独立,又相互关联、相互交叉。从政府的行政机构设置上来看,教育部相关网站使用的就是职业教育与继续教育,比如教育部《职业教育与继续教育 2019 年工作要点》,可见职业教育与继续教育的密切关系。党的十九届四中全会明确提出要"完善职业技术教育、高等教育、继续教育统筹协调发展机制"。《中国教育现代化 2035》和《加快推进教育现代化实施方案(2018—2022 年)》明确要求"建成服务全民终身学习的现代教育体系,推进基础教育、职业教育、高等教育和继续教育协调发展,学历教育和非学历教育密切配合、良性互动。

职业教育与继续教育协调发展,是指整合、优化两类教育资源,打破目前各资源主体封闭、割据的局面,构筑社会化、开放式、多层次的全民终身教育体系,实现共享互通优质资源,真正发挥社会效益,构建学习型社会。职业教育与继续教育协同发展可以通过教育资源的整合、学校职业教育和职后继续教育的贯通、不同教育学分认定与转换、产学研合作、区域性集团化发展等方面实现。职业教育与继续教育协同发展,有多重意义。职继协同促进两类教育资源优化利用,满足不同年龄段、不同学历层次的学习者需求,提升了教学质量、提高了办学效益和经济效益;职继协同促进学习者的职前学习与职后培训有效衔接、一体化发展,切实提升了学习效果;职继协同推动职业教育与继续教育的学习成果互相认可,为学生提供多渠道成长路径;职继协同促使职业院校在开展职业培训过程中,主动对接企业需求,不断完善体系内容,推动了学校研发能力和师资水平的持续提升,同时推动企业科技成果与学校教学与科研的相互辐射与转化,教学、培训和科研紧密结合、相互促进、共同发展;职继协同推动职业教育和继续教育提高优质学习资源供给,能够更好地服务全民终身学习,建成人人皆学、处处能学、时时可学的学习型社会,同时也提升了职业教育和继续教育的社会影响力。

二、研究现状

(一)职继协同的研究现状

现有研究成果暂未对职继协同的内涵进行明确的界定,但有以下相关论述。

穆树发(2017)指出:目前,终身教育与职业教育的理念高度契合,世界范围内的职业教育早已突破了学校的边界,职前职后的职业教育活动越来越频繁地结合起来。近几年来,天津城市职业学院职教集团倡导并逐步形成的职继协同、集合各类教育资源、服务终身学习的理念,是一种新的尝试和创新,它用终身教育和终身学习的理念对职业教育进行终身化改造并取得了成功。这里,职继协同被看作是集合各类教育资源、服务终身学习,用终身教育和终身学习的理念对职业教育进行终身化改造。

李霞(2018)提出:"职业教育活动周"和"终身学习活动周",是教育部设立的推动职业教育和继续教育协同发展的重要抓手,天津市率先确立"职继协同双周推进"的工作方略,大力推进"五业联动"(产业、行业、企业、职业、专业),持续扩大了职业教育、继续教育的有效供给,有利于服务全民终身学习,推进学习型城市建设。

耿洁(2020)在有关论述中提出,遵循"职继协同"理念,整合职业教育、成人教育、社区教育和企业等方面的资源,服务终身学习,是一种新的尝试和创新。天津市正积极推动职业教育与继续教育协同发展,包括职前与职后的贯通、教育资源的融合、产学研人才培养模式、区域性集团化发展和国际化、全球化发展等。

本课题主持人李彦 2018 年在有关论述中详细阐述了"职继协同"的具体做法:一是充分发挥高职院校设施设备效能,让继续教育、社区教育有职业教育之品;二是充分发挥高职院校师生作用,促进继续教育、社区教育、职业教育融合;三是充分发挥高职院校管理能力,使社区教育有教育之相。

本课题则是在上述研究成果的基础之上,提出职继协同发展的评价体系。其中,必然有原先研究成果的呈现,也有对新形势下职继协同发展的创新。

(二)职继协同的评价

1.职业教育发展评价

"职业教育评价"主题研究比较成熟、全面,主要涉及职业教育评价机制、评价指标体系和评价方式与方法三大方面。

首先,关于职业教育评价机制的研究。国内外学者普遍认为职业教育评价需要引入第三方评价,实现政府主导,行企校多主体共同参与的评价机制。杨丽波(2019)提出政府需下放管理权限;加强第三方评价,构建多元评价体系;利用好毕业生反馈机制,推动内外联动;依托互联网大数据,助力第三方质量评估;遴选行业专家,扶持评估机构。苏琼淑(2015)指出,广东省佛山市顺德区职业教育成功试行第三方考核评价新机制,主要举措包括政府牵头制定政策,提供制度和资金保障;积极发挥行业协会的协调功能;推动优质企业牵头评价标准;校企共享职业评价标准,多方共赢。

其次,关于职业教育评价指标体系的研究。已有研究从不同视角提出了多种评价维度,主要聚焦两个方面:过程质量维度(学校管理、资源条件、教师队伍、专业与课程、校企合作)和绩效质量维度(学生职业素养、学生职业能力、行业企业满意程度等)。袁晓玲(2014)根据利益相关者理论(SHT)引入平衡积分卡,认为职业教育质量评价指标包括发展与绩效、服务相关者、学校内部管理和学习与成长四个维度。唐以志(2016)认为,当今主流评估模式共同的特征是将产出及其使用产出后产生的直接效益、间接效益等作为构建评估体系的基础。职业教育质量评价标准以效果为导向,应关注受教育者、雇主、政府等利益相关方的要求是否得到满足。刘磊(2021)指出,《深化新时代教育评价改革总体方案》对职业教育评价提出的关键点有德技并修、行业企业深度、育训结合、信息化、智能化手段。

最后,关于职业教育评价方式与方法的研究。目前国内外主流的职业教育评价方法有层次分析法、模糊综合评价法、形成性评价、诊断性评价法、授权评价法等。徐寅伟（2015）指出，职业教育评价既要考虑底线，又要考虑院校特点，因而职业教育更适合诊断式评价方法，强调为学校提供过程性咨询和指导，而非简单地总结性评判。汤生玲（2019）提出授权评价体现了民主、和谐与群策群力，达到了较为满意的效果，为新时期职业院校教学质量诊断与评价提供了一套程序完整的"工具"。

2. 继续教育发展评价

相对于学校教育来说，继续教育由于自身复杂性，其发展评价是个薄弱环节。已有研究主要聚焦继续教育评价的指标内容。不同学者从宏观、中观、微观层次剖析了继续教育评价的维度。

（1）宏观继续教育评价研究

韩民（2015）提出，继续教育评价领域包括：学历继续教育、职业培训、社区教育。可从继续教育投入、过程和产出三大维度构建3项一级指标、7项二级指标和12项三级指标。刘亚楠（2019）运用层次分析法和模糊综合评价法，提出了继续教育外部绩效模糊评价模型。模型给出的外部绩效分为经济效益、人才效益、社会公共效益、社会教育效益四方面。

（2）中观继续教育评价研究

柳强（2015）提出，继续教育质量评价指标体系包含四方面：办学投入（教学设施、师资队伍、专业设置等）、过程评价（招生管理、培养计划设施、教学支持服务等）、产出评价（考核考试、毕业比例、获得职业证书情况等）、效益评价（毕业生的社会认可度、用人单位对学校及毕业生的评价）。郭玉娟（2019）提出，继续教育机构办学水平的评价体系，包括愿景与使命、招生、专业建设、课程设计与开发、学习支持与学生管理、学习评价、内部质量保证、研究与创新、基础设施和师资队伍10个一级要素、20个二级标准、43个三级指标，并利用文本挖掘技术，实现对教育部全国高等学校继续教育发展年度报告报送平台收集到的1902所高校年度报告的自动化评价。

（3）微观继续教育评价研究

苏迪（2018）提出，继续教育人才培养质量评价体系包括专业知识、职业素养、通用职业能力、核心职业能力、职业发展5个一级指标，22个二级指标。许莉（2019）提出运用人工智能技术对学生的学习状态、学习能力、学习过程、学习效果等情况等进行测评和诊断，并应用学习过程中的行为数据完成对学习者学习成果的科学评价。

3. 职继协同发展现状

职业教育与继续教育协同发展的研究还处于初级阶段,关于职继协同发展的理论研究主要聚焦职业教育与继续教育的融合关系,学者们普遍认为职业教育是继续教育的一种重要载体,继续教育是职业教育的应有之责,二者协同发展具有重要的社会效益(服务终身学习体系)和经济效益(高效运用教育资源)。邱心显(2017)提出,职业教育服务于区域经济发展,向更大范围的教育群体提供智力资源,就要适应经济发展的新常态,推动职业教育全民化、职业教育终身化、职业教育定向化、职业教育补充性和服务性的新常态。同时应充分认识到继续教育在提升职业教育水平、服务区域经济、提升职业院校社会影响力方面的重要作用。关于职继协同发展的实践研究视野主要聚焦地方和院校层面。天津市建设区域型服务终身教育体系打破了当前各种类型教育之间的壁垒,构建统一的、相互衔接的教育体系,将职业学校、企业职业教育、社区职业教育进行有效整合。天津城市职教集团形成"职继协同、集合各类教育资源、服务终身学习"的理念,坚持发挥优质职业教育资源优势,为天津中心城区不同学习需求的居民提供职业教育、成人继续教育、社区教育、老年教育以及各类培训,服务区域终身学习。石家庄邮电职业技术学院推动职业教育和继续教育协同发展,积累了宝贵经验:一体化的管理体制和运行机制;构建了集岗位培训、职业鉴定、在职学历教育、知识技能竞赛以及知识资源服务于一体的综合性教育培训远程平台;校企高度融合,教学、培训和科研相互促进,共享共赢。

通过梳理文献,职业教育评价和继续教育评价研究比较成熟,职继协同发展研究还处于尝试探索阶段。职业教育与继续教育评价都非常关注教育"投入—过程—产出",尤其是产出效益(学生的成长和用人单位的满意度),这为职继协同发展评价指引了方向,同时职业教育与继续教育已有的评价机制、评价内容和评价方法也为职继协同发展评价提供了现实依据。

三、研究方法

(一)理论研究法

"职继协同"涉及社会学、经济学、教育学、管理学等学科,因此,系统论、统计学、管理科学、行为科学等思想是本项目的理论基础。基本的研究方法就是文献研究和调查研究,在采用文献研究的方法梳理职业教育和继续教育的内涵的基础上,用调研法、大数据统计分析方法进行数据统计分析职继协同的内容及现状;通过政策文献梳理,为本项目研究寻找理论依据和政策指导。

（二）数量研究法

本项目在理论研究法的基础上，还采用了包括调查问卷法、统计分析法、模型分析法在内的数量研究方法。通过设计科学合理的问卷，获得文章实证研究的第一手数据，并对调研数据采用因子分析等多元统计分析方法，进行相关性分析，确定协同发展的效应；利用层次分析法分解成目标、准则、方案等层次，在此基础之上进行定性和定量分析的决策方法，利用该方法设立职继协同发展的评价指标体系；利用 TOPSIS 法分析评价对象与理想化目标的接近程度进行排序，进行相对优劣的评价。

（三）实证研究法

坚持规范研究与实证研究相结合的研究原则，结合天津城市职业学院职继协同发展现状，提出职继协同发展对策，构建相应评价指标体系。

四、理论基础

（一）协同理论

1. 理论介绍

协同理论是在 20 世纪 70 年代初期由联邦德国理论物理学家哈肯创立的，其着重探讨在远离平衡态系统如何运用其自身的协同作用，使内部子系统自发的恢复到有序结构。此理论主要对事物的共性进行研究以及系统的协同运作机理的综合性学科，是以系统论、信息论、控制论和突变论为研究基础，结合了耗散理论与一般系统论的同时，借助统计学与动力学相结合等数学方法提出了多维相空间理论，并建立了在不同领域均具有普适性的数学方案。协同理论作为一门交叉学科，主要探究如何能使系统的整体实现发展升级，协同理论的主要内容为协同效应、伺服原理和自组织三个原理。

协同效应：它是使系统由无序变为有序结构的内在驱动力。在任意复杂系统中，物质的聚集态达到某临界值时，各系统间会自动变动为有序结构。

伺服原理：主要是研究系统由无序变为有序临界点的状态，其突破临界主要是由几个变量为主导，而其他变量则为其所决定。

自组织原理：自组织是指复杂系统在没有接受外部指令的前提下，其内部子系统之间能够自觉按照某种规则形成一定的结构或功能，且具有内在性和自生性等特点。

2. 基于协同理论的"职继"协同发展研究必要性

协同理论对于研究"职继"协同发展内部运行规律具有指导性作用。

"职继"协同发展系统是开放的、与外界有信息交换的系统，其综合能力的提升不仅仅是某单一子系统的突破,而是综合各系统的协同能力。

"职继协同"系统中的制度激励、政策的支持、市场拓展与技能人才增长均是区域持续发展、构建学习型城市的重要因素,职业教育、继续教育间互为前提、相互协作从而达成"1+1＞2"的结果。

"职继协同"在受到外部的冲击时,各子系统在对其他子系统进行影响的同时也会受到其他子系统的冲击,而且类似此种多因素的影响会形成某种反馈机制,使系统最终自动趋于平衡。

因此,协同理论的研究不仅为"职继"协同发展研究提供了理论基础,也为"职继协同"发展评价指标体系的构建、时空特征分析提供了理论支撑。

(二)系统论

1. 理论介绍

系统论是理论生物学家贝塔朗菲在1932年发表"抗体系统论"时提出的。系统论是研究系统的一般模式发展规律,用数学方法来定量描述其功能,并寻求建立具有广适性数学模型的一门学科。其核心思想是注重系统的整体性,系统论强调将任意系统看作一个有机整体,而非将其各个模块进行简单叠加,同时认为系统中各要素并不是孤立地存在着,而是在复杂系统中都担负着特定的作用,且是其他要素无法替代的。通过分析系统内部的结构功能性,对系统要素、环境之间的相互关系及变动规律进行探究,才能用更优化的视角分析问题,而系统论的重要性并不仅仅在于上述的认识系统特点和规律,更重要的在于如何利用这些规律和特点去调整系统结构、协调各要素关系、优化系统,能够使系统更好地向人类所希望的方向发展。系统论应用范围较为广泛,大致可分为三类,系统科学、系统技术及系统哲学。系统论的基本规律是关于系统存在状态和发展趋势的普遍联系,与系统论原理相比,其具有更大的规律性。根据其基本规律将系统论分为五类:结构功能相关律、信息反馈律、竞争协同律、涨落有序律和优化演化律。

2. 基于系统论的"职继协同"发展研究必要性

现代的系统论认为,世界上任何事物均可看作一个整体,系统性是普遍存在的。"职继协同"发展的研究虽可看作一个复杂的整体,但其内部运作是否能够使各部分效用之和大于整体效用,则取决于系统的内部稳定机制,一旦系统内部变为无序状态,则其系统的整体优化功能将全部消失。因此在系统论的视角下,"职继协同"发展需要避免如下两点问题:

避免缺乏整体性。"职继协同"下各子系统发展情况存在着一定的差距,而差距的不断拉大将会导致系统出现短板效应,正是各学校发展背景不同,职继协同发展的模式不尽相同,有可能导致各子系统(学校)的"职继协同"发展程度不同。

协同性是系统发展的前提,因此发展过程中要避免协同性失效问题。若"职继协同"发展中每一个子系统(学校)并没有深度融合、相互协调、甚至没有同步发展,则说明此时协同性无效,最终,协同的整体性无法进一步提升。

因此,本研究以"职继协同"发展为研究整体,通过对"职继协同"系统内部的运行规律进行考察,发现"职继协同"发展过程中存在的问题,并针对具体问题采取相应政策、模式、资源、师资等方面等重要举措来对"职继协同"系统的高水平协同进行约束。

五、政策依据

国家关于职业教育与继续教育发展的政策、规定、措施,是本课题研究的依据和直接指导。

2000 年,中共十五届五中全会公报明确提出,要完善继续教育,推进我国终身教育体系的建立。

2002 年,国务院《关于大力推进职业教育改革与发展的决定》,明确提出职业教育是我国教育体系的重要组成部分,是国民经济和社会发展的重要基础,深刻认识职业教育在社会主义现代化建设中的重要地位。党的十六大报告首次明确提出:"加强职业教育和培训,发展继续教育,构建终身教育体系。"这一时期,党和国家明确了职业教育与继续教育对社会发展的重要作用和意义。

2004 年,教育部发布《教育振兴行动计划的通知(2003—2007)》,该通知明确指出,继续教育是终身教育体系的一部分,是沟通各类教育形态的桥梁和中介,需要推进继续教育与学校正规教育的对接。

2007 年,党的十七大报告再次强调继续教育对于终身教育体系构建的意义和作用。

2010 年,《国家中长期教育改革和发展规划纲要(2010—2020 年)》出台,从政策上理顺了继续教育发展的范畴与方式,使得一直从属于成人教育的继续教育独立开来,成为一个独立的教育体系,而成人教育的概念则在官方文件中很少再提。

2012 年,党的十八大报告在阐释中国教育整体政策的时候,将继续教育与职业教育、高等教育、基础教育并列论述,显然,此时的继续教育已经是国民教育体系中的一种独立类型。

2012 年,教育部在《关于加快发展继续教育的若干意见》中进一步明确了继续教育的政策定位:继续教育是正规学校教育后的教育;明确了继续教育的范畴,突出了继续教育与正规教育并列的地位。由此可见,进入新世纪之后,继续教育在政策表达上日趋规范化,逐渐与国际社会通行的继续教育形态、内涵保持一致。

2013 年,《教育部职业教育与成人教育司 2013 年工作要点》提出,发挥职业教育、社区教育、继续教育、技能培训等功能,遴选一批试点院校,探索建立高职院校与县级职教中心对口合作机制。职业院校与继续教育院校合作有了制度保障。

2014 年,《教育部职业教育与成人教育司 2014 年工作要点》提出要制定学习成果积累与转换制度,开展继续教育课程认证、学分积累和转换试点。学分转换为继续教育与职业教育提供了连接平台,为学习者提供了更多的成长途径。

2015 年,教育部、人力资源社会保障部发布《关于推进职业院校服务经济转型升级面向行业企业开展职工继续教育的意见》,提出要发挥职业院校开展职工继续教育的优势,提高职工文化知识水平和技术技能水平,推进和谐劳动关系建设,促进大众创业、万众创新,服务好新常态下行业企业的转型升级。进一步强调了职业教育与继续教育的有效融合。

2016 年,《教育部职业教育与成人教育司 2016 年工作要点》提出推动职业学校广泛开展职工继续教育,建设一批职工继续教育基地。开展学习型城市建设测评工作,扩大学习型城市建设覆盖面,推动各类学习型组织建设。职业教育与继续教育协同发展成为学习型城市建设的重要内容。

2017 年,《新时期产业工人队伍建设改革方案》明确提出,完善现代职业教育制度,加强职业教育、继续教育、普通教育的有机衔接,统筹发展职业学校教育和职业培训,促进学历与非学历教育纵向衔接连通、横向互通互认,进一步明确院校学历教育和在职继续教育的融会贯通。

2018 年,为学习贯彻习近平新时代中国特色社会主义思想和党的十九大精神,办好继续教育,进一步提升高等学校继续教育办学质量,教育部决定开展高等学校继续教育发展年度报告工作。继续教育制度建设进一步完善。

2018 年,《教育部职业教育与成人教育司 2018 年工作要点》明确提出要提升普通高校和职业院校服务学习型社会建设能力,推动各级各类学校开放资源,大力发展非学历继续教育;实施职业院校职工继续教育品牌创建计划,建设一批职工继续教育基地。

2019 年，教育部办公厅等十四部门联合印发《职业院校全面开展职业培训促进就业创业行动计划》，鼓励职业院校积极开发面向高校毕业生、退役军人、农民工、去产能分流职工、建档立卡贫困劳动力、残疾人等重点人群的就业创业培训项目。职业教育的继续教育功能愈加明确。

2020 年，教育部等九个国务院职业教育工作部际联席会议成员单位联合印发《职业教育提质培优行动计划（2020—2023 年）》，明确提出"强化职业学校的继续教育功能""鼓励职业学校积极参与社区教育和老年教育，与普通高校、开放大学（广播电视大学）、独立设置成人高校、各类继续教育机构互联互通、共建共享，形成服务全民终身学习的发展合力。实施职业教育服务终身学习质量提升行动"。职业教育与继续教育协同发展得到了更多政府部门的认可和支持。

2021 年，《中华人民共和国职业教育法（修订草案）》提出加快职业教育学分银行建设：进一步发挥职业教育国家学分银行作用，完善学习成果认定工作规程，加快推进不同类型学习成果之间的认定与转换。这将为职继协同发展提供坚实的法律保障。

六、职继协同发展评价体系的设计

（一）评价指标体系的设计原则

1. 目的性原则

分析和评价区域职业教育、继续教育协同发展根本目的，在于促进区域经济发展、服务学习型城市建设，必然会涉及包括政府因素、社会因素、学习型社会、资源整合、教育质量等多方面的因素。

2. 统一性原则

统一性包含两方面的含义：一是就影响"职继协同"发展的指标体系内部来说，同一指标的含义、口径范围、计算方法、计算时间等必须统一；另一方面，还要把这些指标的定性分析与定量分析结合起来，以保证评价指标的全面性和客观性。

3. 系统性原则

系统性体现的是评价指标体系的层次性。把"职继协同"发展的评价指标体系分成三个层次：第一层次为一级指标，列出表现职继协同发展的最重要的要素；第二层次为二级指标，是对一级指标的细化；第三层次对每个二级指标设立观测点，便于有效进行评价。

（二）评价体系设计

表1 职继协同发展评价

一级指标	二级指标	观 测 点
高职院校的继续教育基础	管理制度	管理严谨规范；形成教育教学模式
	工作业绩	毕业生获取技能等级证书数；毕业就业率；师生参加大赛成绩
高职院校对职继协同的认知和规划	政策理论认知	对职继协同重要意义、相关政策认知准确，对学校相关规章制度认知全面
	教学理念与方法认知	职继协同的教学理念、运行模式认同，相关专业与课程建设与之配套
	制度体系建设	在学校章程制定、规章制度体系完善、职继教育体系建设中，对职继协同有明确规定
高职院校的职继协同过程	经费来源	财政经费投入、社区教育投入和社会资助各占比例并落实到位
	基础条件	学校规模（硬件）达标、现有专业对接率高、现有设备共享率高
	"双师"和兼职教师	生师比、专任教师占教职工比例、学历达标率、高级专业技术职务教师比例等均达标；兼职教师和"双师型"教师不仅各自比例达标，而且配合机制形成
高职院校职继协同发展评价	非学历培训	职业培训、岗位培训、技术技能培训的数量和质量达标
	继续教育方式	网络或函授教育、学历继续教育、职业培训等方式全面实行
	职继衔接	职继在学习方式和内容的衔接顺畅，学生满意度较高

七、关于职继协同发展评价体系的说明

本课题组对这个评价体系的研究经历了一个认识过程。由于职继协同本身是一个新事物，对它的界定于本课题组来说并不困难，因为本课题组所在学校——天津城市职业学院及其建立的天津城市职教集团在这方面有较为系统的实践探索和理论研究，以此为基础提出职继协同的定义比较顺当。顺着这个思路，最初课题组设计了一个比较庞大的评价体系。经多轮征求专家和高职院校校长的意见，课题组认为有两个问题需要认真对待：一是本课题评价的重点是"协同"，不能分别评价职业教育和继续教育或是重点评价继续教育；二是从单个学校实践中得到的评价体系是否对所有(至少天津市的)高职院校适用,答案必然是否定的。考虑到这个问题未来发展的不确定性(就具体内容而言),目前设计的评价指标还是宜粗不宜细。

据此,课题组将职继协同发展评价分设四个一级指标:第一个是"继续教育基础",包括对继续教育的管理制度和工作业绩两个二级指标;第二个是"高职院校对职继协同的认知和规划",包括政策理论认知、教学理念与方法认知、制度体系建设三个二级指标;第三个是"高职院校职继协同过程",包括经费来源、基础条件、"双师"和兼职教师三个二级指标;第四个是"高职院校职继协同发展评价",包括非学历培训、继续教育方式、职继衔接三个二级指标。

为了深化这方面的研究,这里将天津城市职教集团有关职继协同的实践列为研究案例,作为本研究的附录。

附录:天津城市职教集团职继协同发展案例

一、构建职继协同区域型职教集团的治理结构和运行机制

(一)整合资源、完善管理,实现职业与继续教育资源有序流动

城市职教集团在治理结构方面实现了突破。借助市教委和各区政府的力量将不同区域内的行政资源、教育资源以及社会资源进行整合,利用"三层、两会、多中心"多元转换运行的管理方式,使集团内部职业教育、成人教育、社区教育、老年教育及各类培训按类管理、有序流动,取得良好办学效益。

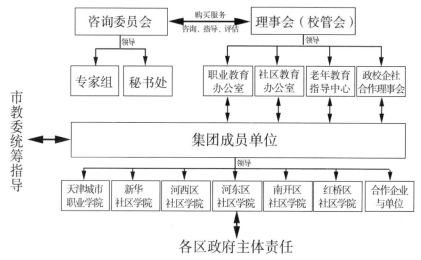

图1 城市职教集团管理运行框架

(二)通过多种联动、建立制度体系,实现集团内多方共建共享

城市职教集团除集团章程以外,建设了 11 项决策管理制度、20 项教育教学与科研制度,形成了制度体系。规范的集团内部机构责任和权利,与横向式管理、团队式合作、柔性式组织、利益分配等具体项目工作机制相结合,保障了集团利益共享、风险共担。

城市职教集团通过多种联动,实现专业、师资、社会服务的共建共享。以各方“利益链”为纽带,建立政校企(社)合作理事会,使政府、行业、学校与企业(社区)形成多方共建。统筹集团理念、规则、组织、资金和设备,实现了社会服务方式、渠道、资源共享。

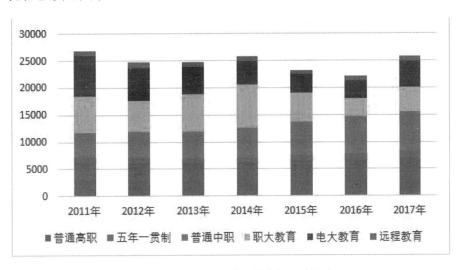

图 2　城市职教集团学历教育情况统计表

二、搭建职业教育与继续教育、社区教育有机融合、协同促进的有效路径

(一)专业设置与建设顺应城区发展需求

重点建设了“从小到老”服务城区的特色专业链。面向 0 ~ 6 岁的婴幼儿教育,开设“幼儿发展与健康管理”专业。结合天津居委会社区综治、志愿服务、劳动保障管理岗工作要求,开设“社区管理与服务”专业。围绕社区居家养老和多样化的老人服务要求,采用国际合作、京津冀协同和“活化、乐龄”养老理念、方法,建设适应都市老龄化需求的“老年服务与管理”专业。“幼儿发展与健康管理”专业毕业生连续三届在京津高端国际幼儿园就业,与国外教师成为同事;“社区管理与服务”专业培养了一批社区管理骨干,他们成为居委会主任的情况屡见不鲜,仅天津河北区近五年就有 24.7% 的居委会管理岗是该专业毕业生;

"老年服务与管理"专业学生被京津企业争先预定。

率先建设了基于"融合教育"的聋人"数字媒体艺术"高职专业,使聋人家庭得到了教育救助,打通了天津聋人的中职、高职、本科通道。针对居民小区物业管理建设标准的提升,开设了"建筑智能化工程技术""消防工程技术""分布式发电与微电网技术"等专业。城市职教集团 2017 届毕业生中 72.08% 就业于天津,84.81% 就业于京津冀。

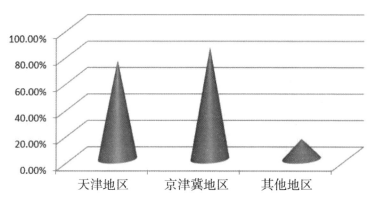

图3 城市职教集团毕业生分布区域

（二）"一主两翼"办学和"双线并行、内外融合、龙头带动"社区教育工作模式

"一主两翼"办学,使中高职相互衔接、全日制与业余学习相互融通、学历教育与社会培训相互协调,将职业教育与继续教育有机融合。一主:开展职业教育是主体任务。主要服务于区域发展对各种高素质技术技能型人才的需求。一翼:发展继续教育是重要任务。持续开展成人学历教育、企事业单位在职人员岗位技能培训。另一翼:社区教育是特色任务,学院在社区教育规划的制定、理论研究、教育教学组织与指导、督查检查评估等方面发挥作用。

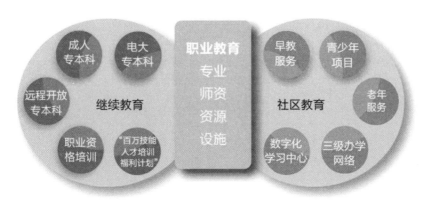

图4　一主两翼办学格局

　　创新实践了"双线并行、内外融合、龙头带动"社区教育工作模式。社区教育纳入职业院校工作范畴和职业教育走进企业、走进街道、走进社区展现应有作为,发挥了职业教育与继续教育协同效应。双线并行指职业教育与终身教育并行发展,内外融合指职业教育资源与社区教育资源互相融合、互相促进,龙头带动指高职和社区学院发挥终身学习的龙头带动作用。

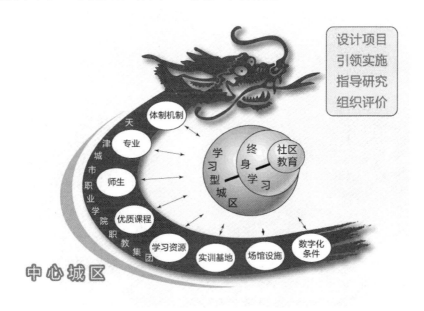

图5　"双线并行、内外融合、龙头带动"社区教育工作模式

（三）构建师生与社区互动实践模式，实现师生与社区的价值倍增

2008 年实施学生社区社会实践，并纳入人才培养方案。实践注重与专业、社区服务、学生能力拓展和辅导员工作的"四结合"，形成了规模化、制度化、阵地化、项目化的"四化"实践方式。社区社会实践成为与社区联合开展培育践行学生社会主义核心价值观的有效方式。学生 7 项成果在天津市"挑战杯"课外学术科技作品竞赛中获奖。

2014 年制定了《"企业（社区）实践服务卡"实施管理办法》，并纳入教师工作考核，使教职工服务社区规范化、程序化。每年全体教职员工进社区，不仅解决了社区教育的师资需求，而且提升了教师的社会活动能力、岗位技能，彰显了"安教乐道"的职业教育教师之品。

（四）形成了"职继协同、双周推动"，服务终身学习范式

城市职教集团以每年天津市全民终身学习活动周和职业教育活动周为节点，展示职业教育、继续教育的教学成果、固化品牌特色项目、策划启动为民服务新项目。以主题性、板块化以及不同层面教育活动和请进来走出去的方式，向社会开放集团最新设计的各类活动和资源，激发全民终身学习热情，增强人民群众学习的获得感、幸福感。

自 2007 年，城市职教集团和中心城区已设计承办了天津 11 届全民终身学习活动周中的 9 届。仅 2016 年"双周"期间，城市职教集团组织开展了 18 个板块、108 个特色活动，惠及市民 19 万余人。

三、建构服务终身学习的立体化、引领式教育资源供给体系

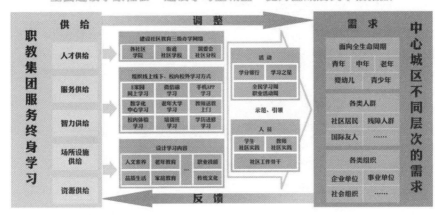

图 6　立体化、引领式教育资源供给体系

（一）搭设线上线下社区教育平台，设置市民学分银行，形成服务终身学习优势

搭建社区教育三级办学网络。紧贴学习型城区建设，建立了以职业（社区）学院、街道社区学校和居委会社区分校组成的三级社区教育办学网络。引领、推进城区社区教育工作，带动街道社区学校的发展和社区教育活动。

建设社区教育网络平台与数字化学习资源。利用院校信息技术优势，持续建设"十一五社区数字化学习中心""'十二五'社区教育信息化平台和资源""'十三五''E家园'终身学习网"和"'E家园'城社区微信平台"。汇集了涵盖职业教育、继续教育、社区教育、老年教育等包括幼儿指导、健康养生、民间工艺、信息技术在内的 347GB 社会学习资源、560GB 的培训资源。

援建连接市民的街居级数字化示范学习中心。2007 年起，启动支持社区数字化学习中心建设计划，先后按标准援建交付了 20 所数字化示范学习中心，中心内设学习区、公共咨询区、学习服务管理区，学习中心可以共享集团所有数字化学习资源，学院师生作为志愿者参与学习中心的教学、管理与设备维护工作。

设立市民学分银行，支撑学习者在不同教育类型之间的选择和转换。结合学习行为实际，设计学习内容、质量标准及其学分，使职业院校课程、继续教育课程、企业内部的培训以及职业资格取证，都可折算成相应学分。采用"3 + 2"分段培养、五年一贯制、高职升本等多种方式，搭建多种学习通道。提供"非连续学程、往返式学习、终生型教育"的较宽口径、较多接口，支撑市民多样化、个性化的学习。

（二）依据人的生命周期序化教育资源，提高供给针对性

发挥国际化专业特色，供给婴幼儿教育优质资源。依托"幼儿发展与健康管理"国际化专业优势，提供家庭亲子教育指导。开放幼儿实训基地、开展育婴师培训与科学育儿培训、举办国际化婴幼儿教育论坛，助力高品质育儿期望。

建立普职融通渠道，供给职业启蒙教育资源。搭建普职融通渠道，开展工程实践创新、3D 打印、"非遗"传承等多种形式普职融通项目；面向中小学校开放实训基地、专业课程，引导青少年正确认知职业领域和岗位、营造崇尚工匠精神的氛围；开展"青少年快乐营地"项目，扩展青少年校外活动范围。

实施多样化培训，供给品质生活教育资源。推进实施天津市百万技能人才培训福利计划，每年培训规模达到 1.5 万人次；"十二五"期间，开展军地两用人才和企事业单位专题培训 5 万人次以上；开展健身、艺术、茶道、英语、手工制作等高品位专项培训，引领都市休闲生活学习。

拓展老年教育服务,供给"就近、便捷、快乐"的老年教育。持续建设老年大学,缓解"老年大学热",目前集团内 4 所老年大学在校生近万人;开发符合不同教育背景、不同兴趣爱好老年人需要的 200 多门课程;组织老年教育自主学习团体、与养老院合作建立"养教结合"试点,每年老年教育活动参与人数超过 10 万人次。

以汉语、书法为纽带,供给国际友人来津生活教育资源。开发了汉语口语、书画、烹饪等生活普及课程,开设扎染、剪纸、国画、结艺编织、手工刺绣等课程,为在津外籍人士学习汉语、了解中国优秀传统文化、风土人情开窗、架桥。

参考文献

[1] 刘磊.试论新时代职业教育评价改革新动向[J].上海教育评估研究,2021,10(01):49-53.

[2] 杨丽波,黎婷婷.澳大利亚职业教育第三方评价对我国高职教育的启示[J].高等职业教育探索,2020,19(03):70-75.

[3] 汤生玲.职业教育质量评价中的民主、和谐与群策群力——《职业院校质量诊断:授权评价理论与实践》评介[J].职业技术教育,2019,40(36):58-61.

[4] 许莉,胡明,宋玲琪.基于"互联网+"的非学历继续教育培训质量评价原则与创新策略[J].当代继续教育,2019,37(06):21-26.

[5] 邱心显.职业教育新常态环境下高职院校继续教育发展研究[J].当代教育实践与教学研究,2017(05):236-237.

[6] 刘亚楠,程书强,许华.继续教育外部绩效评价与实证分析——基于AHP和模糊综合评价法[J].当代继续教育,2016,34(03):49-53.

[7] 唐以志.关于以效果为导向构建职业教育质量评价标准的思考[J].中国职业技术教育,2016(06):12-16.

[8] 柳强.我国继续教育质量评价研究[J].继续教育研究,2015(12):16-17.

[9] 徐寅伟.从评估走向诊断的职业教育评价[J].上海教育评估研究,2015,4(03):17-21.

[10] 苏琼淑.现代职业教育实施第三方考核评价的方法及路径[J].当代职业教育,2015(06):4-6+36.

[11] 韩民,王蕊.促进继续教育发展的评价指标及机制研究[J].教育发展研究,2015,35(01):80-84.

［12］ 袁晓玲,封纪琴.基于 BSC 的职业教育质量评价体系框架研究［J］.职教论坛,2014(06):10－12.

［13］ 崔广,焦晨.基于"职继协同"理念下基层电大 3D 打印实训中心建设创新研究［J］.天津职业院校联合学报,2019,21(08):80－83＋88.

［14］ 穆树发,李薪茹,李娜."职继协同双周推进"服务终身学习型社会建设综述［J］.中国职业技术教育,2017(16):65－69.

［15］ 李彦."职继协同、双周推动",服务终身学习［J］.天津职业院校联合学报,2018,20(03):3－6＋11.

［16］ 李霞.构建服务终身学习区域型职教集团的实践研究［J］.中国职业技术教育,2018(28):30－33.

［17］ 耿洁.访谈 | 耿洁:新时代职继协同的逻辑是高质与创新［EB/OL］.https://www.sohu.com/a/382804451_229991,2020－03－24/2021－3－28.

（课题承担单位为天津城市职业学院,课题主持人为李彦。课题组成员:王海兰、李娜、王军、雷珊珊、郭敏。）

第十七章　职业培训评价

一、核心概念界定

职业培训,也称职业技能培训或职业技术培训,关裕泰先生认为"职业培训是按照岗位需求对劳动者进行的培养和训练"。《教育大辞典》对职业培训的定义是:"职业技术培训是使劳动者获取某种职业所需专业知识或技能而进行的培训工作。"《中华人民共和国劳动法》和《中华人民共和国职业教育法》定义的职业培训,是指对接受培训的人员进行职业知识与实际技能的培养与训练的活动,是劳动就业工作的基础,是职业教育的重要组成部分;其目的是增强劳动者的就业能力与工作能力,促进社会经济发展与劳动就业;其内容是相关岗位或工种的技术业务知识和实际操作能力;其最重要的应用场景,既有按照国家职业分类和职业标准进行的规范性培训,又有基于职业能力或技能提升为目的的适应性培训。

本课题的研究范围是高职院校所开展的职业培训。区别于学历教育,这是面向全体社会人员开展的非学历学习活动。在我国由推行"职业资历证书制度"转变为推行"职业技能等级制度"的政策背景下,高职院校所开展的职业培训新增了面向全体社会人员(含本校在读学生)开展职业技能等级认定前培训的职能。所以,对高职院校职业培训的评价,既要包含面向全体社会人员开展适应性培训的评价,也要包含遵照国家职业分类和职业标准完成职业技能等级认定的规范性培训的评价。

二、已有相关研究的综合性评述

（一）关于职业培训与职业教育的关系

职业教育作为一种教育模式，即注重提高学生文化水平和传授职业专业知识理论，又针对职业岗位对学生进行职业技能的实际操作训练，而职业培训更多的是强调受训者业务知识和操作技能的训练。二者在发展历程、内容与培养目的、性质与影响力等方面都有区别。

职业培训起源于"传统学徒制"，其发展历程远远比现代才出现的职业教育更加长远，当时的职业培训是职业教育的雏形。职业培训在经历"职业学校学习"和"现代学徒制"的发展过程中，逐渐孕育了职业教育的概念，而职业培训的概念回归到了原本注重岗位与技能的范畴。如今的职业培训已经成为职业教育的重要组成部分和具体的实操环节。

职业教育更多的是为社会未来的发展培养合适的人才，以便更好地促进社会未来的发展，是一种具有全局角度和长远眼光的教育制度，其工作重心主要在于学历教育的学校工作上，通过开办职业教育学校来实现职业教育，内容包括文化基础、专业基础理论知识和专业职业能力，培养的人才既能够从事相应专业职业岗位，还可以实现相应职业的工程技术开发和领域创新，是能不断自我学习的高技能型人才。

职业培训则是依托企业、社会培训机构、职业学校等多种单位，针对当前社会需求、岗位需求培养具有具体业务知识和操作技能，能够直接胜任某个岗位就业的工作人员，是一种短期非学历教育的学习活动，其培养过程更侧重实践性和应用型，且针对性强。其学制不固定，一般为几个月甚至几天。

（二）关于职业培训评价研究背景和意义

职业培训评价的概念与职业培训的概念相匹配。

对规范性职业培训的评价被单独定义，由过去的"职业技能等级鉴定"过渡为"职业技能等级认定"。这是以《国家职业分类大典》中收录的技能类职业（工种）和新职业为基础（除资格准入类职业），以用人单位和第三方评价机构为主体，以自行分别制定评价工作方案（并向人社部职业技能鉴定中心报备）为依据，以"谁评价、谁负责、谁发证"为原则的一种技能人才评价新模式。随着职业技能等级证书制度和"1＋X证书制度"的开展，高职院校逐渐被列为第三方评价机构，既可对本校在校生进行证书培训和证书认定，也可对社会人员进行职业培训和证书认定。此外，对适应性职业培训的评价目前尚无独立的官方模式，可作为高职院校人才培养工作水平评估中的一项评价指标，也可作为劳动、教育行政部门或行业、企业检查高职院校职业培训工作时独立的绩效考核手段。

广义维度上,对适应性职业培训的评价是对职业院校开展职业培训工作在培训供需关系中整体办学能力和培训质量的评价,其主体是当次职业培训评价工作的组织者,即政府有关主管部门、行业、企业或第三方评价机构;评价内容是职业院校的职业培训整体工作,侧重于对培训实力和近期培训投入的评价,对培训目标设定和完成情况的评价,对领导责任制和社会贡献的评价。

狭义维度上,对适应性职业培训的评价是对某个特定主题培训项目或某期培训班培训质量的评价,主体是企业、职业院校、第三方职业培训评价机构以及培训学员;评价内容主要针对某特定主题培训项目或某期培训班在培训准备、培训过程和培训效果三个阶段的工作执行情况,侧重于对培训方案安排准备的评价,对培训方案执行的评价,对专题项目建设成果和学员及用人单位满意度的评价。

(三)关于我国职业培训及职业培训评价的历史沿革

中华人民共和国成立后,劳动行政部门具体承担了全社会劳动者和失业人员的职业培训管理工作,其中的职业培训评价工作内容逐渐丰富,体系逐步健全:从结合了企业职工职业技能培训的 8 级工资制评价模式,到考工定(晋)级制度评价模式,由职业技能鉴定模式,发展到现如今的职业技能认定模式,职业资历等级评价模式随着经济社会的发展、人才结构的调整、政府职能的转变,逐步形成科学、适用的有政府公信力背景的职业培训评价体系。

另一方面,随着职业教育,尤其是高等职业教育的蓬勃发展,职业院校开展的职业培训越来越受到政府的重视,其评价模式由接受政府有关部门的综合管理,发展到成为高职院校人才培养工作水平评估中的一项指标。职业培训的内容也从单纯的向企业在职职工培训,增加了向本校学生提供"通过职业技能认定,取得职业资历等级证书"前的职业培训。

民营职业技能培训机构作为公办职业院校的补充,在为企业提供职业培训的过程中承担了重要角色,其开设的专业通常学制较短,以实际操作的学习为主,注重某项领域的突破,能够较快提升就业技能。宽进严出,通过职业技能鉴定,得到国家认可颁发技能证书的劳动者,综合素质有了明显的提高。以项目管理的灵活方式办学,单位时间内培训人次多,适应了企业大量、急迫的用人需求。

现代企业管理理念中,职业培训作为人力资源管理中不可或缺的一个环节,其内涵已经大大超越了持证上岗的职业准入标准,除包含从岗位个性化服务的个别内部培训课程到系列内部培训外,甚至有一大批知名企业开始建立自己的培训管理体系,如企业商学院或企业大学,根据企业的实际情况独立或与外部机构一起开发适合自己的系列培训课程和培训管理机制。职业院校迎来了职业培训的大发展。

总的来看,高职院校职业培训评价研究,并未实现与其实践发展的相应提升,相关研究不甚充分和科学,导致指挥棒作用发挥不足,特别是评价标准不全面、不统一,亟须研究出切实可行的高职院校职业培训评价体系和具体指标。

(四)关于职业培训评价的相关研究

目前,关于职业培训评价的相关研究主要以行业或职业为背景,以 CIPP 课程评价模型和柯氏四级评估模型为框架,从评价培训各组成环节的功能、数据,到评价企业、学员的满意度和培训品牌的美誉度。如张懿凡认为,培训教学过程中的师资力量直接决定了参训人员的培训教学效果反馈,对于培训起着关键的作用,多数学员和委培单位会将培训师资作为重要考虑因素;随着产业的不断升级,学员对授课内容的覆盖面需要不断扩展,紧跟国家政策变化,兼顾理论性和实践性,开拓学员的视野;非学历教育培训由单位、行业或者上级机关组织,培训者本人对培训的制定作用有限,教学内容并不是完全针对学员的需求开展的,对不同背景学员的教学内容侧重点考虑不够。陈晓梅认为,培训中需要强化实践操作的课程安排和内容,进一步提高培训学员的实际动手能力,在培训过程中就要努力做到学习理论与实践操作相结合,减少学员返回工作岗位后的磨合时间,将更有助于培训品牌的树立。

上述研究对目前职业培训工作的一些公认的问题提出了自己的看法,但受行业属性的限制明显,没有基于高职院校基本办学功能和人才培养水平评估的角度研究高职院校开展职业培训的定位、方向、方法,也没有融入"职业技能认定工作"特点,没有站在"促进高职院校学历教育背景下的校企融合"职能理解职业培训的深刻内涵,其成果在高职院校中尚不能普遍适用。

本课题深刻理解全国职业教育大会的时代背景,充分认识召开全国职业教育大会的重大意义,准确把握全国职业教育大会的战略要求,在学习贯彻习近平总书记重要指示和大会精神的基础上,努力遵循职业教育发展规律和技术技能人才成长规律,着眼于推动职业教育高质量发展,基于育训结合思路,制定"高职院校职业培训评价体系",以为相关政策的制定提供参考。

三、研究方法

(一)文献研究法

《关于分类推进人才评价机制改革的指导意见》《关于开展职业技能等级认

定试点工作的通知》《职业院校全面开展职业培训促进就业创业行动计划》《国家职业教育改革实施方案》《国务院办公厅关于印发职业技能提升行动方案(2019—2021年)的通知》《职业教育提质培优行动计划(2020—2023年)》等有关职业培训的政策性文件,为本研究提供有力的选题依据和研究方向;查阅中国知网相关领域的研究论著和文献,以及《中国职业教育》《职业教育研究》《职教论坛》等期刊、学报中关于职业培训评价的文章,为本研究提供理论研究参考。

(二)问卷调查法及专题座谈法

针对待就业和已入职两类参加职业培训的学员,以全面、适用、客观地反映真实情况为目标进行问卷调查和专题座谈,从基本情况、学习需求到岗位职责、现有课程安排合理性和滞后性等方面征求他们的意见建议。网页版的调查问卷可以将众多评价项目以作业和试题的形式发放给学员,方便学员填写,实现数据统计;通过专题座谈可以对整个职业培训工作进行全程性和系统性的评价。

(三)专家访谈法

对职业教育培训专家、政府有关部门负责人、原高职院校办学能力考核评估检查组成员等进行深度访谈,以了解近年来职业院校培训发展现状和近期目标,指导并提出制定评价体系的策略和建议。

四、理论依据

(一)CIPP过程评价模型

CIPP评价模式是一种分阶段评估模型,包括背景评价(Context Evaluation)、输入评价(Input Evaluation)、过程评价(Process Evaluation)、结果评价(Product Evaluation)。背景评价就是在特定的环境下评定其需要、问题、资源和机会。输入评价是在背景评价的基础上,对达到目标所需的条件、资源以及各备选方案的相对优点所做的评价,其实质是对方案的可行性和效用性进行评价。过程评价是对方案实施过程中进行连续不断的监督、检查和反馈。结果评价是对目标达到程度所做的评价,包括测量、判断、解释方案的成就,确证人们的需要满足的程度等。

(二)柯氏四级评估模型

柯氏四级评估模型是一种分层次评估模型,包括反应评估、学习评估、行为评估、结果评估。反应评估是受训人员对培训项目总体印象的反应和评价,考察他们对培训计划有何反应,准备如何使用培训材料等。学习评估反映受训人员对培训内容的掌握程度,主要测定学员对培训的知识,态度与技能方面的了解与吸收程度等。行为评估是受训学员是否将所学的内容应用到了实际工作中,评估内容是培训后的跟进过程,学员培训后工作行为和暂时表现方面的变化。结果评估考察上述三级变化对企业发展带来的可见的、积极的作用。

五、政策依据

（一）职业技能等级认定制度的政策依据

根据中共中央办公厅国务院办公厅印发的《关于分类推进人才评价机制改革的指导意见》（中办发〔2018〕6号）和《人力资源和社会保障部办公厅关于开展职业技能等级认定试点工作的通知》（人社厅发〔2018〕148号）要求，人社部开始依托部分中央企业和第三方评价机构（以下统称试点机构），对《中华人民共和国职业分类大典（2015年版）》中收录的技能类职业（工种）和新职业开展职业技能等级认定试点工作。试点机构制定试点工作方案，报经人社部职业技能鉴定中心备案后实施。对于通过认定和审核的人员，由试点机构根据人社部的有关规定，制作并颁发职业技能等级证书。《职业技能等级证书监督管理办法（试行）》（人社部发〔2019〕34号）明确了职业技能等级证书按照"三同两别"原则管理。"三同"是院校外、院校内试点培训评价组织（含社会第三方机构，下同）对接同一职业标准和教学标准；两部门目录内职业技能等级证书具有同等效力和待遇；在学习成果认定、积累和转换等方面具有同一效能。"两别"是人力资源社会保障部、教育部分别负责管理监督考核院校外、院校内职业技能等级证书的实施（技工院校内由人力资源社会保障行政部门负责）；职业技能等级证书由参与试点的培训评价组织分别自行印发。

《国家职业教育改革实施方案》（国发〔2019〕4号），把奋力办好新时代职业教育的决策部署细化为若干具体行动，提出了7个方面20项政策举措，要求"启动1＋X证书制度试点工作……教育行政部门依照职业标准牵头组织开发教学等相关标准"。《关于在院校实施"学历证书＋若干职业技能等级证书"制度试点方案》（教职成〔2019〕6号）部署启动"学历证书＋若干职业技能等级证书"（简称"1＋X"证书）制度试点工作。

职业院校作为试点工作的实施主体，负责培育职业教育培训评价组织（以下简称培训评价组织），开发职业技能等级证书，融入专业人才培养，实施高质量职业培训，严格职业技能等级考核与证书发放，探索建立职业教育国家"学分银行"，建立健全管理、监督与服务机制。

培训评价组织作为职业技能等级证书及标准的建设主体，对标准质量、声誉负总责，主要职责包括标准开发、教材和学习资源开发、考核站点建设、考核颁证等，并协助试点院校实施证书培训。教育部将根据"放管服"改革要求，面向实施职业技能水平评价相关工作的社会评价组织，以社会化机制公开招募并择优遴选参与试点。对此,国家职业教育指导咨询委员会发布的《职业教育培训评价组织遴选与监督管理办法(试行)》从培训评价组织应具备的工作基础、职责和监督管理等方面做了进一步要求。其中的工作基础要求包含了对组织资质、证书标准、教材资源、师资队伍、实践经验、社会需求等方面的要求,对本课题指导意义巨大,为评价指标体系的研究和建立提供了依据和方向。随着职业技能等级证书制度工作的开展,高职院校逐渐被列为第三方评价机构,其职业培训评价中对规范性培训的评价内容与标准有了政策依据。

(二)适应性培训的政策依据

《国家职业教育改革实施方案》(国发〔2019〕4号)中对"开展高质量职业培训"提出了要求:"按照育训结合、长短结合、内外结合的要求,面向在校学生和全体社会成员开展职业培训",围绕"技术技能人才紧缺领域大力开展职业培训"。此外,还对服务区域发展、培养培训重点人群、开发和使用教材及信息化资源、校企全面深度合作、打造高水平实训基地、打造"双师型"师资队伍、加强党的全面领导等方面做了指导性要求。特别是在"做优职业教育培训评价组织"方面提到"依据国家有关法规和职业标准、教学标准完成的职业技能培训,要更多通过职业教育培训评价组织(以下简称培训评价组织)等参与实施""以社会化机制公开招募并择优遴选培训评价组织,优先从制订过国家职业标准并完成标准教材编写,具有专家、师资团队、资金实力和5年以上优秀培训业绩的机构中选择";在"建立健全职业教育质量评价和督导评估制度"方面提到"以学习者的职业道德、技术技能水平和就业质量,以及产教融合、校企合作水平为核心,建立职业教育质量评价体系。定期对职业技能等级证书有关工作进行'双随机、一公开'的抽查和监督,从2019年起,对培训评价组织行为和职业院校培训质量进行监测和评估。实施职业教育质量年度报告制度,报告向社会公开。完善政府、行业、企业、职业院校等共同参与的质量评价机制,积极支持第三方机构开展评估,将考核结果作为政策支持、绩效考核、表彰奖励的重要依据",进一步指导了本课题所研究的职业培训评价指标体系的内容和标准。

之后,教育部又颁布了《职业院校全面开展职业培训促进就业创业行动计划》(教职成厅〔2019〕5号),确定了行动计划具体目标:加大培训规模,培育校企深度合作共建的高水平实训基地、企业大学等,建设一大批培训资源库、重点领域培训项目,培养一大批适应"双岗"需要的教师。在行动措施中要求,广泛开展企业职工技能培训,大力开展新技术技能培训、补贴性培训、中小微企业职工培训和市场化社会培训,积极开展涉外培训。面向重点人群、失业人员开展就业创业培训。做好职业指导和就业服务,并以参训人员的技术技能水平、就业创业能力和质量等为核心,建立培训绩效考核体系。提升培训项目设计开发能力,研究制定培训方案、培训标准、课程标准等,开发分级分类的培训课程资源包,推行"互联网+"培训模式,通过多种手段,开展碎片化、灵活化、实时性培训。

此外,《职业教育提质培优行动计划(2020—2023年)》(教职成〔2020〕7号)中还提到了"提升职业教育的影响力和美誉度"的一些具体活动和举措。

六、高职院校职业培训评价体系的设计

职业培训评价一览表

一级指标	二级指标	观 测 点
培训条件	软件条件	坚持服务社会发展的培训办学方向,培训服务能够满足本地区经济社会发展需要,能够满足个人终身学习需要,符合法律法规和相关政策;有清晰合理、切实可行的发展规划,能够定期进行政府、行业、企业培训需求调研分析;有敏锐的市场意识
		设置专门组织机构管理和运营培训事务,人员配置合理,有专门的培训管理人员,培训部门与其他相关部门沟通顺畅
		有完整的培训制度,能确保人、财、物的合理使用,能保证培训工作的有效开展,能做到校内资源统筹整合到位
		培训教师中"双师"素质教师、专任教师、来自企业的教师以及兼职教师的数量,培训教师职称结构,技术技能大师以及具有培训资格的教师数量能满足需要;学校对教师从事培训的激励措施有效
		培训课程完备,教学资源丰富,教材、课程视频、实习指导书、课件、案例等适宜培训;与全日制学历教育的教学资源融通共享
	硬件条件	智慧教室个数、多媒体教室个数、教室面积、实训基地面积、宿舍床位数量、食堂餐位数量等空间场地等能满足需要
		具备用于实习/实训的工位数、仪器设备台套数以及教学仪器设备价值等培训设施等
		具有网上教学管理平台、网络教学资源平台、移动学习平台和线上虚拟仿真实训系统,数字化课程资源丰富,可以开展在线培训项目;硬件设施和网络环境能够支撑开展线上培训

一级指标	二级指标	观 测 点
培训实施	项目开发	培训目标明确、有效,符合培训对象需求;培训实施方案完备,培训计划及课程安排符合职业培训特点;学校有相应专业支撑培训项目,且支撑专业是重点专业;培训课程和教学资源能满足培训项目需要,课程具有针对性和实用性,教材与课程具有相关度,为培训项目开发的课程和教学资源充足;实训/实习项目具有针对性,能满足培训目标设定的教学内容,相应的配套仪器设备齐全,能满足实训/实习项目需要
	教学过程	培训课程能按照计划进行,课程时间和场地安排合理;教学内容逻辑清晰,符合计划要求,符合学情且具有思政元素;教学形式科学合理,符合职业特点和培训特点;教学方法多样,教学手段灵活,方法和手段与教学内容匹配;教师授课精神饱满,讲课清楚明白,职业技能熟练,与学员互动交流频繁,课堂气氛活跃,教学指导充分,答疑及时有效;学员学习状态和学习体验良好
	培训管理	学员课堂教学、实践教学组织安排科学合理,招生、编班、学籍、考勤、考核、住宿、就餐、结业等日常管理规范有序;教师考勤考核、研讨活动、工作量完成度等管理工作制度化;取证、教辅等常规服务良好;具有突发事件应急处置举措
	质量监管	积极开展行业企业调研,及时了解行业企业诉求,适时调整培训方案;定期开展师生座谈、问卷调查、听课、作业抽查等活动,及时发现、解决教育教学中存在的问题;定期检查和抽查相结合,能及时发现、处理责任事故;质量监管机制体制健全,能有效防范违规办学
培训成效	培训规模	年平均培训的人次与人时;培训人数与全日制在校生数的比例;面授培训和远程培训的课时及比例;职业教育、终身教育以及其他培训的课时数量及其比例;公益型培训和市场型培训的比例
	培训质量	学员获取职业资格证书数量及比例;学员创业人数及比例;个人满意度、企业满意度以及政府认可度;学员获得的技术成果及成果转化
	培训收益	学校年平均培训收入;为本区域行业企业培训的人数以及所产生的社会效益;培训工作推动专业建设协同共生,提升教师的教学能力,促进教育教学改革,深化校企合作;通过第三方评价考察学校培训的社会影响力及品牌认可度

七、关于职业培训评价体系设计的说明

从以上关于职业培训的沿革演变、参与职业培训工作的单位及分工、职业培训的内容分析中不难看出,职业培训涉及的范围及分工非常复杂。本课题只研究高职院校所举办的职业培训的评价问题,而且这种培训不包括对社会的单纯的职工技能的短期培训,也不包括发展水平较高的高职院校对职业院校教师(特别是中西部地区职业院校教师)开展的培训。而且,这种评价不涉及培训课程的具体组织实施,是对高职院校开展职业培训工作的整体评价。

根据以上界定,课题组对高职院校职业培训的评价指标体系的设计,通过多轮的调研走访,在提出初步方案之后,反复征求职业培训专家特别是高职院校领导的意见之后,最终确定了明确反映过程评价的三个一级指标:第一个是培训条件,包括软件条件、硬件条件两个二级指标,这些具体评价内容比较全面,以满足职业培训人数与同期在校生规模相当这一基本要求;第二个是"培训实施",包括项目开发、教学过程、培训管理、质量监管四个二级指标,评价内容比较具体,体现重在过程评价的特点;第三个是"培训成效",包括培训规模、培训质量、培训收益三个二级指标,这一部分的观测点设计得明确而具体,最能体现高职院校开展职业培训的结果和效益。

对上述各项指标的具体内涵的描述,特别是在整个评价体系中的权重划分,是必须做好并已初步做到的研究工作,遵照本课题总课题组的统一要求,这里不再展现。

参考文献

[1]　关裕泰.职业培训 50 年[J].中国培训,1999,22 - 15.

[2]　顾明远.教育大辞典第三卷[M].上海,上海教育出版社,1991,232 - 233.

[3]　理论研究.中国职业培训与技工学校管理体制的历史沿革[J].现代技能开发,1995,10 - 10.

[4]　张懿凡.公路交通行业非学历教育培训评价指标体系的构建[J].教育教学论坛,2021,21 - 24.

[5]　宋志敏.河南省地方高等职业院校社会服务能力提升途径探索[J].开封大学学报,2019,33(04):39 - 44.

[6]　向寓华.关于高职院校高技能人才职业培训绩效评价的思考[J].职业教育论坛,2018,6,163 - 166.

[7]　陈晓梅.铁路建筑企业职业培训应用性评价体系建立的探讨[J].铁

道经济研究,2019,151(05):44-47.

[8] 聂永萍.浅谈如何做好企业员工培训工作[J].新商务周刊,2018,(05):219.

（课题承担单位为天津铁道职业技术学院,课题主持人为赵学术。课题组成员:杨乐、姚晗、刘永盛、李秀冬、王亮、李学华、张一宁、张晨、贾玉福、李静。）

第十八章　数字校园评价

一、核心概念界定

（一）数字校园

教育部发布的《职业院校数字校园建设规范》,提出数字校园是指以网络为基础,利用信息技术将学校的主要信息资源数字化,并实现网络化的信息产出、管理、传播和使用方式,从而形成信息化、智能化的校园环境。数字校园需要具备良好的网络、通信和信息技术应用环境,在此基础上实现信息技术与教学、科研、管理、公共服务、学校文化生活等各方面的融合,通过教学方式创新、优质资源共建共享和多种应用系统集成促进学生的有效学习并提升教育服务水平,从而推动职业教育教学的改革发展。数字校园的建设包括校园基础信息化环境的建设和校园应用系统的建设。校园基础化环境包括校园网络化环境、基本的信息化终端建设、数字教室的建设。校园应用系统则包括基础应用系统和功能应用系统。

（二）数字校园评价

构建数字校园需要借助于评价来促进其持续不断的发展。所谓数字校园评价,张建豪教授和孔凡士教授在他们的合著《教育信息化评价》一书中将其概括为:"评价人员根据评价的目的并结合一定的评价标准来设计评价方案,科学、系统、全面地采集、筛选、取样、分析教育信息化建设中的相关信息,确定评价指标体系,由此对评价对象进行分析和综合判断,建立评价活动档案,为改进和优化教育信息化的发展提供依据。"

本研究构建的数字校园评价指标将着重于对影响建设数字校园的要素进行

评价分析,判断其所处的发展水平,为高职院校数字校园的建设和发展提供依据。

二、已有相关研究评述

(一)国外数字校园评价指标体系

国外不同国家和组织机构在推进数字校园建设的同时,也注重相关评价工作的开展,提出了各自的数字校园评价体系,以确保数字校园建设能够符合教育现代化发展的需求。

1. 美国数字校园评价指标体系

美国教育技术 CEO 论坛提出了 STAR(School Technology and Readiness)评估体系。该体系主要是用来评估美国数字校园的发展水平,将参与评估的学校按照 ICT 与学校教学应用融合的程度分为起步阶段、应用阶段、融合阶段、变革阶段四个阶段,评估指标分为硬件、网络连通性、教师专业发展、数字化资源、学生成就和考核几大维度。2002 年,美国开展相关研究,提出"学生学业成就""技术素养""教师整合技术与教学的能力"等核心指标。随后,又提出"美国教师教育 STAR 评估量表",从"连通""硬件""数字资源""专业发展"四个方面开展信息化应用效果评价。

2. 加拿大数字校园评价指标体系

泛加拿大教育评价指标项目(The Pan-Canadian Education Indicators Program,简称 PCEIP)是加拿大统计署和加拿大教育部长委员会共同启动的教育评价项目,围绕以下几个方面开展教育评价:生机比、因特网连接——为教育目的连接 Internet、学生利用 Internet 开展活动情况、充分应用 ICT 所存在的障碍等。

3. 日本数字校园评价指标体系

日本教育技术协会(Japanese Association for Education Technology,简称 JAET)开展的评价,主要目的是为了更好地实现学校教育的数字化。JAET 是日本规模较大的教育信息化推进组织之一,在日本各都道府县设立了完备的支部体系,面向全国各地的中小学校和地方教育管理部门开展教育信息化评价工作。其中涉及的数字校园评估指标包括:Internet 用户数量、提供 Internet 连接的公共设施、拥有 Internet 连接及计算机的公立学校数量、能操作计算机的公立学校教师数量、拥有计算机相关硕士及博士学位的人才数量、具有 ICT 教学能力的教师数量、技术移民的外族人数量、安全及可靠性、可用软件等。

4. 英国数字校园评价指标体系

2006 年,英国教育通讯与技术署发布了学校信息化自我评估指标框架(The

self-review framework,简称 SRF）。学校可参照自我评估框架从领导和管理、课程、学习和教学、评估、专业发展、拓展学习机会、资源、影响学生的学习结果这八个维度来了解本校的 ICT 发展水平。2008 年,英国教育部提出了一个可用于 ICT 评估的指标体系,学校可根据这个指标体系来了解本校的不足之处并制定相应的发展规划,该指标体系共包含五个维度:管理和规划、ICT 和课程、教师的专业发展、学校的 ICT 文化、ICT 资源和基础设施。

5. 联合国教科文组织 ICT 教育应用评价指标

联合国教科文组织认为,ICT 的应用能够促使更多人接受有质量的教育,推动教育公平、教与学的多元化、教师专业发展及高效的教育管理。2008 年,联合国教科文组织发布了《教师信息和通信技术能力标准》,该标准从政策与愿景、课程及评估、教学法、信息与通信技术、教育管理与行政、教师专业发展六个维度对教师的 ICT 能力进行评估。

6. 小结

整体上看,各国对于建设数字校园指标的评价内容既涉及评价领域的基础设施、软件资源、人力资源、信息化管理、教育信息化评价、教与学变革等各个方面,同时又对数字校园相关政策和规划进行了归纳和总结,反映出建设数字校园的发展趋势;各评价指标体系都有各自的侧重点,美国评价指标重视信息技术与教育教学的融合,加拿大的评价指标体系关注学生利用信息技术进行学习的能力,日本的评价指标重点关注使用技术的人才,英国评价指标关注教学管理、专业发展、设施建设,联合国的评价指标涉及教师教学、技术能力以及教育管理等多个方面。

（二）国内数字校园评价指标体系

我国数字校园在二十多年的发展进程中取得了理论与实践方面的诸多成果,这其中则包含数字校园评价方面的研究,从国家、省市、地区各个层面为数字校园的发展提供了许多参照指标;各省市为贯彻落实国家数字校园相关政策,结合自身发展特点,制定评价指标体系推进数字校园发展。

1. 数字校园发展指标体系

2014 年,吴砥等人在对国内外评价体系的研究以及与专家讨论的基础上,提出了含有五大维度、23 项指标的数字校园指标体系,其中五大维度包括基础设施建设、数字化教学资源、教与学应用、管理信息化、政策保障五部分的内容。

2. 学校数字校园绩效评价模型

2010 年,郭伟刚等人提出了以基础设施与公共服务平台、组织与管理、教学资源建设与应用、信息化应用、信息化人才为一级指标,包含 27 个二级指标和 74 个三级指标的指标体系。在数据收集方式方面采用了问卷调查、实地考察、师生座谈、技能测试等。在问卷调查中,通过设计面向不同对象的问卷来考察学校的整体状况。陈新亚依据高校教育信息化成熟度型的特征从宏观层面提出针对资源建设与应用和保障措施的应对策略,依据高校教育信息化成熟度模型的特征针对基础设施、保障措施、资源建设与应用、管理信息化从微观层提出具体的应对策略。顾小清提出采用具有不同针对性的模型对区域教育信息化项目展开多层次的分析,分别从用户视角、运营视角、财务视角和变革视角对区域的教育信息化应用现状进行描述。

3.各省市出台的数字校园评价指标体系

构建各级各类的数字校园评价指标体系最终目的都是为了实现教育均衡、促进教育公平。数字校园的持续发展需要国家大方向上的引领,而各省市、地区则应在此基础上结合自身的发展特点制定相应方案。梳理各省市已出台的数字校园评价指标体系,有助于本研究与全国数字校园发展保持步调的一致性。

上海市教委发布了《上海市 2010 年教育现代化指标国家文件省级文件地市文件体系及说明》,广东省教育厅起草了《广东省高等学校"十一五"信息化建设参考标准》。甘肃省于 2017 年制定了《数字校园建设标准(征求意见稿)》,从师生发展、应用服务、数字资源、基础设施、保障机制五个维度明确了数字校园的基本建设标准。深圳市的评估标准包括基础支撑环境、数字教育资源、应用能力水平、可持续发展机制与保障四个一级维度。基础支撑环境评估校园网、教师与师生装备、特色环境建设等基础设施、网络学习空间建设以及信息化应用系统建设;数字教育资源包括数字图书馆、素材资源等基础性资源、名师课堂资源等个性化资源以及微课等校本资源;应用能力水平关注学生、教师、学校管理应用以及相应的应用效果;可持续发展机制与保障主要从组织机构、发展规划、信息化领导力、制度保障、资金投入、机制创新等方面开展评估。

4.小结

综上所述,数字校园评价在基础硬件环境、软件环境、人员素养、教育信息化应用、保障等基本维度上,得到了专业领域内诸多学者的广泛认同。此外,"网络学习、成果、评估、标准"等关键词作为数字校园建设发展中的重要组成部分也得到了一定程度上的关注,表明各级教育主管部门的关注点越来越倾向信息化时代技术与教育的融合以及对信息化人才的培养,这将真正带动教育模式、学习方式、学习能力的提高。

（三）文献综述及启示

通过对国内外文献的查阅,可以看出国内外已有的数字校园评价主要存在以下问题:第一,大多数指标注重数字校园的基础建设与简单应用,仍存在"重建设、轻应用"的传统思路,缺少创新环境建设与应用的评价;第二,涉及信息技术与教育的深度融合和创新发展的指标较少,如缺乏对创新教学模式等的评估,缺乏对师生信息素养的深入系统评估等;第三,大多数指标体系由基础性指标和通用性指标构成,缺乏适度超前的指标引导信息化前沿发展,难以充分发挥监测评估引导数字校园向智慧校园发展的作用。

三、研究方法

（一）文献分析法

文献分析法是指通过对收集到的某方面的文献资料进行研究,以探明研究对象的性质和状况,并从中引出自己观点的分析方法。本课题组教师通过查阅系统评价技术和定量分析方法方面的书籍和论文,为本文进行数字校园评价打下坚实的理论基础。通过知网、维普等网站搜索有关高职院校数字校园评价的方法、指标等方面的论文、刊物为构建科学的数字校园评价指标体系提供帮助。

（二）Delphi 法

Delphi 法也称专家调查法,是采用书面形式征询专家们的意见,以预测项目未来的发展状况的方法。通常先明确咨询任务,根据咨询任务汇集背景资料,之后设计咨询调查表,初步选定咨询专家名单并联系专家发出邀请。要求专家通过背对背的方式匿名对研究主题进行评价并给出建议,通过多轮的专家意见,最终得出一致性的意见。课题组教师通过拜访了解国家教育信息化发展战略、政策,在数字校园评价方面有一定研究经验的专家,了解各学院数字校园建设现状和数字校园建设对学校教学和管理的帮助,与相关领导和项目建设负责人讨论数字校园评价指标体系的科学性,再结合自己的评价得出有针对性的改进措施。通过多轮专家调查进行修改完善,最终确定评估指标以及指标权重,完成评估指标体系的构建。

（三）关键指标法

关键指标法是从相关文献或政策文件中提取关键指标,并将其应用于指标体系的构建。课题组教师根据国家发布的有关数字校园的政策文件,对其中典型的和具有代表性的政策内容进行分析,并转化为评价指标,从而作为构建数字校园评价指标的重要来源。

四、理论依据

（一）构架高水平的人才培养体系

习近平总书记在全国教育大会上的讲话中指出,党的十九大从新时代坚持和发展中国特色社会主义的战略高度,作出了优先发展教育事业、加快教育现代化、建设教育强国的重大部署。新时代新形势,我们要抓住机遇、超前布局,以更高远的历史站位、更宽广的国际视野、更深邃的战略眼光,加快推进教育现代化。

（二）建构主义理论

建构主义认为,知识不是通过教师传授得到的,而是学习者在一定的情境即社会文化背景下,借助他人(包括教师和学习伙伴)的帮助,利用必要的学习资料,通过意义建构的方式而获得。在学习过程中,建构主义强调学习者不是知识的被动接受者,而是认知的主体。数字化校园建设评价中关于教育教学的评价、数字资源的建设评价等问题,依据构建主义理论的相关论述进行设计。

（三）标准化建设

标准化是信息化的重要组成部分,在信息化过程中保障和促进信息共享、业务协同和信息安全。在数字校园建设中,标准化建设是评判建设质量的重要参考依据,对数字网络建设、信息技术应用、数字教学资源的建设、信息系统建设、运行与管理都要按照统一标准进行衡量与评估。2018 年 6 月,国家市场监督管理总局中国国家标准化管理委员会公布了最新国家标准文件《智慧校园总体框架(GBT36342-2018)》,对如何部署智慧校园的总体架构、如何实现智慧教学环境、如何构建智慧教学资源、如何部署智慧教学管理系统、如何构建智慧教学服务等进行了明确规范。

（四）CIPP 评估模型

CIPP 评估模型最早应用于教育的评估,后来逐步推广应用到项目的效果评估。CIPP 评估模型包括四个方面:背景评估、输入评估、过程评估、成果评估。CIPP 模型重视过程性评价,时刻考虑到为决策提供所需的信息,使评价活动更具方向性和实用价值。CIPP 模型可以应用于整个数字校园建设的各个环节,特别是对建设项目的执行过程进行指导,从而明确建设目标与实际情况的偏离程度,并可以不断据此进行适当的调整或改进。

五、政策依据

2010 年 7 月公布的《国家中长期教育改革和发展规划纲要(2010—2020年)》,明确提出加快教育信息化进程,推进数字校园建设:"到 2020 年,基本建成覆盖城乡各级各类学校的数字化教育服务体系,促进教育内容、教学手段和方法现代化。""充分利用优质资源和先进技术,创新运行机制和管理模式,整合现有资源,构建先进、高效、实用的数字化教育基础设施。""加快终端设施普及,推进数字化校园建设,实现多种方式接入互联网。"

2012 年 3 月教育部印发的《教育信息化十年发展规划(2011—2020 年)》指出:"加快建设职业教育信息化发展环境。加强职业院校,尤其是农村职业学校数字校园建设,全面提升职业院校信息化水平。建设仿真实训基地等信息化教学设施,建设实习实训等关键业务领域的管理信息系统,建成支撑学生、教师和员工自主学习和科学管理的数字化环境。""有效提高职业教育实践教学水平。充分发挥信息技术优势,优化教育教学过程,提高实习实训、项目教学、案例分析、职业竞赛和技能鉴定的信息化水平。改革人才培养模式,以信息技术支撑产教结合、工学结合、校企合作、顶岗实习。创新教育内容,促进信息技术与专业课程的融合,着力提高教师运用现代信息技术的能力和学生的岗位信息技术职业能力。加强实践教学,创新仿真实训资源应用模式,提高使用效益。""高校数字校园建设。大力推进普通高校数字校园建设,普及建设高速校园网络及各种数字化教学装备,建设职业教育虚拟仿真实训基地。建设完善的信息发布、网络教学、知识共享、管理服务和校园文化生活服务等数字化平台,推进系统整合与数据共享。持续推进并优化高校精品开放课程建设,促进科研成果转化为优质数字教育资源,实现科研与教学的互动和对接,积极开展基于项目的学习,推动教学内容和教学方法改革,促进人才培养模式创新。构建高校科研协作与知识共享环境,推动高校科研组织模式和方法创新。"

2016 年 6 月教育部印发的《教育信息化"十三五"规划》指出:"推动落实《职业院校数字校园建设规范》,确保各级各类学校普遍具备信息化教学环境。全面推进'优质资源班班通',基本建成数字教育资源公共服务体系,为学习者享有优质数字教育资源提供方便快捷的服务。大力推进'网络学习空间人人通',网络学习空间应用普及化,基本形成与学习型社会建设需求相适应的信息化支撑服务体系。"

2018 年 4 月教育部印发的《教育信息化 2.0 行动计划》指出:"促进数字校园建设全面普及。落实《职业院校数字校园建设规范》,发布中小学、高等学校数字校园建设规范,推动实现各级各类学校数字校园全覆盖。""加强职业院校、高等学校虚拟仿真实训教学环境建设,服务信息化教学需要。推动各地以区域为单位统筹建立数字校园专门保障队伍,彻底解决学校运维保障力量薄弱问题。"

2019年2月,国务院印发《国家职业教育改革实施方案》,对数字校园建设也有明确要求:"建立健全学校设置、师资队伍、教学教材、信息化建设、安全设施等办学标准,引领职业教育服务发展、促进就业创业。""适应'互联网+职业教育'发展需求,运用现代信息技术改进教学方式方法,推进虚拟工厂等网络学习空间建设和普遍应用。"

2019年2月,《天津教育信息化2.0行动计划》发布,文件中指出:"推进高校智慧校园建设。实现移动互联网、物联网在内的网络高速泛在、无缝互联与环境感知;形成面向不同层面、独具特色、服务决策的数据服务体系和流程服务体系。依据职业院校数字化校园建设标准,推进提升标准化数字校园建设。提升教育信息化环境,促进常规装备和信息化装备协同融合。实现中小学数字化校园全覆盖,全面提升用户信息素养,采用'云—网—端'建设模式,统筹规划、分步实施,以促进区域教育的均衡发展和学校教育的质量提升。"

2020年6月,教育部发布的《职业院校数字校园规范》更加明确地指出:"数字校园建设是一个持续的过程,制定适当的评价体系,对数字校园建设工作和应用效果进行评价,有助于促进高等学校数字校园建设。"

通过上述文件的梳理可见,职业教育的信息化建设已历时十多年,对于其建设的评价也是及时展开的。本课题研究,直接以上述文件精神为指导,有些内容可直接纳入评价指标。

六、高职院校数字校园评价体系的设计

根据前述已有研究成果、国家相关政策,运用科学的研究方法,对高职院校数字校园评价体系设计如下:

数字校园评价一览表①

一级指标	二级指标	观 测 点
数字校园支撑体系	校园网络建设	提供有线网络和无线网络两种接入方式并完成校园覆盖;校园网络、网站、应用及服务支持 IPv4 和 IPv6;校园网络部署网络管理与用户行为管理系统
	高性能网络建设（A 类）	校园网络建设采用高性能最新的且成熟的技术和设备并实现统一管理;校园有线网络实现千兆到终端,核心交换速率大于等于40GB;校园无线网络符合 WIFI6 标准,AP 数量根据场地面积、并发的无线终端数进行合理设置;校园面向公众的 5G 网络覆盖情况;校园面向公众的 5G 网络覆盖
	数据存储系统设备（A、B 类）	具备统一存储设备或者分布式存储设备,其中统一存储至少具备双活主机热备,分布式存储至少具备三节点以上副本,存储可用容量大于等于100TB
	容灾备份	配备可对学校重要信息系统数据进行安全备份的容灾备份设备
	数据建设与中心数据库（A 类）	数据标准建设符合国家、行业数据标准且满足学校应用服务需要;依照学校相关信息化制度及标准,完成学校统一的中心数据库建设并规范化管理数据;学校各类统计报表由学校统一中心数据库生成并对校情决策提供支持
	统一身份认证服务（A、B 类）	支持用户的集中化和统一的管理,对数字校园中的用户提供统一的电子身份,支持统一的用户认证方式;支持用户一次登录后,在有效期间内直接访问任何已授权的应用系统而无须再次登录
	平安校园支撑	建设平安校园系统技防、物防、人防到位,形成联动协同处置机制;实现安防与消防一体化管理;A 类学校建设基于 5G 技术的智能安防监控
	后勤保障服务支撑建设	利用信息化手段完成后勤服务、节能减排、服务育人等工作

---

① 说明:由于天津市高职学校数字校园发展存在不均衡特点,本评价体系将高职学校分为 A、B、C 三类,分别对应"双高"校、普通院校和新设立院校。凡特别注明类型的指标参数,只对相应院校有参考作用。

续表

一级指标	二级指标	观 测 点
教学服务体系	资源建设与应用	建设的数字教学资源覆盖课程占比超过 60%;使用数字资源进行课程教学、实习实训的比率;采用学校自建、校企合作等方式建设校本资源占比;数字图书资源覆盖学校所有专业领域并满足学生对各方面知识学习的需要;支持终身学习和社会服务;A 类学校建有基于 5G 技术的 AR/VR 等教学数字内容
	教学软件及学习平台	教学软件的种类包括学校全部专业的专业课程数字化教学所需的主流软件;教学软件的功能满足常规教学和学生练习的使用要求;教室及各类实训室实现教学软件安装的全覆盖
	信息化教学支撑	利用信息化手段满足师生日常教学所需的基本功能以及教学组织管理等;支持学习小组开展相关项目、案例等的协作研究与学习活动,并提供多种沟通和交流工具;A 类校信息技术能支持新型人才培养模式改革,如信息化环境支持下的现代学徒制、基于互联网的中高职贯通人才培养、基于互联网的终身学习人才培养等
	数字化教室和实训室建设	多媒体教室、智慧教室及虚拟仿真实训室依照行业先进标准进行规划建设;多媒体教室数量以及在全部教室中的占比;A 类校的智慧教室及虚拟仿真实训室数量能满足专业教学的需要,并使用基于 5G 技术的教学终端设备
网络安全体系	学校网络安全体系建设	能在保证网络安全的情况下,提供顺畅的网络服务通道;能保护计算机硬件、软件和数据不因偶然和恶意的原因遭到破坏、更改和泄露
	信息系统备案与网络安全等级保护	学校的网站与信息系统能完成网络安全等级保护定级备案工作;二级及以上信息系统能完成网络安全等级保护测评整改;网站与信息系统避免发生网络安全事故;对学校使用的具有收集使用个人信息功能的互联网应用程序(包括应用程序、新媒体平台、小程序、网页工具、快应用、SDK 等)进行备案
	校园网及各类终端安全管理	对校园网络、计算机系统、各类显示设备(LED 屏幕、智能黑板等)和打印机设备进行安全管理与防护

续表

一级指标	二级指标	观　测　点
网络安全体系	网络安全责任制	制定网络安全责任制及考核办法;执行并落实相关具体责任要求
	网络舆情管理与处置	建立完备的网络舆情应急处置方案;建立网络舆情专家咨询队伍
	网络安全设备功能	配置重要的网络安全设备,部署合理并发挥设备的安全防护作用
	数据系统安全管理	对各类数据系统定期进行安全配置、加固和优化,定期更换账号和口令;部署数据库审计系统并对数据有关操作实施监控和审计;部署具有漏洞检查与修复、实时监测和清除各类病毒以及黑客程序、支持各类客户端防杀病毒功能的防病毒系统,并及时更新病毒扫描引擎和病毒代码库
管理服务体系	网上服务大厅（A类）	师生可通过校园网络方便快捷地获取学校主要公共服务并通过网上服务大厅将师生相关申请、申报、信息查询服务、学生成绩单、开证明、事项填报、考核等各类事项实现网上办理;为师生提供一站式网上服务
	综合信息服务（A、B类）	将学校各种业务应用、信息资源服务集成到一个信息服务平台,将分散、异构的应用和信息资源进行聚合;通过统一的访问入口实现各种业务应用的无缝接入和集成,提供支持信息访问、传递以及协作的集成化环境
	主要业务应用	建设并使用符合学校实际情况的主要业务应用,如教学管理、学生管理、科研管理、人力资源管理、协同办公、财务管理、设备资产管理、后勤管理、校企合作管理、校园生活服务等;A类学校建设并使用面向学校决策层和管理层的校情决策支持服务

一级指标	二级指标	观 测 点
信息化应用及信息素养	信息化人才培养（A、B类）	借助信息技术开展以学生为中心的项目驱动、任务驱动等教学方法改革；开展线上线下混合式教学模式改革
	顶岗实习（A、B类）	借助信息技术实现学生顶岗实习的远程管理
	产教融合办学（A、B类）	利用信息技术提高行业企业参与办学并推动校企协同育人机制的建设
	信息化教学管理与评价	将信息化技术应用到学校的教学管理改革与教学评价中
	师生信息素养与能力发展	教师具备良好的信息技术应用的意识与态度，能够常态化应用信息技术手段开展教学与工作；教师参加国家和省级政府部门认可的信息化相关赛事活动的数量和获奖情况；学生能完整地掌握信息技术知识与基本技能并运用到学习和专业实践中
机制体制	信息化机构与队伍建设	学校网络安全与信息化工作领导机构健全、相关部门职能符合建设需要；信息化人员培训体系满足建设需要；专业技术人员与管理服务人员配备满足建设需要
	信息化制度与规范	数字校园规划与学校发展规划及项目预算编制匹配；制定信息化各类建设标准规范且信息化建设与建设标准规范一致；数字校园建设与发展管理制度、项目管理制度、项目绩效管理制度、项目建设责任制及考核办法完备并依照制度执行；数字校园建设的经费保障写入相关制度并切实执行

七、关于数字校园评价体系设计的说明

上述评价体系直接以教育部 2020 年发布的《职业院校数字校园规范》为核心依据，通过文献研究法，对教育部《教育信息化十年发展规划（2011—2020年）》《教育信息化"十三五"规划》《教育信息化 2.0 行动计划》《国家中长期教育改革和发展规划纲要（2010—2020 年）》、国务院《国家职业教育改革实施方

案》、国家《智慧校园总体框架(GBT36342-2018)》,以及《天津教育信息化2.0行动计划》《2021年天津市教育网络安全与信息化工作要点》等政策文件要求进行总结、分析和提取,同时借鉴《高等学校数字校园建设规范(试行)》部分评价要求,将高等职业教育与高校进行对标和分析,挖掘高等职业院校教学和人才培养特色,丰富和完善评价体系指标。

考虑到高职院校专业多样化、信息化建设程度不均衡等实际情况,本评价体系将高职院校分为A、B、C三类。其中,A类院校为双高建设或有双高专业群的院校(简称"双高校");B类院校为办学多年的普通职业院校(简称"普通院校");C类院校为3年内新建设的高职院校或新建设的分校区(简称"新建院校")。评价体系中凡未注明院校类型的指标表示所有职业院校必须满足该条件,即A、B、C三类院校都应满足;凡注明院校类型为B类的标准则表示A、B两类院校均应满足该条件;注明院校类型为A类的标准则表示只有A类院校需满足该条件。

在评价体系的制定过程中,充分结合天津市高职院校办学规模和特色,在教育系统"一网五平台"建设体系之内,充分体现高职院校特色融合发展要求,结合部分双高校数字校园实际建设情况进行归纳和总结,不断完善评价指标体系。

本评价体系在最初的设计中,特别注重规范性要求,所列具体指标非常详细。在几轮征求专家和高职院校领导意见时,大家一致认为过于专业化的描述,实际上会降低本研究的"研究"含量,而且纯技术性的指标已离开"评价"的应有之意。所以呈现在这里的评价体系,是多次简化后的结果;即便如此,它在本书各项评价设计表中,仍然是篇幅最大的一个。这个评价体系按照数字校园建设工作过程,共设六个一级指标:第一个是"数字校园支撑体系",包括校园网络建设、高性能网络建设、数据存储系统设备、容灾备份、数据建设与中心数据库、统一身份认证服务、平安校园支撑建设、后勤保障服务支撑建设八个二级指标,基本属于硬件的基础性内容;第二个是"教学服务体系",包括资源建设与应用、教学软件及学习平台、信息化教学支撑、数字化教室和实训室建设四个二级指标,将与教学相关的基础建设单列为一级指标,以突出信息技术为教学服务;第三个是"网络安全体系",包括学校网络安全体系建设、信息系统备案与网络安全等级保护、校园网及各类终端安全管理、网络安全责任制、网络舆情管理与处置、网络安全设备功能、数据系统安全管理七个二级指标,表明校园网络安全具有突出地位;第四个是"管理服务体系",包括网上服务大厅、综合信息服务,主要业务应用三个二级指标;第五个是"信息化应用及信息素养",包括信息化人才培养、顶岗实习、产教融合办学、信息化教学管理与评价、师生信息素养与能力发展五个二级指标;第六个是"机制体制",包括信息化机构与队伍建设、信息化制度与规范两个二级指标。

（课题承担单位为天津电子信息职业技术学院，课题主持人为刘琤。课题组成员：刘杰、田帆、刘呈龙、张子鹤、韩涛、王雅喆、鲁馨月、张锡芳。）

第十九章　国际合作办学评价

一、核心概念界定

在众多的文献中,对国际合作办学概念做出界定的研究可谓凤毛麟角。仅有的相关概念的定义如下:中外合作办学也被称为国际合作办学,其所有流程以及办学相关管理制度都是参照我国为中外合作办学所制定的法律制度进行的,其都是按照《中华人民共和国中外合作办学条例》所规定的流程和管理办学条例进行教育活动的组织。中外合作办学也可以简单理解为:外国教育机构和中国教育机构进行教育合作,双方到对方的国度进行教育办学或者通过其他形式实现教育,中外办学合作的招生对象是全体中国公民,只要符合要求都可以参加,不仅是学生,也包括一些在职人员。

高等学校的境外办学活动,都要根据《高等学校境外办学指南(试行)(2019年版)》的指示进行教学活动。高等学校境外办学,一般是指中国的一些高等学校在境外办学,这些高等学校需要获得政府的同意及审核,才能开展境外办学活动,获得政府颁发的相关证件之后,其可以独立在境外开设教育点进行教育活动的组织或者与境外政府机构,或者一些境外具有法人资格且被当地政府所认可的组织展开境外教学合作,这些境外教育办学机构,所招收的学生对象也是面向境外地区全体公民。

因此,本文所述的高职院校国际合作办学,主要包括中外合作办学和境外办学。

二、已有相关国内外研究成果和实践发展的综合性评述

（一）国内中外合作办学和境外办学的研究综述

1. 中外合作办学

中外合作办学如今已成为中国教育事业中重要的一部分。随着全球经济的发展，如今我国中外合作办学的社会影响力及关注度比以往有所提升，同时也带动了一些国产教育品牌的知名度。我国的中外合作办学不仅促进了我国的教育改革，也为我国社会经济发展做出了贡献。

随着我国与其他国家的经济交流增多，为了更好地进行中外合作办学，我国近些年一直都在积极引进国外优质的教育资源，并且鼓励国内教育企业加强与境外企业的教育合作，这样不仅为我国教育引进了优质教育资源，更实现了教育方式和教育资源的多样化，同时也满足了我国国内学生的多样化需求。

近年来，我国政府大力引进境外优质的教育资源，鼓励企业之间进行强强合作，努力实现教育教学资源多样化，为我国民众提供更好的教育资源，特别是在新冠肺炎疫情的影响下，也可以满足国内学生的教育需求。据相关文献记载，我国 27 个省的 387 所高校一共开展了 976 个高职教育中外合作教学项目，且我国与境外 70 多个国家都建立了非常稳定的联系和合作。与此同时，我国境内还有400 多所教育机构也与国外高校建立了合作，不仅为学生提供优质教育资源，还根据进修条件选取了 7000 多名职业院校校长、职校教师到国外学校参与项目，学习西方先进的教育理念和教学方式。根据相关文件，笔者了解到，目前天津市有两个获得我国政府认可且支持的中外合作办学机构，分别是天津中德应用技术大学中西机电工程学院和天津茉莉亚学院。除了这两个高校合作项目，天津高校目前还有其他四个中外合作办学项目正在按部就班地进行。

外合作办学进行了有益尝试，带来了积极成效。

首先，通过与其他国家进行教育合作，不仅可以对我国教育改革有所助益，还可以为我国教育事业提供人才培养途径。中外合作办学可以引进境外优秀的教学方法和资源，还可以学习境外其他国家在教育方面优秀的人才培养模式和教育人才管理经验，助推国内院校的学科专业建设和"双师型"骨干教师培养，提升学校的办学活力，增强学校的办学实力。实践中，中外合作办学创新办学主体设立了境外教育机构，创新学校运行机制，采取了中外合作模式，这种创新管理模式不仅主张多样化自主办学，在办学所需的资金方面也采用了多元化的投资形式。

其次，从现实意义上来说，中外合作办学的顺利进行也丰富了我国原有的教

育资源,使我们国家的学生有更加丰富的教育资源的选择。根据相关文献统计,目前我国职业教育中,中外合作项目和机构数量都明显增多,已经占到教育合作类型总数量的三分之一。中国一些地区的高校通过这些中外教育合作项目,不断从国外引进一些先进的教育方式、理念和知识,更有一些教育机构开通线上授课,使不出国门就可以学到国外知识成为现实,还对不同的教育理念和思维方式有所了解。

最后,促进了教育国际合作,加强了人文交流。中外合作办学不仅扩大了我国高校之间的交流和合作的渠道,且通过国家政府认可的中外合作办学,一些学校在引入教材、教师培训、学生交流、文化交流等方面建立了稳定的平台,从而显著提高了教育国际交流与合作的水平。

2.境外办学

中外合作办学,不仅需要系统性的"请进来",同时我国也需要做好"走出去"。高校参与境外办学也是我国传统文化走出国门、走向世界的重要途径和环节,这实际上也是我国跨境教育计划的重要组成部分之一。

当前,我国境外办学初具规模。我国政府颁布相关政策,鼓励重点教育机构和重点行业去往境外组织境外办学。根据政府有关文件,教育部联合我国有色金属行业协会,在非洲赞比亚开展了具有特色的"走出去"教育,同时该项目也是重点行业的试点项目。如今,我国已有13所高校开始参与这一试点项目,这些试点项目除了促进各国优质教育资源的沟通交流,还把中国传统文化传播到世界各地。比如,我国政府近些年在非洲地区开办了不少孔子学院,为一些非洲贫困人民提供教育机会和教育资源。这样的合作和教育活动,使得我国在学习其他国家教育方式的同时,也向其他国家输送中国式的职业教育方式。截至2019年,我国政府已经成功在赞比亚地区开办了一所海外高职院校,这也是我国目前在境外办学中的第一所海外职业高校。这所学校还确立了将当地特色和中国特色相结合的教育理念和教学标准,这一教学标准也已经被赞比亚其他高校借鉴。我国的北京、上海、天津、广东等地都有职业院校根据国家政策,在"一带一路"地区开展了国家政府认可的海外办学项目。随着我国"一带一路"项目的顺利进行,越来越多的省(区、市)制订了相关规划。特别是天津在职业教育走出去方面,全力推进海外鲁班工坊的建设,特色鲜明,成果显著,已经形成了巨大的国际影响力。

当前,境外办学面临难得的历史发展机遇期。这些年,我国经济的快速发展,为我国高职教育走向世界提供了有力的物质技术条件支撑。我国高职教育以"双高计划"为代表的发展举措及实施成效,也使高职院校具备了中外合作特别是境外办学的能力。在今后一个可以预计的时期内,高职院校在境外办学会有一个快速的大发展。

(二)部分国家高校国际合作办学评价管理的现状、特点与经验

1.马来西亚引进的国际合作办学

马来西亚目前已经引进了各种类型的国外高等教育,以此来满足国民日益提升的教育需求。这种合作方式主要有:国外大学分校形式、学分转换课程等,还设立专门的双联课程,即马来西亚与其他国家进行合作上课。

马来西亚将引进的跨境教育纳入1997年政府颁布的《私立教育法》管理范围:所有私立学院必须要在教育部注册,并获得马来西亚国家学术认证机构(LAN)批准后方可开办。为确保高质量的私立教育,保障国内外学生的利益,马来西亚成立了质量评估机构,并采取了许多行之有效的监管措施。

2.澳大利亚输出的国际合作办学

澳大利亚以政府为主导,大力推动高等教育的出口,制定了明确的发展目标和促进机制,并实施了后续质量保证。本课题之所以选择澳大利亚进行研究,是因为它在跨境合作办学方面起步早,成果丰硕,特别是澳大利亚还制定了相关的质量保证和监督机制。

澳大利亚制定了《高等教育机构通过其他组织开展教学活动的协议》,要求所有教育机构都要遵守该项协议,且必须根据相关程序递交材料,获得许可证书才可以进行教育活动的展开,否则即视为违法行为。澳大利亚政府还定期进行质量检查、管理检查,确保境外办学的教育质量和管理质量符合标准。

3.英国输出的国际合作办学

英国在高等教育国际化方面一直水平较高。近年来,英国政府正在世界上推动高等教育产业化,积极推动大学开展跨境高等教育活动,并支持其在海外办学,实现了跨境高等教育的规模化发展。据不完全统计,目前英国已经与世界上69个国家和地区开展了境外教学合作,其中也有不少亚洲国家,比如中国、新加坡。

英国大学在国外的办学模式大致可以分为两类:一类是英国大学与国外对口机构联合创办大学,共同开展教学和科研;另一种是英国大学和国外大学联合培养国外大学生,这又包括两种教学方式:一是完成外国教学的整个过程,这可以理解为这类被招募的学生已经完成了当地教育机构所有需要完成的教育课程。二是这些学生已经在当地完成了起码两年或者两年以上的课程,也就是在

学程最后一个学期或者一年到英国高校学习,在完成规定的课程学习并取得优异的考试成绩后,才可以顺利毕业。

（三）经验与启示

1.输入的国际合作办学的质量保障

近年来,我国对于教育市场的管理处于一个开放的时期,不仅积极开展国内教育改革创新,还支持教育机构走向世界,积极开办一些中外合作的教育项目。随着大量国外教育机构涌入我国教育市场,难免存在教育质量不好、学历造假的现象,所以要充分重视国际合作办学带来的利弊。但在对引入的"洋教育"的质量控制方面,目前我国的高等职业教育质量保证机制不容乐观。这就要求我们在积极引入国外优质的职业教育资源的同时,也要加强质量把控,以此保证国家利益和消费者的合法权益。

我国政府目前采用的中外合作办学思路以及模式,主要还是借鉴一些国外的办学做法,再结合一些外资企业的审批过程,但是在审批过程中往往忽略了对于课程标准和内容的审核。这方面我们要学习马来西亚的做法。马来西亚建立了一个基于吸取经验教训和实证研究的系统性的质量保证体系,在这个体系中对教学活动所涉及的方方面面都进行了标准即质量的规则制定,首先确保教育公平,不论是本国学生还是外国学生都可以享有同样的教育,做到教育的绝对公平;其次对一些外国教育机构进行质量审查,要求这些教育机构必须具备政府认可的证件和资格认定。一些外国的教育机构要想在马来西亚进行教学活动,需要通过非常严格的审核。这些成功的经验可以为我国发展中外合作办学所借鉴。

2.输出的国际合作办学的质量保障

高品质是教育出口的保障。我们需要有的放矢地借鉴国外合作资格审查、教育质量评估经验,以确保教育品牌和教育的质量,例如,英国早在1995年就颁布了保障输出高等教育质量的行为准则,其中包括一些比较关键的实施环节,比如重要的教学质量把控环节、教学质量如何审查以及如何评估教学质量,还建立了有大学和一些教育机构组成的教育基金会,英国政府和社会也自发形成一种对于教学质量的检测体系,这样从内到外形成了一种有效的教育质量控制机制,不仅保证英国国内的教育质量不断提升,也使英国对外教育的质量有所保证。

三、研究方法

（一）文献研究法

文献研究法即通过一些资料检索,搜集到国内外相关的教育合作的政策法规、制度文献、数据、实时报道、论著等资料,并对其进行整理、归类、比较、分析,作为本课题研究的参考资料,有些做法可以直接应用于本课题研究内容。

（二）调查研究法

调查研究法即采用问卷、座谈等调查形式掌握资料和收集案例。调查的对象包括教育主管部门、国际合作项目高职院校、行业企业等。课题组搜集他们在提升中外合作办学水平过程中采取的举措和获得的经验。

（三）专家访谈法

课题组有代表性地收集职业教育国际合作办学中经验丰富的专家意见和想法,并就本课题研究中的若干重要理论与实践问题请教专家。专家的参与将有效提高本课题研究的理论水平,以确保课题顺利完成。

（四）个案分析法

课题组以职业教育国际合作新模式——鲁班工坊为案例,分析鲁班工坊在国际合作办学中的经验、做法,并尽可能提炼出其中的规律性特征,作为本课题研究的成果。

四、理论依据

（一）习近平总书记的有关论述或观点

习近平总书记一直对职业教育予以高度关注,多次发出发展职业教育的重要指示。发展中外合作办学,要在数量和质量上狠下功夫。此外,习近平总书记的外交思想和对外合作论述,也是本课题研究的重要理论依据。

（二）有关标准学、评估学的理论观点和方法

业绩评定表也被称为登记量度法,这是一种非常古老的考核法,也是目前各国所采用的最为广泛的考核法之一。这个方法可以理解为一种依据限定因素对已有的员工进行业绩考核,这是一种根据原定制度进行考核的方法。这种考核方法对员工进行等级划分,且一般用数字进行表示,也有一些企业用优秀、良好进行成绩形容。

目标管理的概念是由美国管理学家德鲁克在其 1954 年出版的管理学著作《管理的实践》中首次提出的。德鲁克认为,一些安排或者计划的目的和任务都必须转化成实际的目标,因为如果没有目标,则无法进行正常的生产管理活动。这当然是针对企业管理所提出的看法,企业还需意识到,企业规模越大,那么则代表企业员工数量越来多,如果没有明确的目标,那么浪费的人力物力此类消耗也会增多。目标管理的实质,不仅是企业管理者进行监督和督促,也需要员工自身做好目标管理,且企业还需要制定专门的目标管理制度。

360 度考核法是一种以另一个角度为出发点进行员工行为观察的考核方法,需要企业将员工日常行为进行收集并定期考核分析,且还需要收集上下级员工、同级员工对于该员工的实际评价,也包括该员工对自己的行为评价。这样的考核法具有其他考核法不可比的优势,即这种考核方法比较公平公正,可以从反馈中看出员工自身的真实能力,非常利于企业进行后续的团队建设和管理,也会促进团队之间的互相沟通。但是这种考核方法也有缺点,即这种评价来自各方,且具有工作量大的缺点,一些非正式的组织由于组织结构不完善,会影响最终评价的公正性。另外,这个考核方法还需要参与考核工作的员工具有一定的知识基础和对评估方法的了解。

五、政策依据

高职学院开展国际合作,在许多有关高职院校发展和改革的文件中一直都是一个重要内容,这些内容的不断提出,表明高职院校开展中外合作办学是一项不可缺少的工作任务。对于本课题研究来说,比较直接的政策依据,主要还是那些专门针对中外合作办学的文件。

2019 年 9 月,中国高等教育学会在教育部指导下,发布《高等学校境外办学指南(试行)》。这份文件从如何招生和学籍管理、教学工作安排、教学质量评估等都提出了规范,还对学校管理做出了详细规定,要求中外合作学校做好行政管理、跨文化管理等管理工作。这份文件也指出,一些政府部门在必要时,需要为这些教育机构提供技术性的指导和支持。

2020 年 6 月,教育部等八部门联合颁布了《关于加快和扩大新时代教育对外开放的意见》。该文件坚持内外统筹、提质增效、主动引领、有序开放,对新时代教育对外开放进行了重点部署,包括支持打造教育对外开放新高地、为全球教育治理贡献中国方案、推动职业院校配合我国企业"走出去"开展协同办学并实现共同发展等。

2016 年 7 月,教育部发布《推进共建"一带一路"教育行动》(教外〔2016〕46 号),对职业教育应该如何"走出去"提出了明确的要求:坚持四项合作原则:育人为本,人文先行;政府引导,民间主体;共商共建,开放合作;和谐包容,互利共赢。主要合作任务是:开展教育互联互通合作,开展人才培养培训合作,共建丝路合作机制。积极发挥政府引领、行业主导作用,促进高等学校、职业院校与行业企业深化产教融合。鼓励中国优质职业教育配合高铁、电信运营等行业企业走出去,探索开展多种形式的境外合作办学,合作设立职业院校、培训中心,合作开发教学资源和项目,开展多层次职业教育和培训,培养当地各类"一带一路"

的建设者。

2018年10月,教育部印发了《来华留学生高等教育质量规范(试行)》。该文件明确提出其所涉高等教学质量包括高职教育,指出这些规范是高等教育机构完善来华留学生教育内部质量保障、开展自我评价的基本依据,也是各类教育评价机构开展来华留学生高等教育评价的基本依据。

六、关于高职院校中外合作办学评价体系的设计

根据上述理论、方法、政策,设计高职院校中外合作办学的评价体系,必须坚持以下三个原则:

一是质量导向。要查实情,重实效,重落实。要对高职院校国际合作办学现状做出实事求是的评价,并且对一些可能影响教育质量的要素进行科学化的分析,也可以通过一些校外监管机构进行评价机制的建立,这样可以及时发现这些教育机构在运营管理方面存在的问题,并及时解决问题,不断提高中外教学机构的办学质量。

二是发展导向。这个导向表明除了要重视目前高职院校合作办学的实际教学情况,也要结合当下时代发展潮流,不仅需要重视进步过程和方法,也要不断进行改革创新。即这些评价指标的设立,要有一定的超前性,有利于助力高职院校主动开展中外合作办学。

三是绩效导向。采取目标式量化管理,依据设定的绩效目标实施过程监控,也包括对一些已有的教育机构建设成效进行客观、公正的测评、分析和评判,同时认为开展绩效评价是有效的,最后也要加强评价结果的实际应用。

根据以上原则,对高职院校中外合作办学提出两个评价体系的设计:

表1 中外合作办学评价

一级指标	二级指标	观 测 点
总体发展	办学定位	具有明确的办学定位和方向,符合国家教育方针和中外合作办学有关法律法规;体现中外合作办学目标,对当地经济社会发展做出贡献,对学校人才培养产生积极影响,并与国际化专业人才需求一致
	办学资质	具有教育资格和办学资质且具备一系列办学许可证书;合作协议符合有关法律法规,符合合作办学学校章程规定

一级指标	二级指标	观　测　点
组织管理	政治保障	围绕立德树人根本任务开展办学治校并展开相应工作;在思想教育阵地建设与管理方面建立相应的管理机制;在意识形态责任制落实等方面建立相应的工作机制
	管理机制	建有理事会、董事会或联合管理委员会,并能正常履职;设有符合要求的专职校长或主要行政负责人;专职和兼职管理人员学历与资历结构合理,管理能力和管理经验丰富,履行岗位职责,具有相应管理制度与考核机制;具有与办学相应的教育教学、学生管理、教师评聘、财务管理等规章制度并保障办学正常运行
	经费管理	依法自主管理和使用中外合作办学资产,固定资产产权清晰;独立设立固定资产账户,固定资产管理与清理程序合规,不存在改变公益事业获得土地及校舍用途等情况;财务、会计制度和资金管理制度健全
		收费项目和标准符合国家规定,并经收费主管部门核准,且向社会定期公布收费项目和标准;其收费、管理、使用与分配合理、合规,满足合作办学的人才培养需求;主办单位依法依规取得合理回报
教育教学	质量管理	考试和录取等招生活动符合规定,依法建立学籍管理制度并报审批机关备案;颁发中国高等学校学位的学生纳入国家高等学校招生计划录取,颁发外国学位的学生录取标准不低于外国教育机构在其所属国的录取标准
		办学指导思想反映中外合作办学特点和特色;培养目标科学、合理、可行,与获得许可证时的承诺和中外合作办学的招生简章承诺相符;培养方案科学、合理、可行,并突出通过中外合作办学引进优质教育资源等
		课程设置、教材选用和教学方式体现外方教育资源特色和优势,并开设必要的国情课程和实践课程等
		建立具体可行的教学质量过程保障体系(如教师聘任制度、学籍管理制度、教学管理规定、教学质量评估制度等执行情况);建立教学质量过程保障机构、教育质量持续改进的反馈机制和激励机制及执行情况等
		建立颁发文凭、证书的管理办法及执行情况;所颁发的文凭、证书与中外合作办学项目审批以及招生简章和招生广告宣传中的承诺相符且原始备案材料完整齐全

一级指标	二级指标	观 测 点
教育教学	师资队伍	建立中外双方师资评聘标准和评聘程序及执行制度;教师必须持有外教学士及以上学位和相应职业证书,并具有 2 年以上教育教学经验
		中外双方师资符合中外合作办学项目的要求(整体学历结构、教学经验、实践经验以及外籍教师比例、师生比例等)
		中方师资参加国内外培训和企业实践情况;中外双方师资具有合作备课或联合科研等工作机制
	教学设施	以国有资产作为办学投入的应有效履行国有资产管理义务,未改变按公益事业获得的土地及校舍用途;教学设施(校舍、实验室、实训基地、图书馆、多媒体教学设施、案例教学条件、计算机及网络等)满足中外合作办学需要;建立符合法规要求的教学设施建设规划、维护制度及执行情况
	教学资源	中方开设课程、引进外方课程、共同开发课程大纲及相应教材建设或选用的数量和质量;中方开设课程信息化教学资源建设或选用的数量和质量
	培养质量	毕业生毕业成果(毕业学生获得文凭证书必须提交的论文、毕业设计、报告等)的标准或要求明确,与所获得文凭证书水准相符;毕业成果规范,符合标准要求;学生参加各级各类技能大赛以及获奖的数量和质量;学生对办学项目的培养目标、培养方案、收费标准、颁发文凭证书等内容知晓,相应内容与招生简章和招生广告宣传中的承诺相符;办学项目课程安排、教学内容、教学方式得到学生认可;学生对办学项目的教学水平和教学效果满意
成效特色	社会效益	毕业学生就业率;用人单位对毕业学生评价;社会对毕业学生评价
		引进的教育资源与国家和办学机构所在地区科技、经济、教育发展结合紧密;具有先进的教育教学经验及教育教学内容;引进的优质教育资源对学校的学科建设、科学研究等产生良好影响及辐射作用
	办学特色	在教学组织、课程体系、教学方式、教学内容、教学管理、办学模式、管理模式、人才培养模式以及合作方式等方面表现出独有的特色

表 2 学校境外办学评价

一级指标	二级指标	观 测 点
基本原则	办学定位	根据合作国经济社会需要与自身条件确定办学定位,制定境外办学发展规划,有明确的中长期发展目标和具体行动计划(包括办学层次、生源、范围、特色、规模等)
	指导思想	具有先进的教育思想观念,办学思路明确,质量意识清晰(从品牌策略、营销策略、规划计划、年度总结中加以考察)
办学条件	环境和资质	合作国社会稳定,法制相对健全,市场需求较大;境外合作者的办学资质、发展战略、办学目标、办学水平,与自身发展水平和办学目标相匹配;境外办学者具有法人资格,具备办学许可证/项目批准书
	办学场所	符合中国相应办学层次标准的教育教学活动场所、生活设施、办公场所及设施
	培养方案	根据境外办学培养目标编制培养方案;人才培养模式设计合理;注重技术技能人才综合素质和跨文化交流能力培养
	教学设施	建立符合法规要求的教学设施建设规划、维护制度及执行情况
	师资队伍	制定教师选聘办法和选聘程序以及聘用教师的管理办法;中外双方师资队伍符合境外办学项目要求(学历结构、教学经验、实践经验;中籍、外籍教师比例;师生比例等);注重师资培养与培训,提升教师教学能力,组织参加国内外培训和企业实践;建立健全相对独立的教师考核制度、薪酬制度和奖励制度
教学管理	教学质量	考试和录取等招生方面的规定和办法及执行情况合理合规;依法建立学籍管理制度并报审批机关备案;招收的境外公民,录取标准不低于境外办学者对来华留学生的招生要求;与境外教育机构合作的,不低于该机构所在地相应教育层次的新生录取标准;实际招生与境外办学项目招生简章与招生广告宣传承诺相符;招生、录取、考试有完整的原始档案材料;招生简章和招生广告具有较完整的原始备案材料
		具有完整的培养方案和教学计划并切实执行;课程设置、教材选用和教学方式体现中国职业教育资源的特色和优势

续表

一级指标	二级指标	观 测 点
教学管理	教学质量	建立可行的教学质量过程保障体系(包括教师聘任制度、学籍管理制度、教学管理规定、教学质量评估制度等并切实执行);建立教学质量过程保障机构、教育质量持续改进的反馈机制和激励机制并切实执行
		建立文凭颁发、证书管理的办法并切实执行;所颁发的文凭、证书与境外办学项目审批以及招生简章和招生广告宣传承诺相符,原始备案材料完整齐全
	教学资源	教材的选用符合合作国的相关法律法规,并按规定办理相关手续;对教材内容负有审查把关责任,所用教材不得存在反华或对华不友好内容,不得存在触及中国国家安全的内容
		开展所设课程信息化教学资源建设并切实取得实效
学校治理	行政管理	组建专门机构负责境外办学的规划、统筹、组织、决策、监督等事务,行使聘任境外办学机构主要行政负责人、修改协议或章程、制定规章制度、筹集办学经费、审核预算决算以及章程赋予的其他职权
		配备相应人力资源并建章立制,建立境外办学运行高效的管理机构和协调机制
		根据中国与合作国相关法律法规和政策要求,建立与出入境管理规定相配套的校内境外办学出入境管理办法,确保管理人员和教师能够顺利出国完成相关任务
	财务管理	根据中国政府对高等学校国有资产管理要求,制定境外办学资产管理办法,并开展国有资产清查、登记、统计汇总及日常监督检查工作;独立设立固定资产账户,对固定资产的数量、单价、使用年限、使用部门进行记录;对境外高校国有资产实施实时动态管理,审核、审批或报备有关资产配置、处置以及利用国有资产对外投资、出租、出借等资产经营活动;明确办学终止时资产处置程序,国有资产安全完整
		建立财务决策、运营、监督和评价为一体的全过程财务管理体系,财务管理制度健全,遵守所在地及国内会计准则,遵守境外国有资产管理规定;遵守中国和当地税收法律法规,接受中国和所在地税务部门检查,依法合理纳税;遵守当地审计法律法规,接受所在地审计部门的检查

续表

一级指标	二级指标	观 测 点
学校治理	跨文化管理	尊重当地宗教信仰、生活习惯、民俗风情等文化传统,主动适应办学所在地文化环境;积极开展校园文化建设,举办形式多样的校园文化活动,吸引境外学生参与中华文化体验活动,增进中外文化交流互鉴;增强跨文化意识,建立沟通管理机制,优化管理制度,互相尊重包容彼此文化差异,增进跨文化理解,有效防范文化冲突
	风险管理	制定应对重大事件应急预案,防范所在地政治军事危机、双边关系重大变化、自然灾害、师生安全事故等风险;依托中国驻外使领馆的应急求助方式,及时联系中国外交部全球领事保护与服务应急呼叫中心
		建立风险防控机制,有效防控投资失败、强制关停、转让移交以及其他不可控因素带来的风险
		建立应急管理机构,配备必要的应急设备设施,设立应急联系机构和联系方式,及时应对和处理重大事件
办学效果	办学成效	毕业学生就业率;用人单位对毕业学生评价;社会对毕业学生评价;培养培训学生获得各类奖项;将中国高等职业教育优质资源有效输出,中国职业教育人才培养标准纳入合作国国民教育体系
		办学收益逐年增长,形成学费、杂费、服务经营甚至财政拨款等收入格局;吸引海内外民间资本投资办学,引导社会捐资助学,鼓励校友捐资办学,稳妥利用贷款和资本市场融资渠道增加办学经费
	办学特色	在教学组织、课程体系、教学方式、教学内容、教学管理、办学模式、管理模式、人才培养模式以及国际合作、人文交流等方面具有自身独有的特色

七、关于两个评价体系的说明

（一）关于"中外合作办学评价"

综合有关政策文件的具体内容,对高职院校的"中外合作办学"这类教育机构的评价体系,共设四个一级指标:第一个是"总体发展",包括办学定位、办学资质两个二级指标;第二个是"组织管理",包括政治保障、管理机制、经费管理三个二级指标;第三个是"教育教学",包括质量管理、师资队伍、教学设施、教学资源、培养质量五个二级指标,体现出教学在办学评价中的重点地位;第四个是

271

"成效特色",包括社会效益、办学特色两个二级指标。

(二)关于"学校境外办学评价"

综合有关政策文件的具体内容,对高职院校的"境外办学"这类教育机构的评价体系,共设五个一级指标:第一个是"基本原则",包括办学定位和指导思想两个二级指标;第二个是"办学条件",包括环境和资质、办学场所、培养方案、教学设施、师资队伍五个二级指标;第三个"教学管理",包括教学质量、教学资源两个二级指标;第四个是"学校治理",包括行政管理、财务管理、跨文化管理、风险管理四个二级指标;第五个是"办学效果",包括办学成效和办学特色两个二级指标。这些指标中,办学条件和学校治理占有突出地位。

参考文献

[1]　汪建华.以教育评价改革牵引中外合作办学提质增效[J].上海教育评估研究,2021(1).

[2]　周泓,潘芳芳.高等教育中外合作办学项目立项评价指标体系研究[J].北京联合大学学报(人文社会科学版),2018(02).

[3]　叶飘.天津高职教育国际化实践研究[D].天津职业技术师范大学硕士论文,2018.

[4]　鲁芳.我国高校跨境合作办学监管问题研究[D].厦门大学硕士论文,2007.

[5]　张琨.着力提升中外合作办学水准[N].人民日报,2020-1-(05).

[6]　李梅,赵璐.多元共治下中外合作办学机构的质量保障体系——以西交利物浦大学为例[J].大学教育科学,2019.

[7]　张芳芳.高职中外合作办学内部质量保障体系构建———以湖南省保险职业学院为例[J].西部素质教育,2019,2:220.

[8]　第十一届全国中外合作办学年会举办[EB/OL].中国教育新闻网,(2020-12-17).http://www.jyb.cn/rmtzgjyb/202012/t20201224_384817.html

[9]　方军.中外合作办学提质增效:新时代、新机遇、新挑战[EB/OL].中外合作办学教育网,(2019-03-07).http://www.cfce.cn/a/news/zhxw/2019/0307/3806.html.

[10]　郭伟.凝心聚力、改革创新、为中外合作办学提质增效保驾护航[J].世界教育信息,2017(7).

[11]　周光礼,袁晓萍,聚焦"四个评价"深化教育评价机制改革[J].中国考试,2020(8).

［12］ 林梦泉,任超,陈燕,等.破解教育评价难题 探索"融合评价"新方法 ［J］.学位与研究生教育,2019(12).

（课题承担单位为天津渤海职业技术学院,课题主持人为于兰平。课题组成员:杨延、申奕、黎志东、郑勇峰、蔡杰、李艳、李响、张楠、曹永平、白文颖、江秀华、李云梅、张颖、李福利。）

第二十章　学校文化建设评价

一、核心概念界定

高职院校的文化是指与培养高职学生相关的"各种精神活动及其产品"，拓展开来就是：具有高等职业教育特色的教育方针、教改思想、办学理念、制度体系、组织形态、校园环境、学校活动、教学质量、服务水平、教风学风、社会关系、公众口碑以及承载了文化信息的一些硬件条件等影响高职院校办学和人才培养活动的各种精神的、物质的、制度的、行为的文化元素的总和。

高职院校的文化有三个显著特征：一是具有与普通高校同源的大学文化"共性"，二是具有职业教育属性的职业文化"个性"，三是具有与企业文化、行为文化、产业文化、工业文化、区域文化交流融合的"互动性"。高职教育人才培养在"德育为先"的原则基础上，突出职业性、技术性、实用性，是促进学生专业技能、品德养成、综合素质全面发展的教育。因此，高职校园文化也相应地具有明显的综合性特征，既重视专业技术的培养，也重视人文素养和德育的熏陶；既强调对学生专业能力的培养，也强调对其素质的全面提高；既讲求实用，又提倡创新。

二、已有相关国内外研究成果和实践发展的综合性评述

（一）国外高职院校文化建设的相关研究成果

由于民族文化和具体国情不同，他国成功的方法未必适用于我国，具体情况要具体分析，但其中的一些成功经验和理念还是值得我们深思和借鉴的。通过了解其他国家的高校校园文化对我国高校校园文化的建设也会有所助益。

国外高职院校校园文化是在其高等教育不断发展的过程中逐渐演变而来

的,主要突出学术自由、多元文化、人文主义和实用主义等特点,它们彼此联系、共同指导并推进着西方高职院校校园文化建设的进步。

1. 美国高职校园文化

王淑侠在《中美校园文化对比研究》一文中列举了中美校园文化差异及其根源:由于"性本善与性本恶论,集体主义取向和个人主义取向以及求稳与求变"的不同,中美校园在校园建筑、"教"与"学"、课余生活,以及独立与依赖上都存有差异,并得出中国校园文化建设应当借鉴美国校园文化中"以人为本"的教育理念,提高学生科研能力水平和制定开放课程体系的启示。王继华在其文中总结了美国大学校园文化建设的特点:一是尊重学生的主体地位,二是注重多元文化的交叉融合,三是强调创新实践能力的培养。

2. 英国高职校园文化

宁曼荣在《英国大学校园的价值观渗透教育:路径及启示》中着重探讨如何渗透教育帮助大学生树立正确价值观。在校园文化层面提到在大学生社团活动、大学生服务以及校风建设中渗透价值观,并得出对于我国高校价值观渗透可从夯实课外活动平台,将社会主义核心价值观教育科学融入实践锻炼中,以及加强学生人文关怀,将社会主义核心价值观教育巧妙融入关心爱护中来提高的启示。潘赛在其文章中则以牛津大学和剑桥大学为例,强调优美环境和导师制对学生成长成才的重要性。

3. 日本高职校园文化

赵国权在其文《零距离体验日本独具特色的大学校园文化》中提及的日本高校"对外开放"的特点令人印象颇深。其开放主要有三:一是高校教育资源开放,如图书馆、体育设施,等等;二是让社会各层人士走进校园;三是设置假期参观接待制度,如考生开放日。通过基础设施和校园文化的开放力求与社会接洽融合。

(二)国外高职校园文化建设的特点

1. 重视硬件建设

国外高校硬件设施功能全面,教学及学生活动场所一应俱全,为校园文化建设奠定坚实的物质基础。为了方便师生的学习与生活,校园里一般都设有餐厅及超市,宿舍还配备电视房、健身房、棋牌室等用于丰富大学生业余生活,部分宿舍楼还设有活动室,给教师或学生提供更好的交流空间。

2. 推崇校园文化形象化

国外很多高校都有自己的精神象征——"吉祥物",或者说是"学校标志性建筑物",并以此作为校园文化的象征和标志。许多学生社团以吉祥物的名字冠名,学校教学楼、实验楼、体育馆、学生活动中心等各个区域随处可见吉祥物的踪影,学校还经常利用吉祥物的感召力开发一系列精致漂亮的产品,用于办学宣传与推广。

3. 注重校园文化创新

校园文化也具有很高的创新性。国外在校大学生非常注重培养独立自主及创新的能力,注重所学的知识和技能是否能够满足社会的需求。国外高校也积极鼓励学生勇于自我挑战,支持他们具有创新性、富有创造力的想法,更好地实现自我价值。

(三)国内高职文化建设的相关研究成果

1. 国内校园文化重视功能性的建设

国内高校的校园文化建设以功能性为主,主要集中于校园物质文化功能、精神文化功能以及制度文化功能等几方面。从校园文化的导向功能、凝聚功能、激励功能、协调功能等方面建设科学有效的校园制度文化,注重发挥校园物质文化和创建校园精神文化在培养创新人才方面的作用。

2. 国内高校注重把社会主义核心价值观与校园文化相结合

国内高校日益注重校园文化的价值主导,将校园文化建设与加强社会主义核心价值观教育相融合,打造富有特色的精品校园文化活动;建设校园文化的新阵地,优化校园环境、营造优良氛围,利用新媒体平台与网络宣传形式,进一步强化师生的理想信念,有效弘扬社会主义核心价值观,实现全员全方位育人目标的双赢。

3. 国内中外合作办学高校的校园文化建设相对缺乏

目前国内高校校园文化建设研究基本都是针对普通高校。通过对中外合作办学校园文化建设的调查研究,发现在校园文化建设的形式、内容、目标等方面存在不足。应当根据中外合作办学项目的特点,从思想上重视校园文化建设,从组织上、形式上、内容上保证校园文化建设的有效性。

(四)与本课题相关的高职院校校园文化建设研究的实质性研究成果

首先,高职院校校园文化应该和企业文化紧密相连,"校企结合"是构建高职特色校园文化的必要途径。在高职校园文化建设过程中,要通过创设企业文化氛围、引入企业竞争机制、学习企业管理方法、聘请企业专家共同参与等方法,全方位实施校园文化建设中的"校企结合",提升高职教育与行业企业的对接融合程度,以缩短学生的职前教育过程。

其次,学生职业道德教育和高职校园文化建设密不可分。校园文化建设可以给学生职业道德教育提供良好的学习环境,使学生逐渐具备职业道德的各项要求。高职院校的职业道德培养,可以结合校园文化建设并通过丰富多彩的活动对大学生开展理想教育、爱国主义教育、法律普及教育,为学生的职业道德提升打下牢固的思想基础。

最后,高职院校校园文化建设与学生职业能力培养密不可分。校园文化可以通过创设相应的精神和物质环境,多方面、多渠道、多手段培养学生的创造能力、创新精神,激发他们的想象力和审美创造力,加强职业基本知识、专业技能操作能力和应变能力的锻炼,增强学生的职业发展能力。

(五)国内高职校园文化建设存在的问题

1.校区建设重视规模,忽视文化内涵和校园建设的延续性

为了应对政府部门的评估和完成扩招计划,国内较多高校不得不建设新校区来解决教育资源严重缺乏等问题。但在校区建设过程中,存在过于看重规模和形式的现象,在自然景观和道路设计、教学建筑、办公楼、体育馆等建设方面过于奢侈和华丽,整体利用率低,环境保护意识薄弱,缺乏可持续性,并且没有较好地与区域经济发展相融合。同时,忽视大学校园的育人功能以及对教学、研究的支持服务,缺少专门便于师生学习与交流的场所,不利于加强师生互动和提高教学效果。校园的整体规划也没有很好地凸显自身办学特色和办学理念,更缺少学校的历史文化内涵,校园内为数众多的标语、横幅内容空洞,宣传教育的形式化、表面化比较突出。

2.校园规章制度强调管理,忽视师生的内在诉求

学校制定规章制度的主要出发点是加强管理,从而约束教职工和学生的行为,让大家按规矩办事。国内高校的规章制度建设在强调管理的过程中容易忽视师生的内在需求,部分高校不重视师生的基本权利如言论自由,排斥和反对"不同的声音",导致申诉制度不完善、申诉渠道不畅通,师生维护自身权益困难。在加强学生道德教育方面虽然具有一定的理论指导,但难以真正体现以学生为中心并遵循个体差异落到实处。对教师的学术评价"唯论文、唯帽子、唯职称、唯学历、唯奖项"等不良倾向突出,忽视教师的教学职责及其自身发展需要,强调人才引进却不注重人才的内部培养,差别化对待的痕迹非常明显。

3.校园文化建设过于单一,缺乏多元文化元素

校园文化建设主要从学校层面进行规划和设计,忽视了师生作为社会成员的责任和义务,导致校园文化建设的涉及面过于单一,校园与社会缺乏融合。即

便教师知道如何教、学生知道如何学,教师了解作为一名教师的权利和义务,学生了解作为一名学生的权利和义务,但一旦脱离校园,他们难以更好地践行公民的责任和义务,难以用个人所学服务经济社会发展。在全球化竞争日益激烈的今天,很多高校校园的文化建设非常保守和单一,在继承传统的基础上缺乏创新,缺乏国际化元素,不利于实现知识和文化的多样化、国际化,不利于提高教师的国际素养,从而更好地为学生提供服务和帮助。

(六)国内外高职校园文化研究中可以借鉴的经验与启示

1. 注重校园规划的可持续

校园文化建设首先依托于校园本身,而校园规划包含校园区域土地、学生学习场地、道路和自然景观等方面的设计。可持续的校园规划有利于形成良好的景观系统,从而有效支持学生的学习体验。

2. 强调校园安全维护的法制化和信息化

校园是学生学习、生活的地方,维护校园安全非常重要。只有校园安全,学生的学习、教师的教学、校园活动的开展才有保障,学校才能稳定发展。

3. 保障师生诉求的渠道畅通

学校师生作为校园的重要组成部分,学生和教师在履行自己义务的同时,也应该有正确通畅的渠道来为学校提供一些建议以及有关自身利益的诉求。学校要正确对待这些诉求,积极采取相关措施来保障师生的合法权益。

4. 促进学生践行公民责任的常态化

校园文化是社会文化的重要组成部分,校园里的学生也是社会成员。教育学生成为积极的公民不仅是高等教育的基本价值,也是社会健康发展的基础,高校发展校园文化必须有利于促进学生践行公民责任。

5. 强调道德理论教育

道德作为社会意识形态的重要组成部分,既规范着人们的行为,也能为人们创造幸福和快乐。对于高校而言,加强道德理论教育和校园道德建设,有利于为教职工和学生创造良好的学习环境。

6. 以国际化提升学校品牌

高职院校的"双高"建设与本科院校的"双一流"建设类似,要求院校走内涵发展的道路,服务国家重大战略。实施"双高"计划,打造技术技能人才培养高地,形成新的办学示范效应,这对高职院校的国际化发展提出了新要求。高职院校要以"双高"建设为契机,解决目前国际交流合作浅层次、表面化的问题,积极探寻高水平合作发展新模式,实现高层次的国际合作与交流。在高水平专业群建设过程中,推出一批具有国际影响力的高质量专业标准、课程标准和教育资源,积极面向国际教育市场提供高质量的教育服务,不断扩大高职教育的国际认可度。

三、研究方法

（一）文献研究法

本课题组通过查阅中国学术期刊全文数据库中的学术期刊网络出版总库、中国重要会议全文数据库、互联网资源、图书资源等,收集到大量的文献并进行研读,对当前有关校园文化建设的相关政策、法律法规有了一个大体的了解,这为研究校园文化建设评价准备了充分的资料和研究基础。

（二）专家访谈法

在研究校园文化建设评价的过程中,有必要有针对性地对校园文化研究的专家进行访谈,听取他们关于校园文化建设评价的见解和看法。这些见解和看法,对构成本课题研究的评价体系框架具有直接的指导意义。

（三）案例分析法

案例分析法指的是对具有代表性的研究对象进行全面而深入的研究,从而获得对事物的总体认识。通过获取到有关学校校园文化建设的相关案例,并加以分析整理,总结出对本课题有利的一部分内容,应用到本课题的研究之中。

（四）比较分析法

比较分析法主要是指通过对相关联的客观事物进行比较,对事物的本质和规律做出正确的评价。比较分析法主要体现在对所选取的几所高职院校进行案例分析的基础上,比较它们在校园文化建设方面的特点、优长以及不足之处,以使对高职院校文化建设的评价具有重要的现实基础。

四、理论依据

党的十九届四中全会通过的《中共中央关于坚持和完善中国特色社会主义制度、推进国家治理体系和治理能力现代化若干重大问题的决定》指出,发展社会主义先进文化、广泛凝聚人民精神力量,是国家治理体系和治理能力现代化的深厚支撑。习近平总书记强调:"要注重文化浸润、感染、熏陶,既要重视显性教育,也要重视潜移默化的隐形教育,实现入芝兰之室久而自芳的效果。"校园文化是社会主义先进文化的重要组成部分。加强新时代校园文化建设,对于用习近平新时代中国特色社会主义思想铸魂育人,培育和践行社会主义核心价值观,加强和改进师生思想政治教育,实施新时代立德树人工程,优化育人环境,促进学校治理体系和治理能力现代化,全面提高育人质量和学生综合素质,具有重要意义。

党的十八大以来,以习近平同志为核心的党中央高度重视教育工作,把教育摆在优先发展战略地位。习近平总书记在治国理政中,对教育工作提出了一系列新理念新思想新观点,系统回答了一系列方向性、全局性、战略性重大问题。习近平总书记关于教育的重要论述,思想深刻、内涵丰富,是中国共产党对我国教育事业规律性认识的深化,是党在实践基础上的理论创新成果,是习近平新时代中国特色社会主义思想的重要组成部分,为新时代教育工作指明了方向,当然也为新时代校园文化建设指明了目标和要求。新时代校园文化建设要深入贯彻落实习近平总书记关于教育的重要论述,围绕培养什么人、怎样培养人、为谁培养人这一根本问题,以落实立德树人根本任务为根本目标,突出教育性、整体性、时代性和制度性,全面提升校园文化建设水平,建设体现社会主义特点、时代特征和学校特色的校园文化。

心理学研究表明,社会生活环境制约着学生心理发展所能达到的现实水平,对学生心理素质发展有着极其重要的作用。心理学家班图拉认为,人的行为和环境之间存在着一个相互作用、相互决定的过程,环境影响决定了那些潜在行为倾向可成为实际的行为。良好的心理素质为培养高尚的思想品德提供了更为有效的途径。因此,建设一个优美、整洁的校园环境,营造浓厚向上的文化氛围,是发展学生心理素质,提高学生自身修养的有效手段。

美学研究表明,创造一个优美的校园环境,让学生接受美的熏陶,培养感受美、欣赏美、鉴别美的能力,并以此自觉地维护美、创造美,达到在美的环境中净化心灵,陶冶情操,从而树立崇高的道德美。

五、政策依据

早在 2004 年,《教育部、共青团中央关于加强和改进高等学校校园文化建设的意见》(教社政〔2004〕16 号)中就明确指出:"高等学校校园文化是社会主义先进文化的重要组成部分。加强校园文化建设对于推进高等教育改革发展、加强和改进大学生思想政治教育、全面提高大学生综合素质,具有十分重要的意义。"在"扎实推进高等学校校园文化建设"这一部分中提出了具体建设内容:(1)深入开展校风建设。要在充分挖掘学校历史传统宝贵资源的基础上,结合学校发展战略和规划,根据学校办学思想和理念,大力营造崇尚科学、严谨求实、善于创造、具有时代特征和学校特色的良好校园风气。(2)大力加强人文素质和科学精神教育。要继续实施"大学生全面素质教育工程",把人文素质和科学精神教育融入高等学校人才培养的全过程,落实到教育教学的各环节。(3)精心组织校园文化活动。要精心设计和组织开展内容丰富、形式新颖、吸引力强的思想政治、学术科技、文娱体育等校园文化活动,把德育、智育、体育、美育渗透到校园文化活动之中,使大学生在活动参与中受到潜移默化的影响,思想感情得到熏陶、精神生活得到充实、道德境界得到升华。(4)积极开拓校园文化建设的新载体。要充分发挥网络等新型媒体在校园文化建设中的重要作用,建设好融思想性、知识性、趣味性、服务性于一体的校园网站,不断拓展校园文化建设的渠道和空间,积极开展健康向上、丰富多彩的网络文化活动。在"大力加强高等学校校园文化环境建设"这一部分指出:(1)重视校园人文环境建设。要写好校史、建好校史陈列室,通过资料记载和实物展示,生动形象地反映学校办学历程,激励大学生继承和弘扬学校优良传统。要确定校训、校歌、校徽、校标,提倡大学生牢记校训、学唱校歌、佩戴校徽、使用校标,激励大学生热爱学校、刻苦学习。(2)重视校内文化设施建设。建设、设计好教学场所、图书馆,完善教学设施,优化学习环境。加强校报、校刊、校内广播电视、校园网、学校出版社、宣传橱窗等的建设,发挥宣传舆论阵地在校园文化建设中的更大作用。(3)重视校园景观建设。用优美的校园景观激发大学生的爱校热情,陶冶大学生关爱自然、关爱社会、关爱他人的美好情操。要在公共场所布置具有丰富内涵的雕塑、书画等文化作品,营造高尚健康的人文景观氛围。(4)重视校园治安综合治理工作。加强高等学校内部安全管理和安全保卫工作,及时处理侵害大学生合法权益、身心健康的事件和影响学校、社会稳定的事端。

2018年天津市人民政府办公厅印发《关于深化产教融合实施方案》的通知(津政办发〔2018〕34号),特地提到加强职业文化建设:提升职业文化环境,丰富校园文化品位和内涵,继续实施"一线一物一馆一中心"建设,打造职业学校校园职业文化风景线,汇集反映产业发展历史、代表职业教育文化的标志性展示物,建设体现学校历史和专业发展的博物馆、展示室,建设展示现代职业教育技术的文化体验中心、技术应用中心、协同创新中心等,促进优秀企业文化与校园文化深度融合。

2020年4月,《教育部等八部门关于加快构建高校思想政治工作体系的意见(教思政〔2020〕1号),专门提到"繁荣校园文化"问题,指出:坚持培育优良校风教风学风,持续开展文明校园创建活动。建设一批文化传承基地。发挥校园建筑景观、文物和校史校训校歌的文化价值。加强高校原创文化精品创作与推广。

六、关于高职院校文化建设评价体系的设计

根据以上关于文献综述、理论依据和政策依据的分析和思考,对高职院校文化建设评价体系设计如下:

学校文化建设评价一览表

一级指标	二级指标	观 测 点
精神文化	核心价值观	巩固马克思主义在高职院校意识形态领域的指导地位;坚持以习近平新时代中国特色社会主义思想为统领,把社会主义核心价值观作为师生的价值追求;落实学校党委意识形态工作责任制,牢牢把握高职院校中国特色社会主义意识形态工作的正确方向
	办学理念	具体落实立德树人的根本任务,形成"三全育人"格局,凸显五育并举,彰显需求导向,突出全面发展的办学理念;坚持服务区域产业需求的开放思维,打造技术技能人才培养高地,创建技术创新服务、企业员工培训平台;坚持高质量就业办学宗旨,以综合素质塑造为根,以职业生涯发展为本,以高质量就业为要,培养高素质技术技能人才;通过学校文化识别系统(VI)的形成与表述,凸显对内凝聚师生进取精神与对外展示学校价值追求
	校训校风	提出并完善具有现代职业教育特征的,具备共同价值认同、使命、愿景且适合自身目标、培养定位的校训;形成突出办学宗旨、承载历史传承、凸显现代职业教育特征的校风、教风、学风等;通过具体形象化表征方式,突出其校训、校风、教风、学风等基本理念的价值认知与实践成效
行为文化	日常行为	形成师生员工共同遵守的职业(学业)行为规范意识;制定教师职业行为规范要求并实施相应教育引导活动;制定学生职业行为规范,强化职业人教育引导活动
	质量文化	确立"质量为要"的质量管理基本理念与价值追求;完善人才培养质量标准与质量监督、保障制度体系;形成包含价值追求、行为模式、制度规范的质量文化
	职业文化	确立职业文化的价值观念、思维方式、行为规范与职业习惯以及气质、礼仪的理念认知,并形成相关实施方案;突出职业文化在培养内容融入、实践活动融通与考核评价融合等学生在校期间重要实施节点的关注与管理

一级指标	二级指标	观　测　点
物质文化	绿色生态文化建设	制定学校绿色生态校园建设规划;全校师生对校园绿色生态建设取得共识并切实实践(包括绿色生态校园制度建设及实践运行);生态校园、绿色科技观在实施载体中得到具体体现
	育人场所文化建设	教学楼、学生宿舍、公共场馆、实训基地等设施外观、内部陈设在颜色、标牌等方面,体现现代职业教育特色和育人环境要求
	校园环境文化建设	校园总体规划具有中国优秀传统文化和现代职业教育体系建设的基本内涵与实践要素;校园总体布局的现代职业教育标识清晰,反映于标准色、纪念品、校园造型、建筑群体等物化载体;景观文化底蕴、育人功能明确,其展板、橱窗、长廊、标识等彰显优秀传统文化、企业文化与先进典型事例;体现校训文化内涵的标志物在学校各个场所随时展现
制度文化	体制性制度	建立落实国家、学校上级文件精神和要求的各种制度;有制度支撑的党委对学校全面领导的体制落实到位;学校董事会(理事会)以及职教集团(联盟)的章程等制度制定并切实执行
	机制性制度	制定、完善且切实执行涉及学校办学宗旨、人才培养的各种制度,包括产教融合校企合作、"1＋X"证书制度、专业(群)建设、产业学院建设等
	岗位性制度	建立和完善学校人员任期目标、岗位责任制、教师职务评审、职工绩效考核与奖励、各行政管理部门职位职责与考核等制度
	流程性制度	建立并完善教学管理、行政管理工作标准与操作流程等制度并切实执行
	行为性制度	建立并完善关于职业道德、工作操守、行为规范等制度并切实执行

七、关于高职院校文化建设评价体系的说明

高职院校文化建设的评价非常重要,但也很有难度,这主要是因为对高职院校文化建设的内涵在理解和界定上意见分歧太大。从本书打造高职院校评价体系的任务需求来看,这一部分内容是不可或缺的。上表中的各项指标的排列,是参考了大量相关文献、观点而提出来的,而且在拟出初稿后,先后三次听取相关研究专家和高职院校校长的意见之后,才形成这个框架。

这个评价体系共设计了四个一级指标:第一个是"精神文化",包括核心价值观、办学理念、校训校风三个二级指标;第二个是"行为文化",包括日常行为、质量文化、职业文化三个二级指标;第三个是"物质文化",包括绿色生态文化建设、育人场所文化建设、校园环境文化建设三个二级指标;第四个是"制度文化",包括体制性制度、机制性制度、岗位性制度、流程型制度、行为性制度五个二级指标。本书认为,上述指标可以基本上反映高职院校当下文化建设的面貌。

参考文献

[1]　唐文.立德树人视域下高职人才培养目标的任务及实现策略[J].教育与职业,2020(17):53 – 57.

[2]　王文兵,王维国.论中国现代职业文化建设[J].中共长春市委党校学报,2004(04):71 – 73.

[3]　徐兴旺,俞燕,曾艳."双高"建设背景下高职院校制度文化建设探析[J].中国职业技术教育,2020(28):83 – 88.

[4]　王纪安.新时代高职院校企业文化育人的科学化水平提升略论[J].学校党建与思想教育,2020(12):17 – 19.

[5]　周春光,周蒋浒.高职教育校企文化融合探析[J].职教论坛,2019(10):138 – 142.

[6]　吕红刚.高职院校工匠精神培育探索与实践[J].中国高等教育,2019(07):60 – 61.

[7]　邱婧.中外合作办学环境下校园文化建设初探[J].大陆桥视野,2021(04):124 – 126.

[8]　游萼.国外高校校园文化建设经验及启示[J].湖南广播电视大学学报,2020(03):91 – 96.

[9]　尚丽莉,李阳.国外高校校园文化研究综述及启示[J].佳木斯职业学院学报,2017(10):82 – 83.

[10]　周萍."双高"计划背景下高职教育国际化策略研究[J].常州信息职业技术学院学报,2021,20(03):9 – 11.

[11]　武超群.新时代大学文化评价指标体系探究[J].大学(研究版),2019(Z1):63 – 69.

[12]　黄春梅.工匠精神与高职院校校园文化建设探析[J].教育与职业,2018(14):75 – 78.

[13]　赵慧.建设富有个性的高职校园物质文化的思考[J].职教论坛,

2015(08):37 – 40.

［14］ 王英丽,姚丽影.高职院校校园文化建设的基本方略研究[J].职业技术教育,2013,34(11):72 – 74.

［15］ 蔡泽寰.论高等职业院校的校园文化建设[J].教育与职业,2006 (09):43 – 46.

［16］ 崔玉隆,顾坤华.高职大学精神与高职文化建设[J].职教论坛,2015 (14):26 – 28.

［17］ 冯晓峥.新时期高职院校精神文化建设研究[J].学校党建与思想教育,2014(04):75 – 77.

［18］ 赵学通.高职校园精神文化建设探讨[J].教育探索,2012(07):29 – 31.

（课题承担单位为天津工业职业学院,课题主持人为邓昊。课题组成员:杨笑、贾婉婉、郭晓娟、王晨、徐君、柴德意、佟沛育。）

第二十一章 职教本科评价

一、核心概念界定

本课题的核心概念主要为职业教育本科(简称"职教本科")。就此概念的界定来看,当前学术界存在一定的争论。第一种观点认为,职教本科等同于地方本科高校转型后的应用型高校。第二种观点认为,职教本科只是"部分的"应用型本科或应用型本科的一部分。第三种观点认为,职教本科就是职业本科教育,是职业教育延伸到本科层次的结果,是完全按照职业教育人才培养模式举办的本科教育。

本课题分别从内涵与外延上对职教本科进行界定。具体而言,职教本科的内涵为:"现代职业教育体系中的一个层次,以职业为逻辑起点,以职业目标为导向,以职业能力培养为核心,以职业素质教育为依托,理论教学恰当、实践教学充分的本科层次的职业性教育,旨在培养适应经济社会发展的高质量、高层次的技术技能人才。"外延上主要包括三个指向,分别是教育部已公布的27所职教本科试点院校、职业教育"双高"校中拟开设本科人才培养的专业和应用型本科院校开设的职教本科专业。

二、文献综述

(一)国内相关研究成果和实践发展情况

1. 时间线索

国内关于职业教育本科的相关研究以2019年作为一个分水岭。2019年之前对职教本科的探讨主要体现在"开设职业教育本科的必要性及其相关路径"上,以应然层面的讨论为主;实践层面主要是梳理和分析了高职院校与普通本科高校联合培养本科层次职业人才的相关情况。2019 年之后,我国正式开启了职教本科试点院校的建设工作,这之后的相关研究主要体现在"探讨本科职教内涵、实施路径、人才培养和评价体系"等问题上。

2. 具体研究内容探讨

一是关于概念与属性的厘定。从称谓上看,主要包括高职本科、技术本科、本科高职、本科职教等多种称谓,其中,高职本科、技术本科和职教本科优先强调职业教育类型,而本科高职和本科职教则优先强调本科层次。同时,也有学者分析了应用型高校与本科职教的关系,认为应用型本科与本科职教的关系,立足于不同的视角,二者之间既有差异,又有相同。对内涵与属性的探讨存在多种观点,如檀祝平等人将职教本科定位于"高端技能人才"的培养;杨佩月等认为本科职业教育更注重岗位的专业操作技能;杨秀英认为职教本科应坚持"理实一体,知行合一"的理念,设置满足职业岗位需要的课程,围绕产业转型升级、产业链整合、工艺流程改造、管理优化、技术创新等新需求,以"培养学生具备可以解决高难度操作问题的能力,可以参与或完成技术革新和工艺流程改造的能力,有较强适应能力";韩长日认为职教本科人才培养定位首先是可以解决高难度操作问题,同时能够完成技术革新和工艺流程改造,还必须具有很强的适应性,可以适应日益变化的岗位流动;徐国庆等认为职教本科"涵盖部分高技术产业对理论知识要求高的技能型人才的培养";彭光斌认为职教本科是以职业主义为导向、以技术应用为核心的,所培养的学生应具备基于高深理论基础上的专业技术;强调学科教育,注重实践技能和思维方式的培养,并提出技术的先进性与解决实际问题的能力,同时要以职业能力标准为指引制定人才培养方案;黎冬楼认为职教本科的培养目标是"技术工程师"而不是"产业技术工人",是具有检测维修能力的"技术应用师"而非"技术操作者";吴学敏基于教育类型和教育层次比较的维度,认为本科职教即职业教育类型的本科层次,其基本属性有"教育属性、职业属性和本科属性"。

二是关于职业教育向本科层次高移的必要性。主要有国际经验、现代职业教育体系构建、产业发展和地方本科高校转型发展四种研究视角。具体观点如下:总结发达国家本科以上职业教育对经济发展的贡献,认为我国也必须发展职教本科;既然职业教育与普通教育具有同等重要的地位,那么职业教育也必须要建构起"专科—本科—研究生"的教育体系;产业结构的转型升级,尤其是数字经济、"互联网 + "等的发展,急需大批具有较深理论知识又具有一定实践操作能力的高学历人才;地方本科高校转型并不成功,必须依靠高职院校升格来发展职教本科。

三是关于职教本科的实施路径研究。包括办学模式、专业建设、课程开发、师资队伍建设与培育和学位管理等方面。如宗诚,聂伟提出的职教本科的发展路径为"完善专业及学位管理制度、明确人才培养目标和确定实施机构主体"。郭福春和徐伶俐提出的职教本科的发展路径为"合作办学、独立办学"两种。梁卿认为,专业建设是本科职业教育发展的重中之重,并提出了专业建设的两种方式,分别是部分新建本科高校中部分本科专业转型为职业教育本科专业和将现有专科层次高职院校中的拳头专业升级为本科专业。任君庆和王琪提出的职教本科的发展路径为"建立因地制宜、先行先试的职业教育发展制度;试办长学制高职专业;建立区域高职教育与应用型本科教育衔接的立交桥"。

四是职教本科的实践探索研究。2012年开始,部分办学质量较高的高职院校开始与省内本科院校联合培养,开展"3+2"分段或者"2+2""4+0"四年一贯制高职本科教育,这种模式实则体现为职业教育本科层次人才的培养,培养主体涉及高职院校和普通本科院校两种。但联合培养人才的过程中却面临着诸多的问题,如"高职学校没有冠名权、教师没有主导权、学生没有归属感、办学主动性弱"等问题,同时由于高职院校与其对接的本科学校拥有不同的培养定位、评价体系、师资结构,并不能完全按照职业教育属性和职业类人才成长规律进行人才培养。同时地方本科高校转型应用型高校的实践探索也存在诸多的问题,比如实际过程中因为办学惯性和师资队伍等因素,导致转型的实施进展不统一,部分学校在转型上的内生动力和外部驱动力不足。

五是职教本科的评价研究。主要体现在"建立独立评价体系的必要性"和"如何评价"两个方面。比如,臧志军认为,职教本科评价体系的设计应该发挥扬长与纠偏的功能,通过建立产出体系,确立产出导向的评价体系,在专业建设、课程开发和教学实施层面,建立能力本位的评价体系,彰显职业教育的类型特征。吴学敏则从职教本科的人才培养定位、培养模式、师资队伍和服务能力建设四个方面提出了评价的具体内容;胡业华分别从人才素质规格、综合职业能力规格两个方面提出了我国职教本科人才培养的规格要求。

此外,在2019年之前的相关研究中,也有学者探讨了职教本科的办学形式主要有"高职与本科合作举办职教本科、应用型本科举办职教本科、本科职教举办职教本科"三种形式。

(二)国外、境外相关研究成果和实践发展情况

职教本科是发达国家现代职业教育体系不可或缺的重要组成部分,最具代

表性的是德国的"双元制"大学和职业学院,日本的技术科学大学。

魏亚对国际社会职教本科发展的历史脉络进行了梳理,并从中发掘出入学制度、教学制度、学位制度以及质量认证制度等方面的制度安排,为我国发展职教本科提供了培养应用型人才、与中等教育结构合理衔接以及坚持本科层次教育的规格质量三点启示。

李均和赵鹭对美、德、日三国的职教本科进行了综合研究,发现办学形式有独立型、混合型和合作型三种,发展动因可以用需求说、完形说、漂移说、趋同说和异变说加以解释,在培养目标、专业设置、课程设置、培养过程以及招生方式方面具有共同特征。美国社区学院专业设置灵活多样,切合地方需要;课程设置上体现"宽基础、重理论、综合性和多样化"的特点,培养过程中重视对过程的质量监控、重视与企业在人才培养上的深度合作。

彭宇玲和佐文涛分析了日本技术科学大学在职教本科人才培养中的经验做法。招生上一般分为三类,普通高中毕业生、职业高中毕业生和高等专门学校毕业生;人才培养目标致力于培养在工程应用方面具有较强实践能力和创新能力,具备适应新领域的知识,能成为某一领域指导性的高级技术人才;专业设置上横跨不同领域;课程设置除了重视理论课程之外,还重视通过综合性课程培养学生多学科的视野和多方面的适应能力;师资队伍建设上更加强调教师的专家级别身份。

（三）综合性评述

综上所述,当前国内外学者对职教本科的研究成果较多,研究内容也较为广泛,并且在一些方面取得了一定的创新成果,如理论层面上对人才培养目标的确定、课程体系建设、实践教学改革等方面的研究以及实践层面上本科层次人才培养的探索与尝试等,这些均为本课题的开展提供了理论参照。但需要指出的是,2019 年之前,高职院校与普通本科高校联合培养职教本科的实践在人才培养过程中丢失了职业教育的特色,所培养的人才不能有效适应职业岗位需求。现今职业教育的类型属性已经明晰,职教本科也进入实质性的发展阶段。作为现代职业教育体系中的一个层次,不论是职教本科院校建设还是职教本科专业建设,必须要根植于职业教育的土壤,保持职业教育的类型属性。同时,在新时代教育评价改革的背景下,职教本科必须要有一套适合其自身的评价标准体系。因此,本课题针对这一问题,通过借鉴相关的理论,采用合适的研究方法,形成一套针对职教本科的评价标准体系,这对于规范职教本科发展模式、路径,提升其人才培养质量具有一定促进作用。

三、研究对象与方法

（一）研究对象

本课题的研究对象为职教本科学校。职教本科学校的发展在我国正处于摸索前进期，还未形成一套完善的评价机制。本课题聚焦于当前教育评价改革的大背景，植根于职业教育的土壤，探索构建一套适合于职教本科学校的评估指标体系，以其为今后职教本科院校发展提供理论参考，为政府相关决策部门政策的制定提供现实依据。

（二）研究方法

1. 文献研究法

文献研究法是本课题使用最多的研究方法，通过搜集、鉴别、整理与本课题相关的文献资料，并对其进行分析和研究，从而形成有利于本课题开展的相关理论依据。具体主要运用在本课题理论基础的提出、国内、国外、境外相关文献以及与本课题研究相关的政策文献的研究、梳理和分析，为本课题的开展提供研究基础。

2. 调查研究法

调查研究法主要指通过考察了解客观情况直接获取有关资料，并对这些材料进行分析的研究方法，该方法不受时间和空间的限制。本课题主要运用调查研究法中的访谈法。通过对相关利益群体的访谈，了解与本课题研究相关的第一手数据资料。具体而言，该方法的运用主要体现在两个方面，一是对国内开展职教本科层次人才培养的高校相关人员进行访谈，了解其在发展过程中取得的成效、存在的问题及原因，作为本课题研究的一个现实参照；二是在评价指标构建过程中，为获得可行性和公认度较高的指标，对理论研究领域内的专家学者、实践领域内的高校相关人员进行访谈。

3. 比较法

比较法主要用于对国外（德国、英国、日本）职教本科高校发展经验和现状的梳理分析，以期为我国职教本科相关评价指标的构建提供域外借鉴或参考。

4. 文本分析法

文本分析法是指从文本的表层深入到文本的深层，本方法主要用于对本课题研究中依据的政策进行分析，从政策文本中找寻能够适用于形成评价指标的相关内容，并以该内容作为构建指标的依据之一。

四、理论依据

（一）产出导向理论

20 世纪 80 年代初，美国学者 Spady 率先提出产出导向的教育理念（Outcome based education，简称 OBE）。该理念是"以人人都能学会为前提，以学生为中心、成果为导向而设计的"教育模式，教学设计和教学实施的目标是学生通过教育过程最后所取得的学习成果，是为学生的生涯与专业的成就所做的准备，是一种强调能力培养、能力训练的教育系统，这些能力指"某人给定的专业、职责或任务而言的综合能力，换言之就是适应就业的能力，需要和期望所有团体合作以产生成果的过程"。产出导向教育能够衡量培养的学生能够做什么，而不是知道什么，要求学生掌握获得结果的过程或方式，从解决固定答案问题的能力拓展到解决开放问题的能力。

职教本科要高质量、可持续发展，就需要对职教本科的理想状态进行描述，形成一个关于教育发展的总体要求，再把这个要求分解成表现性、可检测性的发展目标，再通过专业建设、课程开发、教学实施分解到教育教学的每个环节。这种从结果向前反向推导的过程被认为是产出导向的评价模式。

（二）全面质量管理理论

无论是本科教育质量还是人才培养质量，其核心都是关于"质量"的提升，同时，本科教育评估的目的也是为了保障"质量"。质量的概念最早源于管理理论，其后逐渐应用于各个领域。管理理论中全面质量管理强调以质量为中心，建立一套科学系统的质量保障体系，对于本科教育评价有很大的借鉴意义。全面质量管理理论（Total Quality Management，简称 TQM）最早是由美国全面质量控制之父阿曼德·费根堡姆（Armand Feigenbaum）提出的，他在其著作《全面质量管理》中做出以下解释："全面质量管理是为了能在最经济的水平上，并考虑到充分满足用户要求的条件下进行市场研究、设计、生产和服务，把企业内部各部门的研制质量、维持质量和提高质量的活动构成一体的一种有效体系。"全面质量管理理论自提出后，国外许多学者尝试运用该理论解决教育问题，并最终在20 世纪 90 年代开始广泛应用于教育领域。教育评估分理事会会长、中国教育学会会长钟秉林认为："评估要基于证据并服务于多元化的'质量观'，质量保障的内涵实质上就是要克服传统的评估思维定式，就要采取实证性证据和开放性设计。"当前，全面质量管理理论已成为保障本科教育质量，进行高等教育评估的有效方式和管理理念。

（三）院校分类理论

当前院校分类理论具有多样性，国际上主要有联合国教科文组织主导的国际教育标准分类法、美国学者克莱德·布罗曼德的院校分类法、日本田野郁夫的院校分类法等。本研究中主要运用 2011 年联合国教科文组织新修订的《国际教育标准分类法》中对高校的分类为依据，在此分类体系中，职教本科对应分类标准体系中 6B 的位置，也就是职业教育学士学位的高等教育层次。同时，在"主要标准"界定上，将这一层次课程的规定为"通常为了给参加者提供中等程度的学术或专业知识、技艺或能力，使其获得第一学位或等同资格证书。本级的课程一般以理论为基础，但可包括实践的成分，传授研究的最新发展水平或最好的专业实践"。在学位授予上，通常授予高等教育中的第一学位和等同资格证书，既包括理论学习，也包括实践成分或包含一段工作经历。

职教本科作为现代职业教育体系中的一个层次，培养的是产业一线的高端技术技能型人才，在教育内涵上具有"职业属性"和教育的职业特征，符合《国际教育标准分类法》中对 6B 的相关规定，因此可以作为构建评估指标的一个重要依据。

五、政策依据

（一）与职业教育发展直接相关的政策

与职业教育发展直接相关的政策有 11 项，这些政策又可分类两类，一类是国家为促进职业教育整体性发展而出台的政策，如《职业教育法修订草案（征求意见稿）》《国家职业教育改革实施方案》等具有方向性、引领性的政策。另一类是与职教本科发展直接相关的政策，主要包括《本科层次职业教育专业设置管理办法（试行）》和《本科层次职业学校设置标准（试行）》两项。

具体而言，2014 年，国务院印发的《关于加快发展现代职业教育的决定》提出要"探索发展本科层次职业教育"，这是本科层次职业教育的概念第一次在国家政策文件中出现。同年，教育部等六部委联合发布《现代职业教育体系建设规划（2015—2018 年）》，强调要"发展应用技术类型高校，培养本科层次职业人才"。2015 年，教育部印发的《高等职业教育创新发展行动计划（2015—2018）》明确提出"探索区别于学科型人才培养的本科层次职业教育实现形式和培养模式"。2017 年，国务院办公厅印发的《关于深化产教融合的若干意见》对于充分调动企业参与产教融合的积极性和主动性，构建校企合作畅通机制提供了制度保障。2019 年，《国家职业教育改革实施方案》在对职业教育作为一种类型教育属性明确的基础上，同时提出要"开展本科层次职业教育试点"。之后，本科层次职业教育试点高校开始在我国落地生根,我国正式开启了本科层次职业教育人才培养的新征程。2019年,教育部和国家发展和改革委员会等联合出台的《深化新时代职业教育"双师型"教师队伍建设改革实施方案》,为职业教育"双师型"师资队伍的引进和培育提供了政策性指导。

其中尤为需要重点说明的是,2019年国务院印发的《职业教育法修订草案(征求意见稿)》,内容补充提到"高等职业学校教育是高等教育的重要部分,由专科、本科层次的职业高等学校和其他普通高等学校实施",为职教本科的发展提供了明确的法理基础;同时,第十三条明确将高等职业学校分为专科、本科层次的职业高等学校和其他普通高等学校;第三十四条提出"职业学校实施职业教育应当注重产教融合,实行校企合作";第三十五条规定"职业学校应当建立健全教育质量的评价与保障制度,吸纳行业、企业参与评价,并及时公开相关信息,接受社会监督";第四十条对教师提出的规定为"职业学校的专业教师应当具有一定年限的相应工作经历或者实践经验,达到相应的技术技能水平"。

(二)与教育评价相关的政策

当前适用的与教育评价相关的政策主要有3项,其中,2020年出台的《深化新时代教育评价改革总体方案》可谓各类教育评价的总规划,为职教本科相关评价指标体系的确立提供了重要的依据。而《普通高等学校本科教学工作合格评估指标体系》和《普通高等学校本科专业类教学质量国家标准》则是作为参照性的指标存在。原因在于,职教本科培养的人才是现代职业教育体系中的本科层次,那么人才培养就需要符合"本科层次"上人才相对应的规格。如,《深化新时代教育评价改革总体方案》明确提到"坚持把立德树人成效作为根本标准""克服重智育轻德育、重分数轻素质等片面办学行为""重点评价职业学校德技并修、产教融合、校企合作、育训结合、学生获取职业资格或职业技能等级证书、毕业生就业质量、'双师型'教师队伍建设等情况,扩大行业企业参与评价,引导培养高素质劳动者和技术技能人才"的要求。在改革学生评价方面明确提出"完善德育评价""强化体育评价""改进美育评价""加强劳动教育评价"等内容,对于提升学生德智体美劳全面发展的能力做出了具体明确的规定。

表1　国家及相关行政部门颁发的与职业教育发展相关的政策

时间(年)	印发部门	具体名称
与职业教育直接相关的 11 项政策		
2014	国务院	《关于大力发展职业教育的决定》
2014	教育部等	《现代职业教育体系建设规划(2014—2020 年)》
2015	教育部	《高等职业教育创新发展行动计划(2015—2018)》
2017	国务院办公厅	《关于深化产教融合的若干意见》
2019	国务院	《职业教育法修订草案(征求意见稿)》
2019	国务院	《国家职业教育改革实施方案》
2019	教育部、国家发展改革委等	《深化新时代职业教育"双师型"教师队伍建设改革实施方案》
2020	教育部等	《职业教育提质培优行动计划(2020—2023 年)》
2021	教育部	《本科层次职业教育专业设置管理办法(试行)》
2021	教育部	《本科层次职业学校设置标准(试行)》
2021	人力资源社会保障部	《关于贯彻落实习近平总书记对职业教育工作重要指示精神的通知》
与教育评价相关的 3 项政策		
2012	教育部	《普通高等学校本科教学工作合格评估指标体系》
2018	教育部	《普通高等学校本科专业类教学质量国家标准》
2020	中共中央、国务院	《深化新时代教育评价改革总体方案》

六、关于职教本科评价体系的设计

根据上述研究资料和文件精神,从职教本科实践发展的现实出发,本课题组对职教本科评价设计确定了如下原则:

其一,类型定位原则。坚持职业教育作为一种教育类型的定位,以现代职业教育体系中的本科层次人才培养为基准,结合职业教育的本质属性构建能够反应职业教育本质属性和职业教育本科层次人才培养的相关指标。

其二,产出导向原则。以产出导向教育理念为原则,以服务"科技发展""一带一路"倡议、区域产业结构转型升级为目标,坚持学生为本位,强化学生中心、产出导向和持续改进机制,各项指标设计均要反应"学生学习所获"。

其三,特色多元发展原则。特色是不同类型、不同层次、不同形式高校的自然属性,高等学校的特色是其质量的重要标志。职教本科学校服务区域经济发展的定位决定了其专业设置必须要和区域内的产业结构相契合,但区域的差异性决定了不同学校的特色优势,设置多元、特色化的指标更有利于评估的准确性。

其四,系统性设计原则。厘清各指标之间的逻辑关系,确保每一个指标都具有特定的内涵,同时又保证独立性。

其五,定性与定量相结合的原则。指标设计上综合考虑定性指标与定量指标,保证评价结果的公平和公正。

根据以上原则,对职教本科评价体系设计如下:

表2　职教本科评价

一级指标	二级指标	观　测　点
办学定位	办学方向	坚持党的全面领导,坚持促进就业的办学方向;坚定职业教育定位、属性和特色,根据办学定位制定明确的发展规划
	办学思路与模式	贯彻《中华人民共和国高等教育法》《中华人民共和国职业教育法》,落实立德树人根本任务;办学思路贯彻新发展理念;办学模式契合学校发展定位
治理水平	校风和文化建设	学生遵守校纪校规;学风建设和调动学生学习积极性的措施与效果;开展师德师风建设的相关制度和成效;学校文化建设的情况
	领导班子	学校领导符合国家高等学校领导干部任职条件,熟悉职教规律,了解学校主要专业领域及相关产业、行业;学校内部组织机构健全,领导班子的结构与数量合理;领导班子的学科背景结构合理
	管理体制与运行机制	学校建立以章程为核心的现代大学制度;行业、企业深度参与办学;学校针对教学、科研、社会服务制定完善的制度体系
	办学质量保障	制定严格、完善的教学质量保障体系;全面建设教学质量监控体系;教学质量反馈改进机制健全

一级指标	二级指标	观 测 点
治理水平	专业设置	对接国家和学校所在区域主导产业、支柱产业和战略性新兴产业,专业设置契合企业、产业和行业需求,建立专业设置随产业发展的动态调整机制;专业结构与布局合理,拥有 3 个以上专业群,每个专业群含 3～5 个专业;本科专业数量占全校专业数量一半以上;本科专业群年度设置数量达标;人才培养方案能够反映高层次技术技能人才质量要求
	课程建设	课程建设注重"德技并修",强化"思政育人";将新技术、新工艺、新规范纳入教学标准和教学内容,课程内容对接职业标准,教学过程对接生产过程;校企合作开发主要课程
	教材建设与选用	有科学的教材选用和评估制度;教材选用符合学校的办学定位;有获省部级以上奖励的学校校本教材;拥有校企"双元"合作开发的教材
	教学方法	课程思政建设覆盖全部专业且形成完善的管理制度和评价体系;针对不同课程能够采用不同的教学方法;全校 70% 以上课程教学实现信息化;教学过程有利于学生自主学习和个性化学习
师资队伍	"双师型"教师队伍	专任教师生师比不高于 18∶1 的标准;教师数量与结构合理,专任教师总数不少于 450 人,具有硕士及以上学位的教师占专任教师总数的比例不低于50%,具有高级专业技术职务的专任教师不低于专任教师总数的 30%,具有正高级专业技术职务的专任教师不少于 30 人,专任教师中具有 3 年以上企业工作经验或 5 年内有半年以上在企业实践经历的"双师型"教师比例不低于 50%;专兼职教师比例达标,来自行业企业的兼职教师占比不低于专任教师总数的 25%;承担专业课教学任务的授课课时占学校专业课总课时的 20% 以上;拥有高水平、结构化合理的教学和科研创新团队;拥有国家级技能大师;构建学校和企业联合培养"双师型"教师的机制;30%的专任教师能实行"双语"教学
	思政教育队伍	马克思主义学院建院和教师数量达标;辅导员队伍达标;心理学教师数量达标
	管理队伍	日常管理队伍数量与结构合理;就业指导教师队伍数量达标

一级指标	二级指标	观 测 点
人才培养	培养目标	培养符合产业、行业需要标准、德技并修的高层次技术技能型人才;培养契合产业、企业岗位需求规格、拥有特定技术技能优势的专业人才
	育人效果	学生德智体美劳教育成效显著;毕业生去向落实率不低于所在省域的平均指标;企业、用人单位、家长、学生自我满意度高;学生毕业率、就业率不低于同地区高职院校,创业率高于同地区高职院校
产教融合	平台建设	学校和企业共建若干用于人才培养和科研的平台;学校与企业深度合作,共建 2 个以上实质性运行的合作项目,包括产业学院、实体化职教集团、现代学徒制等;学校与政府、企业合作搭建交流平台
	合作育人	各专业的人才培养均有固定的合作企业,重点专业有行业领先的合作企业;学校与企业共同制定人才培养方案和合作开发课程,课程内容符合岗位要求和标准;学校与企业共同开展现代学徒制培养,实践性教学课时占总课时的 50% 以上,学生顶岗实习时间不少于 6 个月
科学研究	科研项目	学校每年立项厅级及以上科研项目 10 项以上
	技术服务	学校为企业开展的技术服务数量;学校与企业合作的技术研发项目数量;学校与企业共同生成的知识产权数量
	科研成果	科技服务投入经费、所获科技转让费;科技成果转化率;授权专利数
社会服务	政府咨询服务	学校自建或与政府共建研究所或基地;政府咨询成果的数量、级别;获得领导批示数量
	职业培训服务	学校近五年年均非学历培训人次不低于全日制在校生数的 2 倍;职业培训项目数量、年度培训人次;学校近五年横向教师服务与培训年均到账经费 1000 万元以上(文科院校 500 万元以上);组织或承办各类职技大赛
	社区文化服务	文化讲座数、科普宣传活动数、志愿者文化活动数

一级指标	二级指标	观 测 点
基础设施	土地	校园占地面积不低于 800 亩,生均占地面积不低于 60 平方米
	建筑面积	总建筑面积不低于 24 万平方米,生均校舍建筑面积不低于 30 平方米,生均教学科研行政用房面积不低于 20 平方米(文科院校不低于 15 平方米)
	仪器设备	生均教学科研仪器设备值不低于 10000 元(文科院校不低于 7000 元)
	图书	生均图书不低于 100 册(包括电子图书)
	资源建设	实验、实训场所的配置能满足教学要求;校外实践基地能满足教学要求;教学经费能满足人才培养需求,生均经费持续增长;生均图书和生均年进书量符合要求
	现代信息技术基础设施	学校建有"一卡通"信息化服务和办公平台;学校建有为师生提供教学服务的信息技术平台;图书网络资源校园全覆盖;在线教学平台资源校园全覆盖
国际合作	学生培养	培养留学生数量;与国外高校联合培养的本校学生数量
	合作办学	学校与国外高校的合作办学项目及运行情况;引进、开发和输出国际化的专业标准、课程标准、实训标准
	对外服务	学校在教育对外开放中服务的国家数量;学校在教育对外开放中的服务成效

七、关于职教本科评价体设计的说明

本课题研究的最大难点是职教本科发展的历史太短,实践参照材料极为有限;适应新时代要求的职教本科评价研究成果更少,无法为本课题提供参考资料。现在所列出的参考资料,只是国外的一些做法以及国内学者和部分校长们的主观性预测,基本属于应然性的判断。这些资料只能有利于我们思考,但不能直接作为评价依据。

在这种情况下,在本书不应当在这个方面有所缺失的前提下,本课题组经过与评议专家进行多轮次交流,最后确定以教育部 2021 年颁布的《本科层次职业学校设置标准(试行)》为基本框架设计评价指标,其理由有两点:一是这个文件所确定的各个指标,本身也是研究的产物,具有可靠性;二是这个标准是国家最高教育管理部门制定的,它在评价实施中具有权威性。本课题组只是在这个框架内加以适度的归并和阐释,以形成与本书其他评价风格、体例相一致的评价体系设计表。

(课题承担单位为天津中德应用技术大学,课题负责人为张兴会。课题组成员:关志伟、张春明、连晓庆、黄利非、王亚平、王娇娇、赵世彤。)

第三部分

教师和教学评价

第二十二章　师德师风评价

一、核心概念界定

教师师德即"教师职业道德"的简称,是教师在从事教育教学工作中表现在教师个体身上的职业道德修养,包括政治品格、道德观念、道德品质和行为规范等。师风即教师行业的风气,是整个教师队伍所表现出来整体性的职业道德习惯和行业风气,包括教师的教育水平、教学态度、学术作风和社会服务等。师德与师风是同一过程的两个方面,两者互为基础、相辅相成、相互促进。

随着中国特色社会主义新时代的开启,党和国家多次提及要坚持把师德师风建设作为教师队伍建设的第一标准和首要任务,并对新时代教师师德师风建设提出了具体要求,师德师风被赋予了新的内涵。习近平总书记先后对教师提出了"有理想信念、有道德情操、有扎实学识、有仁爱之心"四有好老师,"坚持教书和育人相统一,坚持言传和身教相统一,坚持潜心问道和关注社会相统一、坚持学术自由和学术规范相统一"四个相统一,"做学生锤炼品格的引路人""做学生学习知识的引路人""做学生创新思维的引路人""做学生奉献祖国的引路人"四个引路人和思政课教师"政治要强、情怀要深、思维要新、视野要广、自律要严、人格要正"等要求,这些都是对师德师风概念内涵的有益补充。

二、已有相关研究成果综述

(一)关于师德师风内涵

有学者提出要科学、合理、高效、公平地对教师的表现进行评价,可以从师德的灵魂、师德的基础、师德的根本几个方面考虑制定标准。有学者认为,师德评价指标体系的建构要以具体历史的师德内涵为基础,综合考虑教师师德师风、职业技能和职业操守、为人师表和道德修养及学生、教师同行和社会对师德建设的要求。

从师德师风考核内容层次来看,高职院校对教师的评价和考核一般从德、能、勤、绩、廉五个方面进行。"德"就是教师职业道德,是首要考核要素。但事实上,师德评价并没有得到人们的足够重视。长期以来,学校习惯在教师评价中重视评价教师的教学业绩,轻视教师道德评价。只要教师不存在师德失范行为,教师之间在"德"的评价方面得分基本没有差别。这种定性考核能够避免考核量化、划分层次难的问题,考查方式简单易操作,考核部门更容易接受,但是师德评价结果失去了真实性,被考核者容易产生"不犯错即是合格"的错误认识,无法体现"以德为先",无法更有效地发挥师德导向功能。

(二)关于师德师风评价机制

潘希武(2010)在《师德量化考核的限度及其消极性》一文中强调:"师德是无法进行量化考核的,唯有在道德规范领域才可以实施量化考核。"瞿鹤鸣等(2007)在《高校师德评价指标体系的构建》一文中提出:"依据师德内涵所蕴含的目标和师德行为的动机与效果来构建高校教师师德评价的指标体系。"董鹏刚(2018)提出了师德考核量表,主张从依法执教、爱岗敬业、关爱学生、团结协作、为人师表等方面及师德考核"一票否决"情形进行综合评价,并构建了25项负面评价因素,为师德评价的具体操作提供了方案。

总的来看,师德师风建设指导性文件对"师德"进行了宏观规范,但却未提供具备操作性的师德考核指标体系。许多高职院校在师德师风评价中对于定量评价的标准界定模糊,指标体系建设不合理,大多采用区分度不大的标准去衡量所有教师,没有体现教师发展的特性,也未充分重视教师发展的差异性,当然也无法真实反映师德师风评价结果。

(三)关于师德师风评价主体

李高云认为,参与评价的机构和人员,对于教师职业道德评价来说,评价主体可以是学校领导、学生或社会人士,也可以是教师同行或教师本人。黄泰岩则认为,高校教师考评制度的实行比较轻视被考评对象的参与;对教师考评形式过于简单,缺乏多种评价形式的运用,尤其是缺乏评价者对评价对象相关资料的系统收集以及与被考评对象的深入接触和实地观察,因而造成考评的效度和信度不高。

目前高校对于教师师德的考核评价,通常依靠自评和他评(例如管理者、同事及学生)等,按评价分数进行等次划分。但传统的评价体系中仅考虑上述主体的某一方面,尤其对于校外的他评情况极少涉及。由于考核指标过多关注道德本身,与教师教学科研工作实际缺乏联系,囿于评价个人素养、信息来源、对被考核教师的印象等因素,导致考核结论缺乏客观性、准确性。因此,在考核结果反馈时,也容易遭到被考核教师本人质疑。同时,在"好人心理"的驱使下,也常使评价流于形式,导致教师间评分差距过小甚至没有区别,考核档次难以划分。因此导致评价的结果缺乏真实性、有效性。

(四)关于师德师风评价体系的价值导向

卢敏等认为,奖惩性教师职业道德评价以奖励和惩处为最终目的,通过对教师过去一段时间工作表现的评价,对教师做出表扬、批评、晋升、解聘、加薪、减薪等决定,其指导思想是利用奖惩刺激教师工作的积极性。但部分学校在运用考核结果时只是为了迎合大众爱表扬的心理,学校往往在现实中只是奖多罚少或只奖不罚,结果并未实现"以德为先"的评价标准。而且,在师德师风长效机制建设过程中,制度建设不健全,无法保证师德师风评价的有效性,很难发挥师德师风导向和激励功能。

(五)关于师德师风评价指标设计

郭勤英提出,高职院校师德师风评价机制重建有四条路径:以科学化为主导,不断完善高职院校师德师风评价的理念;以教师内在涵养与外在言行为主,不断完善高职院校师德师风评价指标体系;努力整合网络平台与实体平台,不断丰富、创新高职院校师德师风评价的形式与手段;以经费投入与制度建设为主,不断夯实高职院校师德师风评价的保障基础。吴茂森也认为有效构建职业院校师德评价指标体系,关键在于科学理念的主导、奖惩制度的完善以及信息平台的搭建。此外,需要充分借鉴先进教育理念,不断补充教师师德考核内容,提高师德评价体系的先进性。

总体上看,目前在研究师德师风评价体系的相关文献中,学者们更倾向于理论性的探讨,追求评价指标的大而全。究竟如何设计出具体评价指标体系,如何将指标应用于实际当中,这样具有实操性的研究少之又少。本课题从新时代教师师德师风的内涵和学校师德师风建设的内容出发,以国家的相关政策与文件精神为依据,利用科学的方法统计分析,力图建立起具体的、可操作的考评内容与指标体系。

(六)关于研究中的实证调查与分析

通过文献梳理与总结,我们发现,大部分文献在设计具体的师德师风评价指标之时,往往停留在经验总结层面,开展实证调查和论证不足。目前仅有极少数研究是通过问卷调查的方式或者访谈进行分析,但是问卷调查对象较为局限,如只针对本校、只针对教师层面,等等。

本课题在深入分析新时代高校师德师风内涵的基础上分别针对教师、学生以及社会(企业及家长)开展更大范围的问卷调查。设计科学、合理的问卷并采用有效的调查手段,能够确保本课题的可信性与说服力。本课题评价指标体系分别针对学校和教师两层面进行设计,以期为师德师风评价体系建设提供更为全面的参考。

三、研究方法

(一)文献分析法

文献分析法是指通过对收集到的某方面的文献资料进行研究,以探明研究对象的性质和状况,并从中引出自己观点的分析方法。课题组充分利用互联网、图书馆、国内国际会议等途径收集有关师德师风的文献资料,包括习近平总书记关于教育的重要论述、国内外优秀教育家、中国优秀传统文化中的师德观;国家、部分省市、部分大学院校制定的法规政策等。利用中国知网对目前有关高校师德师风建设的文献进行系统查阅与分析,并提取与课题研究相关的基础研究成果、理论研究方法、实践研究数据,使其成为本课题研究的基础资料。

(二)问卷调查法

调查法就是在一定教育理论、思想指导下,在文献资料研究的基础上,对教育某方面的问题状况做出客观的分析,或提出具体的解决方案的一种研究方法。课题组以对高职院校师德师风的现状进行问卷调查,收集相关数据。通过前期文献资料的研究结果,针对课题的主要研究内容,课题组设计了对高职在校学生、教师以及社会(学生家长和企业)三类调查问卷,通过问卷星这一平台,对天津市部分高职院校及外省市部分院校的在校生、教师及部分企业进行了问卷调查。课题组对收集到的 600 份有效问卷进行统计,将广泛存在的问题进行归类和分析,为本研究提供数据支持。

(三)归纳分析法

归类分析法主要是研究对有关信息进行分类的方法,旨在鉴别为实现教学目标而需学习的知识点。归类分析法的过程:或用图示,或列提纲,把实现教学目标需学习的知识归纳成若干方面,从而确定学习内容的范围。

首先,课题组通过对文献资料的调研,总结凝练出师德师风的内涵以及高职院校教师师德师风评价标准,从而为课题研究奠定了基础。然后,通过问卷调查,对目前高职院校师德师风存在问题的进行归纳与分析,明确了新时代高职院校师德师风评价体系要解决的主要问题。课题组在秉持科学性、全面性、可操作性和系统优化原则的前提下,采用定性与定量相结合的方法,构建了高职院校、教师为评价主体的师德师风评价指标体系。

四、理论依据

(一)习近平总书记的相关论述

2018年9月10日,习近平总书记在全国教育大会上强调,建设社会主义现代化强国,对教师队伍建设提出新的更高要求,也对全党全社会尊师重教提出新的更高要求。人民教师无上光荣,每个教师都要珍惜这份光荣,爱惜这份职业,严格要求自己,不断完善自己。做老师就要执着于教书育人,有热爱教育的定力、淡泊名利的坚守。随着办学条件不断改善,教育投入要更多向教师倾斜,不断提高教师待遇,让广大教师安心从教、热心从教。对教师队伍中存在的问题,要坚决依法依纪予以严惩。习近平指出,要深化教育体制改革,健全立德树人落实机制,扭转不科学的教育评价导向,坚决克服唯分数、唯升学、唯文凭、唯论文、唯帽子的顽瘴痼疾,从根本上解决教育评价指挥棒问题。

(二)CIPP评价方法

从有效性看,本课题研究设计的新时代高职院校师德师风评价体系,采用美国学者斯塔弗尔比姆提出的CIPP模型。CIPP评估模型由四项评估活动即背景评估、输入评估、过程评估、成果评估的首个字母组成。

新时代师德师风背景评价(Context)的重点是对新时代高职院校师德师风评价目标的合理性进行评价和价值判断,是对评价转化的目标本身进行的诊断性评价,是为职业教育教学改革实践所做的计划决策服务。输入评价(Input)则是在确立了新时代高职院校师德师风评价的发展目标之后,对相关方案的优劣进行识别,并对其进行评价的过程,其本质是对评价成果标准方案的可行性、成效性进行的再评价,是为组织决策服务的。过程评价(Process)则是对新时代高职院校师德师风评价各种方案的实施情况进行监督和检查,旨在调整和改进实施过程。成果评价(Produce)则是对新时代高职院校师德师风评价的实际效果和取得成就进行的测量和判断,是终结性评价,其目的是为再循环决策服务的。CIPP评价模式在新时代高职院校师德师风评价监测中的应用,其主旨包括两个方面,一是提高评价本身对师德师风建设的决策指导;二是提升监测指标和评价机制的改进功能。

五、政策依据

高职院校教师师德师风评价体系在设计时收集整理习近平总书记在全国教

育大会、庆祝教师节大会、全国思想政治理论课教师座谈会等系列讲话10余篇，国务院、教育部和各省市有关师德师风建设和高职院校教师师资队伍建设以及双高院校关于师德师风建设相关文件30余个，同时查阅各级各类评优文件10余个。用于本课题参考的重点文件有：

2014年9月9日，习近平总书记考察北京师范大学时，提出广大教师要做"四有好老师"。2016年9月9日，习近平总书记视察北京市八一学校时提出，广大教师要做学生的"四个引路人"，"四个引路人"既是新时期教师角色的定位，也是努力的方向。

2016年12月，习近平总书记在全国高校思想政治工作会议上的重要讲话，提出"四个相统一"是新时代对加快建设师德师风的四个基本要求。他指出：要加强师德师风建设，坚持教书和育人相统一，坚持言传和身教相统一，坚持潜心问道和关注社会相统一，坚持学术自由和学术规范相统一。教师承担着办好人民满意教育的重任，是打造中华民族"梦之队"的筑梦人；只有坚持"四个相统一"，扎实推进师德师风建设，我们广大教师才能完成塑造灵魂、塑造生命、塑造新人的时代重任。

2018年1月20日，中共中央、国务院《关于全面深化新时代教师队伍建设改革的意见》指出，要全面加强师德师风建设，强化师德考评，体现奖优罚劣，推行师德考核负面清单制度。这是直接对师德师风进行评价的要求。2018年5月2日，习近平总书记在北京大学师生座谈会上指出："评价教师队伍素质的第一标准应该是师德师风。"2018年11月14日，教育部印发了《新时代高校教师职业行为十项准则》和《关于高校教师师德失范行为处理的指导意见》，明确了新时代教师职业规范，针对主要问题、突出问题划定基本底线，是对广大教师的警示提醒和严管厚爱，是深化师德师风建设，造就政治素质过硬、业务能力精湛、育人水平高超的高素质教师队伍的关键之举。2019年5月13日，教育部在印发的《全国职业院校教师教学创新团队建设方案》的通知中指出，国家级团队立项首要条件为团队师德师风高尚，即全面贯彻党的教育方针，坚持"四个相统一"，推动全员全过程全方位"三全育人"。团队教师注重坚守专业精神、职业精神和工匠精神，践行社会主义核心价值观，以德立身、以德立学、以德立教，广受师生好评。团队负责人及教师无违反师德师风情况。

2019年11月15日，教育部等七部门印发了《关于加强和改进新时代师德师风建设的意见》，对新时代我国师德师风建设工作展开全面指导和部署，要求将社会主义核心价值观贯穿师德风建设全过程，严格制度规定，强化日常教育督导,加大教师权益保护力度,倡导全社会尊师重教。2020 年 10 月 13 日,中共中央、国务院下发的《深化新时代教育评价改革总体方案》,要求坚持把师德师风作为第一标准,把师德表现作为教师资格定期注册、业绩考核、职称评聘、评优奖励首要要求。2020 年 12 月 24 日,教育部等六部门印发的《关于加强新时代高校教师队伍建设改革的指导意见》要求强化师德考评落实。

六、关于高职院校师德师风评价体系的设计

课题组针对当前我国职业院校师德师风评价中存在的缺乏定性与定量相结合的可操作性指标体系、评价形式单一且流于形式、评价结论可应用性差等问题,按照新时代党和国家对学校和教师立德树人的要求,按照科学、系统、全面、操作强的原则,坚持多主体多元评价,以事实为依据,定性与定量相结合,结合高职院校的特点,设计了高职院校教师师德师风评价和高职院校师德师风评价两个指标体系。

表 1　教师师德师风评价

一级指标	二级指标	观　测　点
基本素养	政治立场	拥护中国共产党领导,自觉以习近平新时代中国特色社会主义思想为指导,坚定"四个自信";积极参加政治理论学习,提升政治理论素养,做到学习有计划,过程有记录;自觉担当育人职责,实施课程思政教学达到较高水平
	爱国守法	自觉遵守《中华人民共和国宪法》《中华人民共和国职业教育法》《中华人民共和国教师法》等法律法规,依法从教、依法执教、依法治学;遵守学校各项规章制度,履行教师职责
	爱岗敬业	有崇高的职业理想,自觉以人才培养、科学研究、社会服务和文化传承创新为己任;践行和传承工匠精神,具备较强的教学能力和精湛的专业知识和职业技能;对工作充满热情,切实履行岗位职责,服从组织工作安排,保质保量完成本职工作
	为人师表	具有高尚道德情操,模范遵守社会公德,自觉抵制社会不良风气的影响,秉持公平诚信,坚持原则,处事公道;坚持言行雅正,举止文明,衣着得体,语言文明规范,作风正派;廉洁自律,严于律己,清廉从教(包括不索要、收受学生和家长的礼品、礼金等基本要求)

一级指标	二级指标	观 测 点
专业水平	严谨治学	尊重他人的知识产权和学术成果,无学术不端行为;确立终身学习的理念,不断更新专业知识和技能、优化课程体系、创新教育教学方法,做学生学习知识的引路人;具有扎实学识,积极参与科研工作或科研培训,科学规范申报各级各类课题,提高科研能力,完成科研工作任务;积极参与校企合作、人才培养模式改革等工作,自觉参与 1 + X 证书实践相关工作,不断提升"双师"素质
	教书育人	坚持教书和育人相统一,做学生锤炼品格的引路人;完成日常教学工作,精心备课,切实负起课堂教学第一责任;遵守教学规范,高标准完成教学任务,无教学事故
	管理育人	工作作风严谨,严格执行学校规章制度,履职尽责;自觉树立"三全育人"理念,日常管理工作与学校教学及教育活动紧密结合,加强交流沟通,提升管理服务质量,提高工作效率
	服务育人	工作主动及时,积极为师生提供服务,态度和蔼可亲,服务细致周到;积极配合各部门工作,提高服务质量,不拖延推诿,无学生、家长、其他部门、社会的投诉
工作作风	关爱学生	坚持言传和身教相统一,以自己的言传身教去影响和教育学生;对学生客观公正,因材施教,维护学生基本权益,尊重学生爱好和隐私;有仁爱之心,了解学生身心发展规律,正视学生的个体差异,尊重学生人格;认真指导学生参加创新创业大赛、实习就业等工作,做学生创新思维引路人
	关心同事	关心集体,维护学校利益和学校声誉,正确处理个人与集体的关系,顾全大局;同事之间相互尊重、相互理解、相互学习;部门内相互协作,部门外沟通顺畅,同事关系良好
服务贡献	服务企业	积极参与企业实践,主动参与校企合作活动;开展横向科研合作,取得社会效益或经济效益
	奉献社会	积极参加社会教育培训、科普宣传等服务活动,获得良好社会评价;主动参与学校、社区等志愿服务活动(公益事业),自觉承担社会义务,提高社会服务水平,做学生奉献祖国的引路人

表 2　学校师德师风评价

一级指标	二级指标	观 测 点
实施原则	顶层设计	贯彻落实国家对教师的师德师风要求,在学校发展规划和年度工作计划中载有师德师风建设的内容和要求
	以人为本	尊重教师人格,了解教师需求,发挥教师在师德师风建设中的主体作用,为教师办实事、办好事,教师对领导班子满意度在 90% 以上;研究新时代职业院校学生特点,切实为学生成长服务;促进学生全面、健康发展,学生对学校满意度在 90% 以上
机制保障	组织建设	完善党委统一领导、党政齐抓共管、牵头部门明确、院系具体落实、教师自我约束的管理机制;学校设有师德师风建设工作部门,配备专人负责师德师风建设工作;师德师风建设有目标、有计划、有措施;每年至少召开一次师德师风建设专题会议
	部门职能	学校对师德师风建设工作部门及其职责有明确制度规定,支持其充分发挥作用;按照《新时代高校教师职业行为十项准则》,做好师德师风管理工作,把师德师风纳入教育教学评价标准体系;设立教师师德师风建设专题研究项目,形成科研成果在学术期刊或新闻媒体上刊发
	制度健全	制定具有本校特色的师德师风建设的实施办法,建立师德师风建设长效机制;把培育良好师德师风作为校园文化建设的重要内容,营造师德师风良好生态,构建科学完善的师德师风评价及激励制度
实施过程	宣传引领	开展优秀教师宣讲、展示等活动,发挥典型示范引领作用,引导广大教师潜心教书育人;定期开展师德师风交流活动,充分利用教师节、开学季、毕业季、校庆日等开展各种形式的师德师风主题宣传活动;发挥各种媒体的宣传作用,弘扬良好师德师风,引导教师坚持专业精神、职业精神和工匠精神
	教育培训	完善教师政治和业务学习制度,保证每月一次的政治业务学习时间,学习有计划,过程有记录;坚持岗前培训和岗位培训相结合的师德师风教育制度,将师德师风评价全程化、立体化覆盖教师职业生涯全周期;按照严管厚爱、激励约束相结合原则,学校组织全体教师实行教师师德承诺制度,督促教师认真履职尽责;举行新教师入职宣誓和老教师荣休仪式,营造风清气正的师德师风氛围

一级指标	二级指标	观 测 点
实施过程	考核激励	突出师德师风第一标准,学校定期选树师德师风典型,表彰师德先进个人;采取定量考核与定性考核相结合、年终考核与日常督查相结合的方法,综合考核评价教师师德师风表现,实行师德师风考核"一票否决制";设置师德师风负面清单,建立健全教师违反师德师风行为的惩处机制,严肃查处师德师风失范行为
	监督管理	学校定期开展师德师风建设评议、师德师风状况调研活动;在学生中开展师德师风调查问卷,及时掌握师德师风信息动态;建立健全师德师风重大问题报告和师德师风舆情快速反应制度,具备处理师德师风重大问题和师德师风舆情快速反应能力;健全信访申诉、校长信箱、法律事务受理机制,畅通投诉渠道,受理师德师风举报案件,构建学校、教师、学生、家长和社会多方参与的师德师风监督体系;健全师德师风失范行为通报警示教育制度;对师德师风失范行为的处理,坚持公平公正、教育与惩处相结合的原则
	档案管理	建立完善的师德师风工作档案建设与管理制度,档案齐全,管理规范;建立教师个人师德师风档案,由院系负责管理,学校负责监督
建设成效	教师师德评价	教师品德高尚,学生评教优秀率在90%以上;关爱学生蔚然成风,呈现教学相长和民主、平等、和谐的新型师生关系;教师师德师风问题逐年减少,或连续多年没有出现;教师获得各级师德师风先进个人、优秀教师、优秀辅导员、先进学生工作者等荣誉人数增多且经常化
	学校师德评价	学校师德师风建设事迹突出,获得各级精神文明建设先进单位或师德师风建设先进集体等荣誉;师德师风在社会上反响良好,师德师风典型在当地有较大知名度,为学校赢得相应美誉;学校"三全育人"成效显著,在"三全育人"工作机制中,教师师德师风发挥重要作用

七、关于设计师德师风评价体系的说明

鉴于师德师风建设和评价的重要性,本课题将师德师风评价分为教师个人和学校整体两个部分。

在"教师师德师风评价"中,共设计四个一级指标:第一个是"基本素养",包括政治立场、爱国守法、爱岗敬业、为人师表四个二级指标;第二个是"专业水

平",包括严谨治学、教书育人、管理育人、服务育人四个二级指标;第三个是"工作作风",包括关爱学生、关心同事两个二级指标;第四个是"服务贡献",包括服务企业、奉献社会两个二级指标。

在"学校师德师风评价"中,也设计了四个一级指标:第一个是"实施原则",包括顶层设计、以人为本两个二级指标;第二个是"机制保障",包括组织建设、部门职能、制度健全三个二级指标;第三个是"实施过程",包括宣传引领、教育培训、考核激励、监督管理、档案管理五个二级指标;第四个是"建设成效",包括教师师德评价、学校师德评价两个二级指标。

参考文献

[1]　潘希武.师德量化考核的限度及其消极性[J].上海教育科研,2010(08):56-58.

[2]　瞿鹤鸣、吴佳.高校师德评价指标体系的构建[J].湘潭大学学报(哲学社会科学版),2007(3):144-148.

[3]　董鹏刚.新时代下高校教师师德评价指标体系构建研究[J].西部素质教育.2018,4(19):57-58.

[4]　李高云.建立评价机制 促进高校教师职业道德修养[J].贵阳学院学报.(社会科学版),2007,(2):90-92.

[5]　黄泰岩.关于我国高校教师考核评价的几个基本问题[J].武汉大学学报(哲社版),2008(1):131-137.

[6]　卢敏、温福兰.论高校教师职业道德评价的价值取向[J].职业时空,2007(11):29

[7]　郭勤英.新常态下高职院校师德师风评价机制的评析与重建[J].教育与职业,2018(01):75-77.

[8]　吴茂森.论职业院校师德评价指标体系的有效构建[J].智库时代,2018(51):62+65.

(课题承担单位为天津滨海职业学院,课题主持人为刘雁红。课题组成员:刘永新、陆清华、张婷、刘兆媛、张景、刘俊花、贾瀛、魏巍、杜壹伟。)

第二十三章　教师教学评价

一、核心概念界定

改进教师教学水平是提高教育教学质量的关键所在,教师教学评价是教育界评价理论与实践的重要内容。教学评价的定义也一直是众多学者争议的问题。陈玉琨认为,教师教学评价是对教师教学工作现实的或潜在的价值做出判断的活动,它的目的是促进教师的专业发展和提高教学效能。秦梦群认为,教学评价是通过收集、组织、分析资料,对教学现象或活动加以描述与价值判断的历程。王汉澜认为,教学评价指的是按照一定的教学目标,运用科学可行的评价方法,对教学过程和教学成果给予价值上的判断。陈广桐认为,教师教学评价是指以教师的教学为研究对象,根据一定的方法和标准对教与学的过程和效果做出客观衡量和价值判断的过程。王丹丹认为,教学评价是指依据一定的客观标准,通过各种测量和相关资料的收集,对教学活动及其效果进行客观衡量和科学判定的系统过程。

综合各位专家学者观点,本课题组认为,教师教学评价是指:按照以科学依据设定的评价标准和要求,对教师的教学行为和学生学习的效果进行价值判断的过程。为达到评价的有效性,必须收集有关教学活动的信息和数据,包括教学行为及学生评教数据、教师之间的互评资料以及教学督导数据,综合这些数据做出一定的评估结论。这个评价过程具有诊断、引导、激励、调控、交流的功能,有利于提升教学质量。

二、已有相关国内外研究成果和实践发展的综合性评述

20世纪50年代,欧美国家在经历了一系列尝试后,制定了教师教学评价制度。我国对高校教师教学评价的理论研究是伴随着《中共中央关于教育体制改革的决定》在 1985 年的颁布而逐步开展起来的。

（一）关于教师教学评价理论的研究

20 世纪 80 年代,学者们开始关注到教育教学评价理论的研究,有关教师教学评价的专著与论文开始出现。

有学者对多种教师教学评价方式进行了研究,如陈玉琨在著作中对教师自评、学生评教、同行评价等教师教学评价的定义、意义、内容等方面做了论述。[①]沈玉顺在《现代教育评价》中对教师自评、学生评教、同行评价、领导评价等教师教学评价进行了全面的论述。[②] 胡中锋在著作中对教师自评、学生评教、同行评价、督导评教的定义、优点、内容、方式、工具等方面都进行了系统论述。[③] 有些学者对某一种教师教学评价方式进行了更为深入的研究,例如对督导评价的研究。徐美在研究高校督导评教的权威性时,分析了影响督导评教的原因。[④] 高海生对高校教学督导制度进行了研究,提出了推动教学督导工作正常运行应采取的措施。[⑤]

关于教师教学评价体系的研究集中在教师教学评价的原因、意义、具体评价指标及体系建立的方法,教师教学评价的现实问题,教师教学评价系统构建等方面。关于教师教学评价的目的方面,刘佳认为,第四代评价以来,高校教师教学评价是不同价值选择的结果。[⑥] 孙玉洁、吴振利认为,教学评价目的分为实然目的和应然选择。[⑦] 不过,在教师教学评价的最终目的上,大家的意见比较一致:提高教师教学水平从而提高教育教学质量。

关于教师教学评价中存在的问题研究方面,涉及多个角度,对评价目的、评价主体、评价指标、评价的过程等多个方面都有相关研究,研究方法也多样化。付惠在其学位论文中,通过梳理我国高校教师教学评价的发展过程,提出我国教

---

① 陈玉琨. 教育评价学[M]. 北京:人民教育出版社. 1998:138 – 141.

② 沈玉顺. 现代教育评价[M]. 上海:华东师范大学出版社. 2002:120 – 127.

③ 胡中锋. 教育评价学[M]. 北京:中国人民大学出版社. 2016:168 – 170.

④ 徐美. 高校教学督导员课堂教学评价的权威性:问题与对策[J]. 教育理论与实践. 2014.34(3):6 – 8.

⑤ 高海生. 论高校教学督导制度[J]. 国家教育行政学院学报. 2010.(1):19 – 22.

⑥ 刘佳. 第四代评价理论视阈下高校教学评价制度的反思与重建[J]. 教育发展研究. 2015.35(17):56 – 61.

⑦ 孙玉洁,吴振利. 浅析教师评价的目的及其实现[J]. 辽宁教育学院学报. 2001(07):43 – 45.

师教学评价主体参与性不强、评价标准欠科学、评价功能有局限等问题。① 刘丹丹通过个案分析以及某校实地调查,发现教师教学评价目的、评价制定、评价方式等方面存在的问题并提出了相应改进措施。②

(二)关于教师教学评价指标的研究

科学地建立评价指标和评测方法,能够更好地保障教学质量评价结果的真实和有效性。学者们广泛采取专家评分法、因子分析法、层次分析法、模糊综合评分法,以及多种方法相结合的研究,取得了丰富的研究成果。胡聚华采用多级模糊综合评价原理,建立高校教师教学质量的评价模型。③ 张丽运用因子分析法,并有效借助 SAS 软件、SPSS 软件对教学质量评价问题进行定性和定量分析。④ 徐薇薇、吴建成采用层次分析法来确定评价指标的权重,注重制定教学质量评价指标体系的科学性。⑤ 胡平波在采取广泛访谈,并编制问卷进行问卷调查,在对数据结果进行分析的基础上,确定了人文关怀、能力培养、基础知识与扩展知识传授等四个一级指标。⑥ 吴庆田、刘淘引入不确定语言多准则决策方法,进行知识的定性定量转化与语言值的集结,建立基于云模型的不确定语言多准则群决策的高校教师教学质量评价模型,构建评价指标体系。⑦ 李慧玲将模糊层次分析和模糊综合评价结合,给出了评价指标的权重,再结合教学实践分析,探讨其实施方案。⑧

(三)关于教师教学评价体系的相关研究

有关教师教学评价体系研究,可以分为理论研究和实践研究两个方面:理论研究主要是从宏观角度入手,在相关理论的基础上,论证如何构建教师教学评价体系,或对中外教师教学评价体系进行比较研究。张飞娟认为,教师教学评价是一个综合性的评价过程,一般囊括评价目的与特性、评价主体、评价具体内容、评

---

① 付惠.改革开放以来中国高校教师教学质量评价的研究(1978-201 年)[D].华东师范大学. 2015.

② 刘丹丹.高校教师教学评价的问题分析与对策研究[D].扬州大学,2013.

③ 胡聚华.高等学校教学质量监控与教师评价[D].天津大学.2005.

④ 张丽.高校教师教学质量评价的实证研究[D].武汉科技大学.2010.

⑤ 徐薇薇,吴建成,蒋必彪,龚方红.高校教师教学质量评价体系的研究与实践[J].高等教育研究,2011(1):102.

⑥ 胡平波.高校教师教学质量评价指标体系维度结构及测量[J].江西财经大学学报.2010(03): 111-115.

⑦ 吴庆田、刘淘.高校教师教学质量综合评价实证分析———基于云模型的不确定语言多准则群决策方法评价[J].宏观质量研究,2014(2):114.

⑧ 李慧玲,董小刚,秦喜文.论高校教师教学质量评价方法[J].现代教育科学.2010(6):162.

价方法、评价结果等在内的一系列问题组合而成的整体。① 史乐乐在其学位论文中对教师教学评价的理念、问题、体系构建进行了较为系统的阐释。② 俞佳君提出结合建构主义学习理论、大学教学范式、有效教学等相关理论,以学习为中心角度构建教师教学评价体系。③ 张佳榕、潘黎较为全面地总结分析加州大学伯克利分校在教学评价方面的经验和优势。④ 周景人在政策制定、评价标准、评价过程、评价方法以及评价观等多个方面,广泛对比加州州立大学北岭分校与上海师范大学教师教学评价工作的开展。⑤ 实践研究方面,主要是从微观入手,基于某一具体学科或某一学校的实际情况,构建教师教学评价体系或探寻存在的问题并提出改进措施。陈春辰以某高校为研究个案,从教师教学评价工作的频率、态度、内容、工具、渠道、信息反馈等方面分别阐述了该校教师教学评价现状、存在问题及主要原因,并提出了提高该校教师教学评价工作有效性的对策。⑥ 张莉从教学质量评价体系入手,利用软件关分析和方差分析等方法,对教师教学质量评价数据进行处理与分析,以某高校为例,为高校改进教师教学和加强关键教学环节控制提供依据。⑦ 刘巧红通过某学校公共管理专业教师教学评价体系的具体情况进行分析,发现存在的问题并提出改进措施。⑧ 此外,还有专门针对某一种评价主体开展研究的,例如,徐美在研究高校督导评教的权威性时,分析了影响督导评教的原因,提出了有助于提高督导评教的信度与效度应采取的措施。⑨ 高海生对高校教学督导制度进行了研究,提出了推动教学督导工作正常运行应采取的措施。⑩

————————————

① 张飞娟.高校课堂教学评价体系及方法研究[D].西北大学.2013.

② 史乐乐.教师教学评价研究:理念、问题、体系构建[D].河北师范大学.2019.

③ 俞佳君.以学习为中心的高校教学评价研究[D].华中师范大学.2015.

④ 张佳榕,潘黎.美国高校教师教学评价研究及启示——以加州大学伯克利分校为例[J].高等教育研究学报.2018.41(01)

⑤ 周景人.中美高校教师教学评价的比较研究——上海师范大学与加州州立大学北岭分校为例[D].上海师范大学.2014.

⑥ 陈春辰.高等职业院校教师教学评价问题及对策研究——以 D 校为例[D].重庆师范大学.2018.

⑦ 张莉.高校教师教学质量评价研究——以 H 学校为例[J].湖北科技学院学报.2017,37(02)

⑧ 刘巧红.本科课堂教学评价研究[D].中央民族大学.2015.

⑨ 徐美.高校教学督导员课堂教学评价的权威性:问题与对策[J].教育理论与实践.2014.34(3):6-8.

⑩ 高海生.论高校教学督导制度[J].国家教育行政学院学报.2010(1):19-22.

三、研究方法

（一）文献分析法

课题组紧紧围绕高等职业教育教师教学评价这一核心问题，对相关文献进行搜集、阅读、梳理、分析，选取相关研究成果，为本研究奠定资料基础。一方面，对已出版的相关专著进行检索查阅；另一方面，对关于学生评教、教师教学评价方面的期刊论文和学位论文，主要是通过中国知网的期刊全文数据库、万方数据库中的学位论文库进行计算机检索。

（二）比较研究法

通过对职业教育教师教学评价相关研究的比较分析，特别是通过比较评价标准，分析原因，形成结论，并将结论运用于教师教学评价的设计中。

（三）调查法

通过调查高职院校教师教学评价的实施情况，制定调查计划，整理调查资料，用于本研究的评价指标的设计。

（四）专家访谈法

向职业教育教学领域成就显著的专家学者进行面对面的请教，倾听专家在职教领域教学的经验、感悟及对本研究的指导性意见，用于评价标准的拟定。

四、理论依据

（一）习近平总书记的有关重要论述

习近平总书记多次强调立德树人是高校育人工作的根本任务。2016年，习近平总书记在全国高校思想政治工作会议上提出，高校立身之本在于立德树人。只有培养出一流人才的高校，才能够成为世界一流大学。要坚持把立德树人作为中心环节，把思想政治工作贯穿教育教学全过程，实现全程育人、全方位育人，努力开创我国高等教育事业发展新局面。2017年，习近平总书记在党的十九大报告中再次强调，要全面贯彻党的教育方针，落实立德树人根本任务，发展素质教育，推进教育公平，培养德智体美全面发展的社会主义建设者和接班人。2018年，习近平总书记在北京大学师生座谈会上的讲话中提出，人无德不立，育人的根本在于立德。要把立德树人的成效作为检验学校一切工作的根本标准，真正做到以文化人、以德育人，不断提高学生思想水平、政治觉悟、道德品质、文化素养，做到明大德、守公德、严私德。要把立德树人内化到大学建设和管理各领域、各方面、各环节，做到以树人为核心，以立德为根本。要把立德树人融入思想道德教育、文化知识教育、社会实践教育各环节，贯穿基础教育、职业教育、高等教育各领域，学科体系、教学体系、教材体系、管理体系要围绕这个目标来设计，教师要围绕这个目标来教,学生要围绕这个目标来学。凡是不利于实现这个目标的做法都要坚决改过来。

根据立德树人的根本任务,习近平总书记对教师提高教学水平提出了明确要求。2014 年 9 月,习近平总书记视察北京师范大学时,专门强调要打造一支有理想信念、有道德情操、有扎实学识、有仁爱之心的"四有"好老师队伍。习近平总书记指出:"要加强师德师风建设,坚持教书和育人相统一,坚持言传和身教相统一,坚持潜心问道和关注社会相统一,坚持学术自由和学术规范相统一,引导广大教师以德立身、以德立学、以德施教。""要立足培养中国特色社会主义事业建设者和接班人的需要,立足国际视野、家国情怀、集体精神和创新思维的新时代人才基本需求,不断提升自己的学识能力,广大教师既做好'大先生'又做好'教书匠'。"

(二)有关教学评价的理论观点和方法

1."以学生为中心"的教育理念

"以学生为中心"的教育理念是由美国人本主义心理学家卡尔·罗杰斯(Carl Rogers)首次提出,继而在教育学领域产生广泛影响一种教育理念。该理念主张在教学过程中重视学生个性特性和学习需求,引发了教育领域的广泛深思,1998 年,联合国教科文组织将"以学生为中心"的教育理念写入了《二十一世纪的高等教育:展望和行动世界宣言》,该宣言指出:高等教育必须确立"以学生为中心"这一全新的视角与模式,各个国家高等教育的决策者务必关注学生本身与学生的需要。作为联合国教科文组织的创始国之一,20 世纪 90 年代起,我国教育领域广泛倡导"以学生为中心"教育理念,这一理念至今依然占据着重要的地位。《国家中长期教育改革和发展规划纲要(2010—2020)》中特别提出,要关心每位学生,促进每位学生积极主动、生动活泼地发展,尊重教育规律和学生身心发展规律,为每位学生提供适合的教育,彰显着"以学生为中心"的教育理念。

2.运用 CIPP 评价模型进行教学评价

CIPP 模式是由美国著名教育评价专家斯塔弗尔比姆提出的,它包含背景评价、输入评价、过程评价和成果评价四个主要实施步骤。背景评价(Context Evaluation)是通过对目标形成的社会背景、环境条件以及目标对各方需求的满足情况进行评价,从而对目标本身的科学合理性进行价值判断;输入评价(Input Evaluation)的实质是可行性与有效性评价,是在背景评价的基础上,对达到目标所需的条件、资源以及各备选方案的相对优点所进行的评价;过程评价(Process

Evaluation)对方案的实施过程进行全面记录,是对评价过程的监督与反馈;成果评价(Product Evaluation)是对目标达到程度所做的评价,主要通过考察对方案的预期与非预期效果,并进行价值判断。

五、政策依据

教育部于 2004 年开始全面启动高职高专院校人才培养工作水平评估,重新修订了《高职高专院校人才培养工作水平评估方案(试行)》《高职高专院校人才培养工作水平评估工作指南(试行)》和《高职高专院校人才培养工作水平评估专家组工作细则(试行)》。由于评估工作刚刚起步,缺乏经验,该轮评价中的指标体系主要参考美国等发达国家的相关经验,以及本科人才培养工作水平评估的经验,一定程度上缺乏职业教育的类型特点。2008 年,教育部开始实施第二轮院校评估,印发《高等职业院校人才培养工作评估方案》,本轮评估工作注重结合职业教育的类型特征,理念更加先进、体系更加完善。2013 年以来,国家大力倡导"管评办分离",使得教学质量评估工作更加科学。

2014 年,国务院印发《关于加快发展现代职业教育的决定》,为提高现代职业教育质量,需加强组织领导,强化督导评估。2016 年,教育部印发《关于深化高校教师考核评价制度改革的指导意见》,要求各类高等院校"加强教学质量评价工作",特地提出了高校开展教师教学综合性评价的要求。2020 年,中共中央、国务院印发《深化新时代教育评价改革总体方案》,从更加宏观的视角,解决评价指挥棒的问题,要求坚持把师德师风作为第一标准、突出教育教学实绩。

六、关于高职院校教师教学评价体系的设计

根据学界已有的研究成果综合分析,依据上述理论、观点和方法,从我国高等职业教育实际出发,提出以下关于高职院校教师教学的评价体系:

教师教学评价一览表

一级指标	二级指标	观 测 点
师德师风	坚持正确政治导向	忠诚党的教育事业,自觉将立德树人根本任务落实到教学工作之中;认真开展课程思政,在教学中落实习近平新时代中国特色社会主义思想"三进"
	依法履职严于律己	在遵循教育教学规律和学生成长与认知规律的基础上开展教学、研究和实践;依法依规履行教师职责,严于律己,在教学活动中无损害国家利益、社会公共利益或违背社会公序良俗的状况发生

一级指标	二级指标	观 测 点
教学能力	日常教学行为规范	精心备课,了解学生的学习基础与预习情况,对授课中可能会出现的情况备有应对措施;教学目标明确,严格执行教学计划,教案编写规范,课程导入、知识讲授、课堂训练等教学环节逻辑清晰,安排紧凑;熟练使用各种教学手段和工具(特别是现代信息技术手段)
	教学过程合理顺畅	教学内容熟悉,理论阐述准确,论证严密,概念清晰,逻辑性强;准确把握教学重点、难点和深度、广度,循序渐进,主次分明,详略得当;注重知识更新,随时加入最近科技知识,杜绝照本宣科、平铺直叙;培养学生科学思维方法,启发学生创新思维,引导学生融会贯通
教学方法	熟练使用常规方法	按照教学常规做到板书规范、美观、图表展示准确、清晰,语言表述规范、准确并富有节奏;积极运用现代信息技术手段辅助教学;合理安排师生交流和生生讨论
	积极探索方法创新	以实现"课堂革命"为目标,积极探索教学方法改革;注重日常教学数据积累和教学成效检测,坚持开展教学研究;积极实施混合式教学,熟练运用现代信息技术开展教学活动并不断取得进步
教材开发	教材使用	按规范要求及课程需求使用规划性教材以及校本教材,熟知教材内容;合理使用电子交互式教学资源
	教材开发	撰写或参与撰写国家级、省部级或校本教材;积极与企业合作,开发新型活页式、工作手册式教材及配套信息化资源

一级指标	二级指标	观　测　点
教学效果	课堂教学效果	课堂有一定感染力,学生通过课堂学习能够更加坚定理想信念,道德品质、行为规范得到有效塑造;学生学习态度端正,课堂氛围良好,学生注意力集中,课堂参与度高;课堂上学生思维活跃,能主动提出问题,回答教师的提问准确、完整;课堂检测正确率在85%以上,作业完成效果好;学生通过本次学习能够汲取新知识,掌握新技能,能够举一反三
	课堂教学风格	对教学理念见解独到,能够彰显职业教育类型特征;教学语言风格鲜明;对学生有细心、耐心和爱心,能够为学生答疑解惑,在教学过程中关注学生的心理健康及全面成长
	社会影响力	积极参加国家级、省部级、校级教学能力大赛,并获得荣誉;积极指导学生参加国家级、省部级技术技能大赛,并获得荣誉;积极申报国家级、省部级各类名师或教学团队荣誉称号,并获得荣誉

七、关于高职院校教师教学评价体系设计的说明

关于高校教师教学评价标准的研究已有许多年,实践中更是形式多样,成果丰硕,但能够直接应用于高等职业教育教学的成果并不多。本书专门研究高职院校评价体系,就必须充分考虑高职教育的特点和规律性要求。因此,本课题在借鉴以往相关成果的基础上,根据国家最新的教学评价要求提出了上述设计,有一定的创新。这个评价体系最初的设计比较庞大,经过多轮讨论特别是多次听取专家和高职院校校长的修改意见,本着宜粗不宜细的原则,最后确定先用这个评价体系表开展实验,然后逐步完善。

本评价体系设计了五个一级指标:第一个是"师德师风",包括坚持正确政治导向、依法履职严于律己两个二级指标,体现了新时代必须把师德师风放在第一位的要求;第二个是"教学能力",包括日常教学行为规范、教学过程合理顺畅两个二级指标,把教师教学能力放在突出位置;第三个是"教学方法",包括熟练使用常规方法、积极探索方法创新两个二级指标;第四个是"教材开发",包括教材使用、教材开发两个二级指标;第五个是"教学效果",包括课堂教学效果、课堂教学风格、社会影响力三个二级指标。上述指标的提法回归到教学一般要求上,同时在观测点上突出体现职业教育的特点,至少在目前是有利于高职教师教学评价的。

参考文献

［1］ 陈玉琨.教育评价学［M］.北京:人民教育出版社.1998:138－141.

［2］ 沈玉顺.现代教育评价［M］.上海:华东师范大学出版社.2002:120－127.

［3］ 胡中锋.教育评价学［M］.北京:中国人民大学出版社.2016:168－170.

［4］ 赵中建.全球教育发展的研究热点:90年代来自联合国教科文组织的报告［M］.北京:教科学出版社.2000

［5］ 胡聚华.高等学校教学质量监控与教师评价［D］.天津大学.2005.

［6］ 张丽.高校教师教学质量评价的实证研究［D］.武汉科技大学.2010.

［7］ 刘丹丹.高校教师教学评价的问题分析与对策研究［D］.扬州大学,2013.

［8］ 付惠.改革开放以来中国高校教师教学质量评价的研究(1978－201年)［D］.华东师范大学.2015.

［9］ 俞佳君.以学习为中心的高校教学评价研究［D］.华中师范大学.2015.

［10］ 史乐乐.教师教学评价研究:理念、问题、体系构建［D］.河北师范大学.2019.

［11］ 孙玉洁、吴振利.浅析教师评价的目的及其实现［J］.辽宁教育学院学报.2001(07).

［12］ 胡平波.高校教师教学质量评价指标体系维度结构及测量［J］.江西财经大学学报.2010(03).

［13］ 高海生.论高校教学督导制度［J］.国家教育行政学院学报.2010.(1).

［14］ 李慧玲,董小刚,秦喜文.论高校教师教学质量评价方法［J］.现代教育科学.2010(6).

［15］ 徐薇薇,吴建成,蒋必彪,龚方红.高校教师教学质量评价体系的研究与实践［J］.高等教育研究.2011(1).

(课题承担单位为天津职业大学,课题主持人为诸杰。课题组成员:刘春怡、魏海平、罗亚、周玥、王韬、张奕、黄晓鑫、李星。)

第二十四章　教师科研评价

一、核心概念界定

科研即"科学研究"。该词来源于英文的 research，由前缀 re（再度、反复之意）与 search（探索、寻求之意）组成，合起来的意思是反复探索。联合国教科文组织用"研究与发展"（Research and Development，即 R ＆ D），即来表示科学研究的概念。对于科学研究的概念，英国《牛津大辞典》及经济合作与发展组织（OECD）指出："研究与开发，是为了增加知识量，知识包括人类文化和社会知识的探索，以及利用这些知识去发明新用途所从事的系统创造性工作。"科学研究实质上由两部分组成，一部分是创造知识，即创新、发现和发明，是探索未知事实及其规律的实践活动；另一部分是整理知识，即对已有知识分析整理，使其规范化、系统化，是知识继承的实践活动。由此，可以给科学研究下这样一个定义：人们探索未知事实或未完全了解事实的本质和规律以及对已有知识分析整理的实践活动。前半部分是科学研究的创新活动，后半部分是知识继承活动。这个定义既包括了探索未知的创造知识部分，又包括整理知识的继承前人知识部分。高校科研有广义和狭义之分。广义的科研包括以发现新知识为目的的学术研究和以提高教学质量为目的教学研究，狭义的研究仅指前者。本课题研究的科研评价是广义的科研评价，主要包括学术研究评价（基础研究、应用研究和技术开发研究）和教学科研评价。

二、已有相关国内外研究成果和实践发展的综合性评述

从国外的研究情况来看，20 世纪后半叶以来，科研评价活动在发达国家已经呈现出系统化、制度化和常规化的发展趋势。在科研评价标准与方法体系方面,国外大学科研评价的内容主要包括研究成果的数量、质量、影响(对其他研究者或知识进步),以及产生的技术、经济或社会效益方面的途径等。可以看出,国外大学科研评价的标准非常重视科研产出。目前,世界很多国家的科研评价特别是中观和微观层面的评价是以定性分析为基础,以定量分析为手段,采用定性与定量相结合的方法,即进行科研评价时,采用在由专家组成的评价委员会的基础上,辅以对科研评价指标体系赋等级的定性与定量相结合的方法。众多发达国家为促进本国高校科研实力提升,建立起了全国性高校科研评价体系。其中,英国和澳大利亚作为率先开展高校科研评价的国家,其科研评价体系一直备受其他国家关注。在长期开展评价的过程中,两国的科研评价体系不断发展优化。澳大利亚卓越科研(Excellence in Research for Australia,简称ERA)是由澳大利亚研究委员会管理的用以评价澳大利亚高校科研质量的一套制度,旨在识别和促进澳大利亚高等教育机构开展的各种科研活动的卓越性。ERA制度是澳大利亚现行的高校科研评价制度,自2007年,ERA制度吸收社会各界人士的咨询和建议,经历了两年多时间的制定与改进,终于在2010年进行了第一轮高校科研评价。2012年、2015年、2018年陆续开展了三轮评价。其最终评价结果直接引导高校支持可持续的优秀科研计划,根据产业、区域和国家优先顺序去调整研究战略,以使公共资金在科研领域的投资效益最大化,且可以向工商业界等领域提供高校的科研强项等信息,以便于这些强项为整个国家所开发利用。2018年,ERA第四轮评价全面地盘点具有优势的学科和有发展潜力的科研领域,成为提升澳大利亚高校科研质量、建设创新与卓越的国家的制度支撑。ERA制度通过对不同的学科分设不同的指标,采用不同的评价标准;业内专家和同行互相协作进行评价;按评价单元和学群分别进行评价等评价方式进行,确定各个高校的科研优势。

近年来,英国和澳大利亚两国高校科研评价体系出现了相似的变革趋势——开始对高校科研在学术界以外产生的影响进行考察。政府、企业等在内的诸多利益相关方希望获取更多高校科研投资在经济、社会等方面所获收益的信息,高校展示或衡量科研带来的经济社会效益也变得越来越重要。因此,对科研在学术界外产生的影响情况进行评价,成为澳大利亚为代表的高校科研评价制度的新要求。国外科研评价研究多为高校,少有文献分析高等职业教育,故本课题的文献分析主要以国内为主。

(一)发文数量

通过中国知网(CNKI)检索,以"高职教师科研评价"为篇名的文献中,共计检索出 6 篇论文;以"高职教师科研评价"为主题的文献中,共计检索出 10 篇论文;以"高职科研评价"为篇名的文献中,共计检索出 90 篇论文;以"高职科研评价"为主题的文献中,共计检索出 159 篇论文。在 2009 年前鲜有相关研究,自 2009 年后,伴随高职科研工作的展开,对科研绩效评价的研究开始逐步增加。

(二)研究热点和趋势

1. 宏观层面的研究

针对高职院校教师科研评价的宏观研究主要集中在评价的背景、必要性、意义分析;评价的现状剖析;评价的基本原则确立;评价开展的方向和趋势分析。由此可见,这些宏观研究主要侧重于肯定高职院校科研评价的必要性,分析现存问题,探讨评价原则和方向,不涉及具体的评价方案设计和评价实施。

2. 微观层面的研究

在检索成果中,具体评价方法和评价应用的微观研究占据 80% 的比重,研究内容也同样具有显著的时间特性,具体有以下内容:一是对单一科研成果评价方法的研究,比如科研论文的评价方法;二是对具体评价指标的研究,评价指标突破了科研论文的单一性,开始对综合性的评价指标进行研究;三是评价体系构建的研究,这类研究集中出现于 2011 年前后,开始从体系构建的视角来探讨高职院校科研评价主体、标准、方法、制度,以提高高职科研评价工作的综合性、规范性和科学性;四是具体方法在评价体系构建中的应用,这类研究主要是基于跨学科的视角,将一些统计学、人力资源管理学、大数据技术等方法和工具引入高职科研评价研究之中;五是探讨科研评价体系的应用与作用的研究,主要集中于探讨如何通过科研评价来提升高职教师的科研能力和科研水平;六是针对科研团队建设的评价研究,主要集中于探讨科研团队创新能力评价、团队建设评价指标体系与科研团队绩效评价,这类研究契合了现阶段高职院校科研团队建设的重点工作。

(三)主要成果

首先,肯定了高职院校科研评价和新时代高职院校科研评价体系改革的必要性。研究者对高职院校科研评价工作的意义和必要性具有普遍的共识,认为科研评价是科研管理的有效手段,也是科研管理的重要组成部分;良好的科研评价体系能够发挥出导向、诊断、督促和激励的功能(苏丹,2017)。科研评价可以提高教师的科研兴趣和能力,促进教师的自我发展,也可以提高院校的办学水平,增强高职院校的社会影响力(尚会妍,2017)。新时期高职院校科研评价体系改革是现代职业教育可持续发展的需要、实现创新型人才培养目标的需要和促进科研能力稳步提升的需要(史娜,2020)。

其次,对高职院校现有的科研评价制度进行了较为客观的剖析。对于现有科研评价体系存在的问题,分析观点也比较集中,主要有评价体系未能结合高职院校的特征,盲目照搬本科类高校科研评价方法,不能激发高职教师的科研积极性;科研评价方法单一,以简单的量化评价为主,导致重量不重质的现象普遍存在(耿晓棠,2013),具体表现为追求成果的数量、成果刊发的级别、课题经费的数量,造成教师盲目追求成果数量和等级,忽略成果本身的质量和学科的差异性(付江明,2015);科研评价体系不完备,包括科研评价过程透明度不够、科研评价存在走过场的情况、评价结果的反馈机制不完善(周德锋,2014)、科研评价结果应用功利化;评价标准不科学,缺少对其他环节的关注,对研究人员不做区分,忽视学科和类型差异(付江明等,2020)。由于以上问题的存在,导致目前阶段高职院校的科研评价工作的形式大于实质,不能通过评价实现对学术成果、学术质量和学术水平的准确评价,未能实现引导高职教师树立正确的科研工作价值导向,未能达成提升教师学术能力、促进高职院校教学和服务社会能力提升的评价目标。

再次,探讨了构建科学有效的高职院校科研评价体系的基本原则。有研究者提出科学性、导向性、规范性、可操作性和可验证量化性原则(邓剑平,2013)。

最后,对高职院校科研评价体系构建进行了有益的探讨。数量众多的研究者逐步实现了从单纯的科研量化考核研究向科研绩效评价研究的转化,主要从评价内容和评价方法两方面对高职科研评价体系的构建进行研究。对具体评价内容的研究主要都是从科研产出及成果转化的角度来进行,如有学者提出基础科研和实践科研两种分类,所谓基础科研主要指理论研究方面的成果,如论文、著作等,实践科研主要指理论研究在教学和实践中的应用成果,如专利、科研奖励、人才培养等。也有学者指出,科研评价应将科研行为、科研成果、产学研合作效果纳入评价内容。对评价方法的研究主要侧重于评价指标体系的构建,为实现定性评价和定量评价的有效结合,大部分的研究均采用层次分析法进行指标体系构建。

(四)高职院校教师科研评价研究的主要问题

通过对国内有关高职院校科研评价体系研究现状的梳理,可以看出对于高职院校现行的科研评价体系的内容、作用、问题等形成了比较一致的研究结论,并在此基础上对新的科研评价体系建立的方向、原则等进行了有效的探讨,对新的评价体系如何构建也进行了一些有益的探索。但总体而言,对于如何构建适

应高职院校发展需要的科学的科研评价体系研究,仍存在以下问题:

首先,评价目的不明确,未能有效地发挥科研评价对科研工作的导向作用。高职院校科研评价的目的应是通过评价引导科研工作为教学服务,为人才培养服务;依据高职院校科研特征和基础条件,提高教育教学研究和应用技术开发研究的能力与水平。

其次,评价内容仍主要局限在对科研成果的评价,未能客观的反映高职院校科研工作的全过程。在评价内容的设计上应综合考虑高校科研工作的全过程,不仅要评价科研成果,也要设计指标评价教师的科研承担能力、研究执行能力、科研成果应用和学术综合影响力。

再次,未能针对被评价主体的不同特征,设计相应的分类评价体系。在现有的研究中,缺少针对不同类型人员和不同类型研究的分类评价。应根据科技活动类型、学科特征、科技活动人员类型来构建不同的评价体系。

最后,根据教育部办公厅印发的《关于开展清理"唯论文""唯职称""唯学历""唯奖励"专项行动的通知》文件精神,构建新的评价指标,着重于科研成果质量、贡献,以及在领域内同行专家影响力,探索建立以创新质量和贡献为导向的绩效评价体系,探索建立"代表性成果"评价机制、设立分类评价指标、完善评价体系等,都是新时代高职院校科研评价发展的方向。

三、研究方法

(一)专家访谈法

拜访有代表性的专家学者,听取他们对高职教师科研评价的意见和想法,将这些意见和想法作为本研究的参考依据。专家访谈法的要求:这些专家在该领域具有代表性,确实具有丰富的科研和科研管理经验。

(二)文献研究法

根据研究目的,通过对文献资料的收集和整理,从而全面、客观地了解掌握所要研究问题现状。本课题通过对高职科研与评价管理类等文献资料的收集和整理,确定教师科研评价的焦点问题及其改革指向和针对性举措。

(三)定性分析研究法

定性分析研究法采用文字来描述现象。考虑到研究成果的普适性以及标志性成果的质量与贡献价值的较难统一量化,本课题主要采用定性分析为主的研究方法构建高职教师科研评价指标体系。

(四)经验总结法

通过对实践活动中的具体情况进行归纳与分析,使之系统化、理论化,上升为经验的一种方法。本课题采用经验总结法,对天津职业大学多年教师科研评价考核工作经验以及天津市高等职业院校教师职称评价基本标准等有关描述进行总结与提升。

四、理论依据

(一)习近平总书记的有关论述和观点

2016 年 5 月,习近平总书记在全国科技创新大会、两院院士大会、中国科协第九次全国代表大会上的讲话中强调,要改革科技评价制度,建立以科技创新质量、贡献、绩效为导向的分类评价体系,正确评价科技创新成果的科学价值、技术价值、经济价值、社会价值、文化价值。

2020 年 4 月,习近平总书记主持召开中央全面深化改革委员会第十三次会议。会议指出,党的十八届三中全会以来,系统布局和整体推进科技体制改革,通过破除体制性障碍、打通机制性梗阻、推出政策性创新,显著增强了各类主体创新动力,优化了创新要素配置,提升了国家创新体系整体效能,推动我国科技事业取得了新突破。同时,也要看到,科技体制改革任务落实还不平衡不到位。要创新科技成果转化机制,打通产学研创新链、产业链、价值链。要抓好科研经费管理、科研评价、科技伦理、作风学风建设等基础性制度落实,激发创新创造活力。

2021 年 5 月,习近平总书记主持召开中央全面深化改革委员会第十九次会议时强调,加快实现科技自立自强,要用好科技成果评价这个指挥棒,遵循科技创新规律,坚持正确的科技成果评价导向,激发科技人员积极性。会议指出,党的十八大以来,党中央部署推进科技评价体系改革,聚焦"四个面向"的科技成果评价导向逐步确立,激励创新的环境正在形成,带动我国科技创新能力明显提升。同时,分类的科技成果评价体系尚未建立,指标单一化、标准定量化、结果功利化问题还不同程度存在。会议强调,完善科技成果评价机制,关键要解决好"评什么""谁来评""怎么评""怎么用"的问题。要坚持质量、绩效、贡献为核心的评价导向,健全科技成果分类评价体系,针对基础研究、应用研究、技术开发等不同种类成果形成细化的评价标准,全面准确评价科技成果的科学、技术、经济、社会、文化价值。要加快构建政府、社会组织、企业、投融资机构等共同参与的多元评价体系,积极发展市场化评价,突出企业创新主体地位,规范第三方评价,充分调动各类评价主体的积极性。要把握科研渐进性和成果阶段性特点,加强中长期评价、后评价和成果回溯,推进国家科技项目成果评价改革,健全重大项目知识产权管理流程,加强科技成果评价的理论和方法研究,引导科技人员潜心研究、探索创新,杜绝科技成果评价中急功近利、盲目跟风现象。要加快推动科技成果转化应用,加快建设高水平技术交易市场,加大金融投资对科技成果转化和产业化的支持,把科技成果转化绩效纳入高校、科研机构、国有企业创新能力评价,细化完善有利于转化的职务科技成果评估政策,鼓励广大科技工作者把论文写在祖国大地上。要改革完善科技成果奖励体系,重在奖励真正做出创造性贡献的科学家和一线科技人员,控制奖励数量,提升奖励质量。

2021 年 5 月 29 日,习近平总书记在中国科学院第二十次院士大会、中国工程院第十五次院士大会、中国科协第十次全国代表大会上的讲话中,提到要重点抓好完善评价制度等基础改革,坚持质量、绩效、贡献为核心的评价导向,全面准确反映成果创新水平、转化应用绩效和对经济社会发展的实际贡献。在项目评价上,要建立健全符合科研活动规律的评价制度,完善自由探索型和任务导向型科技项目分类评价制度,建立非共识科技项目的评价机制。

(二)人力资源管理理论

人力资源管理定位于为组织解决人力管理、员工关系和工作开展中出现的人员问题,同时为组织解决人力资源的相关问题提供理论和实践指导,推动组织的成就和员工工作满意度达到最大化。从组织的角度出发,人力资源管理是指依据组织发展战略、内外环境以及员工个性特征,运用相关理论知识,以人力资源的充分利用为目标,制定人员定岗、培训、薪酬福利、职业生涯规划等。人力资源管理的主要工作是对组织中人与人、人与事、事与事的关系进行调整,使得员工的能力得到最大限度的发挥,人事相宜,最终实现组织的战略目标。如工作分析理论就是对高校组织中教师某一特定职位的工作职责、工作条件、能力、任职资格等相关信息进行收集与分析,以便对教师的职务做出明确的规定。工作分析包括岗位设置、岗位描述和任职说明。在教师科研评价中涉及对不同教师岗位的类别与责任分析。

五、政策依据

2016 年 9 月,《教育部关于深化高校教师考核评价制度改革的指导意见》(教师〔2016〕7 号)指出:坚持服务国家需求和注重实际贡献的评价导向。探索建立"代表性成果"评价机制。实行科学合理的分类评价。针对不同类型、层次教师,按照哲学社会科学、自然科学等不同学科领域,基础研究、应用研究等不同研究类型,建立科学合理的分类评价标准。对从事基础研究的教师主要考察学术贡献、理论水平和学术影响力。对从事应用研究的教师主要考察经济社会效益和实际贡献。对科研团队实行以解决重大科研问题与合作机制为重点的整体性评价。注重个体评价与团队评价的结合。建立合理的科研评价周期。

为进一步推动中央级科研事业单位深化管理方式改革、优化评价机制、激发创新活力,科技部、财政部、人力资源社会保障部制定了《中央级科研事业单位绩效评价暂行办法》,于 2017 年 10 月 26 日发文。该文件明确指出:遵循能力导向、科学分类、协同推进、促进发展的原则,建立包括综合评价、年度抽查评价等评价类型的科研事业单位绩效评价长效机制。绩效目标包括预期产出、预期效果、服务对象及社会公众满意度等方面,主要包括科技创新成果与水平、人才团队与条件平台建设、科研成果推广应用,科学传播、科技服务、科研组织方式与管理机制创新五个方面。评价指标体系一般由三级指标构成,一、二级指标为共性指标,三级指标为分类指标。一级指标包括职责定位、科技产出和创新效益;二级指标包括职责相符性、需求一致性、管理规范性、完成情况及效率、创新能力、创新贡献等;三级指标按照基础前沿研究、公益性研究和应用技术研发等不同单位类型,结合单位自身职责定位、科技创新特点,确定评价指标和权重。立足科研事业单位的基础、条件、特色,选择科学、适用的评价方式,坚持定性和定量相结合。基础前沿研究类科研事业单位综合运用专家咨询、文献计量等方法,公益性研究类科研事业单位综合运用用户评价、调研座谈等方法,应用技术研发类科研事业单位综合运用市场调查、案例分析等方法。文件对自评价报告、主管部门评价、绩效综合评价等评价程序,评价结果及运用进行了详细说明。

2019 年 10 月,《教育部关于加强新时代教育科学研究工作的意见》(教政法〔2019〕16 号)文件提出,改革教育科研评价,根据理论研究、应用研究、决策咨询等不同研究类型,科学设置分类评价标准,努力破除"唯论文、唯职称、唯学历、唯奖项"等顽瘴痼疾,构建以创新质量和实际贡献为导向的教育科研评价体系。创新教育科研人员晋升机制,拓宽各类岗位人员发展渠道。完善教育科研机构专业技术职务评审制度,适当提高高级专业技术职务人员比例,营造有利于学术创新和青年科研人员成长的宽松环境。

2020 年 2 月,教育部、科技部印发《关于规范高等学校 SCI 论文相关指标使用 树立正确评价导向的若干意见》(教科技〔2020〕2 号),指出对不同类型的科研工作应分别建立各有侧重的评价路径。对于基础研究,论文是成果产出的主要表达形式,坚决摒弃"以刊评文",评价重点是论文的创新水平和科学价值,不把 SCI 论文相关指标作为直接判断依据;对于应用研究和技术创新,评价重点是对解决生产实践中关键技术问题的实际贡献,以及带来的新技术、新产品、新工艺实现产业化应用的实际效果,不以论文作为单一评价依据。对于服务国防的科研工作和科技成果转化工作，一般不把论文作为评价指标。完善学术同行评价，实行代表作评价，精简优化申报材料，不再要求填报 SCI 论文相关指标，重点阐述代表性成果的创新点和意义。

对科研评价影响最大、权威性最高的文件，当属 2020 年 10 月 13 日，中共中央、国务院印发的《深化新时代教育评价改革总体方案》。该方案中提出改革学校评价，推进落实立德树人根本任务，其中改进高校教师科研评价的内容包括突出质量导向，重点评价学术贡献、社会贡献以及支撑人才培养情况，不得将论文数、项目数、课题经费等科研量化指标与绩效工资分配、奖励挂钩。根据不同学科、不同岗位特点，坚持分类评价，推行代表性成果评价，探索长周期评价，完善同行专家评议机制，注重个人评价与团队评价相结合。探索国防科技等特殊领域教师科研专门评价办法。对取得重大理论创新成果、前沿技术突破、解决重大工程技术难题、在经济社会事业发展中做出重大贡献的，申报高级职称时论文可不作限制性要求。

为贯彻落实中央文件精神，2020 年 12 月，教育部印发《关于破除高校哲学社会科学研究评价中"唯论文"不良导向的若干意见》（教社科〔2020〕3 号），文件中明确指出不得简单以刊物、头衔、荣誉、资历等判断论文质量。优化评价方式，坚持分类评价，鼓励不同类型高校针对人文学科、社会科学等不同学科领域，基础研究、应用对策研究等不同研究类型，教学为主型、教学科研型等不同教师岗位类别，以及"绝学"、冷门学科等特殊领域，制定不同评价指标。健全综合评价，对高校哲学社会科学工作者从思想政治、师德师风、教育教学、科学研究、社会服务、专业发展等进行全方位评价，突出品德、能力、业绩和质量、贡献、影响。探索多元评价，建立针对优秀网络文化成果、中央和地方主要媒体上发表的理论文章以及决策咨询报告的评价机制。推行代表性成果评价，坚持以研究成果为主要评价对象，在项目管理、平台建设、成果奖励、职称评审等过程中，重点考核论文、著作、决策咨询报告等代表性成果的政治立场、理论创新、学术贡献和社会影响。

2021 年 7 月 16 日，《国务院办公厅关于完善科技成果评价机制的指导意见》（国办发〔2021〕26 号）文件提出，全面准确评价科技成果的科学、技术、经济、社会、文化价值。健全完善科技成果分类评价体系。基础研究成果以同行评议为主，鼓励国际"小同行"评议，推行代表作制度，实行定量评价与定性评价相结合。应用研究成果以行业用户和社会评价为主，注重高质量知识产权产出，把新技术、新材料、新工艺、新产品、新设备样机性能等作为主要评价指标。不涉及军工、国防等敏感领域的技术开发和产业化成果,以用户评价、市场检验和第三方评价为主,把技术交易合同金额、市场估值、市场占有率、重大工程或重点企业应用情况等作为主要评价指标。探索建立重大成果研发过程回溯和阶段性评估机制,加强成果真实性和可靠性验证,合理评价成果研发过程性贡献。大力发展科技成果市场化评价,充分发挥金融投资在科技成果评价中的作用,引导规范科技成果第三方评价,坚决破解科技成果评价中的"唯论文、唯职称、唯学历、唯奖项"问题,创新科技成果评价工具和模式。

六、高职院校教师科研评价体系的设计

根据以上理论分析和文件解读,从高职院校教师科研工作实际出发,对高职院校教师科研评价体系提出如下设计方案:

教师科研评价一览表

一级指标	二级指标	观　测　点
科研诚信	科研育人	科研团队组建合理,体现协作精神和创新意识;吸收学生参与科研辅助工作,教育学生具有科学精神和工匠精神;学校对科研创新的投入主要针对重点专业(群)建设,对学校全体师生具有积极的引导作用
	杜绝违反科研诚信现象	坚决反对并切实杜绝剽窃、抄袭、侵占他人学术成果;篡改他人研究成果;伪造科研数据、资料、文献、注释,或者捏造事实、编造虚假研究成果;未参加研究或创作而在研究成果、学术论文上署名,未经他人许可而不当使用他人署名,虚构合作者共同署名,或者多人共同完成研究而在成果中未注明他人工作、贡献;在申报课题、成果、奖励和职务评审评定、申请学位等过程中提供虚假学术信息;买卖论文、由他人代写或者为他人代写论文;根据高等学校或者有关学术组织、相关科研管理机构制定的规则,而被认定属于学术不端的其他行为
	预防处理学术不端行为	落实《高等学校预防与处理学术不端行为办法》;完善学校科研评价制度,形成良好工作机制;加强科研诚信宣传教育和监督工作

一级指标	二级指标	观 测 点
教育科研	职业教育研究	积极开展职业教育基础理论研究、专业群建设和课程建设研究、类型特点和体系建设下的高职教育改革研究等;服务于本校教育教学改革与发展的政策、制度、标准制定等对策性研究成果优先认定
	教学案例研究	积极开展课堂革命系列研究、1＋X证书教学案例研究、信息化教学过程和效果研究、混合式教学能力和方法研究、教学标准实施效果研究等;直接研究教师所在专业的实践教学和方法改进的成果优先认定
技术研发	技术创新研究	积极开展与企业、科研院所联合攻关解决生产过程中的技术难题、改进工艺、提高效率的技术性研究,或独立获得技术专利并转化投入生产;由教师独立获得上述成果并及时转化为教学内容的,优先认定并予以重奖
	技术创新平台研究	积极参加多功能技术技能平台建设研究、校企和校际协调科研平台建设研究、产业学院建设研究、职教集团实体化建设研究等;直接服务所在学校技术研发的成果优先认定
研究成果	研究成果类型	鼓励教师公开发表、出版所在专业的学术论文、著作、教材;主持或参与完成教学改革或科研、攻关项目、教改项目;获得发明专利;优秀教学案例、教案;参加大赛或指导学生参加大赛获奖;承接政府及教育行政部门、研究机构委托的研究项目等;研究教学改革并取得实效的科研成果优先认定
	研究成果评价	学校根据教师的不同类型、职称等条件确定科研考核标准;科研成果层级与实际应用效果并重;建立科研成果同行专家评价制度

七、关于高职院校教师科研评价体系设计的说明

高职院校教师的科研工作和成果影响,总的来看普遍地尚未达到高职院校应有的科研贡献状态。这首先是因为高职院校教师在数量上普遍达不到规定的标准,繁重的教学任务使得广大教师无暇开展科研工作。其次,这也与高职院校教师学历相对普通高校教师较低而缺少必要的科研训练有关。在这种情况下,高职院校教师的科研评价既要遵循国家相关文件的规定,也要从高职院校的实际出发,体现高职院校科研工作的特点。这个特点要求高职院校教师的科研工作,主要集中在职业教育研究、教学研究、技术创新等方面,而且其研究成果必须有利于改进教学等。

基于上述情况,本课题对高职院校教师科研评价体系设计了四个一级指标:第一个是"科研诚信",包括科研育人、杜绝违反科研诚信现象、预防处理学术不端行为三个二级指标,表明科研诚信和科研育人是高职院校教师开展科研工作的首要要求;第二个是"教育科研",包括职业教育研究、教学案例研究两个二级指标,实际上要求高职院校教师科研工作要为职业教育和教学服务,突出了高职院校的特点;第三个是"技术研发",包括技术创新研究、技术创新平台研究两个二级指标,这是高职院校教师科研的发展方向;第四个是"研究成果",包括研究成果类型、研究成果评价两个二级指标,突出有利于高职院校人才培养的成果及其评价。这些指标是经过相关专家和高职院校校长反复讨论后形成的,自然也会随着实践的发展而不断充实和完善。

参考文献

[1] 王攀.高校教师科研评价研究[D].武汉理工大学,2006.

[2] 苏丹.论高职院校教师科研评价的改进与完善[J].南方职业教育学刊,2017,7(04):87-91.

[3] 史娜.新时期高职院校科研评价体系改革路径研究[J].科技创新与生产力,2020(11):17-19+23.

[4] 耿晓棠,张利.高职院校科研量化管理研究[J].边疆经济与文化,2013(07):141-142.

[5] 付江明,冯永谦,赵裕明.高职院校分层分类的动态科研评价标准探索[J].牡丹江教育学院学报,2020(08):45+78.

[6] 周德锋.刍议高职院校教师科研评价[J].科技视界,2014(36):24+12.

[7] 邓剑平,朱晓丹,吕芳璐.浅谈高职院校科研量化考核体系[J].北方经贸,2013(05):200-201.

[8] 陈锦芳.高职院校教师科研绩效量化评价原则、困境及应对[J].中国成人教育,2020(13):19-22.

[9] 乔维德.高职院校科研绩效评价模型研究[J].高等职业教育探索,2020,19(02):24-29+66.

[10] 丁帮俊.基于质量与贡献导向的高职院校科研分类评价研究[J].职业技术教育,2017,38(35):12-16.

[11] 苏丹.论高职院校教师科研评价的改进与完善[J].南方职业教育学刊,2017,7(04):87-91.

［12］ 林娜.高职特色科研评价机制的重构［J］.盐城师范学院学报(人文社会科学版),2016,36(05):97－102.

［13］ 梁韵妍.高职院校教师科研绩效评价体系构建研究［J］.湖北经济学院学报(人文社会科学版),2016,13(04):111－112.

［14］ 付江明,韩瑞亭,王博.我国高职院校科研评价制度改革的建议［J］.黑龙江生态工程职业学院学报,2015,28(01):59－60.

［15］ 史万兵,杨慧.高等学校教师科研绩效评价方法研究［J］.高教探索,2014(06):112－117.

［16］ 蔡爱丽.高职院校教师科研绩效评价研究［D］.南京理工大学,2013.

［17］ 韩成标.高职院校教师科研绩效评价研究［J］.黑龙江高教研究,2012,30(11):119－121.

［18］ 欧阳旻,韩先满.高职院校教师科研能力评价指标体系的构建［J］.职业技术教育,2010,31(32):84－86.

［19］ 周衍安.高职院校教师科研绩效评价探析［J］.黑龙江高教研究,2010(06):68－70.

［20］ 王启军.构建高职院校科研业绩评价体系的研究［J］.太原大学学报,2008(03):48－51.

［21］ 苏力.我国高校教师科研业绩评价有效性的研究［D］.苏州大学,2004.

［22］ Cai Le,He Shuhua,Zheng,Xiaobei,Li Jie,Wang Hong,Liu Yuxia,Zhang Lan. Research on Preparation and in Vitro Evaluation of the Dendrimer-PNA Conjugate for Amplification Pretargeting. ［J］. *Journal of labelled compounds & radiopharmaceuticals*,2021.

［23］ Wallerstedt Susanna M,Hoffmann Mikael,Lnnbro Johan. Methodological issues in research on drug-related admissions-a meta-epidemiological review with focus on causality assessments. ［J］. *British journal of clinical pharmacology*,2021.

(课题承担单位为天津职业大学,课题主持人为张立军。课题组成员:张颖、许冰冰、王炯、刘冰冰、邵志、李德超、张悦。)

第二十五章 教师评聘标准

一、核心概念界定

本课题的核心概念是"职称"。"职称"最初是指职务名称,是一种称号或一种身份。自 1960 年国家行政部门将高等学校教师职务名称定为教授、副教授、讲师、助教四级,把"职称"与"学衔""学术称号"联系起来,从此,高校教师职称不再是一种职务的名称,而是教师的学术能力和水平的表达。1986 年,中共中央、国务院决定改革职称制度,实行专业技术职务聘任制度。"职称"的内涵成为主要是反映专业技术人员的专业技术水平、工作能力与成就的等级称号,既体现了专业技术人员的岗位性质,又代表了其所达到的学术水平或从事某种工作岗位的能力。

教师职称制度是一种重要的人才管理方式,其形成、发展、完善具有历时性,是时代演化的产物。在清末民初时期,《奏定学堂章程》中称教师为"教习",是学官名。当时教习具有官师合一的特征。民国时期,教师则被称为"教员"。1927 年,《大学教员资格条例》正式确定大学教师职称等级为助教、讲师、副教授、教授。对教师的考核评价以"学诣"为主,强调教师的学术水平。中华人民共和国成立初期,国家对教师队伍的管理也体现了鲜明的计划性和政治性。这一时期的教师相当于国家的干部,国家和省教育行政部门对教师实行统一管理,教师的学术职称如教授、副教授对应处级、副处级干部职级。1960 年,国务院颁布《关于高等学校教师职务名称及其确定与提升办法的暂行规定》(议字第 29号),将"学衔"与职称联系起来,试图推广学衔制度,但是由于历史原因,教师学衔制度工作被停止。1985 年,《中共中央关于教育体制改革的决定》进一步调整了政府与高校的关系,使得高校在教师职称评审上获得自主权,高校去行政化改革的目的是淡化教师评审中的行政权,强化学术权,增强高校学术研究的氛围。1986 年,中共中央、国务院决定实行专业技术职务聘任制度,明确职称不同于一次获得而终身拥有的学位、学衔等各种学术、技术称号。

二、教师评聘研究现状综述

(一)国内专业技术职务评聘现状及改革发展要求

21 世纪初,我国专业技术职务聘任制进入强化阶段,主要是实施教师岗位分类管理,与专业技术岗位设置相结合,教师职务等内分级。继续下放和增强高校职称评审权限等,并且打破了前期施行的专业技术职务终身制。然而,一个时期以来,在我国高等教育中学术评价出现了诸多问题,集中表现为"五唯"现象突出。近年来,全国各地高职院校陆续实行教师专业技术职务的自主评价、按岗聘任等工作,同样存在"五唯"现象。一是总体上重科学研究,轻教育教学。职称评审标准对论文数量、主持科研项目、成果奖项等都有硬性指标要求,而对教师的思想政治素质、教学态度、教学方法、教学效果和服务育人等要素缺乏必要的科学考察和评价。二是评聘没有分类实施。没有考虑教师不同岗位的特点,对所有教师实施一个评聘标准。三是评聘条件不够合理。高职院校教师职称评聘的条件主要还是参照普通本科院校,设置基本课时教学工作量,主要评价论文、课题、奖项等科研指标,忽视了体现职业教育特色的一些项目和贡献。

为了扭转不合理的学术评价制度,国家近年不断推出治理方略。例如,2016年 3 月,中共中央出台《关于深化人才发展体制机制改革的意见》(中发〔2016〕9号),要求"坚持德才兼备,注重凭能力、实绩和贡献评价人才,克服唯学历、唯职称、唯论文等倾向"。随后,教育部于 2016 年 8 月印发《关于深化高校教师考核评价制度改革的指导意见》(教师〔2016〕7 号),中共中央办公厅、国务院办公厅于 2016 年 11 月印发《关于深化职称制度改革的意见》(中办发〔2016〕77 号),特别是 2020 年 10 月 13 日,中共中央、国务院印发了《深化新时代教育评价改革总体方案》,为构建符合中国实际、具有世界水平的教育评价体系提出了纲领性方案。

2021 年 1 月,人力资源社会保障部、教育部印发了《关于深化高等学校教师职称制度改革的指导意见》(以下简称《指导意见》),对深化高等学校教师职称制度改革、建设高素质专业化创新型教师队伍做出了具体部署。《指导意见》坚持问题导向、目标导向,围绕高校教师职称评审重点难点问题,有针对性地提出改革举措,以品德、能力和业绩为导向,构建评价科学、规范有序、竞争择优的高校教师职称制度。一是完善评价标准,二是创新评价方式,三是建立重点人才绿色通道,四是深化"放管服"改革。《指导意见》坚持高校教师职称评价破"五唯"、破立结合,明确具体举措,建立新的评价体系。一是强化师德和教育教学要求,二是突出质量导向,三是推行代表性成果评价,四是实行分类评价。

(二)外地职业院校教师评价、职称制度改革的案例分析

近年来,各地职业院校在教师评价、职称改革方面已有一些先行先试的案例,其中,许多内容和做法对我们构建更好的职称评审制度具有重要的借鉴意义。

江苏:高职产业教授选聘办法。2020 年 11 月公布的《江苏省产业教授(高职类)选聘办法》(苏教职〔2020〕19 号),提出了高职院校产业教授的聘任办法,其要义主要有:产业教授实行聘任制,按需设岗、公开选聘、择优聘任、合同管理。产业教授参与高职院校人才培养工作,与校内教师享有同等权益。

广东:深化突出"双师型"导向的教师考核评价改革。为深化考核评价制度改革和教师职称制度改革,广东积极推动职业院校结合实际,制定"双师型"教师认定、聘用、考核标准,将体现技能水平和专业教学能力的双师素质纳入教师考核评价体系。将师德师风、工匠精神、技术技能和教育教学实绩作为教师考核评价的主要依据。完善考核评价的正确导向,强化考评结果运用和激励作用。建立职业院校、行业企业、培训评价组织多元参与的"双师型"教师评价考核体系。

黑龙江:出台中职教师职称改革方案。2021 年 1 月,黑龙江省人社厅、教育厅制定出台了《黑龙江省深化中等职业学校教师职称制度改革实施方案》,以实绩、贡献为导向,合理设置论文、论著、专利等评价指标,改变以往重数量、轻质量的做法,突出代表作制度,更加注重评价论文的科研理论价值和实践指导价值。切实注重向边远地区和基层一线教师倾斜,"专利"评价指标突出转化应用和产生经济效益。

(三)国外一些国家高校教师职称评聘制度的设计导向

日、美、英等国均有各自的高校教师职称评聘制度。从各国的经验看,基于学校的办学目标树立正确评价观,依据本校特色、岗位需求确立多元评价体系,实施适当的同行评议,加强对青年教师专业成长的组织支持。

日本国立大学的教师职称晋升采取教育业绩、研究业绩、管理业绩、社会贡献的"四维度"综合评价。其中,研究业绩以提交学术著作和论文的同行评议为依据判断是否达到所申报职称的学术水平,不以论文发表篇数和期刊等级划定

"硬杠杠"。

美国高校教师职称评聘的标准主要涉及教学、科研和社会服务三个方面。此外,是否能够与同事进行良好合作也是重要的隐性标准。美国加州大学伯克利分校对学术人员的任命、晋升的考核内容包括教学能力、科研能力、专业发展能力和参与公共服务能力四个方面。其中最重要的是教学能力,科学研究应为教学"服务",教师聘用和职称晋升不以科研成果的显示度划定"硬指标"。

英国、澳大利亚等国高校根据教师工作重心的差别,将教师职称序列划分为教学型、研究型、教学科研并重型三种类型,进行分类评聘,每一类岗位都结合实际工作内容设置不同的评价标准。

各国高校教师职称评聘的典型案例研究表明,科研评价不完全依据论文的发表数量、刊物级别和影响因子等简单计数的量化标准,普遍采取代表作和同行评议制度,构建以具有一定学历学位为入门基础,以科研学术成果为基本条件,以教书育人业绩为核心指标,以参与运营管理为服务保证,以综合社会贡献为权衡标准的多元评价体系。

三、研究方法

（一）问卷法

问卷法是调查者自行设计统一的问卷,了解被选取的调查对象情况,进行数据资料收集,并对所研究的问题进行如实描述和合理预测的调查方法。为了解放权后我国高职教师职称评审制度改革的现状及其存在问题,本课题组分维度进行问卷设计和编制工作,选取高职院校专业课教师、人事管理人员和评审委员会专家进行问卷调查,其中人事管理人员和评委会专家统一使用专家版问卷。问卷的题型设计均为客观题,主要从教师评审制度设计依据、评审主体、评审标准、评审方法、评审程序等五个维度对我国高职院校教师职称评审制度现状进行调查。

（二）访谈法

访谈法是指调查者通过与调查对象面对面的谈话来了解情况、搜集资料的研究方法。首先,本课题确定访谈的对象是高职专业课老师、人事处管理者和高职评委会专家,并据此设计了两种不同的访谈提纲。其次,课题组通过对多所高职院校专业课教师、行政管理人员、评审专家等进行深入的电话访谈,深度挖掘职称制度改革真实情况、有效信息。最后,对访谈资料进行甄别、归纳、提取和编码等。

（三）案例研究法

案例研究法是研究者选择一个或几个典型案例为对象进行分析,通过广泛收集资料和实地调查的方式,全面掌握典型案例信息,准确真实地描述某一案例的实际情况,多角度探讨不同案例问题的现实解决策略。根据目前高职院校教师职称制度改革情况,选多所有代表性的高职院校作为研究个案,进行深入的个案分析和调研,了解个案在教师职称评审中采取的新思路、新方法以及不足之处,以利本研究吸收和借鉴。

四、理论依据

本课题研究的理论依据,主要是教师评价理论。教师评价活动是伴随着学校的产生而产生的,但正式的教师评价开始于19世纪末20世纪初。随着正式的教师评价的开展,对教师评价的研究发轫于20世纪80年代初。到20世纪80年代末90年代初,有关教师评价的论著逐步增多,有关教师评价的理论初步成熟。教师评价理论中最核心的内容是关于教师评价类型、教师评价路径、教师评价标准和教师评价指标体系的论述。

（一）关于教师评价目的

美国学者的观点如下:约翰·帕皮(Papay John)认为,教师评价工具不仅应根据其准确衡量教师绩效的能力进行评估,还应根据其对正在进行的教师发展提供信息和支持的程度进行评估。亚历山大·贾夫尔(Jaffurs Alexander)认为,教师评价的主要目的是改善教学实践,从而提高学生成绩。然而,在实践中,评估系统通常被用作分类机制,用于识别表现最差的教师进行选择性解雇。罗伯特·马扎诺(Marzano Robert)认为,美国的教师评价系统存在问题如下:教师评价系统没有准确衡量教师质量,因为它们没有很好地区分有效教师和无效教师;教师评价系统没有帮助培养高技能教师队伍。尽管在设计和实施更为有效的教师评价制度方面的努力值得称赞,但必须承认一个关键问题——"衡量"教师和"培养"教师有不同的目的、不同的含义。我国学者高广学、施丽梅认为,教师绩效评价不仅在于明确是非、区分工作的优劣程度,更重要的是为发挥对教育实践活动的指导作用、寻找改善教育教学工作行为的途径、提高教育教学质量、不断提高教师素养、更好地贯彻国家教育方针指明具体的方向。高景林认为,教师评价的重点不在于对教师工作实绩的考核及对教师能力的判定、奖惩等;而发展教育生产力才是教师评价工作的根本目的。刘尧认为,发展性教师评价是一种不以奖惩为目的的形成性评价,能够促进教师的专业发展、实现学校发展的目的。

（二）关于教师评价类型

学者们根据不同评价标准和维度,对教师评价进行了不同分类。根据评价的目的和动因,传统的教师评价可以分为两类:一是鉴定性评价(又称奖惩性评价),是指对教师的个人素质、工作实绩的考察与评定,是一种总结性的测评,对教师的职称晋升、薪酬待遇、人员调动等起着决定性作用;二是发展性评价,是以促进教师专业发展为目的,在教师专业发展过程中多次实施、向教师本人及时反馈并给予一定引导的评价。发展性评价指标体系通常由三个维度的评价指标构成:素质评价指标、职责评价指标和绩效评价指标。

根据教师职业发展的不同阶段,研究者将其分为三种不同的类型:

1. 教师胜任力评价(teacher competence evaluation)

教师胜任力评价即考核教师的教育教学能力和综合素质,其结果常常被用来作为教师资格证书授予或入职招聘的重要依据。

2. 教师绩效评价(teacher performance evaluation)

教师绩效评价即考核教师的工作实绩和能力水平,该评价对教师的工作积极性起到一定的影响,主要由领导、同行、学生甚至家长等评价主体做出评定。

3. 教师效能评价(teacher effectiveness evaluation)

教师效能评价即考查教师对学生的影响和效果,通过同一测量工具,比较前后测结果是否存在差异,并运用回归方程进行预测,将预测学生应该取得的进步与学生实际取得的进步进行比较得到。

（三）关于教师评价标准

王斌华(2009)认为,教师评价标准分为绝对评价标准和相对评价标准,绝对评价标准是定量评价标准、结果评价标准,是"看得见,摸得着"的评价标准;相对评价标准是定性评价标准、互比评价标准,是"没有分解"或"没有分解到位"的教师评价标准。张丽(2012)认为,一套完整的教师评价标准包括:对任职资格鉴定、基本职责的规定;对工作业绩和效果的评价;采用多元评价标准进行的综合评价的方法;强调对教师评价的可持续发展理念。由于不同教育层次和学科的差异性,自然对教师评价标准不一。

五、政策依据

2021 年 1 月,人力资源社会保障部、教育部印发了《关于深化高等学校教师职称制度改革的指导意见》(以下简称《指导意见》),对深化高等学校教师职称制度改革、建设高素质专业化创新型教师队伍做出了具体部署。该文件是本课题研究最为直接、重要的政策依据。

（一）《指导意见》的出台过程

据了解，按照中央深化职称制度改革的部署要求，2018 年以来，有关部门组织对高校教师职称评审工作进行了广泛调研，书面调研了北京、上海、湖北、陕西等 13 个省份 800 余所高校教师职称评价标准，通过座谈会、问卷调查、深度访谈等方式充分了解意见建议。在此基础上，起草了《指导意见》初稿。之后，通过专家座谈、实地调研、发文征求意见等多种方式，广泛征求了部分高校、教师、专家等意见，经过反复修改完善，形成了最后的征求意见稿，正式征求了各地、有关部门和高校等意见，并通过网络公开征求意见，又多次召开座谈会、书面征求 200 所地方不同类型、不同层次的高校意见，再次修改完善。2020 年 12 月，《指导意见》完成人力资源社会保障部和教育部两部审签程序后正式印发。

（二）《指导意见》对高校教师职称制度的重要改革举措

《指导意见》坚持问题导向、目标导向，围绕高校教师职称评审重点难点问题，有针对性地提出改革举措，以品德、能力和业绩为导向，构建评价科学、规范有序、竞争择优的高校教师职称制度。

一是完善评价标准。为进一步明确评价导向，《指导意见》强调严把思想政治和师德师风考核，将师德表现作为教师职称评审的首要条件，突出教育教学能力和业绩，注重对履责绩效、创新成果、人才培养实际贡献的评价，强化教师思想政治工作要求，把课程思政建设情况和育人效果作为评价的重要内容，推行代表性成果评价，克服"五唯"倾向。

二是创新评价方式。《指导意见》吸收近年来高校教师职称工作成果经验，提出针对不同类型、不同层次教师，实行分类分层评价，鼓励采取个人述职、面试答辩、同行评议、实践操作、业绩展示等多种灵活评价方式，完善同行专家评议机制，健全完善外部专家评审制度，探索引入第三方机构进行独立评价。给内、外部评审专家预留充足时间进行评鉴，引导评审专家负责任地提供客观公正的专业评议意见，严格规范专家评审行为，提高职称评价的科学性、专业性、针对性。

三是建立重点人才绿色通道。为引导教师主动服务国家重大战略需求，激发人才活力，《指导意见》提出，对取得重大基础研究和前沿技术突破、解决重大工程技术难题、在经济社会事业发展中做出重大贡献的教师以及招聘引进的高层次人才和急需紧缺人才等，在严把质量和程序的前提下，可制定较为灵活的评价标准，申报高级职称时论文可不作限制性要求，畅通人才发展通道。

四是深化"放管服"改革。《指导意见》贯彻"放管服"改革精神，重申高校教师职称评审权直接下放至高校，自主制定教师职称评审办法、操作方案等评审文件,自主组织评审、按岗聘用,主体责任由高校承担。同时,加强对高校教师职称评审工作的监管,开展业务指导,优化服务。

(三)《指导意见》坚持高校教师职称评价破"五唯"、破立结合

针对高校教师职称评价不同程度存在的"五唯"问题,《指导意见》坚持破立结合,明确具体举措,建立新的评价体系。

一是强化师德和教育教学要求。完善思想政治与师德师风考核办法,将师德表现作为教师职称评审的首要条件。突出教书育人实绩,把认真履行教育教学职责作为评价教师的基本要求,提高教学业绩和教学研究在评审中的比重。

二是突出质量导向。不以 SCI、SSCI 等论文相关指标作为前置条件和判断的直接依据。高校结合实际建立各学科高水平期刊目录和高水平学术会议目录。不得简单规定获得科研项目的数量和经费规模等条件。不得将出国(出境)学习经历、人才称号等作为限制性条件。

三是推行代表性成果评价。结合学科特点,探索项目报告、技术报告、学术会议报告、教学成果、著作、论文、标准规范、创作作品等多种成果形式,将高水平成果作为代表性成果。突出评价代表性成果质量、原创价值和对社会发展的实际贡献以及支撑人才培养情况。

四是实行分类评价。按照教学为主型、教学科研型等岗位类型,根据不同学科领域、不同研究类型等,建立分类评价标准,有针对性地评价不同类别教师的实绩、贡献,建立重点人才绿色通道,尊重人才个性化和多样化特点,避免"一把尺子量到底",让各类人才都能脱颖而出。

六、关于高职院校教师评聘标准设计

根据上述理论和政策,从高职院校现实出发,本课题组设计了高职院校教师、思想政治理论课教师、教育教学管理研究系列三个专业技术职务任职资格评审条件,分别列表如下:

表1　教师专业技术职务任职资格评审条件

一级指标	二级指标	观　测　点
师德师风	思想道德	遵守《中华人民共和国宪法》和法律,贯彻党的教育方针,热爱职业教育事业,履行《中华人民共和国教师法》规定的各项职责。具有良好的思想政治素质和职业道德,自觉践行社会主义核心价值观,以德立身、以德立学、以德施教,立德树人、爱岗敬业,为人师表,关爱学生。
	岗位素养	1.具有高等学校教师资格证书(新入职教师必须在两年内取得证书),具备相关专业必需的基础理论、专业知识和履行申报专业技术职务岗位职责所需的教育教学、科学研究、社会服务和运用现代信息技术开发优质数字教育资源等方面的能力,具有学校规定的技能等级证书或同等的技能水平。 2.身心健康,心理素质良好,能全面履行岗位职责。 3.掌握教育学生的原则和方法,自觉践行"三全育人",正确教育和引导学生健康成长。40周岁及以下青年教师晋升高一级专业技术职务,须有至少一年担任班主任或辅导员等学生工作经历,或支教、扶贫等工作经历,并考核合格。
学历资历	学历资历	助教: 　聘任初级职称,硕士、博士研究生毕业的,从事拟聘任专业技术工作;大学本科毕业的,从事拟聘任岗位专业技术工作满一年;大专毕业的,从事拟聘岗位任专业技术工作满三年;中专毕业的,从事拟聘任岗位专业技术工作满五年。 讲师: 　1.具有博士学位; 　2.获得硕士学位,从事本专业技术工作两年及以上; 　3.大学本科毕业,担任助教职务四年及以上。 副教授: 　1.获得博士学位,从事本专业技术工作两年及以上; 　2.获得硕士学位,担任讲师职务四年及以上; 　3.大学本科毕业,担任讲师职务五年及以上,其中,35周岁以下的教师须具有硕士及以上学位。 教授: 　大学本科及以上学历,担任副教授职务五年及以上,其中,40周岁以下的教师须具有硕士及以上学位。

续表

一级指标	二级指标	观 测 点
教学质量	个人素质	1. 具备国家教育行政部门和国务院学位委员会认可的国民教育相应学历、学位。技工院校中级工班、高级工班、预备技师(技师)班毕业生,可分别按相当于中专、大专、本科学历申报评审相应专业技术职务。 2. 按照《市人力社保局关于进一步规范专业技术人员继续教育工作的通知》(津人社局发〔2014〕51号)的相关要求,完成规定的继续教育任务。不断丰富、更新知识,了解所在专业相关的新理论、新知识,熟悉本行业领域在新技术、新材料、新工艺、新装备等方面的应用情况。
	教学内容	1. 近五年,每年应系统承担一门及以上课程的教学工作,年均完成学校规定的教学工作量(国家另有专门规定情况除外); 2. 对所承担的课程,有较扎实的专业知识和技能,掌握课程标准、教材、教学原理和方法等。
	教学态度	教学态度端正,教学方法得当,教学效果良好。
	教学能力	各门课程教学质量考核成绩均在"合格"及以上。
	教研教改	讲师: 1. 按照学校要求承担教学改革工作,包括专业、课程、教材、教学资源、实训室、现代学徒制、1+X证书、专业教学创新团队等项目的建设工作; 2. 按照学校要求参加国家、天津市重大教学项目建设工作,如"双高计划""提质培优行动计划"等; 3. 完成本人所授一门及以上课程的"课程思政"建设工作,在教学中实施,并取得较好效果; 4. 近五年,较好地完成了学校规定的职业培训任务。 副教授: 1. 了解本专业相关行业企业技术发展的动态和对高职学生知识技能的要求,熟悉本专业的课程体系,积极承担专业建设工作; 2. 作为骨干承担教学改革工作,包括专业、课程、教材、教学资源、实训室、现代学徒制、1+X证书、专业教学创新团队等项目的建设工作; 3. 作为骨干承担国家、天津市重大教学项目建设工作,如"双高计划""提质培优行动计划"等; 4. 完成本人所授一门及以上课程的"课程思政"建设工作,在本人全部讲授课程教学中实施"课程思政",并取得较好效果;

一级指标	二级指标	观　测　点
教学质量	教研教改	5. 近三年,积极参加院系社会培训的组织实施工作,较好地完成了学校规定的职业培训任务。 教授: 　1. 了解本专业国内外发展的方向,掌握本专业相关行业企业技术发展的动态和对高职学生知识技能的要求;熟悉本专业的课程体系,作为核心成员承担专业建设工作; 　2. 作为核心成员承担教学改革工作,包括:专业、课程、教材、教学资源、实训室、现代学徒制、1+X证书、专业教学创新团队等项目的建设工作; 　3. 作为核心成员承担国家、天津市重大教学项目建设工作,如"双高计划""提质培优行动计划"等; 　4. 完成本人所授一门及以上课程的"课程思政"建设工作,在本人全部讲授课程教学中实施"课程思政",并取得较好效果; 　5. 承担培养、指导年轻教师提高教学能力和技能水平工作,并取得成效; 　6. 近三年,作为骨干开发并组织实施社会培训项目,较好地完成了学校规定的职业培训任务。
	教学业绩	讲师:(应具备下列条件之一) 　1. 教学水平较高,教学效果良好;近三年,在学年度教学质量考核中获得两次优秀; 　2. 在学校举办的教学竞赛(如课程竞赛、教学能力竞赛等)中获得一项及以上奖励; 　3. 获得校级及以上教学成果奖一项; 　4. 参加完成省部级或作为主要完成人完成校级品牌专业、精品课程等教学质量工程项目建设一项; 　5. 参加完成省部级或作为主要完成人完成校级实训基地、科技平台、工程中心、创新创业中心等建设项目一项; 　6. 牵头制作并获批为校级教学案例一个,包括:德育特色案例、课程思政教育案例、职业教育"课堂革命"典型案例等; 　7. 本人在校级及以上举办的教学基本功、职业技能、创新创业等与教育教学相关的各类竞赛中获三等奖或团体一等奖(前三名)及以上奖励一项;

一级指标	二级指标	观 测 点
教学质量	教学业绩	8. 指导学生在学校及以上举办的挑战杯、专业技能、创新创业等竞赛中获得三等奖及以上奖励一项。 副教授： 　　近五年的学年度教学质量考核成绩均在合格及以上，其中三次及以上为优秀。同时，基础课教师应具备下列条件之一（同时具备学校认定的一项其他重要成果），专业课教师应具备下列条件之二（其中6、7、8、9、10款为必备条件之一）： 　　1. 在省部级及以上举办的教学基本功、职业技能、创新创业等与教育教学相关的各类竞赛中获三等奖或团体一等奖（前三名）及以上奖励一项； 　　2. 获得国家级成果奖1项；或获得省部级成果奖一项，一等奖前五名、二、三等奖前三名；或作为第一完成人获得局级成果奖励二项； 　　3. 作为主要完成人完成省部级及以上教学质量工程项目建设一项，如：精品课、精品资源共享课、教学资源库、职业教育精品在线开放课程等； 　　4. 作为主要完成人完成市级教学团队、特色专业建设一项； 　　5. 牵头制作并获批为省部级教学案例一个，包括德育特色案例、课程思政教育案例、职业教育"课堂革命"典型案例等； 　　6. 作为主要完成人完成省部级或主持完成校级实训基地、科技平台、工程中心、创新创业中心等建设项目一项； 　　7. 作为主要完成人完成制定职业教育国际标准一项，开发与国际先进标准对接的专业标准和课程体系，通过评审并推广应用； 　　8. 作为主要完成人实施校企合作项目，合作企业向学校捐赠或无偿借用（期限三年及以上）教学设备总值30万元，并用于教学、培训； 　　9. 作为主要完成人实施产教融合、校企合作、国际合作及重点教学改革项目1项，并取得实质性成果，如：现代学徒制、1+X证书、鲁班工坊、混合所有制、职教集团（联盟）、产教融合实训基地等； 　　10. 指导学生在省部级专业、专项、学科比赛中获前三名或一等奖及以上奖励一项，或在国家级专业、专项、学科比赛中获三等奖及以上奖励一项； 　　11. 经学校学术委员会认定水平不低于上述条款的其他教学业绩成果。

续表

一级指标	二级指标	观　测　点
教学质量	教学业绩	教授： 　　近五年的学年度教学质量考核成绩均为优秀。同时,基础课教师应具备下列条件之一(同时具备学校认定的一项其他重要成果),专业课教师应具备下列条件之二(其中6、7、8、9、10款为必备条件之一)： 　　1.参加国家级专业赛项,个人获三等奖或获团体一等奖(前三名)及以上奖励一项； 　　2.获得成果奖1项,其中国家级一等奖及以上证书上有名、二等奖前五名,省部级一等奖及以上奖前五名、二三等奖前三名； 　　3.作为主要完成人参与完成国家级或主持完成省部级教学质量工程项目建设一项,如：精品课、精品资源共享课、教学资源库、职业教育在线精品课程等； 　　4.主持完成市级教学团队、特色专业建设一项； 　　5.牵头制作并获批为国家级教学案例一个,包括德育特色案例、课程思政教育案例、职业教育"课堂革命"典型案例等； 　　6.主持完成省部级实训基地、科技平台、工程中心、创新创业中心等建设项目一项； 　　7.主持完成制定职业教育国际标准一项,开发与国际先进标准对接的专业标准和课程体系,通过评审并推广应用； 　　8.主持实施校企合作项目一项,合作企业向学校捐赠或无偿借用(期限三年及以上)教学设备总值50万元,并用于教学、培训； 　　9.作为项目负责人牵头组织实施产教融合、校企合作、国际合作及重点教学改革项目1项,并取得实质性成果,如：现代学徒制、1＋X证书、鲁班工坊、混合所有制、职教集团(联盟)、产教融合实训基地等； 　　10.指导学生在国家级专业、专项、学科比赛中获得二等奖及以上奖励一项； 　　11.经学校学术委员会认定水平不低于上述条款的其他教学业绩成果。

一级指标	二级指标	观 测 点
科研水平	科研项目	讲师： 　　参加完成局级或作为主要完成人完成校级研究项目一项。 副教授： 　　作为主要完成人完成省部级或主持完成局级研究项目一项。 教授： 　　作为主要完成人完成国家级或主持完成省部级研究项目一项。
	教材著作	讲师： 　　参编并正式出版教材、教学参考书一种，本人撰写 3 万字，并在教学中使用；或参编校本教材、辅导资料或"活页式"、工作手册式、融媒体教材一种，本人撰写 5 万字，并在教学中使用两届。 副教授： 　　参编并正式出版教材、教学参考书一种，本人撰写 5 万字，并在教学中使用；或牵头编写具有所教专业特色的"活页式"、工作手册式、融媒体教材一种，本人撰写 5 万字，并在教学中使用两届。 教授： 　　主编并正式出版学术著作一部或规划教材、获奖教材、经同行专家认定的高水平教材一种，本人撰写 10 万字；或主编具有所教专业特色的"活页式"、工作手册式、融媒体教材两种，每种本人撰写 5 万字；上述教材均在所教专业教学中使用两届。
	学术论文	讲师： 　　公开发表教学或科研论文一篇；或在全国性专业学术会议上交流、或宣读、获奖论文一篇，或在省部级专业学术会议上交流、或宣读、获奖论文两篇。 副教授： 　　公开发表教研教改论文、科研论文两篇，经评审专家鉴定，具有较高的水平（代表作鉴定意见没有"差"）；或在全国性专业学术会议上交流、或宣读、或获奖论文一篇，并公开发表论文两篇。 教授： 　　公开发表教研教改、科研论文四篇及以上，其中两篇经评审专家鉴定具有较高的学术理论价值或实践指导价值（每篇代表作有一个及以上鉴定意见为"好"，且没有"差"）。

一级 指标	二级指标	观　测　点
科研 水平	专利	讲师： 　　作为参加人获得发明专利一项,或作为主要完成人获得实用新型专利一项。 副教授： 　　作为主要完成人获得发明专利一项,或作为第一完成人获得实用新型专利两项。 教授： 　　作为第一完成人获得发明专利一项或实用新型专利三项。
	企业服务	讲师： 　　参加技术服务、新产品新技术研发、成果转化等方面工作,并取得一定的经济社会效益;或参与完成制定企业标准一项。 副教授： 　　主持完成企业横向课题、技术服务、新产品新技术研发、成果转化等方面项目,并取得较大的经济社会效益;或作为主要完成人完成制定企业标准一项,或参与完成制定国家标准一项;或作为主要成员为企业、政府决策提供咨询服务,并被采纳。 教授： 　　主持完成企业横向课题、技术服务、新产品新技术研发、成果转化等方面项目,并取得显著的经济社会效益;或主持完成制定企业标准一项,或作为主要完成人完成制定国家标准一项;或作为第一完成人为企事业单位提供咨询服务、专业指导或作为主要完成人为政府决策提供咨询服务一项,被采纳并取得成效。

表2　思想政治理论课教师专业技术职务任职资格评审条件

一级指标	二级指标	观　测　点
师德师风	思想道德	思想政治理论课教师必须是中国共产党党员。 遵守《中华人民共和国宪法》和相关法律,贯彻党的教育方针,热爱职业教育事业,履行《中华人民共和国教师法》规定的各项职责。 具有良好的思想政治素质和职业道德,始终在政治立场、政治方向、政治原则、政治道路上同以习近平同志为核心的党中央保持高度一致,模范践行高等学校教师师德规范。
	岗位素养	具有高等学校教师资格(新入职教师必须在两年内取得相关证书),具备从事思政课教学必需的基础理论、专业知识和履行申报职务岗位职责所需的教育教学能力、科学研究能力、社会服务能力和运用现代信息技术开发优质数字教育资源的能力等。 身心健康,心理素质良好,能全面履行岗位职责。 掌握学生思想政治教育的原则和规律,自觉践行"三全育人",正确教育和引导学生健康成长。晋升高一级专业技术职务,必须承担指导学生社团工作、学生社会实践活动、学生课外思想教育任务或思政课实践教学等相关工作,必须有至少一年兼任辅导员、班主任等日常思想政治教育工作经历并考核合格;晋升高级职称,必须有至少三个月的农村社区、国有企业、事业单位、政府部门等实岗锻炼经历(自2022年1月1日起执行)。
学历资历	基本条件	具备国家教育行政部门和国务院学位委员会认可的国民教育相应学历、学位。技工院校中级工班、高级工班、预备技师(技师)班毕业生,可分别按相当于中专、大专、本科学历申报评审相应专业职称。
	学历资历	助教: 　聘任初级职称,具有硕士、博士学位的,直接聘任;大学本科毕业的,从事拟聘任岗位专业技术工作满一年;大专毕业的,从事拟聘岗位任专业技术工作满三年;中专毕业的,从事拟聘任岗位专业技术工作满五年。 讲师: 　1.具有博士学位; 　2.获得硕士学位,从事本专业技术工作两年及以上; 　3.大学本科毕业,担任助教职务四年及以上。

续表

一级指标	二级指标	观　测　点
学历资历	学历资历	副教授： 　　1. 获得博士学位，从事本专业技术工作两年及以上； 　　2. 获得硕士学位，担任讲师职务四年及以上； 　　3. 大学本科毕业，担任讲师职务五年及以上，其中，35 周岁以下的教师须具有硕士及以上学位。 教授： 　　大学本科及以上学历，担任副教授职务五年及以上。其中，40 周岁以下的教师须具有硕士及以上学位。
教学质量	个人素质	按照《市人力社保局关于进一步规范专业技术人员继续教育工作的通知》(津人社局发〔2014〕51 号)的相关要求，完成规定的继续教育任务。不断丰富、更新知识，掌握党的路线方针政策，提高政治理论水平，深入了解国家、天津市改革发展成果，拓宽国际视野，坚定"四个自信"。按照天津市教育两委《天津市学校思想政治理论课教师队伍建设规划(试行)》(津教党〔2020〕40 号)文件要求，积极参加天津市大中小学思政课一体化培训与研究中心和天津市学校思政课协同创新中心组织开展的培训、集体备课、教学"比武"、国内学访交流活动，并取得结业等证书。新入职思政课教师必须参加思政课教师岗前培训，取得岗前培训合格证书之后方可上岗。
	教学内容	每年应系统承担一门及以上思政类课程的教学工作。近五年，年均完成学校规定的教学工作量(国家另有专业门规定情况除外)。应当用好国家统编教材，深入研究教材内容，吃准吃透教材基本精神，全面把握教材重点、难点，认真做好教材体系向教学体系的转化工作，同一门课程每学年都要更新教案，完善教学方法。教学态度端正，教学方法得当，教学效果良好。近五年，各门课程教学质量考核成绩均在"合格"及以上。 　　对所承担的课程有较扎实的专业知识和技能，掌握课程标准、教材、教学原理和方法等。
	教学态度	教学态度端正，教学方法得当，教学效果良好。
	教学能力	各门课程教学质量考核成绩均在"合格"及以上。

一级指标	二级指标	观　测　点
教学质量	教研教改	讲师： 　　1. 积极参加思政课教学改革创新工作。针对思政课教学的重点难点问题，认真参加集体备课和教学研讨，及时更新完善教案。积极参加思想政治课教学创新团队、特色课程、思想政治课示范课堂、教学案例等的建设工作。 　　2. 按照学校要求参加国家、天津市重大教学项目建设工作，如"双高计划""提质培优行动计划"等。 　　3. 积极参加学生思想政治教育实践工作，包括：指导马克思主义理论类学生社团、指导学生"讲师团"演讲、与学生网上互动交流、指导学生社会调研实践等。 　　4. 积极参加专业课教师"课程思政"建设工作。 　　5. 近五年，较好地完成了学校规定的职业培训任务。 副教授： 　　1. 积极参加思政课教学改革创新工作。针对思政课教学的重点难点问题，在集体备课、教学研讨中，积极主动发表意见、交流经验，不断改进教学方法，及时更新完善教案，开发更新教学资源。作为骨干参加思政课教学创新团队、特色课程、思政课示范课堂、教学案例等的建设工作。 　　2. 作为骨干参加国家、天津市重大教学项目建设工作，如"双高计划""提质培优行动计划"等。 　　3. 积极参加学生思想政治教育实践工作，包括：指导马克思主义理论类学生社团、指导学生"讲师团"演讲、与学生网上互动交流、指导学生社会调研实践、参与学生心理疏导和困难学生帮扶等。 　　4. 与专业课教师密切协作完成一门及以上专业课程的"课程思政"建设工作，并在教学实施中取得较好效果。 　　5. 近三年，积极参加院系社会培训的组织实施工作，较好地完成学校规定的职业培训任务。 教授： 　　1. 积极参加思政课教学改革创新工作。深入研究、积极探索、认真解决思政课教学的重点难点问题，作为核心成员参加思政课教师研修基地、思政课教学创新团队、特色课程、思政课示范课堂等的建设工作。

一级指标	二级指标	观　测　点
教学质量	教研教改	2. 作为核心成员参加国家、天津市重大教学项目建设工作,如"双高计划""提质培优行动计划"等。 3. 牵头指导学生思想政治教育实践工作,包括对马克思主义理论类学生社团工作、学生"讲师团"演讲、与学生网上互动交流、学生社会调研实践、学生心理疏导、困难学生帮扶等工作提出规划或指导性意见并牵头实施。 4. 与专业课教师密切协作,完成两门及以上专业课程的"课程思政"建设工作,并在教学实施中取得较好效果。 5. 言传身教,帮助青年教师改进教学方法、更新完善教案、开发更新教学资源。 6. 近三年,作为骨干开发并组织实施社会培训项目,较好地完成学校规定的职业培训任务。
教学质量	教学业绩	讲师:(应具备下列条件之一) 1. 教学水平较高,教学效果良好。近两年,思政课教学质量评价排名均为前10%。 2. 获得校级及以上教学成果奖一项。 3. 参加完成省部级或作为主要完成人完成校级教学质量工程项目建设一项,包括精品课程、思政课示范课堂等。 4. 在校级及以上思政类比赛、主题活动中获三等奖及以上奖一项,包括思政课公开课大赛、思政辩论赛、演讲比赛等。 5. 在校级及以上举办的教学基本功竞赛中获三等奖及以上奖一项。 6. 牵头制作并获批为校级及以上优秀教学案例一个,包括德育特色案例、课程思政教育案例、职业教育"课堂革命"典型案例等。 7. 思政课教案被评为校级及以上优秀教案。 8. 作为校级宣讲团成员独立完成一次马克思主义理论和党的路线方针政策宣讲工作,且效果良好。 9. 近三年,本人指导的马克思主义理论类学生社团,无违规问题或造成舆论影响或形成舆情事件,且获得校级及以上奖励一项。 10. 经学校学术委员会认定水平不低于上述条款的其他教学业绩成果。

一级 指标	二级指标	观 测 点
教学 质量	教学业绩	副教授： 1. 教学水平较高,教学效果良好。近三年,思政课教学质量评价排名均为前10%。 2. 获得国家级成果奖一项(证书上有名);或获得省部级成果奖一项,一等奖前五名、二三等奖前三名;或作为第一完成人获得局级成果奖励二项。 3. 参加完成国家级或作为主要完成人完成省部级教学质量工程项目建设一项,包括精品课程、思政课示范课堂等。 4. 在省部级及以上思政类比赛、主题活动中获三等奖及以上奖一项,包括思政课公开课大赛、思政辩论赛、演讲比赛等。 5. 在天津市举办的教学基本功竞赛中获三等奖及以上奖一项。 6. 牵头制作并获批为省部级及以上优秀教学案例一个,包括德育特色案例、课程思政教育案例、职业教育"课堂革命"典型案例等。 7. 思政课教案被评为省部级及以上优秀教案一个。 8. 作为局级及以上部门组织的宣讲团成员,独立完成一次马克思主义理论和党的路线方针政策宣讲工作且效果良好。 9. 近三年,本人指导的马克思主义理论类学生社团,无违规问题或造成舆论影响或形成舆情事件,且获得省部级及以上奖励一项。 10. 作为主要成员,申报并被批准为省部级及以上思政课教学创新团队,或完成教学创新团队建设。 11. 经学校学术委员会认定水平不低于上述条款的其他教学业绩成果。 教授： 应具备下列条件之一： 1. 教学水平较高,教学效果良好。近五年,思政课教学质量评价排名均为前10%。 2. 获得成果奖一项,国家级一等奖及以上奖证书上有名、二等奖前五名,或省部级一等奖前三名、二三等奖前两名。 3. 作为主要完成人完成国家级或主持完成省部级教学质量工程项目建设一项,包括精品课程、思想政治课示范课堂等。

一级指标	二级指标	观　测　点
教学质量	教学业绩	4. 在省部级及以上思政类比赛、主题活动中获一等奖及以上奖一项，包括思政课公开课大赛、思政辩论赛、演讲比赛等。 5. 在天津市举办的教学基本功竞赛中获一等奖一项。 6. 牵头制作并获批为国家级优秀教学案例一个，包括德育特色案例、课程思政教育案例、职业教育"课堂革命"典型案例等。 7. 思政课教案被评为国家级优秀教案一个。 8. 近三年，本人指导的马克思主义理论类学生社团，无违规问题或造成舆论影响或形成舆情事件，且获得省部级及以上奖励两项。 9. 作为省部级及以上部门组织的宣讲团成员，独立完成一次马克思主义理论和党的路线方针政策宣讲工作且效果良好。 10. 作为教学团队带头人，申报并被批准为省部级思政课教学创新团队。 11. 经学校学术委员会认定水平不低于上述条款的其他教学业绩成果。
科研水平	科研项目	讲师： 　　参与起草校级及以上党委重要文件、报告一份；或参加完成局级或作为主要完成人完成校级思政类研究项目一项。 副教授： 　　参与思政类社会调研，作为主要成员起草调研报告一份，并被局级有关部门采纳；或作为主要完成人完成省部级或主持完成局级思政类研究项目一项。 教授： 　　作为主要完成人完成国家级或主持完成省部级思政类研究项目一项；或牵头组织开展思政类社会调研，主笔起草调研报告一份，被省部级有关部门采纳并发挥积极作用；或作为主要完成人为政府决策提供思政类咨询服务1项，被采纳并发挥积极作用。

续表

一级指标	二级指标	观　测　点
	教材著作	**讲师：** 　　参编并正式出版思政课必修课教学指导书一种,本人撰写3万字,并在教学中使用;或参编校本教学指导书一种,本人撰写5万字,并在教学中使用两届。 **副教授：** 　　参编并出版思政课必修课教学指导书一种,本人撰写5万字,并在教学中使用;或牵头编写校本教学指导书一种,本人撰写5万字,并在教学中使用两届。 **教授：** 　　主编并正式出版思政类学术著作一部,或主编并出版思政课必修课教学指导书一种,本人撰写10万字,并在教学中使用两届。
科研水平	学术论文	**讲师：** 　1. 在党报党刊发表思想政治理论文章一篇。 　2. 公开发表论文一篇。 　3. 在全国性思政类专业学术会议上交流、或宣读、获奖论文一篇,或在省部级思政类专业学术会议上交流、宣读、或获奖论文二篇。 　4. 在网络平台发表原创的思政类优秀网络文章一篇(字数要求与论文相同)。 **副教授：** 　1. 在省部级及以上党报党刊发表思想政治理论文章一篇。 　2. 公开发表论文两篇,经评审专家鉴定,具有较高的水平(代表作鉴定意见没有"差")。 　3. 在全国性思政类专业学术会议上交流、或宣读、获奖论文一篇,并公开发表论文两篇。 　4. 在"津云"等省部级及以上主流媒体网络平台,发表原创的思政类优秀网络文章一篇(字数要求与论文相同)。 **教授：** 　1. 在国家级党报党刊发表思想政治理论文章一篇,或在省部级及以上党报党刊发表思想政治理论文章两篇;

续表

一级指标	二级指标	观　测　点
科研水平	学术论文	2.公开发表论文四篇,其中两篇经评审专家鉴定,具有较高的学术理论价值或实践指导价值(每篇代表作有一个及以上鉴定意见为"好",且没有"差"); 3.在"津云"等省部级及以上主流媒体网络平台,发表原创的思政类优秀网络文章(字数要求与论文相同)两篇。

表3　教育教学管理研究系列职务任职资格评审条件

一级指标	二级指标	观　测　点
师德师风	思想道德	遵守国家宪法和法律,贯彻党的教育方针,热爱职业教育事业。具有良好的思想政治素质和职业道德,自觉践行社会主义核心价值观,以德立身、立德树人、爱岗敬业,为人师表。
	岗位素养	1.按照《市人力社保局关于进一步规范专业技术人员继续教育工作的通知》(津人社局发〔2014〕51号)的相关要求,完成规定的继续教育任务。不断丰富、更新知识,了解职业教育的发展方向和教学改革要求。 2.身心健康,心理素质良好,能全面履行岗位职。 3.较好地履行现聘职务岗位职责,完成学校规定的工作任务。具备履行申报职务岗位职责所需的业务水平和教育教学管理研究能力。掌握教育学生的原则和方法,认真履行"三全育人"职责。

一级指标	二级指标	观　测　点
学历资历	基本条件	具备国家教育行政部门和国务院学位委员会认可的国民教育相应学历、学位。技工院校中级工班、高级工班、预备技师(技师)班毕业生,可分别按相当于中专、大专、本科学历申报评审相应专业职称。
	学历资历	实习研究员: 　　聘任初级职称,硕士、博士研究生毕业的,从事拟聘任专业技术工作;大学本科毕业的,从事拟聘任岗位专业技术工作满一年;大专毕业的,从事拟聘岗位任专业技术工作满三年;中专毕业的,从事拟聘任岗位专业技术工作满五年。 助理研究员: 　　获得硕士学位,从事本专业技术工作二年;大学本科毕业,担任研究实习员职务四年。 副研究员: 　　获得博士学位,担任助理研究员职务二年;获得硕士学位或大学本科毕业,担任助理研究员职务五年。 研究员: 　　大学本科毕业,担任副研究员职务五年及以上,其中,40周岁以下的人员应具备硕士学位。
专业知识和工作能力	专业知识	助理研究员: 　　具有一定教育管理专业知识,了解高等职业教育管理工作规律,能运用专业知识分析和解决工作中的问题。 副研究员: 　　具有扎实的教育管理方面的理论知识和较高的政策水平,了解国内外职业教育管理研究现状和发展趋势,掌握职业教育管理工作规律,能熟练运用专业知识分析和解决工作中的问题。 研究员: 　　具有精深的教育管理专业知识和较高的政策水平,掌握国内外教育管理研究的前沿成果和发展趋势,熟悉高等职业教育管理工作规律,能系统运用专业知识分析和解决工作中的重大问题。

一级指标	二级指标	观　测　点
专业知识和工作能力	工作能力	助理研究员： 　　1.具有一定管理工作经验，能独立完成本岗位工作，认真履行岗位职责，近两年内未出现过较大工作失误。 　　2.按照学校要求参加国家、天津市重大教学项目建设工作，如"双高计划""提质培优行动计划"等。 　　3.承担教学工作的，要完成本人所授一门及以上课程的"课程思政"建设工作，并在教学中实施。 副研究员： 　　1.具有较强的组织协调能力、综合管理能力和较丰富的管理工作经验，能根据学校的规划、年度计划或重点建设项目要求，提出意见建议，制定工作计划，组织实施并取得成效。 　　2.认真履行岗位职责，工作思路清晰，富有成效。较好地完成职责范围内的各项工作任务，近三年未出现较大工作失误。 　　3.作为骨干能够完成国家、天津市重大教学项目、国际合作项目建设工作，如"双高计划""提质培优行动计划""鲁班工坊"等重要工作任务。 　　4.承担教学工作的，要完成本人所授一门及以上课程的"课程思政"建设工作，在本人全部讲授课程教学中实施"课程思政"，并取得较好效果。 研究员： 　　1.具有科学的决策能力和驾驭全局的能力，具有创新精神、团队意识，经验丰富、执行力强。对分管领域的重点工作，能够提出有价值的意见建议，组织实施措施有力、方法得当，取得实际成效。 　　2.担任学校职能部门（院系）主要负责人及以上职务，认真履行岗位职责，工作思路系统全面，卓有成效，近三年内未出现较大工作失误。 　　3.作为核心成员承担国家、天津市重大教学项目、国际合作项目建设工作，如"双高计划""提质培优行动计划""鲁班工坊"等。 　　4.承担教学工作的，要完成本人所授一门及以上课程的"课程思政"建设工作，在本人全部讲授课程教学中实施"课程思政"，并取得较好效果。

一级指标	二级指标	观 测 点
科研水平	科研项目	助理研究员: 1.作为主要完成人获校级教学成果奖励一项。 2.参加完成校级及以上教学研究项目(含调研课题)一项。 3.作为主要完成人完成校级及以上教学建设项目,包括专业、课程、实训室、创新团队建设等方面的工作方案或总结报告一份。 副研究员: 1.作为主要完成人获局级及以上教学成果奖励一项,或作为第一完成人获校级教学成果奖一等奖一项。 2.作为主要完成人参加完成局级及以上或主持完成校级教学研究项目一项。 3.作为主要完成人参加完成省部级及以上教学建设项目一项。 4.主笔起草省部级及以上的教学建设项目,包括:专业、课程、实训室、创新团队等方面的建设方案或总结报告一份。 5.牵头组织实施对学校发展有重大影响的产教融合、校企合作、国际交流等项目一项,并在教学取得实质成效。 研究员: 1.参与获得国家级或作为主要完成人获省部级或作为第一完成人获局级教学成果奖励一项。 2.参与获得国家级或作为主要完成人完成省部级或主持完成局级教学研究项目一项。 3.主持完成局级及以上调研课题一项,主笔撰写调研报告并获奖。 4.牵头组织实施完成省部级及以上教学改革、教学建设项目一项。 5.主笔起草省部级及以上的教学建设项目,包括专业、课程、实训室、创新团队等方面的建设方案或总结报告两份。 6.牵头组织实施对学校发展有重大影响的产教融合、校企合作、国际交流等项目两项,并在教学取得实质成效。

一级指标	二级指标	观　测　点
科研水平	教材著作	副研究员： 　　作为主要完成人出版学术著作一部，本人撰写5万字；参编并正式出版教材、教学参考书一种，本人撰写5万字，并在教学中使用。 研究员： 　　1. 主编出版学术著作一部，本人撰写10万字。 　　2. 主编并正式出版教材、教学参考书一种，本人撰写10万字，并在教学中使用。
	学术论文	助理研究员： 　　公开发表教育管理学术论文一篇。 副研究员： 　　公开发表教育管理学术论文四篇，其中一篇经评审专家鉴定，具有较高的水平（代表作鉴定意见没有"差"）。 研究员： 　　公开发表教育管理学术论文四篇，其中两篇经评审专家鉴定，具有较高的水平（代表作鉴定意见没有"差"）。
	研究报告	助理研究员： 　　1. 作为拟稿人起草学校管理文件一份。 　　2. 作为主要完成人完成经实践证明具有一定使用价值的调研报告一份。 副研究员： 　　作为拟稿人主笔起草学校管理文件，或主持起草学校层面的管理工作方案，或作为主要完成人参加完成局级及以上调研课题并主笔撰写调研报告，共计三份，并经上级或学校认定具有较高使用价值，并在实施过程中取得较好成效。 研究员： 　　作为拟稿人主持起草学校教育管理、教学改革方面的系列规章制度，或主持起草学校发展规划本人分管方面的分规划、重要改革方案一份，经学校认定具有较高使用价值，并在实施过程中取得显著成效。

七、关于研制教师评聘标准的说明

研制《教师专业技术职务任职资格评审条件》（以下简称《教师职务评审条件》）、《思想政治理论课教师专业技术职务任职资格评审条件》（以下简称《思政课教师职务评审条件》）和《教育教学管理研究系列职务任职资格评审条件》（以下简称《研究系列职务评审条件》），以《市人力社保局市教委关于印发天津市高等职业院校教师职务评审标准的通知》（津人社局发〔2015〕61号）、《市人事局市教委关于印发天津市高等学校教育管理研究人员职务评审条件（试行）的通知》（津人专〔2001〕33号）为基础，充分吸收近期中央及有关部门颁布的关于教育评价和职称评审的文件新精神，再进行细化和创新。特别要指出的是，本书所有评价体系中，只有这一份是直接可以应用于工作的评价体系，因为这个评价只要是着手研究，就必须以实际运用为基本要求，一般原则性的要求在上级文件中都已反复阐明。

（一）三个"评审条件"文件的共同点

将"师德师风"写入申报"基本条件"。这一依据是中共中央、国务院《深化新时代教育评价改革总体方案》和《关于印发天津市贯彻落实〈深化新时代教育评价改革总体方案〉工作安排清单 正面清单 负面清单的通知》（津党教〔2020〕3号）。

将"师德考核不合格的，5年内不能申报""掌握教育学生的原则和方法，关爱学生，践行'三全育人'"写入基本条件。这一依据是《关于印发天津市贯彻落实〈深化新时代教育评价改革总体方案〉工作安排清单 正面清单 负面清单的通知》（津党教〔2020〕3号）。

关于"学历资历条件"，增加了"技工院校中级工班、高级工班、预备技师（技师）班毕业生，可分别按相当于中专、大专、本科学历申报评审相应专业职称"条款。这一依据是《关于印发天津市贯彻落实〈深化新时代教育评价改革总体方案〉工作安排清单 正面清单 负面清单的通知》（津党教〔2020〕3号）。

关于初级职称的评审：按照天津市人社局现行相关规定执行。

（二）关于《教师职务评审条件》

将40周岁及以下青年教师晋升高一级职称的条件，写入"须有至少一年担任班主任或辅导员等学生工作经历，或支教、扶贫等工作经历，并考核合格"作为"基本条件"。这一依据是中共中央、国务院《深化新时代教育评价改革总体方案》《关于印发天津市贯彻落实〈深化新时代教育评价改革总体方案〉工作安排清单 正面清单 负面清单的通知》（津党教〔2020〕3号）和《人力资源社会保障

部 教育部关于深化高等学校教师职称制度改革的指导意见》(人社部发〔2020〕100 号)。

将"近五年,每年完成学校规定的企业实践锻炼任务"写入"基本条件"。这一依据是教育部等四部门印发的《深化新时代职业教育"双师型"教师队伍建设改革实施方案》(教师〔2019〕6 号)、国务院《国家职业教育改革实施方案》(国发〔2019〕4 号)。

增加了教育教学方面的条件要求,注重教师履行岗位职责情况考察。申报不同职级,考察的项目相同,但要求的程度不同,与该申报人员的现行职责要求相符合。主要包括五个方面:

第一,技能水平。这是高职院校"双师型"教师的基本要求,同时明确可以具有"同等的技能水平",不唯证书,注重能力。

第二,职业培训任务。《深化新时代教育评价改革总体方案》明确将承担职业培训情况纳入职业学校考核的主要内容之一,应该成为教师的基本工作职责。

第三,参加"双高计划"建设。"双高计划"是高职院校在国家层面的重大建设项目,建设工作人人有责。

第四,教学改革工作。

第五,"课程思政"。《关于印发天津市贯彻落实〈深化新时代教育评价改革总体方案〉工作安排清单 正面清单 负面清单的通知》(津党教〔2020〕3 号)明确规定"把履行教育教学职责作为评价教师的基本要求,突出教育教学实绩,强化课程思政,注重'三全育人',引导教师上好每一节课、关爱每一个学生"。

科研业绩条件。科学研究是高校教师应承担的职责之一,不可或缺。在该条款设置中,做到了"有论文要求,不唯论文;有科研项目要求,不唯项目",扩充了符合职业院校特点的技术服务、专利、标准制定、决策咨询等评价指标。对教授、副教授职级的论文要求,不再强调重要期刊、核心期刊、检索,更强调论文的质量,即同行专家对论文的评价。

教学业绩条件。该条件各项目的设置,是落实《深化新时代教育评价改革总体方案》的重要内容。设置的评价指标,既体现职教特色,又体现评价的多样性。把教师的基本职责"教学水平,教学效果"列入条件,同时包括了教学成果奖、教学质量工程项目、重点项目建设、教师参加各类竞赛获奖、指导学生参加各类技能竞赛获奖、体现教学业绩的荣誉称号等列入评审条件。为了适应发展变化的要求,增加了一项条件"经学校学术委员会认定水平不低于上述条款的其他教学业绩成果"。

破格条款。对于在某一方面有突出业绩的教师可以破格申报,发挥职称评审作为一种机制的作用,鼓励教师开拓创新。

(三)关于《思政课教师职务评审条件》

根据国家和天津市有关思政课教师职称评审单设系列、单设条件的相关规定而制定,凡是上述文件中明列的条件均收入其中。同样为了鼓励教师教学和研究创新,也设立了破格晋升的专门条件。

(四)关于《研究系列评审条件》

1.专业知识和工作能力要求

参评研究系列职称评审的人员为管理干部,更强调知识储备和管理能力。主要从以下几个方面考察履行岗位职责情况:

第一,理论知识与政策水平,掌握职业教育发展动态及解决实际问题情况。

第二,管理能力与工作经验,落实学校决策部署以及执行力情况。

第三,履行职责情况。

第四,参加"双高计划"建设情况。

第五,"课程思政"。

第六,申报正高职称必须是现职中层及以上干部。

2.业绩成果条件

按照《深化新时代教育评价改革总体方案》的要求,设置评审条件,体现职教特色,体现管理与研究特点,采取多样性评价,不唯论文、不唯项目。未专设科研条件,不同职级要求符合的条件数量不同,要求的程度不同。除了论文、研究项目、成果奖等项目之外,注重考核管理制度与文件、调研与报告和教学建设项目方案与报告的起草。由于参评人员多兼职教学工作,设置了编写教材与专著、参加教改与教学建设项目等条件。

参考文献

[1] Papay, John P. Refocusing the Debate: Assessing the Purposes and Tools of Teacher Evaluation [J]. *Harvard Educational Review*,2012,82(1)123 – 141.

[2] Jaffurs, Alexander C. Teacher Perceptions of Teacher Evaluation Using the Teacher Performance Assessment System and Factors That Contribute to Teacher Quality, Professional Growth, and Instructional Improvement over

Time. Doctoral Dissertations. College Park, University of Maryland,2017.

[3] Marzano, Robert J. The Two Purposes of Teacher Evaluation [J]. *Educational Leadership*. 2012,70(3):14 – 19.

［4］ 高广学,施丽梅.对教师绩效评价的思考[J].齐齐哈尔大学学报(哲学社会科学版),1999(05):93－95.

［5］ 高景林.略论教师评价工作的时代反思[J].新课程研究(中旬刊),2016(10):122－123.

［6］ 刘尧.发展性教师评价的理论与模式[J].教育理论与实践,2001(12):28－32.

［7］ 胡中锋.教育测量与评价[M].广州:广东高等教育出版社,2006:374.

［8］ 蔡永红,黄天元.教师评价研究的缘起、问题及发展趋势[J].北京师范大学学报(社会科学版),2003(01):130－136.

［9］ 王斌华.教师评价标准的研究[J].教师教育研究,2009,21(06):53－57.

［10］ 张丽.刍议教师评价[J].天津市教科院学报,2012(02):51－53.

［11］ 马瑞阳.我国职称评审制度对高校青年教师专业发展的影响研究[D].武汉:武汉理工大学硕士论文,2016.

［12］ 蔡宗模,陈韫春.我国高校教师职称制度的问题与前瞻[J].高等农业教育,2012(12):14－17.

(课题承担单位为天津轻工职业技术学院,课题主持人为胡如祥。课题组成员:陈伟、王春媚、姚嵩、王宝龙、周显晶、翟曼涵。)

第二十六章 "双师型"教师认定标准和兼职教师聘用标准

一、核心概念界定

(一)"双师型"教师

高职院校"双师型"教师是指同时具备理论教学和实践教学两种能力的专业课教师。对于"双师型"教师概念与内涵的阐释与解读,现阶段学界主要形成了以下五种看法。

1."双证书"观点

指教师应具备教师资格证书和本专业或相近专业职业资格认证,这一观点强调教师队伍的实践能力,是我国现阶段一些"双师型"资格认证标准中亦将"双证"作为认定"双师型"教师的基本条件之一。

2."双职称"观点

"双职称"即"双师型"教师除教师系列职称之外,亦应具备多种不同的专业职称,该观点非常关注教师的职业能力。

3."双能力"观点

持有该观点的学者认为,"双师型"教师需要具备出众的业务能力以及教学能力,除此之外,教师的实践能力也需要达到一定的标准,能够有效地指导学生实践操作。

4."双素质"观点

指教师不但需要满足教师职业相关素养的要求,同时也需要具备某一行业领域或是某一专业的职业素养。

5.“双层次”观点

这一观点认为,教师需要具备相应的素质以及能力,在教授学生专业技能以及专业知识的过程中,还需要发挥育人的作用,塑造学生良好的思想品格。

本研究认为,在“双师型”教师目前尚未统一标准的情况下,从“双师”能力上加以界定是比较合理的。《国家职业教育改革实施方案》中明确指出:“到2022年……‘双师型’教师(同时具备理论教学和实践教学能力的教师)占专业课教师总数超过一半。”这是最权威的解释。

(二)兼职教师

本研究所指兼职教师是指受高职院校聘请,兼职担任特定专业课或者实习指导课教学任务的专业技术人员、高技能人才。兼职教师占学校专兼职教师总数的比例应在学校岗位设置方案中明确,一般不超过30%。聘请兼职教师应重点满足面向战略性新兴产业、现代农业、先进制造业、现代服务业及特色专业的教学需要。聘请的兼职教师一般应为企事业单位在职人员,专业教学急需的也可聘请退休人员。

二、相关国内外研究成果和实践发展的综合性评述

(一)“双师型”教师

1.国内研究成果

(1)“双师型”教师内涵研究

“双师型”教师内涵除了“双证书”论、“双职称”论、“双能力”论等之外,还有“双资格”“双融合”“多师型”“特定型”等诸多说法。但比较一致的是,“双师型”教师必须兼备扎实的专业理论知识和卓越的专业实践能力,这是“双师型”教师应有的共同表征,而且专业理论知识和专业实践能力具有内在的融合性与统一性。

(2)“双师型”教师素质结构及胜任力研究

卢双盈认为,“双师型”教师需具备良好的职业道德、基本理论、基础知识和实践能力、经济素养、社会沟通、交往、组织和协调能力、管理能力、适应能力和创新能力等。肖凤翔等人认为,“双师型”教师素质包括师德高尚、科学素养厚重、专业理论功底扎实、文化修养深厚,还应具备职业道德高尚、恪守职业操守、实践技能过硬、善于操作性活动指导、关爱与指导学习者、规划学习者职业生涯等素质结构及胜任力。

(2)“双师型”教师专业发展研究

贺文瑾认为,“双师型”教师专业发展需规范资格评审标准,大力推进职教师资培养制度建设,严把"双师型"职教师资的入口关,健全和落实职教教师继续教育制度与提升职教师资培训、构建教师管理制度等途径。

(3)"双师型"教师队伍建设研究

高职院校"双师型"教师队伍建设存在问题为认定标准较为模糊,队伍构成较为单一,培养培训制度尚不健全,评价激励机制缺乏。

(4)"双师型"教师认定标准、培养模式研究

陈伟认为,高职院校"双师型"教师培养包括校本培养模式、校企合作培养模式、教师自主培养模式、基地培养模式。关于"双师型"教师资格认证标准体系建设方面,李梦卿认为,现阶段"双师型"兼职教师资格标准门槛较低、企业实践经历要求宽松、资格再认定制度不健全。通过提升"双师型"内涵、科学确立"双师型"教师认证标准内容,服务教师专业发展主线、完善"双师型"教师认证标准等级递进制度等途径确立"双师型"教师认定标准。

(5)"双师型"教师培养制度研究

战玉建认为,高职院校"双师型"教师培养制度需从教师资格认定制度、继续教育培训制度、职称评定评审制度、教师考核激励制度等方面着手建设。

(6)"双师型"教师评价体系研究

陈强认为,通过探索科学合理的"双师型"教师职称评定标准、完善"双师型"教师评价系统、确立"双师型"教师成长激励机制,构建高职"双师型"教师评价体系。教育部等印发的《深化新时代职业教育"双师型"教师队伍建设改革实施方案》指出,"深化突出'双师型'导向的教师考核评价体系改革,破除'唯文凭、唯论文、唯帽子、唯身份、唯奖项'的顽瘴痼疾"。因此,基于"双师型"教师实践技能水平和专业发展能力,构建新时代背景下"双师型"教师评价体系至关重要。

2. 国外研究成果

国外对高职教师也要求必须具备实践能力和专业能力,与我国高职院校"双师型"教师的要求标准一致,而且很多国家把师资队伍建设作为高职教育发展的重中之重来对待,对高职院校的教师给予等同于普通教育的尊重。美国于1987年发表的《明日之教师》,提出要关注未来教师的专业素质。欧洲的多数国家也先后启动了"提升教师专业素质"的教育变革历程。在德国,历次职业教育法规都明确要求职教教师要不断接受新技术、新知识、新规范的继续教育。日本把高等职业教育发展建设提到了国家战略的高度,在学习东西方各国建设经验的基础上改革自己的职业教育体系,其特色主要是短期大学的办学模式。

3. 实践发展

（1）对"双师型"教师内涵的把握

各转型院校有着不同理解，如浙江科技学院对"双师型"教师的定义："'双师型'教师具有良好的职业道德、从事高等教育的教育教学能力（应具有相应的学历、职称）、行业实践经验和应用技能（应具有相应的资格证书、技术职称或专业（行业）任职经历）。"衡阳师范学院则将"双师型"教师定义为既具有培养应用型专门人才的教育教学能力，又有科技开发、服务区域经济社会的实践能力的教师。普洱学院认为，"双师型"教师指具有较高教育教学水平和较强的专业操作示范技能，具备教师专业技术职务资格证书和相应职业资格证书或技术等级证书的复合型专业人才。由于对"双师型"教师内涵的理解不一，各转型院校在认定对象的适用范围上存在较大差异。

（2）"双师型"教师必备条件的规定

武昌工学院要求，"双师型"教师要满足高等学校教师及以上职称，上海应用技术大学要求，"双师型"教师要同时具备大学本科以上学历、高校资格证书和中级职务的认定条件。

（3）拓展条件数量的设置

武昌工学院和上海应用技术大学等院校只需满足三项拓展条件之一即可认定"双师型"教师，而浙江科技学院"双师型"教师拓展条件设置专业技术资格、行业资格证书等四项拓展条件。除此之外，常州工学院、韩山师范学院等院校设置了多达 8 个以上的拓展条件。

（二）兼职教师

兼职教师是高职院校建设"双师型"教师队伍不可或缺的一部分，高素质、高水平的兼职教师队伍能够提升高职院校的内涵建设，提升院校各专业的教学质量，大幅提升专业领域人才培养水平。高职院校兼职教师队伍的组建主要由专业系室、人力资源部门以及教学管理部门等学校职能管理部门完成。专业系室提需求，人力资源部门根据人力资源规划配置人员，教学管理部门协同人力资源部门做好兼职教师资源开发和维护工作，从而确保院校师资团队的稳定发展和相关专业课程实践环节的顺利进行。

目前尚缺乏规范的兼职教师聘用标准体系。全国多数高等职院校在进行兼职教师队伍建设和管理过程当中，制定有明确的聘任标准和管理方案，但在兼职教师聘任上表现得比较随意，由各专业临时决定，没有对聘任人员进行深入的背景调查和资历考核，从而导致相当一部分不具备教学能力并且实践能力薄弱的人员进入了高等职业院校兼职教师队伍当中,严重影响了高等职业院校师资队伍的质量和人才输出的质量。

规范和完善兼职教师聘任制度是高职院校提升教师队伍整体水平的迫切需要,也是吸引行业企业优秀技能型人才、专业技术人员到高职院校兼职任教的前提条件。高职院校内部只有构建行之有效的用人机制,才能为聘任兼职教师提供发展空间,兼职教师才能切实发挥自身作用。发达国家高职院校对兼职教师的聘任、管理等都有严格要求,美国社区学院对兼职教师有一套严格的聘任制度,澳大利亚在师资管理中制定相关政策和制度加强管理,如采取特殊的工资制度、制定教师岗位职责并严格执行,明确规定教师的招聘、解聘标准等。我国目前对于兼职教师聘用的相关政策与法规不足,急需形成可操作性强的聘用制度,为高职院校兼职教师管理奠定基础。

目前存在三种高职院校兼职教师评价标准,分别是行政标准、校本标准和学者标准。行政标准是在2012年提出的官方标准,要求职业院校兼职教师必须具备下列条件:一般应具有中级以上专业技术职称(职务)或高级工以上等级职业资格(职务),特殊情况也可聘请具有特殊技能、在相关行业中具有一定声誉的能工巧匠、非物质文化遗产国家级和省级传人。行政标准存在以下问题:对兼职教师的要求过于笼统,不能体现兼职教师所应具备的具体能力素质,相关的保障机制也不够完善。依据行政标准,各高职院校根据具体情况制定了校本标准。例如,天津市大多数职业院校对兼职教师所应具备的学历、技术职务、实践经历、职业资格等方面有具体要求,符合行政标准的导向,但普遍比较重视兼职教师的硬性条件,缺乏可量化的评价指标。学者标准是一些专家学者根据自己的实际经验和调研结果设计的职业院校兼职教师评价标准。有学者将标准归纳为"一全、二师、三能、四证",还有学者将兼职教师划分为"初级、中级、高级"三个等级。每个学者对兼职教师的内涵理解不同,所制定的评价标准也各具特色。学者标准形式非常多样化,但是缺乏统一性,容易造成评价结果缺乏公平性。因此,制定相对统一、规范化、合理化的职业院校兼职教师聘用标准很有必要。

三、研究方法

(一)文献研究法

通过教育部、职业技术教育学会以及各省的教育部门等多个官方网站搜索"双师型"教师和兼职教师聘任相关的国家相关文件、政策,筛选出相关文件和公告。对《职业学校兼职教师管理办法》《学校体育美育兼职教师管理办法》《中华人民共和国教师法》《深化新时代职业教育"双师型"教师队伍建设改革实施方案》等政策性文件进行认真研读,筛选出与"双师型"教师认定标准和兼职教师聘任制度和入职基本要求相关的部分,为本研究提供政策依据。

（二）访谈法

根据本研究的内容设计访谈提纲,对高职院校"双师型"教师和兼职教师以及参与高职院校教师招聘人员和教学管理人员进行面对面访谈,访谈的主要内容是被访谈者对"双师型"教师和兼职教师相关国家政策的了解、所了解教师的聘任现状、主要聘任程序及对此的看法、入职基本要求和基本要求设立的建议,为本研究提供理论及实践支撑。

四、理论依据

（一）习近平总书记的有关论述

1. 关于职业教育的论述

2021年4月,习近平总书记对职业教育工作做出重要指示强调,在全面建设社会主义现代化国家新征程中,职业教育前途广阔、大有可为。要坚持党的领导,坚持正确办学方向,坚持立德树人,优化职业教育类型定位,深化产教融合、校企合作,深入推进育人方式、办学模式、管理体制、保障机制改革,稳步发展职业本科教育,建设一批高水平职业院校和专业,推动职普融通,增强职业教育适应性,加快构建现代职业教育体系,培养更多高素质技术技能人才、能工巧匠、大国工匠。各级党委和政府要加大制度创新、政策供给、投入力度,弘扬工匠精神,提高技术技能人才社会地位,为全面建设社会主义现代化国家、实现中华民族伟大复兴的中国梦提供有力人才和技能支撑。

2. 关于论师德师风的论述

2021年3月6日,习近平总书记在看望参加全国政协十三届四次会议的医药卫生界教育界委员时讲话指出:"教师是教育工作的中坚力量。有高质量的教师,才会有高质量的教育。"做好老师,就要执着于教书育人,有热爱教育的定力、淡泊名利的坚守,就要有理想信念、有道德情操、有扎实学识、有仁爱之心。广大思想政治理论课教师,政治要强、情怀要深、思维要新、视野要广、自律要严、人格要正。要把师德师风建设摆在首要位置,引导广大教师继承发扬老一辈教育工作者"捧着一颗心来,不带半根草去"的精神,以赤诚之心、奉献之心、仁爱之心投身教育事业。要在全党全社会大力弘扬尊师重教的社会风尚,推动形成优秀人才竞相从教、广大教师尽展其才、好老师不断涌现的良好局面。

（二）相关学科理论

1. 目标管理理论

1954年，美国通用公司顾问彼得·德鲁克（Peter Drucker）在其著作《管理的实践》最先提出目标管理，随后他又提出"目标管理和自我控制"的主张。德鲁克认为人有了目标才能确定自己的工作。所以管理者需要通过目标的建立对下级实施管理，形成"组织总目标（高层）——分目标（部门、个人）"，最后由管理者根据下级完成情况进行考核、评价，对其进行奖励或惩罚。学校的发展离不开目标的逐个实现。从目标管理理论出发，职业院校通过总目标的设立来规范"双师型"教师和兼职教师的教学、科研行为，他们根据学校及系部的目标，建立个人的发展目标，通过学院的评价标准规范自身行为，最终实现个人目标，从而获得学院的奖励。

2. 激励理论

激励问题的提出是由于劳动分工与交易的出现引起的。早期的激励理论主要针对"需要"进行研究，回答了以什么为基础、或根据什么才能激发调动起工作积极性的问题。激励理论是关于如何满足人的各种需要、调动人的积极性的原则和方法的概括总结。激励的目的在于激发人的正确行为动机，调动人的积极性和创造性，以充分发挥人的智力效应，做出最大成绩。激励理论广泛运用在学校管理中。高职院校通过目标设立，管理"双师"教师，同时将兼职教师纳入学院管理中，将管理结果与教师的续约、解聘、课酬、待遇挂钩。当评价结果与薪酬待遇关联时，满足自我实现的需要，激发完善自身的动机，从而推动教师队伍发展。

3. 发展性教师评价

发展性教师评价是一种形成性评价，既关注教师的过去成绩，还关注教师个人未来的专业发展需要。20世纪90年代中期传入我国，并在我国部分地区实施。奖惩性教师评价以奖励和惩处为最终目的，评价结果与教师解聘、晋升、薪酬、待遇等挂钩，该模式易使教师评价失去本身的目的，教师的坦诚态度会逐渐降低，参与度随之降低。而发展性教师评价以促进教师的专业发展为最终目的，教师与评价者的关系不存在功利性，氛围相对和谐。奖惩性教师评价更多关注的是学校的需要，而发展性教师评价更加关注教师的尊重需要和自我实现需要，以及关注个人与学校之间的需要，可以使教师很好地了解学校的需要，增加教师的凝聚力。

五、政策依据

（一）关于"双师型"教师的有关政策

2018年1月发布的《中共中央 国务院关于全面深化新时代教师队伍建设改革的意见》提出："完善职业院校教师资格标准，探索将行业企业从业经历作为认定教育教学能力、取得专业课教师资格的必要条件。完善职业院校教师考核评价制度，'双师型'教师考核评价要充分体现技能水平和专业教学能力。"

2018年2月，教育部等六部门印发的《职业学校校企合作促进办法》指出："职业学校应当将参与校企合作作为教师业绩考核的内容，具有相关企业或生产经营管理一线工作经历的专业教师在评聘和晋升职务（职称）、评优表彰等方面，同等条件下优先对待。"

2019年1月，国务院印发《国家职业教育改革实施方案》（国发〔2019〕4号），方案中提出："'双师型'教师（同时具备理论教学和实践教学能力的教师）占专业课教师总数超过一半。"同时提出："多措并举打造'双师型'教师队伍。加强职业技术师范院校建设，优化结构布局，引导一批高水平工科学校举办职业技术师范教育。实施职业院校教师素质提高计划，建立100个'双师型'教师培养培训基地，职业院校、应用型本科高校教师每年至少1个月在企业或实训基地实训，落实教师5年一周期的全员轮训制度。"

2019年9月，教育部等四部门印发的《深化新时代职业教育"双师型"教师队伍建设改革实施方案》指出："国家通过建设分层分类的教师专业标准体系，推进以双师素质为导向的新教师准入制度改革，构建以职业技术师范院校为主体、产教融合的多元培养培训格局，完善'固定岗+流动岗'的教师资源配置新机制，建设'国家工匠之师'引领的高层次人才队伍，创建高水平结构化教师教学创新团队，聚焦1+X证书制度开展教师全员培训，建立校企人员双向交流协作共同体，深化突出'双师型'导向的教师考核评价改革等一系列制度、政策、措施的推进实施，确保高素质'双师型'教师队伍建设目标的实现。"

2021年9月，教育部、财政部发布的《关于实施职业院校教师素质提高计划(2021—2025年)的通知》（教师函〔2021〕6号），对"双师型"教师个体成长和"双师型"教学团队建设都提出了新要求，目标是造就一支师德高尚、技艺精湛、专兼结合、充满活力的高素质"双师型"教师队伍。

（二）关于兼职教师的有关政策

2012年教育部等部门发布《职业学校兼职教师管理办法》，从政策层面将兼职教师的定义进行规范：兼职教师是指受职业学校聘请，兼职担任特定专业课或者实习指导课教学任务的专业技术人员、高技能人才。国务院办公厅《关于深化产教融合的若干意见》(国办发〔2017〕95 号)中明确提出:"支持企业技术和管理人才到学校任教,鼓励有条件的地方探索产业教师(导师)特设岗位计划,推动学校与大中型企业合作建设'双师型'教师培养培训基地。"这为高职院校引进兼职教师奠定了基础,也是以产教融合为核心的现代职业教育体系下加强专兼结合"双师型"师资队伍建设的必然要求。2019 年《深化新时代职业教育"双师型"教师队伍建设改革实施方案》中提出:"健全高技能人才到职业学校从教制度,聘请一大批企事业单位高技能人才、能工巧匠、非物质文化遗产传承人等到学校兼职任教。"

六、关于"双师型"教师认定标准和兼职教师聘任标准的设计

考虑到对"双师型"教师认定目前尚无国家标准,从高职院校实际需求出发,有必要设计一个标准体系。同样,对高职院校兼职教师聘用工作也需要规范化,同时也设计出一个标准。这两个"标准"用以下两个表格展示如下:

表 1 "双师型"教师认定标准

一级指标	二级指标	观 测 点
	基本条件	"双师型"教师的必备条件:①教师认定对象上一年度师德考核须达到合格及以上档次;②认定对象须取得相应的教师资格证书,作为理论教学能力的必备条件;③认定对象是新入职教师的,试用期满并考核合格。
认定标准	实践教学能力的认定条件	专业课教师满足下列条件之一:①取得与所从事教学专业相关的中级及以上职业技能等级证书或职业资格证书或非教师系列的专业技术职务证书;②有累计 3 年以上与所从事教学专业相关的行业企业从业经历;③近 5 年参加省级或国家级职业院校"双师型"教师培养培训基地组织的连续不少于 4 周的"双师型"教师培训,其中含连续不少于 2 周的企业实践活动,并取得"双师型"教师培训合格证书;④近 5 年本人参加省级及以上技能大赛并获得省级以上奖项;⑤近 5 年取得与所从事教学专业相关的省级以上专业技能考评员资格;⑥近 5 年指导学生参加国家级及以上技能大赛,并获得国家级三等奖及以上奖项;⑦其他相当的、与专业实践能力密切相关的经历或应用于生产领域的专利等成果。

续表

一级指标	二级指标	观　测　点
业绩标准	专业水平	①专业知识方面:系统掌握专业相关的基础理论与知识;②教学能力方面:近三年内累计半年以上从事一线教学工作经验,近三年参与一项校内教学项目建设;③学术水平方面:每两年发表与教学专业相关的专业论文一篇(含)以上。
	应用能力	①职业知识与技能:近五年本人参加省级及以上技能大赛并获得省级三等奖以上奖项;②研发与专业能力:近五年参与1项以上企业研发和技术改造项目;③培训能力:每年至少有一个月参与企业员工职业培训或参与社会培训项目;④指导学生参加技能大赛获奖情况:近五年指导学生参加国家级及以上技能大赛,并获得省部级三等奖及以上奖项;⑤教育研究能力:应用课题或应用技术研究情况,近3年参与1项以上应用性课题或应用技术研究,取得较好的成果并得到企业应用。
	创新能力	①教学标准开发:参与教学标准开发,参与专业教学标准、实验大纲或考核大纲设计、编写,掌握教学标准开发理论;②行业企业规范与标准开发:掌握行业企业规范与标准开发情况、掌握生产实践规范、岗位需求规范和企业、行业规范;③产品与工艺研制:参与企业产品与工艺研制项目情况,参与1项以上企业产品研发和工艺研制项目,成果已被企业推广,效益良好。

表2　兼职教师聘用标准

一级指标	二级指标	观　测　点
聘用资质和工作职责	专业技术能力	满足下列条件之一:①获得经国务院人事主管部门授权的部门、行业或中央企业、省级专业技术职称评审机构评审的系列专业技术职务中级或以上级别证书,其专业领域与所授课程相关;②具有3年及以上与所从事教学专业相关的行业企业从业经历,获得职业技能等级证书中级及以上级别,或职业资格证书;③具有教师资格证书,并且专业领域和证书类别与教授课程匹配;④近5年本人参加省级及以上技能大赛并获得省级以上奖项;⑤近5年取得与所从事教学专业相关的省级以上专业技能考评员资格;⑥近5年指导学生参加国家级及以上技能大赛,并获得国家级三等奖及以上奖项;⑦其他相当的、与专业实践能力密切相关的经历或应用于生产领域的专利等成果。

一级指标	二级指标	观 测 点
聘用资质和工作职责	学历	①获得经国家批准设立或者认可的学校及其他教育机构按照国家有关规定颁发的学历证书、学位证书,获得本科及以上学历;②所学专业应与教授课程相关。
	职责范围	①开展兼职学校的教学活动,包括理论教学、实践教学和教学讲座、技能培训等;②参与兼职学校的专业建设、教学建设活动,包括专业(群)设置论证、人才培养方案制定或调整、教学标准、教材建设(特别是校企合作开发教材,如活页式、工作手册式等)、实践教学建设等;③参与兼职学校的科技研究、产品开发、技术服务等;④参与兼职学校的教育教学管理建设。
教学能力培训标准	培训范围	应聘兼职教师者若已获得教师资格,或者能够证明应聘者具有相关教学的经验并取得良好效果的,可不参加系统的教学能力培训。其他情形一般要参加应聘学校组织的培训。
	培训内容	教学能力培训要使被培训者达到:①掌握所授课程的一般教学设计、教学方法、教学组织形式、教学工作基本环节和教学评价的知识;②掌握应聘学校教学管理、学籍管理、学业成绩评价等具体规定和惯例等;③掌握应聘学校教师行为规范和具体管理规定。
	培训组织	①培训方式可采用集中或个别培训形式进行,必要时可结合试讲、随班听课等形式;②兼职教师的教学能力培训一般由招聘学校组织进行。

七、关于"双师型"教师认定和兼职教师聘用两个标准的说明

研制高职院校"双师型"认定标准和兼职教师聘用标准,主要出于当前实际工作的需要。将国家相关文件精神细化,以落实到学校工作之中,是本研究的基本目标。根据相关文件和已有实践,最初提出的两个标准在内容上都比较复杂。经过专家和部分高职院校校长多轮审议和讨论。最后确定宜简不宜繁,才形成现有的两个"标准"方案。

关于"双师型"教师认定标准,只设计两个一级指标:第一个是"认定标准",包括基本条件(必备条件)、实践教学能力的认定条件(在七项条件中具备一项即可)两个二级指标。其中,必备条件将师德放在第一位;实践教学能力包括企业工作经历、大赛指导经历、技能考评员资格等,不求条件的全面性或具有高等

级证书。这样界定有利于教师队伍的稳定和建设,"双师型"教师的发展则通过其他工作去推动和保障。第二个是"业绩标准",包括专业水平、应用能力、创新能力三个二级指标。如果说"认定标准"是入门条件,那么"业绩标准"是考核标准。"业绩标准"的要求比较全面,意在推进专业教师在"双师型"成长方向上全面发展,是建设高水平"双师型"教师队伍的促进手段。

关于兼职教师聘用标准,也只设计两个一级指标:第一个是"聘用资质和工作职责",包括专业技术能力、学历、职责范围三个二级指标,其中专业技术能力是多项条件达到其一项即可,职责范围强调参与聘用学校的教学、专业建设、科研和管理工作,并不仅限于"上完课即走人"状况;第二个是"教学能力培训标准",包括培训范围、培训内容、培训组织三个二级指标,指需要培训才能上岗的兼职教师,必须按规范要求接受培训,聘用学校必须按专业要求做好培训工作。

参考文献

[1]　郑琴艳.高校"双师型"教师绩效考核策略探析[J].延边教育学院学报,2021,35(02):56-58.

[2]　詹国芳.新商科背景下高职院校"双师型"教师可持续发展路径研究[J].科技经济导刊,2021,29(11):157-159.

[3]　王昊."双高计划"背景下的"双师型"教师:内涵、标准和评价[J].中国成人教育,2021(05):66-69.

[4]　赵莎莎.谈高职院校"双师型"教师发展性评价机制构建[J].品位·经典,2021(05):110-113+127.

[5]　罗尧成,庄敏,许宇飞.高职院校"双师型"教师自主评价的问题及对策[J].上海教育评估研究,2020,9(06):61-65.

[6]　秦梦尧.深化评价改革 建设高质量"双师型"教师队伍[J].天津职业院校联合学报,2020,22(12):94-97.

[7]　袁湘.转型高校"双师型"教师考核评价体系研究——评《"双师型"视域下高职院校教师在职培养困境研究》[J].科技管理研究,2020,40(23):270.

[8]　陈敏.高职院校"双师型"教师考核评价体系研究[J].船舶职业教育,2020,8(06):13-15.

[9]　魏国建.高职院校会计类专业"双师型"教师培养的问题及对策——以柳州城市职业学院为例[J].广西教育,2020(43):21-22+43.

[10]　韩瑞.应用型本科院校旅游专业"双师型"教师素质评价体系研究

[J].绥化学院学报,2020,40(11):125-127.

[11] 金星霖.中职教师"双师型"教学能力评价体系的构建——以"双师"教学能力群和《中等职业学校教师专业标准》为理论基础[J].职业教育研究,2020(10):70-74.

[12] 文雨丝."双高"建设下高职"双师型"教师绩效评价体系架构[J].教育教学论坛,2020(41):52-53.

[13] 王霞.高职"双师型"教师绩效评价指标权重测算[J].科技视界,2020(27):174-176.

[14] 刘芳,张彦文,徐亮,周鸿.高职中药学"双师型"教师核心能力评价体系——基于R聚类-变异系数的分析[J].温州职业技术学院学报,2020,20(03):26-29+39.

[15] 孙刚成,左晶晶.我国职业教育"双师型"教师研究的动态、热点与趋势——基于CiteSpace可视化分析[J].教师教育学报,2020,7(05):30-38.

[16] 吴杨伟."双高计划"背景下高职"双师"队伍建设的定位、问题与路径研究[J].职教论坛,2020,36(08):99-103.

[17] 初亭峰,孙葛佳,赵兴宇."双师型"背景下音乐类院校教师教学能力提升的对策[J].艺术大观,2020(23):109-110.

[18] 苏鹏举,王海福.我国"双师型"教师研究热点与发展趋势——基于490篇核心期刊文献的可视化分析[J].潍坊工程职业学院学报,2020,33(04):27-33.

[19] 陈春媚.双师型教师评价及其激励机制[J].知识文库,2020(14):188-189.

[20] 王迪.产教融合为导向的职业院校"双师型"教师培养路径初探[J].学园,2020,13(16):72-73.

(课题承担单位为天津海运职业学院,课题主持人为杨桦。课题组成员:季文苑、刘思彤、商卓、张威、杨春林、崔鹏、贾明然、李明。)

第二十七章 教师绩效评价

一、核心概念界定

（一）绩效

绩效是指组织成员在一定的环境资源条件下，按照工作性质完成工作任务或履行职务的结果。简言之，绩效是指组织成员对组织的贡献或对组织所奉献的价值。

（二）教师绩效评价

教师绩效评价是指针对从事教育教学活动的专任教师的绩效考核，是对教师在工作中的表现包括工作行为、工作质量、工作业绩的测量与评定。

教师绩效评价是绩效管理过程中一个必不可少的重要环节，它的意义在于：通过设定考核指标为教师指明工作努力方向，用目标引导教师日常工作行为，激发教师工作潜力；通过对教师工作目标完成情况的统计分析和评估，及时给予评价，通过绩效工资分配、奖惩建立一个奖优罚劣的竞争氛围；为教师绩效工资、奖励、职位晋升、培训、专业发展提供基本依据，从而调动教师干事创业的积极性。

二、国内外相关实践发展和研究成果综述

（一）国内实践发展概述

从 2010 年起，全国高等院校都在逐步推进分配制度改革，实施绩效管理，该项工作的核心内容是如何科学有效地完成对管理主体的绩效评价。绩效评价作为高等职业院校人力资源工作的关键环节，其结果是教师聘用、奖惩、职称评定、奖金分配等工作的重要依据。

（二）国外研究成果综述

20世纪初,欧美等发达国家就开始进行教师绩效评价体系的研究与探索。到20世纪90年代末以后,这一领域的研究得到了加速发展,出现了大量的教师绩效评价模式与方法。系统的教师评价发展的研究大致划分为三个阶段:第一阶段,20世纪60年代到80年代末,产生了关注学生学习结果的教师效能。这种评价来源于教师责任制。第二阶段,20世纪80年代后期,出现了关注教师职业发展的教师评价。第三阶段,20世纪90年代后期伊始,出现了关注教师专业化的教师评价。专业化是某种专门职业独有的问题。教师作为其中一种专门的职业,同样存在着专业化的问题。在专业化中,一个相当重要的问题就是专业职业者的自主性。专业化人员的评价标准应该由他们自己建立。因为教师也是专业人员,所以对教师的评价就应该用其提出的标准作为依据。按照这种观点,教学就是一项复杂的并且多维的活动,教师要不断地追求完善自己的技能。

（三）国内外研究成果比较研究

一般来说,国外相关研究成果和关于绩效评价的发展历程本身,对深入理解绩效评价的内涵以及科学建立评价指标等工作都具有非常重要的意义。但由于绩效考核评价有非常鲜明的政策属性,所以国外相关研究对于我们的实际工作的可参考性有限。于此,本课题组主要研究国内近期高职型院校绩效评价的各项成果和实践。

总的来看,国内很多高职院校在教师绩效评价体系构建及工资标准制定上做了大量的研究工作,形成了一定的共识。但由于教育工作本身就是一项创造性的工作,不能单纯通过量化等简单指标来衡量与评价,所以综合考察国内众多研究成果,仍存在下述问题:第一,绩效考核指标与人才培养目标脱节。第二,刚性的绩效考核指标制约了教师的创造性。第三,绩效考核指标体系不完善,缺乏权威性。第四,考核方法单一,缺乏科学性和客观性。第五,缺乏考核后的反馈及沟通。第六,绩效考核结果的应用不够合理,激励作用被弱化。

三、研究方法

（一）文献分析法

通过搜集、整理、鉴别、文献中的相关内容,形成对已有研究成果及其水平的基本判断,从而确定本课题创新的方向和空间。考虑到本课题内容的政策性非常强,要在文献分析环节,力求精细和准确,力争每项指标都有政策依据。同时,在有政策支持的前提下,尽可能做到超前思考。

（二）专家访谈法

通过调研学访等形式,听取本领域专家的意见,并在前期研究基础上,与专家共同探讨本课题中的几个重点及难点问题。尤其在课题进行至中期的时候,专家再次对课题的指标体系设计、可操作性上提出具体要求,给出改进方向和建议,对本课题研究顺利开展起到了关键性作用。

（三）比较分析法

通过对国内高职院校教师绩效评价体系的梳理,比较各个教师绩效评价体系上的差别,归纳出现行绩效评价管理过程中存在的问题。通过调研和查阅相关资料,学习借鉴了国内多所高职院校教师绩效评价体系的设计与日常考核应用情况,为本课题顺利完成准备了必要条件。

（四）问卷调查法

课题组编制并发放了《高等职业院校教师绩效评价体系建设调查问卷》,从高职教师当前工作量统计、培训情况到职业能力提升等多方面进行调查研究,并通过相关题目设置分析教师们普遍能够接受和认可的考核方式与激励机制,为本课题提供了有效的数据依据。

四、理论依据

（一）习近平总书记的相关论述

2018 年 5 月 2 日,习近平总书记在北京大学师生座谈会上提出:"人才培养,关键在教师。教师队伍素质直接决定着大学办学能力和水平。"评价教师队伍素质的第一标准应该是师德师风。师德师风建设应该是每一所学校常抓不懈的工作,既要有严格制度规定,也要有日常教育督导。要引导教师把教书育人和自我修养结合起来,做到以德立身、以德立学、以德施教。

在 2018 年 9 月 10 日全国教育大会上,习近平总书记指出:"要努力构建德智体美劳全面培养的教育体系,形成更高水平的人才培养体系。"要深化教育体制改革,健全立德树人落实机制,扭转不科学的教育评价导向,坚决克服唯分数、唯升学、唯文凭、唯论文、唯帽子的顽瘴痼疾,从根本上解决教育评价指挥棒问题。

（二）教育学、管理学的理论依据

1. 马斯洛需求层次理论

马斯洛需求层次理论认为,人类的需要是分层次的,包括生理的需要、安全的需要、社交的需要、尊重的需要和自我实现的需要。其代表性理论贡献主要有:一是认为人们的需求分为五个不同层次,人们的需求是其行为的驱动力;二是认为需求是一种不断变化的结果,人们的行为往往先受到低层次需求的影响,之后不断上升,高层次需求得以完全满足的比例较小;三是人的不同需求往往会同时存在,但是必然有一个占主导地位;四是需求被满足后将不再成为人们行动的驱动要素。

目前很多高职院校的教师绩效评价方式对教师在安全需求与生理学方面均达到要求,但是对于他们在社交、尊重、自我实现方面需求不够重视,尤其是对教师实现自我价值的需求关注度严重缺乏,可以考虑从该方面入手,可能提升高校教师工作效率与学术创新能力。

2. CIPP 评价模型

美国教育评价学者斯塔弗尔比姆(Stufflebeam, D. L.)提出的以决策行为导向型为主的评价模式,由 Context Evaluation(背景评价)、Input Evaluation(输入评价)、Process Evaluation(过程评价)和 Product Evaluation(结果评价)四部分构成。此评价模式强调评价贯穿于教育的全过程、全要素,通过全方位收集信息和资料,最大限度为决策提供全面信息,而评价的最终目的是为了更好地改进和完善。

3. AHP(多方案决策方法、层次分析法)

层次分析法(Analytic Hierarchy Process,简称 AHP)是美国运筹学家、匹兹堡大学教授萨蒂在 20 世纪 70 年代初期提出的,是对定性问题进行定量分析的一种简便、灵活而又实用的多准则决策方法。它的特点是把复杂问题中的各种因素通过划分为相互联系的有序层次,使之条理化,根据对一定客观现实的主观判断结构(主要是两两比较)把专家意见和分析者的客观判断结果直接而有效地结合起来,将同一层次元素两两比较的重要性进行定量描述。而后,利用数学方法计算反映每一层次元素的相对重要性次序的权值,通过所有层次之间的总排序计算所有元素的相对权重并进行排序。该方法自 1982 年引入中国以来,以其定性分析与定量分析相结合地处理各种决策因素的特点,以及其系统灵活简洁的优点,迅速在我国社会经济各个领域内(如能源系统分析、城市规划、经济管理、科研评价等)应用,受到广泛的重视。

五、政策依据

2016 年 12 月 4 日,中共中央印发的《关于加强和改进新形势下高校思想政治工作的意见》指出:"完善教师评聘和考核机制。把政治标准放在首位,严格教师资格和准入制度,探索教师定期注册制度。高校党委负责对新入职教师的思想政治、品德学风进行综合考察和把关。完善教师评聘考核体系,在教师年度考核、职务(职称)评聘、评优奖励中,把思想政治表现和课堂教学质量作为首要标准。增加课堂教学权重,引导教师将更多精力投入到课堂教学上。完善教师职业道德规范,把师德规范要求融入人才引进、课题申报、职称评审、导师遴选评聘和考核各环节,实施师德'一票否决'。"

2019 年 2 月,中共中央、国务院印发的《中国教育现代化 2035》指出:"健全教师职称、岗位和考核评价制度。优化教师岗位设置结构,细化层级,完善各级各类教师职称评聘和岗位管理制度,形成激励教师专业发展的长效机制。深化教师考核评价制度改革,中小学教师突出教育教学实绩,'双师型'教师充分体现技能水平和专业教学能力,高等学校教师以能力和贡献为导向。实行定期注册制度,建立完善教师退出机制,提升教师队伍整体活力。"

2020 年 10 月 13 日,中共中央、国务院印发的《深化新时代教育评价改革总体方案》指出:"改革学校评价,推进落实立德树人根本任务,坚持把立德树人成效作为根本标准。""坚持把师德师风作为第一标准。坚决克服重科研轻教学、重教书轻育人等现象,把师德表现作为教师资格定期注册、业绩考核、职称评聘、评优奖励首要要求。""突出教育教学实绩。把认真履行教育教学职责作为评价教师的基本要求,引导教师上好每一节课、关爱每一个学生。""健全'双师型'教师认定、聘用、考核等评价标准,突出实践技能水平和专业教学能力。把参与教研活动,编写教材、案例,指导学生毕业设计、就业、创新创业、社会实践、社团活动、竞赛展演等计入工作量。""改进高校教师科研评价。突出质量导向,重点评价学术贡献、社会贡献以及支撑人才培养情况,不得将论文数、项目数、课题经费等科研量化指标与绩效工资分配、奖励挂钩。根据不同学科、不同岗位特点,坚持分类评价,推行代表性成果评价,探索长周期评价,完善同行专家评议机制,注重个人评价与团队评价相结合。"2020 年 12 月 24 日发布的《教育部等六部门关于加强新时代高校教师队伍建设改革的指导意见》指出:"通过一系列改革举措,高校教师发展支持体系更加健全,管理评价制度更加科学,待遇保障机制更加完善,教师队伍治理体系和治理能力实现现代化。高校教师职业吸引力明显增强,教师思想政治素质、业务能力、育人水平、创新能力得到显著提升,建设一支政治素质过硬、业务能力精湛、育人水平高超的高素质专业化创新型高校教师队伍。""完善教学质量评价制度,多维度考评教学规范、教学运行、课堂教学效果、教学改革与研究、教学获奖等教学工作实绩。强化教学业绩和教书育人实效在绩效分配、职务职称评聘、岗位晋级考核中的比重,把承担一定量的本(专)科教学工作作为教师职称晋升的必要条件。""严格师德考核,注重运用师德考核结果。""落实《新时代高校教师职业行为十项准则》,依法依规严肃查处师德失范问题。""深化高校教师考核评价制度改革。突出质量导向,注重凭能力、实绩和贡献评价教师,坚决扭转轻教学、轻育人等倾向,克服唯论文、唯帽子、唯职称、唯学历、唯奖项等弊病。""合理设置考核评价周期,探索长周期评价。注重个体评价与团队评价相结合。建立考核评价结果分级反馈机制。"

2017 年 8 月 31 日发布的《普通高等学校辅导员队伍建设规定》(教育部 43 号令)指出:"高等学校要根据辅导员职业能力标准,制定辅导员工作考核的具体办法,健全辅导员队伍的考核评价体系。对辅导员的考核评价应由学生工作部门牵头,组织人事部门、院(系)党委(党总支)和学生共同参与。考核结果与辅导员的职务聘任、奖惩、晋级等挂钩。"

2021 年 1 月发布的《新时代高等学校思想政治理论课教师队伍建设规定》(教育部 46 号令)指出:"定期安排思政课教师实地了解中国改革发展成果,组织思政课教师实地考察和比较分析国内外经济社会发展状况,创造条件支持思政课教师到地方党政机关、企事业单位、基层等开展实践锻炼。""高等学校应当制定符合思政课教师职业特点和岗位要求的专业技术职务(职称)评聘标准,提高教学和教学研究在评聘条件中的占比。""高等学校可以结合实际分类设置教学研究型、教学型思政课教师专业技术职务(职称),两种类型都要在教学方面设置基本任务要求,要将教学效果作为思政课教师专业技术职务(职称)评聘的根本标准,同时要重视考查科研成果。""高等学校可以设置具体条件,将承担思政课教学的基本情况以及教学实效作为思政课教师参加高一级专业技术职务(职称)评聘的首要考查条件和必要条件。将为本专科生上思政课作为思政课教师参加高级专业技术职务(职称)评聘的必要条件。将至少一年兼任辅导员、班主任等日常思想政治教育工作经历并考核合格作为青年教师晋升高一级专业技术职务(职称)的必要条件。""思政课教师指导 1 个马克思主义理论类学生社团 1 年以上,且较好履行政治把关、理论学习、业务指导等职责的,在专业技术职务(职称)评聘中同等条件下可以优先考虑。""思政课教师在思想素质、政治素质、师德师风等方面存在突出问题的,在专业技术职务(职称)评聘中实行'一票否决'。"

六、关于高职院校教师绩效评价体系的设计

根据国家相关政策,从高职院校实际出发,将高职院校教师绩效考核评价体系设计如下:

教师绩效评价一览表

一级指标	二级指标	观　测　点
教学工作	教学实践	积极实施"三教"改革实践与研究,取得具有理论探索与应用价值成效
		通过具体课程教学活动推进模块化课程等实践建设并获肯定
		开展"课堂革命"实践如混合式教学模式等教学方法与手段的改革并取得实际成效
		依据"互联网+"职业教育要求,推进活页式、工作手册式以及校本教材等改革有实际进展并获肯定
		参与完成省部级或主持校级品牌专业、精品课程等教育质量工程项目建设活动
		教学准备严谨、充分,所任课程文件齐备、规范,开课前至少完成全部教案的三分之一内容
		授课计划与教学日志、教室或实训室设备使用记录齐备;学生试卷、作业、考勤、考核资料完备
		完成规定的教学工作量要求,参加各项监考、听课以及毕业生实习与指导等活动
		建设在线开放课程,完善线上教学资源建设并及时更新、定期修订
		课堂教学管理得当、有效,学生迟到、早退等现象得到有效治理,教室或实训室使用有序、规范
	专业发展	主持或参与制定专业课程标准并组织教学课程实施
		参加专业群建设活动,并完成相关计划、方案、报告等
		参与专业教师教学团队建设活动,承担相应工作任务并有积极成效
		参加专业技术研发平台建设活动,并承担相应任务
		参加专业课程思政建设活动,完成课程思政建设任务
		参与新专业申报、答辩及备案,以及新专业人才培养方案制定工作
		参加与专业(群)建设相关的调研和论证活动,完成相关报告、方案、计划、总结等
		参与本专业"1+X"证书试点以及取证工作,所教班级学年内取证率达到标准要求

一级指标	二级指标	观　测　点
教学工作	专业发展	参与本专业(群)实训基地或实训室建设以及改造施工活动
		参加专业教学研究以及专项培训学习,并完成相应报告、总结、论文等
	教学效果	参与主管、同行、学生及企业多方评价并获肯定,并对评教结果进行综合分析与必要调整
		参与校内督导机构对课程教学随机听课评价活动获得肯定,并就此进行教学内容与方法调整
		参加各级各类教学竞赛活动,注重提高教学能力与教研能力,并获取不同层级与类型的奖项
		承担教学任务、承接培训工作时服从工作安排,满足工作要求,教学与培训质量有显著成效
		课程思政建设实践具有积极成效,并获得不同层级优秀典型案例等荣誉
		在职进修或参加学历深造、技能培训、企业锻炼与挂职等活动,并圆满完成相关任务要求
科研工作	教学研究	获得教育部或天津市等各层级、各类别教学成果、教学团队、教学案例等奖项
		制定职业教育国际标准或开发与国际先进标准对接的专业教学标准,通过评审并推广应用
		主持或参与各专业人才培养方案修订工作
		主持或参与国家级、省部级或校级课程建设项目
		主编出版国家规划教材、著作、编著、译著、指导用书、教学设计书等
		参与国家级、省部级以及校级教学资源包、资源库(含题库)建设,并达到规定的建设要求
		主持或参与国家与省部、委局及学校等不同级别的社科以及教科规划(专项)课题研究
		以第一作者名义公开发表社会科学与教育科学研究论文(发表于国家与省部级重要刊物或核心刊物上有所区别)

一级指标	二级指标	观　测　点
科研工作	技术研发	制定或参与完成企业标准并实践应用
		主持或参与企业横向研究课题(研发项目),以及承接企业委托的生产技术改革与工艺改造项目
		协助引入校企合作项目,并参与相关实践教学或协助签订校外实训基地合作协议
		参加产教融合实训基地或实训室方案设计、论证,并投入使用
		参与企业技术服务、新产品开发、成果转化等实践活动,并取得经济效益
		作为参与者获得发明专利,或作为主要完成人获得实用新型专利
		参与完成省部级或主持完成校级实训基地、科技平台、工程中心、双创中心等建设项目并获肯定
		由专利局授权的发明专利、外观设计专利、软件著作权等发明人或主编
社会服务	社会培训	参与企业员工培训、业务咨询等专业或技术服务活动
		承接学校批准的专业领域专题讲座活动
		经学校批准主持召开全国或省市级教学研讨活动等
		为学校引进企业培训或参与各项非学历教育培训活动
	社会兼职	兼职担任教育部行(教)指委职务
		担任本行业或专业领域内公认的具有影响力的社会组织(学术团体)职务
	国际交流	为留学生授课(全外文或双语授课)或承担双语教学课程(非外语专业)。
		参与国际合作项目的建设实践活动
		参与制订国际合作项目的课程标准或建设方案
		引进或促成国际合作项目
失范违规行为处置	教学事故	出现由上级或学校明确界定的教学事故,按性质或等级予以绩效扣减
	学术不端	出现学校依国家相关文件制定的学术不端处置文件中界定的学术不端行为,依其严重程度予以绩效扣减
	言行造成负面影响	在媒体(含自媒体)、课堂等载体上发表违背四项基本原则和师德师风要求的言论或有实际行动的,依其严重程度予以绩效扣减

七、关于高职院校教师绩效评价体系设计的说明

从绩效评价与绩效考核的区分来看,本课题与本书其他课题的研究必须一致:只研究绩效评价,不涉及绩效考核。绩效考核是一项非常具体的工作。要对高职院校教师进行全面考核,就必须计算教师的具体工作量,这不仅要规定哪些工作可以计入工作量,而且要对工作质量加以等级区分、进行赋分设计。这显然不属于本书所说的"高职院校评价体系"这个层面的研究范围。所以,本课题组最初对专业课教师、公共基础课教师、思想政治理论课教师、辅导员教师分别设计了绩效考核量化评价体系,并专设了师德负面清单,一共五个具体量化考核表。经多次征求专家和高职院校校长意见,最后决定本课题只研究"教师绩效评价",将高职院校教师必须承担的工作(应当予以考核的内容)列出来,而不涉及具体的量化考核研究(这项工作由各高职院校自主确定和开展)。

本评价体系共设计四个一级指标:第一个是"教学工作",包括教学实践、专业发展、教学效果"三个二级指标";第二个是"科研工作",包括教学研究、技术研发两个二级指标;第三个是"社会服务",包括社会培训、社会兼职、国际交流三个二级指标;第四个是"失范违规行为处置",包括教学事故、学术不端、言行造成负面影响三个二级指标。这些指标都是对一般教师而设计的,其他教师分类评价再以此评价为基础加以适当取舍。简言之,本绩效评价就是规范高职院校教师应当做哪些事、不能做哪些事,至于实际做到了什么程度,各校自行确定考核量表。

参考文献

[1] 黄明.浅谈高职高专院校教师的绩效考核[J].福建商业高等专科学校学报.2009(5)

[2] 李娜.完善制度保障措施 促进高职教师绩效考试实施[J].中国管理信息化.2014(3)

[3] 王彬.论知识时代高职教师绩效管理创新[J].教育与职业.2006(7)

[4] 邓满.高职院校绩效管理问题及对策[J].重庆电子工程职业学院学报.2014(7)

[5] 伍爱春.绩效工资改革背景下高职教师评价体系再构建研究[J].柳州师专学报.2014(4)

[6] 郑苍林.基于战略目标的高职教师绩效管理研究[J].职教论坛.2010(6)

(课题承担单位为天津滨海职业学院,课题主持人为杜学森。课题组成员:刘水涓、霍国宏、杨怡婷、李玉梅、管众、王琳、柴智、李煦、任立涛。)

第二十八章　辅导员队伍专业化职业化评价

一、核心概念界定

（一）高职院校辅导员

在欧美等国家的高校中，"辅导员被"普遍被称为"Student Affairs Administrators/Professionals（学生事务管理者）"，他们主要为学生整体性发展提供各种类型辅导性或咨询性服务，强调事务性服务。我国辅导员的概念和工作性质与欧美国家不尽相同。

在我国，辅导员制度产生于特定历史时期，辅导员的角色也经历了历史阶段变化。随着时代的发展，辅导员的角色也在不断发生变化。2017年教育部颁发《普通高等学校辅导员队伍建设规定》明确指出："辅导员是开展大学生思想政治教育的骨干力量，是高等学校学生日常思想政治教育和管理工作的组织者、实施者、指导者。辅导员应当努力成为学生成长成才的人生导师和健康生活的知心朋友。"

（二）辅导员专业化职业化

所谓专业化，一般是指从业人员需要通过专门的培训获得专业知识和技能从而从事专门性工作并提供高质量的服务过程。辅导员队伍专业化，是指辅导员经过专业学习和培训后成为掌握高等学校学生思想政治教育专业知识和技能的专业性、专家型人才。

所谓职业化，一般是指通过建立规范的制度确保职业的稳定性并满足从业者的生存需要和社会地位。辅导员队伍职业化，是指辅导员工作成为一种专门从事的职业，有严格的准入标准、相应的经济地位和社会地位、稳定的群体和管理制度,其从业者把辅导员工作作为一种终身事业,管理者通过制度和机制保障辅导员实现职业化。

二、相关文献综述

(一)国内研究综述

高校辅导员是学生思想政治工作的主要力量,自 1995 年正式提出"辅导员"一词,有关辅导员的研究逐渐增多。本研究依据研究主题,在中国学术期刊全文数据库(CNKI),检索关键字"辅导员",截至 2019 年,共检索到 48117 篇。自 2000 年以来,有关辅导员的研究逐渐增多,尤其 2005 年以来,辅导员相关研究急速增长。

课题组以"题名"为检索项,分别检索篇名"辅导员专业化"和"辅导员职业化",分别有 1800、2110 篇,合计 3910 篇;检索篇名"辅导员专业化职业化",共有 601 篇,检索篇名"高职辅导员队伍专业化职业化"则只有 6 篇,而关于高职辅导员队伍专业化职业化评价指标体系建构的文件较少,目前还未有系统性指标体系。经整理分析文献,当前国内有关辅导员队伍专业化职业化的研究主要集中以下几方面:

1.关于辅导员专业化发展研究

大学生思想政治教育是一项专业性、科学性很强的专业工作,需要辅导员具备专业的技能,并逐渐成为掌握高等学校学生思想政治教育专业知识和技能的专业性、专家型人才。许多研究者针对辅导员专业化发展现状提出了相应的策略建议。

莫丽琴指出,辅导员专业化职业化评价应基于发展性考核评价,辅导员专业化主要指辅导员应具备从事学生思政工作的专业知识和专业技能。专业知识主要包括马克思主义基本知识、思想政治教育知识、教育学、心理学、管理学和社会学等专业知识。专业技能主要指辅导员从事九大职能应具备的思想教育技能、心理疏导方法、就业指导、谈话技巧等能力。[①]

孙爱华指出,科学的专业知识体系是辅导员专业化的扎实基础,认为该体系应当包括基础性知识和应用性技能两部分。基础性知识主要包括马克思主义理论、教育学等综合性知识和各自专业的知识;应用性技能侧重于技能训练,包括综合性技能如宣传教育能力、组织管理能力等。基础性理论知识和应用性技能

---

① 莫丽琴.发展性考核评价与辅导员专业化、职业化发展[J]经济研究导刊.2010(23);105 – 107.

知识相结合才能有效做好学生思想政治教育工作。①

李友富指出,探索辅导员专业化发展需要把握辅导员工作的特殊性,打造代表性成果,提炼职业特色。②

2. 关于辅导员职业化发展研究

辅导员职业化的本质要求是辅导员工作的长期化、连续性、稳定性和广泛的社会认同性。③ 许多研究者针对辅导员职业化发展现状提出了相应的策略建议。

孔焱在高职院校"双高计划"建设的视野下探讨辅导员职业化发展,认为辅导员是落实立德树人的中坚力量,辅导员职业化发展应从职业定位、职业素养、专业素养三个维度促进辅导员队伍职业化发展。职业定位即辅导员角色定位,辅导员首要职责是做好大学生思想政治教育引领工作;职业素养应从政治素养、职业特质和职业精神综合考核辅导员职业发展;专业素养以辅导员九大职责为基础,着重考核辅导员从事学生工作、完成相应职能所应具备的专业能力。结合当前辅导员职业化发展现状,应建立以严格的选聘制度、规范的人事制度、完善的荣誉体系、创新培养模式、创新考评模式为体系的体制机制促进辅导员职业化发展。④

赵峰在研究中强调促进辅导员职业化发展,必须首先严格选拔辅导员,辅导员应通过招聘考试,具备较强的政治素养、优良的思想品德和业务素质。其次从辅导员管理培养出发,教育部门和高校应坚持"选拔、使用、管理、培养、提高"的原则,加强岗前集中培训,工作中定期加强专业集中培训,大力培养辅导员队伍领军人物,提高辅导员队伍专业化。再者,促进辅导员职业化发展,有关部门和学校应加强提高辅导员待遇与晋升机会,确保辅导员队伍的积极性、稳定性。最后,学校应改革现有辅导员职业发展的评价考核制度与职务评聘制度,通过建立系统性的制度为辅导员职业化发展提供保障。⑤

陈垠亭从教育管理部门角度出发,指出加强辅导员队伍职业化应重点从以下两方面考虑:第一,非常注重辅导员队伍的在岗培训教育,通过在岗培训提升

①　孙爱华.高职院校辅导员队伍专业化、职业化建设思考[J]长春师范学院学报(自然科学版). 2011(3):160.

②　李友富.高校辅导员队伍专业化职业化建设策略研究[J]思想教育研究.2019(3):123 – 126.

③　朱平.高校辅导员的职业化、专业化解读[J].安徽师范大学学报(人文社会科学版).2007(2): 220.

④　孔焱."双高计划"视域下高职院校辅导员职业化发展研究[J].高教学刊.2020(34):193 – 195.

⑤　赵峰.关于高校辅导员队伍职业化问题的思考.[J]思想教育研究.2014(6):99 – 100.

辅导员队伍的政治理论素养水平,提升辅导员教育管理工作水平和工作技能。第二,建立完善的辅导员晋升体系,从制度上促进辅导员工作的积极性和主动性。[①]

李友富指出,应借鉴教育科学和管理科学的思维与方法,优化辅导员队伍建设;建设具有明确标准指标、有实施方法、有反馈提升的评价格局;紧扣促进学生健康成长为中心目标的核心素养,加强辅导员职业规划。[②]

从辅导员专业化、职业化的关系上看,辅导员队伍专业化与职业化相辅相成,不可分割,两者没有绝对的先后关系,但就过程而言,职业化是专业化的前提和基础,辅导员首先成为一种稳定的、可长期从事的职业,才谈得上专业化的问题,专业化的辅导员需要在职业探索的过程中逐渐积累而成长为专家型人才。

3. 关于辅导员专业化职业化评价研究

客观公正的评价是促进辅导员专业化职业化建设的关键环节,科学公正的评价不仅能够促进辅导员队伍人才的有效配置,更有利于促进辅导员队伍专业化职业化发展,最大限度促进辅导员开展大学生思想政治教育工作的成效。对于如何建立科学有效的评价指标体系,促进辅导员队伍专业化职业化发展,一些学者分别发表了自己的见解。

史孔仕、曾献尼指出,评价辅导员队伍专业化职业化应确立多元的评价主体,评价主体应包括用人单位、专家、学生和辅导员本人,不同主体分别就主要业绩和职业道德、职业能力和水平、专业水平等维度公平客观地考核评价辅导员。科学的指标体系应以辅导员工作业绩为核心,以从业经验、工作量、职业发展为基础,综合考核辅导员品德、业绩、能力水平、工作态度等方面,每项考核有其重点和具体指标细则。[③] 赵慧琴从人力资源管理视角分析,指出当前高校辅导员队伍专业化职业化发展存在甄选入口宽松、队伍缺乏教育特色、职业生涯规划不清晰、职业发展机制不完善的现时问题。[④] 王海宁指出,当前高校辅导员队伍专业化职业化建设还存在队伍结构不尽合理、执行过程中职责定位不明确、培养培训时效性不高等现实问题,因而在辅导员专业化职业化指标体系建构中,应从辅

① 陈垠亭.辅导员队伍专业化和职业化发展的若干思考.[J]大学生思政工作研究.2007(6):60 - 62.

② 李友富.高校辅导员队伍专业化职业化建设策略研究.[J]思想教育研究.2019(3):123 - 126.

③ 史孔仕、曾献尼.辅导员评价机制研究:基于职业化、专业化发展的视角[J]井冈山医专学报.2008(6):25 - 27.

④ 赵慧琴.基于人力资源管理视角的高校辅导员专业化、职业化现实路径思考[J]高教论坛.2020(28):18 - 20.

导员选聘、工作职能、培养考核等方面全面考核辅导员工作。①

上述有关辅导员队伍专业化职业化评价指标的研究,不同研究者重在强调当前我国辅导员专业化职业化评价存在着困境,但对于如何建立辅导员队伍专业化职业化评价指标体系并没有明确的说明,这正是本课题所要完成的研究任务。

(二)国外实践和研究综述

国外高校从事学生工作的人员在英语里一般称作 Student Affairs Administrators/Professionals(学生事务工作者),虽然与我国辅导员名称和内涵不完全相同,但其历史和管理制度,尤其是关于学生事务管理者专业化、职业化培养的研究,对于本研究具有重要借鉴意义。

美国学生事务管理者根据不同的工作性质划分不同的职务,其工作队伍的准入门槛高,对整体队伍的素质要求很严格,从事学生相关管理事务必须具备相应的专业知识和能力,通过严格的职业考试之后才能参加工作;工作期间,其职务的提升需要再次经过严格的考试。② 美国学生事务工作者协会制定专门的行业规范和准则约束学生事务管理工作从业者,以系统性的文件制度规范促进从业者专业化职业化发展。英国高校学生部门负责人稳定性较强,其工作者要求具有专业化背景、较强的工作能力,其服务学生必须体现专业化标准和专家化水平。德国高校学生管理事务服务人员具备学历层次高、业务素质高、法律素质高等特点。③ 日本高校从事学生事务工作的从业人员需要本科以上学历,并且职业发展具有明确的发展晋升制度,具有较强的稳定性。④

国外学生事务管理工作管理制度具有共同特征:第一,从业要求严格,从业者需要具备相关专业背景并通过严格的考试才能加入学生事务管理工作。第二,从业者具备规范的专业能力和较强的服务能力。第三,学生事务管理者具有明确的职业发展规划,队伍具有稳定性。这些共性特征对于研究我国辅导员队伍专业化职业化问题具有重要借鉴意义。

---

① 王海宁.高校辅导员队伍专业化职业化建设的现实审视与优化路径——基于全国4000余名高校辅导员的问卷调查[J]思想教育研究.2020(12):151-154.

② Barr MJ,Desler MK:the Handbook of Student Affairs Administration[M].Jossey-Bass Publishers,2000,ppS l0.

③ 参见 http://www.edu.cn/hou_qin_313/20060323/t20060323_15870.shtml,高校后勤会化的"德国模式"。

④ 参见 http://www.jasso.go.jp/。

（三）关于已有相关研究的综合思考

总体上看，国内有关高职院校辅导员专业化职业化评价指标体系建设的研究相对较少，还未形成相对成型的评价指标体系。具体表现在以下两个方面：

1. 辅导员专业化职业化评价指标缺乏整体性

评价指标体系是考核评价辅导员队伍专业化职业化的前提和基础。从搜集到的相关文献来看，多数研究者主要围绕高校辅导员专业化或职业化发展的研究，针对辅导员队伍的专业化职业化评价的研究数量较少，没有形成系统的评价指标体系。虽然也有少数研究者研究辅导员绩效评价和各高职院校已有辅导员绩效考核，但这些评价和考核主要是考核评价辅导员个人的工作表现，将绩效考核作为辅导员评价的工具，缺乏发展性的评价指标体系，缺乏对辅导员队伍专业化职业化的整体评价。

2. 高职院校辅导员队伍专业化职业化评价指标研究匮乏

高职院校与普通本科院校都属于高等教育，但因为学校培养目标和学生特点的不同，高职院校辅导员工作与普通本科院校辅导员工作的重点、培养目标等也存在一定差异，其职业性更突出，学生思想政治工作的侧重点也存在差异，因而不能简单套用普通本科院校辅导员队伍专业化职业化评价指标体系。但当前有关辅导员专业化职业化评价指标体系的研究，并没有明确划分高职院校和普通本科院校的区别，专门针对高职院校辅导员队伍专业化职业化评价指标体系建构的研究少之甚少。

三、研究方法

（一）文献研究法

本研究主要通过中国国家图书馆馆藏检索系统和本课题组所在学院图书馆的资源搜集高校学生思想政治教育和辅导员相关工作的书籍。通过登录中华人民共和国教育部官网和各地方教育官网，搜索与辅导员相关的国家政策文件，全面了解辅导员专业化职业化评价思考方向。在学术期刊和论文方面，本研究通过中国知网（CNKI）系统，围绕"辅导员专业化""辅导员职业化""辅导员队伍评价"等关键词搜索查找文献资料，并将重要文献进行归纳整理，系统掌握核心概念内涵以及相关理论基础和已有研究现状，为本研究的问卷设计和专家访谈设计提供依据，为本研究做好充分准备工作。

（二）问卷调查法

设计并制作调查问卷，选取天津市部分高职院校辅导员、学生填写问卷。通过问卷统计分析找出目前高职院校辅导员队伍专业化职业化评价工作的问题和不足,为本课题研究提供参考。

1.问卷的编制

本研究采用自编问卷,研究设计了《高职院校辅导员队伍专业化职业化评价调查问卷》"教师版"和"学生版"两套问卷。每套问卷分为两部分:第一部分是调查对象的基本信息,教师问卷主要包括辅导员教师的性别、年龄、学历、工作年限等基本信息;学生问卷主要包括学生学校、性别、年级等基本信息。第二部分主要调查天津市高职院校辅导员队伍职业化专业化现状。

2.调查对象的取样

因受资源、时间等现实条件制约,本研究中的研究对象为天津市高职院校辅导员和学生。在具体的调查实施过程中,因新冠肺炎疫情影响,本研究采用网上问卷调查。共收回辅导员有效问卷110份,学生有效问卷2363份。

(三)专家访谈法

专家访谈就是当面听取辅导员工作的研究专家对高职院校辅导员队伍专业化职业化评价指标体系构建的意见,主要是针对课题组初步筛选的评价指标进行反复论证,最终确定科学合理的高职院校辅导员队伍专业化职业化的评价指标。专家访谈提纲主要涉及高职院校辅导员队伍专业化职业化内涵、发展路径、评价指标体系等重点指标。

四、理论依据

(一)习近平总书记有关论述或观点

党的十八大以来,以习近平同志为核心的党中央高度重视高校思想政治工作。习近平总书记在2016年12月全国高校思想政治工作会议上强调,要整体推进高校党政干部和共青团干部、思想政治理论课教师和哲学社会科学课教师、辅导员班主任和心理咨询教师等队伍建设,保证这支队伍后继有人、源源不断。习近平总书记在历次有关高校教师的讲话中,反复强调教师队伍要高素质配备和培训,这其中必然也包括对高校辅导员队伍的要求。

(二)相关学科的理论观点

1.布若威的劳动过程理论

劳动过程理论由美国知名马克思主义社会学家迈克尔·布若威创立,是在社会学中专门研究工人劳动过程的理论。该理论的基础是由马克思奠定的。布若威提出:生产过程是经济维度(物品的生产)、政治维度(社会关系的生产)和意识形态维度(对社会关系的体验的生产)密不可分的结合;工人为什么努力工作,是工人自发的同意与资本主义微妙的强制二者的结合,塑造了生产行为;布若威的劳动过程理论中"内部劳动市场"和"内部国家"的运作,是"制造同意"的两大重要机制。内部劳动市场包括企业与工厂内的岗位晋升、培训机会等,受企业与工厂自身管理规则支配,是将企业利益内化成个体利益,引导并培育个体成为同意机制中的志愿;内部国家"指的是一套在企业层面上、组织、改造或压制生产中的关系与生产关系所引起的斗争的制度",包括企业内部集体谈判、集体申诉和工会等一套制度,布若威认为这些是维护劳资关系平稳发展的重要因素。这些观点虽然讲的是资本主义企业内部的劳动过程,也被引入我国企业劳动的相关研究,但其中关于工人职业化生存的思路,可以为本课题研究中的职业化问题所参考。

需求层次理论是美国心理学家马斯洛研究人的需求结构时提出的一种理论。它将人的需求由低级到高级依次划分为生理需要、安全需要、社会需要、尊重需要、自我实现需要五个层次。马斯洛认为人的需要是产生行为动机的源泉,人们从低级到高级逐级追求并满足自身需求,最终达到自我价值的实现。因此,借助人的不同层次的需要是人不断发展、不断自我成就的内在动力这一思路,我们在对辅导员专业化职业化评价标准进行设定时,要充分考虑辅导员多层次、多维度的需求,既要从物质层面出发,也要充分考虑精神层面的激励作用,用以激发辅导员队伍成长的内动力,让辅导员能够以更大的热情投入到工作中去。

五、政策依据

近年来,国家高度重视大学生思想政治教育工作,辅导员作为大学生思政工作的中坚力量,党中央、国务院、教育部相继出台相关政策文件促进高校辅导员队伍建设,以提升大学生思想政治教育质量。

2014年4月,教育部印发《高等学校辅导员职业能力标准(暂行)》(以下简称《能力标准》),要求"各地教育部门、高等学校要把贯彻落实《能力标准》作为加强高校辅导员队伍建设的重要任务和举措,精心组织实施……把《能力标准》作为提高自身专业发展水平的行为准则。要紧密结合实际,抓紧制订贯彻落实《能力标准》的具体措施,及时调整和完善高校辅导员培养培训方案、工作职能设置、考评考核指标等,努力将高校辅导员队伍建设提升到新水平。"《能力标准》中"确立辅导员职业概念","为各级部门推进辅导员队伍建设提供基本依据,推动各级部门进一步制定完善辅导员队伍准入、考核、培养、发展、退出机制",以及"进一步充实丰富辅导员工作的专业内涵","规范辅导员的工作范畴,逐步明晰辅导员的岗位职责和工作边界"等提法和要求,为我们制定辅导员专业化职业化评价标准提供了政策依据。

2017年9月,教育部公布修订后的《普通高等学校辅导员队伍建设规定》(以下简称《规定》),明确提出要"把辅导员队伍建设作为教师队伍和管理队伍建设的重要内容,整体规划、统筹安排,不断提高队伍的专业水平和职业能力,保证辅导员工作有条件、干事有平台、待遇有保障、发展有空间。"《规定》还提出了辅导员的要求与九项主要工作职责,明确了辅导员工作内容,同时明确了辅导员在选聘的基本条件、发展与培训方面的具体要求。这些内容为本课题研究提供了直接依据,有些内容可以成为高职院校辅导员专业化职业化评价指标体系的具体内容。

六、关于高职院校辅导员队伍专业化职业化评价体系的设计

根据上述相关理论和政策,从高职院校实际出发,本课题组认为,专业化是针对辅导员个人而言的,职业化则是针对学校管理而言的,所以对高职院校辅导员队伍专业化职业化评价设计了两套指标体系。

表1　辅导员个人专业化评价

一级指标	二级指标	观 测 点
思想政治素养	政治意识	自觉树立政治意识、大局意识、核心意识和看齐意识;自觉以习近平新时代中国特色社会主义思想为指导;坚持中国特色社会主义道路自信、理论自信、制度自信和文化自信
	道德品质	具有良好的个人修养和品行,并能对学生产生示范作用;具有言教身传相统一的能力特别是以身教发挥引领作用
	思政教育基础知识	掌握马克思主义基本原理;掌握思想政治教育的理论基础知识与基本规律;掌握道德教育基本内涵与要素
	法律法规知识	掌握与教育、教师相关的法律法规;掌握与学生思想政治教育相关的法律法规;掌握与学生现代学徒制培养模式等相关法律法规
	时事与政策运用能力	自觉学习与了解掌握国内外时事政治知识以及基本动态;掌握开展新生入学教育和毕业生离校教育的相关政策与实务;掌握职业生涯规划与就业创业指导相关知识;掌握应对危机事件、突发事件相关知识;积极了解与充分运用时事政治宣传教育的引导方法、手段、资源

一级指标	二级指标	观 测 点
履职能力	思想政治教育实务	开展日常思想政治教育活动,将习近平新时代中国特色社会主义思想贯穿始终;指导并开展主题教育实践活动,引领学生内化社会主义核心价值观;掌握学生思想动态,定期与学生谈心谈话,及时纠正学生的不正确思想和行为;培养、树立优秀学生典型,通过进行有效的朋辈引领等形式影响和带领其他学生;运用信息化、智能化手段建立班级网络思想阵地,开展网上思政的实时化教育和有效性引导;对网络信息及其导向性有敏锐洞察力,通过实时的网络舆情监控有效控制不利舆情在所管学生中的传播;能对已发生的网络舆情事件进行摸底排查,找到问题根源并给予有效处理
	党团和班级建设	掌握大学生党团建设、班级建设的基本规律以及实施方法;进行学生骨干力量遴选与培养、团学组织机构建设与人员配备,团学组织具有活力和凝聚力;教育和引导学生骨干,提升团学组织整体素质,成为班级建设的核心力量,带领班级创先争优;结合重大纪念日和重要时间节点,组织、指导学生开展团日活动,拓展育人途径;根据专业差异创建班级特色文化,形成具有职业理念、职业道德和职业素养要素的文化氛围;提高班级组织性、纪律性和集体荣誉感,积极参加学校组织的各项活动,并取得优异成绩;关注和指导入党入团积极分子端正思想动机,组织开展党团理论知识学习,提高学生政治修养;及时掌握积极分子思想动态,熟悉党团组织工作规范和程序并开展组织发展工作
	学风建设	了解学生特点,帮助学生明确学习目标,提升学习兴趣,养成良好习惯,激发内在学习动力;通过班级人文和外部环境打造,建立帮扶机制,搭建学习平台,形成班内互助良好学习氛围;与任课教师紧密联系,了解学生学习状况,指导学生改善学习方法、提高学习效率和学习成绩;引导学生积极参加职业技能大赛,正确指导赛事选择、能力提升,创造条件获取竞赛奖项
	职业规划和就业创业	通过各类平台进行职业规划和就业创业教育,指导学生独立完成职业选择与生涯规划等活动;根据专业特点,引导学生树立正确的职业发展观,并依据自身特点制定个人的职业发展路径;指导学生参加创新创业大赛,引导兴趣,设计目标,促成有意愿学生在校期间成功创业;有针对性发布就业信息和开展就业帮扶,促进毕业班学生积极实习就业

一级 指标	二级指标	观 测 点
履职 能力	学生日 常事务 管理	根据学校管理规定对学生日常行为进行管理,能有效避免违规违纪事件发生;熟悉大学生奖助贷相关政策规定和基本规律;定期访宿,了解学情,营造宿舍育人环境,促进文明与和谐宿舍的宿舍文化形成与内涵提升;按照国家、地方和学校规定,完成各级别奖学金、助学金、助学贷款等审核、考评和报批工作;帮扶有困难学生完成学业并顺利就业,确保无一人因困难失学、失业;收集各类安全案例,增强学生安全防范意识,提升学生自我保护能力,有效避免人身和财产受损;面对学生违规违纪,给予学生公平公正的惩处结果,使学生知错、改错,发挥惩处育人的功能;准确预判危机、突发事件的发生,理性面对危机、突发事件,及时逐级上报后积极组织避险;通过对危机、突发事件反思和总结,有效防止类似事件再发生;配合学工、教务、招生、就业等其他行政部门,组织完成与学生管理相关的事务性工作
	心理健 康教育 与咨询	运用各类载体普及心理健康知识,引导学生保持积极乐观的健康心理,促进学生心理健康发展;进行心理团体辅导,组织开展有益的身心健康团体活动,促进学生健全人格的形成;关心关爱学生,及时了解发现潜在心理问题学生,早干预、早解决,避免心理障碍突发事件;运用心理学知识和方法技巧,对有心理问题学生开展有效的心理疏导,减少学生心理问题
专业 精神	职业 理想	具有培养社会主义建设者和接班人的责任心和使命感;视立德树人为己任,将服务学生意识贯穿工作始终;将辅导员工作作为长久职业并在工作中不断强化专业意识
	专业 发展	对自身发展目标明确,逐步考取相关专业资格证,获取相关专业更高学历;坚持理论武装和专业知识学习,提升专业水平,在各级辅导员职业能力大赛中获优异成绩
	实践理 论研究	积极参加校内外学术交流活动,增长理论研究才干;参与辅导员工作相关学术研究活动,并以第一撰写人身份发表研究论文、主持相关课题研究

表2　学校辅导员队伍职业化建设评价

一级指标	二级指标	观　测　点
选聘标准	基本条件	了解并热爱高职辅导员工作;已加入中国共产党;具有大学本科及以上学历;具有思政类或教育学、心理学相关专业背景
	心理素质	心理健康测试合格;有良好的从业心态和承受工作压力的准备;胜任辅导员工作并具有较强的适应能力
	职业知识	了解马克思主义基本原理;了解人文社科类基本知识;了解教育学、心理学基本原理;了解与职业教育、高职学生相关的法律知识
	职业技能	具备较强的组织管理能力;具备较强的语言表达和沟通、协调能力;具备开展思想政治教育的能力和方法;具备调查研究和解决问题能力
队伍配备	配备比例	辅导员与学生的师生比不低于1∶200;按照专兼结合、以专为主的原则足额配备队伍
	年龄构成	21～30岁所占比为30%,31～40岁所占比为50%,40岁以上占比为20%
	工作年限	工作1～2年占比10%,工作2～5年占比40%,工作5年以上占比50%
培养与发展	职业培训	组织每年度校级及以上各层级辅导员专题培训活动;组织每年度辅导员相关职业资格培训学习;组织每学期辅导员师徒集中教研活动
	岗位评聘	引入人才竞争机制,施行岗位竞聘制度;组织辅导员参加岗位聘任,或以教师、干部双重身份,按照职务职级"双线晋升";组织评聘思想政治教育学科或其他相关学科的专业技术职务(职称)
	职业荣誉	辅导员队伍建设纳入人才干部工作统筹规划,提供挂职锻炼机会;搭建校级辅导员职业技能大赛平台,展示辅导员职业风采;建立辅导员队伍专项评优机制,提升辅导员职业优越感

一级指标	二级指标	观 测 点
管理与考核	管理体系	实行学校党委直接领导和管理的辅导员工作管理机制;学校学生教育工作部门主要负责辅导员队伍培养、培训和考核
	考核体系	制定学校《辅导员队伍专业化职业化评价制度》;制定辅导员职业能力标准、考核办法和评价体系并进行科学、合理的考核评价;考核结果与辅导员的职务聘任、奖惩、晋级等直接关联;辅导员表彰体系纳入各级教师、教育工作者表彰奖励体系

七、关于高职院校辅导员队伍专业人化评价体系的说明

关于"辅导员个人专业化评价",共设计了三个一级指标:第一个是"思想政治素养",包括政治意识、道德品质、思政教育基础知识、法律法规知识、时事与政策运用能力五个二级指标;第二个是"履职能力",包括思想政治教育实务、党团和班级建设、学风建设、职业规划和就业创业、学生日常事务管理、心理健康教育与咨询六个二级指标;第三个是"专业精神",包括职业理想、专业发展、实践理论研究三个二级指标。这些指标涵盖了高职院校辅导员个人作为专业人才所必须达到的要求和从事的工作内容。

关于"学校辅导员队伍职业化建设评价",共设计了四个一级指标;第一个是"选聘标准",包括基本条件、心理素质、职业知识、职业技能四个二级指标;第二个是"队伍配备",包括配备比例、年龄构成、工作年限三个二级指标;第三个是"培养与发展",包括职业培训、岗位评聘、职业荣誉三个二级指标;第四个是"管理与考核",包括管理体系、考核体系两个二级指标。把这些"建设"内容专门设为评价体系,有利于高职院校辅导员队伍职业化发展。毕竟职业化不能仅有辅导员个人的意愿这一方面,更重要的是学校有系统的管理办法予以保障才能实现。

参考文献

[1] 李友富.高校辅导员队伍专业化职业化建设策略研究.[J]思想教育研究.2019(3):123-126.

[2] 赵峰.关于高校辅导员队伍职业化问题的思考.[J]思想教育研究.2014(6):99-100.

［3］ 孙爱华.高职院校辅导员队伍专业化、职业化建设思考［J］长春师范学院学报(自然科学版).2011(3):160.

［4］ 王海宁.高校辅导员队伍专业化职业化建设的现实审视与优化路径——基于全国4000余名高校辅导员的问卷调查［J］思想教育研究.2020(12):151－154.

（课题承担单位为天津城市职业学院,课题主持人为董凤桂。课题组成员:臧彦、王思然、靳云华、黄小萍、刘慧、张秀红、程雯、李玉轩、郭敏、孙卫静、吴思潼、张伟业、宋鑫。）

第二十九章　在线开放课程评价

一、核心概念界定

在线开放课程最早起源于开放教育资源（Open Educational Resources，简称 OER）运动。随着开放教育资源运动在世界上引起高度关注，教育部在 2003 年启动了国家精品课程建设项目，以深化教学改革。我国在线课程的发展可以分为三个阶段，一是 2003 年至 2011 年的精品课程建设阶段；二是 2011 年至 2015 年的精品开放课程建设与应用阶段；三是 2015 年至今的在线开放课程全面建设应用与管理阶段。

目前，对于在线开放课程这个概念并没有统一的、被人们所公认的界定，特别是对在线课程、在线开放课程、大规模在线开放课程尚未加以明确的区分。以下分别对"课程"和"在线开放课程"这两个概念予以分析和界定。

（一）课程

从"课程"的词源看，其基本含义是"课业及其进程"。

学者朱智贤对课程的定义是："学校的课程是使学习者在学校规定的时间范围里，得到不同的智力和体力训练，这些训练都是符合学习者身心发展规律所要求的，以此来满足生活的需求。"学者李秉德认为，课程是学习活动的计划和过程，包括课内外教学内容、学生自学内容、学习内容的纲要以及学习目标。丁念金认为，课程具有四个要素，即学习目标、学习内容、学习方式、学习评价，学习内容总体上依据于学习目标，存在交替性依据关系；学习方式依据于学习目标和内容；学习评价直接依据于学习目标和学习内容。

美国大学课程专家莉萨·拉图卡和琼·斯塔克将课程定义为学术计划，认为其应该涉及对目的、学习的内容、课程编排、学生的特征和需求、学习活动、教学资源、评估计划和成果、改进计划等要素做出决定。

何克抗在分析了国内外关于课程的定义后认为，课程是指为了达到一定的培养目标所需要的全部教学内容与教学计划。

综合分析以上观点，本研究认为，课程是按计划进行学习的教学活动以及学习者获得教育活动经验的过程。

（二）在线开放课程

在线开放课程主要包括两类：一类是由高校建设应用，国家、省级教育主管部门认定的"精品在线开放课程"；另一类是由国内外著名高校、教育机构或企业开发建设的 MOOC（慕课）。

李青等人认为，在线开放课程是指在教学目标和教学要求的框架下，将教学内容和教学过程用网络的方式呈现，通过网络表现的某门学科的教学内容及实施的教学活动的总和，是互联网时代条件下课程新的表现形式，包括网络教学资源、线上和线下的教与学过程、教学效果等。

也有人认为，在线课程是基于互联网技术和全新教与学关系的针对某门学科而开展的有计划的科目及其教学过程，其内容涵盖在线课程发展的各个阶段，包括精品开放课程、大规模在线课程以及 SPOC、微课程、MPOC 等形式。

本研究将在线开放课程界定为：在网络平台的支撑下，以多样化的学习资源呈现学习内容，以 PC 端或移动端电子设备作为学习载体，可供学习者进行学习的一种课程。

二、对已有在线开放课程评价指标的分析和研讨

2015 年，教育部出台的《关于加强高等学校在线开放课程建设应用与管理的意见》指出，在线开放课程认定涉及国家精品在线开放课程认定和高校在线开放课程教学质量认定两个层面。国家层面的精品在线开放课程认定，以综合考察课程的教学内容与资源等 5 个要素为基础，按照"逐级评价遴选，择优限额申报"的推荐程序，通过组织专家对"课程的学术水平、内容质量、课程应用共享效果"等进行综合评议来遴选和认定，对课程质量要求较高，重在树立标杆，促进课程的建设与应用。高校层面的在线开放课程教学质量认定则以高校自主制订的"在线开放课程教学质量认定标准"为依据，以"纳入培养方案和教学计划"为手段，以促进教学质量提升为目的。

本研究基于教育部官方网站发布的在线课程建设、课程评审等方面的政策文本和以"在线开放课程评价标准研究"为主题的中国知网期刊全文数据库文献,对于本课题研究具备参考价值的评价标准进行深入的研讨、精读、归纳和分析,选取有代表性的评价指标体系予以展示。表1为天津职业大学贾海瀛等人研究与开发的高职教育专业课程评价指标。

表1　高职教育专业课程评价指标

一级指标	二级指标	分值	评价标准
课程设计 (10分)	课程定位	4	充分考虑高职院校学生特点,对学生职业能力培养和职业素质养成起主要支撑或明显促进作用,且与前后续课程衔接得当
	建设方式	6	与行业企业合作设计开发,充分体现实践性和职业性
课程标准 (15分)	能力目标	4	目标明确、适中、可检验,表述清晰
	知识目标	4	知识围绕应用展开,经归纳之后成体系,使学生具备一定可持续发展能力
	能力训练项目	4	设计内容具有实用性与技术性,能激发和调动学生的学习兴趣,能训练学生运用知识与技能解决实际问题的能力,训练项目数量适中,训练步骤设计合理,具可操作性、可检测性
	教学进度设计	3	全课顺序以实操训练等实施过程为主线,小、中、大项目编排合理、台阶适度、项目效果递进;能从进度表中看出整门课程的设计思路、上课步骤
课程内容 (15分)	课程内容设计	7	根据行业企业发展需要和完成职业岗位实际工作任务所需要的知识、能力、素质要求,选取教学内容,并为学生可持续发展奠定良好的基础;遵循学生职业能力培养的基本规律,以真实工作任务及其工作过程为依据整合、序化教学内容,科学设计能力训练任务
	教学资源	8	与行业企业合作编写工学结合特色教材,课件、案例、习题、实训实习项目、学习指南等教学相关资料齐全,符合课程设计要求,满足课程教学需要

一级指标	二级指标	分值	评价标准
课程实施（20分）	课程实施理念	10	重视学生在校学习与实际工作的一致性,有针对性地采取工学交替、任务驱动、项目导向课堂与实习地点一体化等行动导向的教学模式
	课程实施模式	10	利用真实场景或现代教育技术等教学手段建立虚拟企业、虚拟车间等仿真教学环境优化教学过程,实现教学做一体;根据课程内容和学生特点,灵活运用案例分析、分组讨论、角色扮演、发引导等教学方法,引导学生积极思考,乐于实践,提高教学效果;注重过程考核,体现知识、技能、态度的考核,考核指标明确,具有可操作性
学生学习效果（15分）	教学评价	4	校外专家、行业企业专家、校内督导及学生评价结果优良
	社会认可度	4	学生实际动手能力强,实训、实习产品能够体现应用价值;课程对应或相关的职业资格证书或专业技能水平证书获取率高,相应技能竞赛获奖率高
	学生能力素质的体现	3	学生达到培养目标所要求的知识、能力、质标准,并有较好的应用能力,专门技术能力达到职业要求;学生参加社会实践、科技文化等活动;学生对课程学习的满意度较高
	毕业生就业与创业	4	毕业生初次就业率达到较高水平;建立毕业生质量跟踪调查系统,能够及时反馈信息,调整课程开发方案;社会和用人单位对毕业生的认可度较高;学生具有较高的创业激情,成功创业的范例有典型性
教学环境创设（15分）	校内实训条件	8	实训基地由行业企业与学校共同参与建设,能够满足课程生产性实训或仿真实训的需要,设备、设施利用率高
	校外实训条件	7	与校内实训基地统筹规划,布点合理,功能明确,为课程的实践教学提供真实的工程环境,能够满足学生了解企业实际、体验企业文化的需要
师资队伍建设（10分）	专职教师	6	专任教师中"双师"素质教师和有企业经历的教师比例符合课程性质和教学实施的要求
	兼职教师	4	行业企业兼职教师承担有适当比例的课程教学任务,特别是主要的实践教学任务

美国 QM 质量标准经过数年实践和不断完善,是现在颇具影响力的网络高等教育课程认定标准,如表 2 所示为该标准的具体指标内容。

表 2 QM 质量标准评价指标体系

一级指标	二级指标的具体要求与分值
课程概述 和介绍 (共 16 分)	要向学生介绍怎样学习课程及如何获得学习资料(3 分)
	要向学生介绍课程学习的目的和课程基本结构(3 分)
	要说明师生交流的方式、规范与要求,如留有电子邮件方便联系、如何进行网上讨论等(2 分)
	要向学生说明参与学习的最低技术要求并告知如何获得技术(2 分)
	要向学生提供链接或直接说明需要遵循的课程和机构政策及其规则(2 分)
	要向学生说明必备的能力和学科知识要求(1 分)
	要向学生说明学习的最低技术技能要求(1 分)
	教师教学要做自我介绍并可在线获取(1 分)
	学生学习要向全班作自我介绍(1 分)
学习目标 (共 15 分)	课程学习目标或课程/计划能力描述了可度量的结果(3 分)
	模块/单元学习目标或能力描述了可度量的结果并与课程目标或能力保持一致(3 分)
	从学习者的角度明确说明学习目标或能力并在课程中突出定位(3 分)
	明确学习目标或能力与学习活动之间的关系(3 分)
	学习目标或能力与课程水平相适应(3 分)
评价与 测量 (共 13 分)	要测评学生的学习目标或能力是否达到(3 分)
	要清楚说明课程的评价制度(3 分)
	为学生学习评价提供具体和描述性的标准并清楚地解释了这些标准与课程评分政策的关系(3 分)
	所使用的评估标准按顺序排列、变化并适合课程水平(2 分)
	课程为学习者提供多种学习机会及时反馈学习进度(2 分)

续表

一级指标	二级指标的具体要求与分值
教学资源 (共12分)	提供的教学资源有利于完成课程目标(3分)
	清楚地解释了在课程中使用的教学材料与完成学习活动之间的关系(3分)
	课程通过提供源引用和使用教材的许可来模拟学习者的学术完整性(2分)
	教材使用的理论和实践结论是本学科最新的(2分)
	课程中使用了各种教学材料(2分)
课程活动 与学习 者互动 (共11分)	学习活动促进规定的学习目标或能力的实现(3分)
	学习活动提供支持积极学习的互动机会(3分)
	明确说明了教师在课程中与学员互动的计划(3分)
	明确规定了学员互动的要求(2分)
课程技术 (共8分)	课程中使用的工具支持学习目标或能力(3分)
	课程工具促进学习者积极参与(3分)
	课程采用多种技术(1分)
	课程为学习者提供有关保护其数据和隐私的信息(1分)
学习者 支持 (共10分)	课程技术支持和如何获得技术支持有清楚的说明(3分)
	课程清楚阐明或链接到机构的可访问性政策和服务(3分)
	课程清楚阐明或链接到学校可以帮助学习者在课程中取得成功的学术支持服务和资源(3分)
	课程清楚阐明或链接到学校的学生服务和资源可以帮助学生成功(1分)
可达性与 可用性 (共15分)	课程导航简洁使用方便(3分)
	课程设计增强可读性(3分)
	课程提供文件、文档、LMS页面和网页中的可访问文本和图像以满足不同学习者的需求(3分)
	课程提供了以满足不同学习者需求的访问多媒体内容的方法(2分)
	课程多媒体便于使用(2分)
	课程要求的所有技术均提供了供应商可访问性声明(2分)

基于既发挥我国高等教学传统优势又推动我国大规模在线开放课程建设走向良性发展的目的,我国也制定了精品在线开放课程评价指标体系。

表3　2018年我国精品在线开放课程评价指标体系

一级指标	二级指标的具体要求
课程团队	课程负责人须为申报高校正式聘用的教师,具有丰富的教学经验和较高学术造诣
	主讲教师师德好,教学能力强,积极投身信息技术与教育教学深度融合的教学改革
	课程团队结构合理、人员稳定,除课程负责人和主讲教师外,还应配备必要的助理教师,保障线上线下教学正常有序运行
	课程团队主要成员须与课程平台显示人员一致
	同一课程负责人只能申报一门课程
课程教学设计	遵循教育教学规律,体现现代教育思想,符合大规模在线开放课程教学特征
	以学生为中心建立教与学新型关系,构建体现信息技术与教育教学深度融合的课程结构和教学组织模式
	课程知识体系科学
	资源配置全面合理适合在线学习和混合式教学
课程内容	坚持立德树人,能够将思想政治教育内化为课程内容,弘扬社会主义核心价值观
	反映学科专业最新发展成果和教改教研成果,具有较高的科学性水平
	课程内容更新和完善及时
	无危害国家安全、涉密及其他不适宜网络公开传播的内容,无侵犯他人知识产权内容
教学活动与教师指导	通过课程平台,教师按照学校的教学计划和要求为学习者提供测验、作业、考试、答疑、讨论等教学活动,及时开展在线指导与测评
	各项教学活动完整、有效,按计划实施
	学习者在线学习响应度高,师生互动充分,能有效促进师生之间、学生之间进行资源共享、互动交流和自主式与协作式学习

续表

一级指标	二级指标的具体要求
应用效果与影响	申报课程在本校教学过程中能较好地应用,将在线课程与课教学相结合,教学方法先进,教学质量高
	在其他高校和社会学习者中共享范围广,应用模式多样,应用效果好,社会影响大
课程平台支持服务	课程平台须按照《中国互联网管理条例》等规定完成有关的备案和审批手续,至少获得国家信息安全等级保护二级认证
	平台运行安全稳定畅通;课程在线教学支持服务高效
	须制定相应的管理制度和工作流程,配有专业人员进行审查管理确保上线课程的内容规范及技术水平

西北师范大学杨晓宏等人基于质量功能对高校在线开放课程价值主体需要进行分析,根据文献梳理获得了价值主体需要信息,涵盖管理者、教师和学生三种价值主体,包括技术指标、教学与管理、课程与设计、学习支持服务等12个指标项,具体内容如表4。

表4　高校在线开放课程价值主体需要信息

价值主体	指标项	指　标　描　述
管理者	技术指标	安全易用;功能强大;操作便捷;移动访问;交互/协作工具丰富
	教学与管理	课程进度安排合理;活动形式多样;过程跟踪良好;评价设计完善
教师	课程与设计	教学方法灵活;资源类型多样;内容组织方式新颖;满足学习者独特需求
	活动与评价	交互活动高效;支持小组学习、自主学习;注重应用多种评价方式
	教师作用	激发学习动机;促进教学交互;辅导学生学习;建设课程资源
	学习支持服务	保障全过程服务;制定有效辅导计划;监控学习进度;分析学习行为

价值主体	指标项	指 标 描 述
学生	课程类型	课程易用;国内外名校名师课程;满足实际需要课程;学生感兴趣的课程
	内容资源	切合学生知识和能力基础;视频资源质量高;辅助性资源丰富多样
	交流交互	支持在线与离线辅导,同步异步交流;提供社区讨论;互动答疑;同伴互动
	人性化服务	可自主选择内容;提供学前诊断;学习工具丰富;进度安排合理
	框架结构	界面简洁;导航清晰;平台功能强大,运行稳定;信息检索与登录便捷
	监控和反馈	监控学习过程;及时响应用户反馈;支持学习测评;提供学习提醒

2020 年,杨晓宏等人从构建高校在线开放课程教学质量标准入手,以国家精品在线开放课程认定相关文件要求及影响课程引进的外部约束因素作为依据,构建了包含 6 + X 个维度、13 个通用指标、7 + Y 个专属指标的高校在线开放课程教学质量认定标准,其指标类型 A 代表核心指标,B 代表重点指标,C 代表一般指标。

表5 高校在线开放课程教学质量标准

维 度	指 标	指标类型
课程与教学目标	课程设计与实施充分体现"以学习者为中心"的课程理念	B
	与院校专业前导课程、后续课程内容衔接良好	C
	课程教学目标适切专业培养要求及学习者的需要	B

维　度	指　　标	指标类型
教学内容 与资源	课程教学团队具有丰富的教学经验与较高的教学水平	A
	课程教学内容系统,适合在线学习、混合式教学等应用方式	A
	课程学习资源丰富,呈现形式多样,能满足不同学习者的学习需要	A
	导航设计可实现教学内容和学习资源的快速定位	C
	注重生成性资源,及时更新教学内容	C
教学活动 与实施	技术环境有效支持在线教学活动	B
	支持互动性较强的教学活动形式	C
	支持学习者参与感较强的教学方式	C
	支持线上线下的师生、生生交互活动	A
	针对学术、情感、管理等提供个性化的支持服务	B
课程与 教学评价	支持习题、作业、讨论等过程性评价方式	A
	支持针对线上线下不同应用方式的终结性评价	C
	支持针对内容、平台、服务、课程管理的评价	C
先期运行 与效果	课程平台功能完善、运行良好	B
	课程先期修读获得良好的教学效果	C
	学习者获得良好的课程学习体验	A
	课程得到相关机构或组织的积极评价,社会认可度高	B

以上研究对在线开放课程评价已有较大深度,有些已在实践应用中取得一定成效。从当前高职教育和高职院校发展实际需求来看,这些研究还存在一些不足之处,主要表现在:

(一)高职院校在线开放课程评价融合教育技术的能力滞后

当诸多本科院校学科建设依托在线开放课程技术增强其校内外影响力时,高职院校在线开放课程依然处于滞后状态。新时代做好高职院校在线开放课程评价标准研究,显然要基于高职院校在线开放课程运用新教育技术的能力滞后这一现实。

已有的课程评价标准,涉及课程实施模式、教学环境创设、师资队伍建设、课程技术、教学活动与教师指导、课程平台支持服务等指标,但是没有直接在在线开放课程评价标准中体现"新时代需要的互联网＋教育模式"的评价标准。基于新时代在线开放课程需要融合教育技术能力的背景,需要在高职院校在线开放课程评价标准中创新性地提出信息素养评价、信息技术安全性评价等指标。

对于课程教师而言,高职院校在线开放课程的建设过程中,需要教师具备良好的信息素养,能够顺利构建在线开放课程学习模块、设计组织学习活动以及筛选运用教学资源。教师需要重新学习使用新的技术平台、调整教学方式、重构课堂教学流程,关注学生的学习动态并及时反馈,花费大量时间对学生线上学习数据进行分析并设计有针对性的学习活动。教师如果不能做到这些,其教学效率肯定不高。因此,在线开放课程评价标准必须加入课程教师的信息素养评价这一指标。

对于课程建设团队而言,需要做好在线开放课程的持续化运营服务工作,能够基于国家对在线开放课程的安全、保密和法律要求,做好线上课程常态化、安全化运行。职业教育对接社会、企业需求培养人才,高职院校的在线教育更需要把控在线开放课程的质量,保证教学活动的质量,防范和及时制止网络有害信息的传播,增强职业院校在线开放课程影响力。因而,在线开放课程评价标准需要新增信息技术安全性评价这一指标。

(二)在线开放课程评价标准急需补充思想政治教育模块

课程思政自2014年提出之后,在高职教学中不断普及和深化。已有的在线开放课程评价标准中,还没有体现课程思政的要求。因此,必须在线开放课程评价指标体系中,增加具有时代特色的课程思政模块内容。

(三)在线开放课程评价标准亟待加强职教类型特色

基于对已有在线开放课程评价标准的梳理和归纳,现有的在线开放课程评价标准没有体现职业教育类型特色。2020年国家精品在线开放课程中的99门专科高等职业教育课程认定评审指标中,就没有具体列出职教类型特色这一指标。虽然"工业机器人实操与应用技巧""自动化生产线安装与调试"等课程的课程内容非常具有职业教育内容特征,但是像"大学语文""大学生心理健康教育"这类课程也必须体现职业教育特色,即在课程中也应当融入职业教育产教融合校企合作的要求。所以,高职院校在评价在线开放课程时,需要在评价标准中增加"职教类型特色"这一维度的评价指标。

(四)在线开放课程评价研究获学校支持力度不足

在线开放课程评价需要院校提供大力度支持,尤其是理实一体化课程、实操型课程等的教学视频的录制和编排等需要投入高额成本,需要院校对课程的开发进行有力支撑。因此,有必要在在线开放课程评价标准中新增"校级支持指导"这一指标,督促学校层面对在线开放课程进行综合评价、管理、维护以及督导工作。

三、研究方法

(一)文献研究法

文献研究法是为达到调查研究目的,通过搜集、分析和研究有关文献资料,筛选出核心信息的方法。

本课题研究利用中国知网、教育部官方网站以及各省市职业院校网站等文献资料检索途径,搜集、整理高职院校在线开放课程评价相关资料,全方位地梳理高职院校在线开放课程评价标准相关研究成果,从中发现已有研究的优势和不足,厘清在线开放课程评价相关概念、内容等问题。

(二)比较研究法

林聚任、刘玉安在《社会科学研究方法》一书中提出:比较研究方法,是指对两个或两个以上的事物或对象加以对比,以找出它们之间的相似性与差异性的一种分析方法。本课题中将比较研究法理解为是根据一定的标准,对两个或两个以上有联系的事物进行考察,寻找其异同,探求普遍规律与特殊规律的方法。

本课题旨在通过观察和分析已有的评价标准体系,找出国内外不同层次的评价标准的共同点和异同点,对比不同评价标准之间的差距,寻求已有在线开放课程评价标准的成果经验,在此基础上设计高职院校在线开放课程评价标准。

(三)案例研究法

案例研究法就是对研究对象的一个或多个典型个案,调查、了解、收集其全面的资料,并通过具体分析、解剖,弄清其特点及其形成过程的一种研究方法。

本课题研究随机选择高职在线开放课程作为案例,按照本研究设计的评价指标进行评价,测试评价体系的实践应用效果,从评价标准理论设计到实践应用,用课程作为评价标准应用和检验的环节,将科研成果充实到教学课程中。

四、理论依据

2021年4月12日至13日,全国职业教育大会在北京召开。习近平总书记对职业教育作出重要指示,"职业教育前途广阔、大有可为",强调要发挥职业教育和培训的作用,强调要坚持党的领导,坚持正确办学方向,坚持立德树人,优化职业教育类型定位,深化产教融合、校企合作,深入推进育人方式、办学模式、管理体制、保障机制改革。

孙春兰副总理在全国职业教育大会上的讲话中指出,要加快构建现代职业教育体系,深化"三教"改革,"岗课赛证"综合育人,提升教育质量,要健全多元办学格局,探索符合职业教育特点的评价办法。建设高质量的职业教育体系,横向融通是目的,要打通学校教育和社会教育之间的围墙壁垒,构建网络化、数字化、个性化、终身化的教育体系,最终实现"人人皆学、处处能学、时时可学"的目标。

美国著名的课程论专家拉尔夫·泰勒认为:"评价过程本质上是确定课程和教学计划实现教育目标的程度的过程。教育目标本质上是描述人的行为的变化,评价就是判定行为发生实际变化的程度的过程。"这种课程评价方式被称为目标评价模式。

目标游离评价模式是美国教育家斯克里文针对泰勒的目标评价模式所存在的弊端提出的,他认为:"评价者应该注意的是课程计划的实际效应,而不是其预期效应,即原先确定的目标。应把评价的落脚点从'课程计划预期的结果'转向'课程计划实际的结果'。"评价的指向不应该只是课程计划满足目标的程度,而且更应该考虑课程计划满足实际需要的程度。

美国教育评价专家斯塔弗尔比姆提出 CIPP 评价模式,他认为:"课程评价是由背景评价、输入评价、过程评价和成果评价组成的一种综合评价模式。"背景评价就是对作为评价中心和依据的目标本身进行评价,考察目标与实际的需要是否相符;输入评价是对达成目标的方案、计划设计可行性的评价;过程评价是对方案计划实施过程的评价,旨在提供反馈信息;成果评价是判定目标达成程度,对其成果的测量、解释与判断。

美国课程理论专家普罗沃斯提出了差距评价模式,旨在揭示课程计划的标准与实际的表现之间的差距,以此作为改进课程计划的依据。他认为:"这种模式包括五个环节或阶段:界定方案标准以及对设计方案的评价、对已装配方案的评价、过程评价、结果评价、效益分析。"

美国著名评价专家斯克瑞文提出了元评价的观点。所谓元评价就是为了保证评价的可信与有效而对评价本身所进行的评价。斯塔弗尔比姆又进一步对其进行发展,他认为,从理论上说,元评价侧重从以下四个方面做出客观的评价:评价所作出的决策是否有用、评价所依存的实践是否可行、评价所处理的人员和组织是否符合道德、评价所采用的方法和技术是否成熟。

根据不同的评价目的、内容或者不同角度,采取不同的划分方法,高职院校课程评价可以划分为许多不同的类型。比如诊断性评价、形成性评价和总结性评价;自我评价和外部评价;量化评价和质性评价;相对评价和绝对评价;宏观评价和微观评价。

目标评价模式、CIPP评价模式、差距评价模式等课程评价模式，对高职院校在线开放课程评价标准研究工作有值得借鉴之处。综合考虑高职院校职业教育的特点，本研究认为，应该更多借鉴CIPP评价模式和元评价方法，从在线开放课程本身出发，考察课程的设计和实施过程，对在线开放课程进行元评价分析，并从背景、输入、过程和成果进行综合评价。因而本研究将以"课程主体、课程载体、教学过程、教学成效"四个维度进行指标体系设计，并在此基础上设计各级评价指标。

五、政策依据

高职院校在线开放课程评价标准研究工作，是高职院校全面贯彻落实《国家职业教育改革实施方案》《深化新时代教育评价改革总体方案》《职业教育提质培优行动计划（2020—2023）》《教育部关于加强高等学校在线开放课程建设应用与管理的意见》的具体举措。在线开放课程评价标准研究能够推动高职院校优质课程教学资源通过信息技术手段共建共享共优化，提高职业教育教学质量和人才培养质量。高职院校在线开放课程评价标准的完善，也是对职业教育国家标准的补充和完善，同时也可以助力职业教育办学质量评价和督导评估制度的建立。新时代高职院校在线开放课程评价标准研究已经成为职业教育质量提升与发展的现实需求。本研究所依据的相关文件还包括以下具体内容：

《职业院校数字校园规范》指出：教育评价是以达成教育目标为依据，按照科学的标准，运用有效的手段，对教育教学过程及效果进行测量，并给予价值判断的过程。

《教育信息化"十三五"规划》指出：积极组织推进多种形式的信息化教学活动，鼓励教师利用信息技术创新教学模式，推动形成"课堂用、经常用、普遍用"的信息化教学新常态。面向未来培养高素质人才，教师能力是关键，要建立健全教师信息技术应用能力标准。

《深化新时代教育评价改革总体方案》指出：教育评价要坚持科学有效，改进结果评价，强化过程评价，探索增值评价，健全综合评价，充分利用信息技术，提高教育评价的科学性、专业性、客观性。

《教育部关于加强高等学校在线开放课程建设应用与管理的意见》提出："鼓励高校制订在线开放课程教学质量认定标准，将通过本校认定的在线课程纳入培养方案和教学计划，并制订在线课程的教学效果评价办法和学生修读在线课程的学分认定办法。"

依据教育部办公厅公布的 2017、2018、2020 年国家精品在线开放课程(高职)认定结果,国家精品在线开放课程专科高等职业课程影响力逐步提升,高职类课程 2017 年为 22 门,2018 年增长至 111 门,2020 年 99 门,课程建设单位及开课平台都有所扩增,课程建设辐射面也更加广泛。国家精品在线开放课程高职类的建设立足立德树人根本任务,适应"互联网 + 职业教育"新要求,尤其有利于新冠肺炎疫情期间和扩招后高职教育教学工作,创新发展为线上线下相结合的混合式教学模式,是职业教育改革的具体成果。

2019 年,高职教育百万扩招政策出台,我国正面向从人口大国转为人力资源强国的重要转型突破口,高职院校的扩招对象既有高中毕业生,也有退役军人、下岗失业人员、农民工、新型职业农民等群体,弹性学习模式、线上线下相结合的混合式教学将成为高职院校的必然选择。

2020 年,《教育部应对新型冠状病毒感染肺炎疫情工作领导小组办公室关于在疫情防控期间做好普通高等学校在线教学组织与管理工作的指导意见》指出,"保证在线学习与线下课堂教学质量实质等效",表明国家重视在线教育的教学质量。

六、关于高职院校在线开放课程评价体系的设计

结合新时代国家对职业教育的育人需求,坚持立德树人这一中心思想,本研究基于近几年各级在线课程评审审查指标、评价标准,创新性融入职业教育特色、课程思政、校级支持指导等内容,设计了涵盖"课程主体、课程载体、教学过程、教学成效"4 个方面的评价一级指标。具体设计如表6:

表 6　在线开放课程评价

一级指标	二级指标	观　测　点
课程主体	课程定位	兼具知识和能力目标、素质目标,目标表述明确清晰,对学生职业能力培养和职业素质养成起主要支撑或明显促进作用
		课程能够体现高职学校办学特色和专业优势;能够体现产教融合优势、技术协同创新优点;能满足行业企业岗位需求,服务产业发展
	课程思政	能够深入挖掘和提炼课程思政元素,优化课程思政内容供给并与学生需求相匹配
		有效融入思政教育内容,切入知识点合理自然,课程的思政内容与学科知识的关联程度高

续表

一级指标	二级指标	观 测 点
课程主体	教学内容和方法	课程内容与职业标准对接,课程知识体系设计符合学习者认知特征;线上线下结合紧密,教学内容的组织编排有利于灵活运用混合式教学等多种教学方法
		课程资源系统完整、丰富多样、呈现有序,与知识点、技能点匹配且对应清晰,能够反映课程特点并应用于各教学与学习环节;课程资源颗粒化,结构清晰合理,支持线上自主学习、线下课堂教学、课后复习与评测,能实现资源的颗粒化管理
	教学团队	课程团队人员具备正确的政治观念,履行高校师德师风规范要求,爱岗敬业,恪守学术道德
		授课教师教学经验丰富、教学特色鲜明,课程助教及技术顾问互动反馈热情及时、管理技能高,课程建设团队分工合理,专兼结合,可持续发展
课程载体	教学内容和方法	教学环境创设课程讲授借助校内外实训基地,能够为课程的实践教学提供真实的生产环境,满足学生了解生产作业、企业文化的需求
		课程应用后,课程内容和配套资源等相关模块持续动态更新和完善
	学生学习环境	实现人人可学,时时可学,处处能学,支持多终端访问;导航合理,使用方便,工具易用且功能强大,具有学习过程记录功能
		学生线上线下求助通道畅通,师生、生生间资源共享互动响应速度快,提供教学安排、学习提醒和答疑;能够结合视频、AR/VR、全息投影等技术实现场景化交互教学,打造沉浸式课堂
	课程技术	课程平台运行安全稳定顺畅,课程在线教学支持服务高效;有相应的管理制度和工作流程,配有专业人员审查管理,确保上线课程的内容规范
		课程符合《中国互联网管理条例》等规定,数据真实安全,访问畅通
教学过程	教学策略	以学习者为中心设计和实施线上线下相结合的课前、课堂、课后、实训四大教学场景下的教学活动,各项教学活动完整有效,衔接自然
		根据教学内容特点,合理确定线上线下课时比例;线上线下互相补充配合,有效对接,系统性好

续表

一级指标	二级指标	观 测 点
教学过程	教学实施	课前明确学习目标,线上自主学习适应个体差异;课中面授教学突出重点难点,增强针对性;课后线上线下紧密结合,增强复习、作业、训练的方便性和灵活性
		充分发挥信息化教学优势,寓教于乐,激发学生的学习兴趣和潜能,引导学生积极思考、乐于实践,有意识地提高学生的参与度和学习获得感
		有效进行师生、生生间互动交流和自主式与协作式学习,互动交流频率高,教师及时开展在线指导与测评,及时评定成绩
	评价与监测	考核方式多元,能根据线下考核和线上考核特点进行教学评价;根据学生线上学习行为数据开展教学评价,能根据评价结果开展线下教学
		学校设有监测管理机构,能够对课程进行综合评价、管理和督导
	教师技能	教师能够合理有效利用教学资源,教学资源占用课时长度合理
		课程教师团队能够自觉获取、判断和利用信息,并将信息组织成易于学习者接受的呈现方式
教学成效	育人成效	学生达到课程目标要求的知识、能力、素质标准,实际应用能力强;课程对应或相关的职业资格证书获取率高;课程能够辅助学生孵化实践应用作品,学业进步显著
		在线学习人数多,学生学习兴趣与自信提升,学习获得感强,对课程满意度高
		及时关注到学生的思想动态和情感变化,在课程互动交流中及时给予学生反馈,引导帮助学生树立正确的人生观和价值观
	应用成效	课程在本校教学中能较好地应用,教学质量高;在本校有广泛学习者基础,在线课程与课堂教学结合效果好
		课程共享范围广泛,有效选用课程的高职学校和社会学习者人数多,在同类课程中具有一定的影响力

七、关于高职院校在线开放课程评价体系的说明

第一个一级指标"课程主体",共设置课程定位、课程思政、教学内容和方

法、教学团队四个二级指标。其中,课程定位主要强调课程目标和体现职教类型特色;课程思政则强调在设计、准备课程时,首先要把思政教育有机融入专业内容;教学内容和方法则主要评价教学设计与方法以及课程配套资源;教学团队则主要考察团队人员结构及其师德师风素养。

第二个一级指标"课程载体",共设置教学环境创设、学生学习环境、课程技术三个二级指标。其中,教学环境创设重点考察课程是否体现校内外实训条件,同时也要考量课程优化持续度这一指标;学生学习环境则主要评价保障学生学习途径便捷和互动与反馈及时响应度两个方面;课程技术主要评价课程平台支持服务和信息技术安全性评价两个方面。

第三个一级指标"教学过程",共设置教学策略、教学实施、评价与监测、教师技能四个二级指标。其中,教学策略主要评价教学活动和教师指导两个方面的状况;教学实施是在线开放课程必要的评价环节,因为只有实施了教学(应用了课程)才能表现其价值,这方面主要评价线上教学过程、师生互动及学生参与、教育技术应用状况等;评价与监测指标涵盖面向学生考核的教学评价维度和基于学校层面的校级支持指导维度;教师技能则评价教师对教学资源的运用和教师自身的信息素养。

第四个一级指标"教学成效",共设置育人成效和应用成效两个二级指标。其中,育人成效主要评价学生运用在线开放课程学习效果,应用成效主要评价在线开放课程的社会影响。

参考文献

[1] 杨晓宏,周海军,周效章,郝照.国内在线课程质量认定研究述评[J].电化教育研究,2019,40(06):50-57.

[2] 施良方.课程理论——课程的基础、原理与问题[M].北京:教育科学出版社,1996:6.

[3] 黄保安.课程效益评价浅论[J].新课程研究(中旬),2010(10):125-127+130.

[4] 李秉德.对于教学论的回顾与前瞻[J].华东师范大学学报(教育科学版).1989(03):55-59.

[5] 丁念金.课程内涵之探讨[J].全球教育展望,2012,41(05):8-14+21.

[6] 莉萨·拉图卡,琼·斯塔克,黄福涛.课程:学术计划[J].清华大学教育研究,2019,40(03):33-45.

［7］ 何克抗.现代教育技术和优质网络课程的设计与开发［J］.中国电化教育,2004(06):5 – 11.

［8］ 杨晓宏,周效章,李运福.价值主体需要视角的高校在线开放课程教学质量认定研究［J］.中国电化教育,2018(07):45 – 51 + 61.

［9］ 李青,王涛.MOOC:一种基于连通主义的巨型开放课程模式［J］.中国远程教育,2012(03):30 – 36.

［10］ 许欢.国内高校在线课程建设理念演化研究［D］.重庆:西南大学,2019.

［11］ 贾海瀛,董刚,杨理连.高职教育课程评价方案的研究与开发［J］.中国高教研究,2013(08):104 – 106 + 110.

［12］ 潘晓彦,蒋家琼,莫兰,曾维轲,邓斯琪.美国"QM 质量标准"与我国"精品在线开放课程"评价指标体系比较研究［J］.湖南师范大学教育科学学报,2019,18(03):105 – 110.

［13］ 杨晓宏,郝照,周海军,周效章,李运福.基于质量功能展开(QFD)的高校在线开放课程教学质量认定标准研究——高校在线开放课程价值主体需要分析［J］.中国电化教育,2019(06):108 – 113 + 130.

［14］ 杨晓宏,周海军,周效章,郝照,董晓辉.高校在线开放课程教学质量认定标准构建研究［J］.中国电化教育,2020(02):67 – 74.

［15］ 孙远强.高职院校混合式教学存在的问题及改进策略［J］.职业技术教育.2020,41(26):54 – 57.

［16］ 林素琴.高职院校深入开展"课程思政"建设的具体路径［J］.教育与职业.2021(11):83 – 88.

［17］ 李红.全面质量管理理论视角下高职院校在线教学质量保障体系构建［J］.教育与职业,2020(24):95 – 98.

［18］ 杨晓宏,李运福,杜华,杨方琦,周效章.高校在线开放课程引入及教学质量认定现状调查研究［J］.电化教育研究,2018,39(08):50 – 58.

(课题承担单位为天津电子信息职业技术学院,课题主持人为张丹阳。课题组成员:程昂、韩美琪、冯光、张璇、沈绍辉。)

第三十章　虚拟仿真实训基地评价

一、核心概念界定

(一)虚拟仿真技术

虚拟仿真(Virtual Reality)又称虚拟现实技术或模拟技术,就是用一个虚拟的系统模仿另一个真实系统的技术。虚拟现实系统的核心是沉浸感、交互感与存在感的高度融合。基于用户中心视角,跟踪反馈用户在 3D 环境中动作,借助软硬件设备,使用户完全沉浸其中。虚拟现实技术经过六十多年的发展,已进入稳定期,在工业等各个领域的应用场景正在不断演进,成为不可或缺的生产力要素,尤其在职业技能实训方面优势明显,通过所见即所得的沉浸感极大地提高了学员的实训效率,有效解决了实训教学三高(高投入、高难度、高风险)三难(难实施、难观摩、难再现)等难点、痛点问题。

(二)职业教育虚拟仿真实训基地

2020 年 10 月,教育部职成司正式发布的《关于开展职业教育示范性虚拟仿真实训基地建设工作的通知》指出:随着信息技术的发展,建设职业教育虚拟仿真实训基地,既是改革传统教学育人手段,推进人才培养模式创新的迫切需要,也是强化教学、学习、实训相融合的教育教学活动,有效弥补职业教育实训中看不到、进不去、成本高、危险性大等特殊困难的重要措施。虚拟仿真实训基地建设要以社会和市场需求为导向,用新思路、新机制、新模式设计基地建设实施方案,融合多方资源,探索建立院校主导、企业协同、各具特色的实训基地创新建设模式,搭建校企合作桥梁。由此可见,虚拟仿真实训基地就是运用虚拟仿真技术所建立的便于相关专业学生实习实训的场所、设施、设备的综合体。

二、国内外虚拟仿真实训基地建设实践和研究的综合性评述

实验教学是高校教学中培养学生的动手能力、创新能力的重要环节。随着教育信息化的发展,实验教学方式在不断地发生变化。虚拟仿真实训环境建设需要以信息技术的发展作为支撑,在实验教学与信息化技术深度融合的趋势下,虚拟仿真实验教学经过几十年的发展已渐渐普及开来。

(一)国内虚拟仿真实训基地建设研究

1.我国在本科院校发展虚拟仿真教学的相关举措

我国最早提出关于虚拟仿真实验教学环境建设的要求,主要针对"985""211"等重点建设大学。2013年8月,教育部高等教育司印发了《关于开展国家级虚拟仿真实验教学项目建设工作的通知》(教高司函〔2013〕94号),明确了虚拟仿真实验教学是高等教育信息化建设和实验教学示范中心建设的重要内容,并决定开展国家级虚拟仿真实验教学中心建设工作。之后,教育部办公厅〔2014〕30号和〔2015〕24号文件对该类中心的建设工作做出更加详细的部署,并计划建立具有示范、引领作用的国家级虚拟仿真实验教学中心100个,持续推进实验教学信息化建设工作和推动高等学校实验教学改革与创新。

上述文件中明确了国家虚拟仿真实验教学项目的教学理念:注重以学生为中心,注重对学生社会责任感、创新精神、实践能力的综合培养,调动学生参与实验教学的积极性和主动性,激发学生的学习兴趣和潜能,增强学生创新创造能力;国家虚拟仿真实验教学项目的教学内容:坚持问题导向,重点解决真实实验项目条件不具备或实际运行困难,涉及高危或极端环境,高成本、高消耗、不可逆操作,以及大型综合训练等问题;同时坚持需求导向,紧密结合经济社会发展对高校人才培养的需求,紧密结合专业特色和行业产业发展最新成果;国家虚拟仿真实验教学项目的教学方法:始终关注信息化时代背景下学生需求,重点实行基于问题、案例的互动式、研讨式教学,倡导自主式、合作式、探究式学习。

2017年7月,教育部印发的《关于2017—2020年开展示范性虚拟仿真实验教学项目建设的通知》(教高函〔2017〕4号),对虚拟仿真实验教学项目的建设目标、建设内容、建设规划和组织管理等方面做了详细说明。2018年6月,教育部认定了首批来自91所高校的105个国家虚拟仿真实验教学项目(教高函〔2018〕6号);2019年3月,再次认定了来自全国186所高校的296个国家虚拟仿真实验教学项目(教高函〔2019〕6号)。

示范性虚拟仿真实验教学项目建设适应经济社会快速发展对人才培养的新要求、现代大学生成长的新特点、信息化时代教育教学的新规律,以提高学生实践能力和创新精神为核心,以现代信息技术为依托,以相关专业类急需的实验教学信息化内容为指向,以完整的实验教学项目为基础,推动高校积极探索线上线下教学相结合的个性化、智能化、泛在化实验教学新模式,形成专业布局合理、教学效果优良、开放共享有效的高等教育信息化实验教学项目示范新体系,有力支撑高等教育教学质量全面提高。

2.我国在职业教育领域发展虚拟仿真教学的相关举措

高职院校开展虚拟仿真实训中心建设始于2015年《高等职业教育创新发展行动计划(2015—2018年)》的出台,但在2019年的成果认定中发现,项目建设偏重于硬件环境,缺乏专业内容支撑等问题,导致虚拟仿真实训中心缺乏实用性,无法真正实现仿真实训的作用。

《职业教育提质培优行动计划(2020—2023年)》的出台,全面调整高职领域虚拟仿真建设的方向和步伐,将内容建设作为重点。2020年10月,教育部职成司正式发布《关于开展职业教育示范性虚拟仿真基地建设工作的通知》,明确提出发挥职教集团推进企业参与职业教育办学的纽带作用,建设100个示范性虚拟仿真实训基地;将虚拟仿真技术作为改革传统教学方法、创新人才培养模式的重要手段,加强虚拟仿真技术在职业教育领域的应用与研究;已在虚拟仿真技术应用、实训基地建设等方面取得了实质性成效的单位可总结经验、形成案例;要融合多方资源,结合职业教育人才培养的实际需求与地区行业企业发展需要,结合实训中存在的痛点与难点,探索各具特色的虚拟仿真实训基地建设模式,有针对性地制定建设规划和实施方案。

2021年8月3日,教育部职业教育与成人教育司发布《关于公布职业教育示范性虚拟仿真实训基地培育项目名单的通知》,确定215个职业教育示范性虚拟仿真实训基地培育项目。同时说明对各地推荐但没有进入培育项目的单位,各地可根据实际纳入《职业教育提质培优行动计划(2020—2023)》承接任务,按照"先培育后认定"的工作办法,通过地方推动建设,期满后根据建设成效与教育部培育项目一同参加认定。

(二)国外虚拟仿真实训基地建设研究

国外高校在虚拟仿真平台建设方面的工作开展较早,其工作包含建立内容丰富的虚拟仿真教学资源库,实现实验资源网络化,学生远程操作而提升学习效果,并逐步形成了完备的实验过程管理的标准和体系。美国、英国和新西兰等国家的一些大学先后在电子工程专业、物理学专业等启动了虚拟仿真实验室建设,学生可以远程访问实验室里的昂贵的测试设备来获取测试数据,验证自己的设计;也可以利用虚拟实验手段,完成天体物理、力学和热学的典型实验和创新实验;或通过仿真软件,实现各类物理现象的仿真与分析,激发学习兴趣和创造性。

（三）有关虚拟仿真实训基地评价指标体系研究状况

以"实训基地评价""虚拟仿真"为主题词对中国知网（CNKI）数据库的相关文献进行检索,综合整理分析得出我国虚拟仿真实训基地评价的研究现状。

1. 缺少相应的评价机制

科学合理的评价是虚拟仿真实训基地建设的基础机制。我国在这方面的评价机制还没有真正建立起来。评价机制滞后阻碍了虚拟仿真实训基地的发展,建立科学的虚拟仿真实训基地机制,发挥评价的导向、激励、调控和改善功能,是促进虚拟仿真实训基地的有效手段和重要保障。

《职业教育提质培优行动计划（2020—2023 年）》明确指出需要建设 100 个左右示范性虚拟仿真实训基地,教育部职业教育与成人教育司《关于开展职业教育示范性虚拟仿真实训基地建设工作的通知》（教职成司函〔2020〕）对虚拟仿真实训基地建设提出了要求。现阶段国家级示范性虚拟仿真实训基地评定工作已经结束,进入实训基地建设阶段,但是国家还未出台相关建设标准,虚拟仿真实训基地评价标准体系也尚未建立,从而制约了虚拟仿真实训基地的科学发展。

2. 虚拟仿真实训基地建设的评价指标存在偏差

职教信息化的核心在于资源建设,特色是虚拟仿真实训教学资源的建设与应用,目标是实现信息技术与职教课程的深度融合,目的是提高教育教学质量,培养高素质技术技能人才。而现阶段虚拟仿真实训中心建设,存在对能实不虚原则把握不严;仿真资源缺乏系统设计,实习过程违背学生认知规律;虚拟资源的智能化程度较低,交互反馈性能有待加强;资源共建缺少互联网思维,共享机制不完善,资源利用率有待提高;虚拟实训教学资源缺少实训体系支撑。出现上述问题的主要原因在于评价指标中缺少对相关内容的关注和约束。

三、研究方法

以虚拟仿真实训基地评价体系为研究对象。在参考国家相关规范和已有研究成果的基础之上,通过以下研究方法重新对虚拟仿真实训基地评价体系的指标进行筛选,并完成体系构建。

（一）文献研究法

本课题研究过程中,对中国学术期刊全文数据库中的中国学术期刊网络出版总库、中国重要会议全文数据库等进行了调研,查阅了大量的文献与资料,对当前虚拟仿真实验教学实训基地建设工作的政策、法规、现状等情况有全面的了解,并认真学习了教育部职业教育与成人教育司《关于开展职业教育示范性虚拟仿真实训基地建设工作的通知》(教职成司函〔2020〕26 号)、教育部《职业院校数字校园规范》(教职成函〔2020〕3 号)、《关于开展 2015 年国家级虚拟仿真实验教学中心建设工作的通知》(教高司函〔2015〕24 号)中的《国家级虚拟仿真实验教学中心遴选要求》等文件要求,为建立虚拟仿真实训基地建设评价指标体系提供了基础性条件。

（二）专家访谈法

在建立虚拟仿真实训基地建设评价指标体系的过程中,先后到天津医学高等专科学校和天津铁道职业技术学院调研,并多次访谈有关专家,请专家提出他们对虚拟仿真实训基地建设的意见,并指出本课题组所设计的评价体系存在的问题与不足。在吸纳专家的意见后,对虚拟仿真实训基地建设评价体系进行了修改,并再次访谈专家,请他们对修改后的评价体系提出新的修改意见。如此进行多轮访谈,本课题组所研究的虚拟仿真实训基地评价指标更加科学化。

（三）问卷调查法

在建立虚拟仿真实训基地建设评价体系后,课题组请多个学校的实训室管理人员或者其他教师,根据虚拟仿真实训基地评价体系,填写相关问卷。通过这个过程,可以对虚拟仿真实训基地评价指标体系进行修改和完善。

四、理论依据

（一）习近平总书记的有关论述

习近平总书记在全国高校思想政治工作会议上的重要讲话强调,要重视实践育人,坚持教育同生产劳动和社会实践相结合,广泛开展各类社会实践,让学生在亲身参与中认识国情、了解社会,受教育、长才干。2013 年 12 月 5 日,习近平总书记给华中农业大学"本禹志愿服务队"亲切回信,高度肯定他们在社会实践和志愿服务中取得的成绩,并希望青年学生坚持与祖国同行、为人民奉献,以青春梦想、用实际行动为实现中国梦作出新的更大贡献。在高职院校全面推进实践育人,虚拟仿真实训基地建设是必要的环节。

2018 年 9 月 10 日,习近平总书记在全国教育大会上的讲话强调:"要把立德树人融入思想道德教育、文化知识教育、社会实践教育各环节,贯穿基础教育、职业教育、高等教育各领域,学科体系、教学体系、教材体系、管理体系要围绕这个目标来设计,教师要围绕这个目标来教,学生要围绕这个目标来学。凡是不利于实现这个目标的做法都要坚决改过来。"达到这样的教育教学改革目标,就必须有效利用新兴信息技术,建设好虚拟仿真实训基地。

（二）与虚拟仿真实验教学相关的理论

1. 直观性教学原则

直观性是最重要的教学原则之一，它是指在学习中应充分利用多种感官去感知对象，以获取一定的直接经验和感性认识，帮助理解内容，形成概念。这一教学原则反映了人类的基本认知规律，即人对客观世界的认识是从感觉和知觉开始的，如果学生能从生动鲜明的直观感觉中开始学习，其对知识的掌握就会比较具体化和形象化，理解深刻并且不易遗忘。

大量的教学实践验证了直观性教学的有效性。虚拟仿真实验在专业教学中主要是指采用计算机或其他多媒体技术，模拟出现实情境，让学生对专业应用场景或操作情况有直观的了解和认识，从而达到掌握基本原理或锻炼实际操作能力的教学目的。直观性教学原则既是虚拟仿真实验的理论基础，也为它提出了基本要求，就是要尽可能地模拟出专业的应用场景或操作情况，借助现代的信息技术，我们可以在很大程度上实现这个目标。

2. 建构主义教学理论

建构主义认为，学习是学生自己建构知识的过程，学生不是简单被动地接受知识，而是积极主动地建构知识。学习是学习者根据自己的经验背景，对外部信息进行主动地选择、加工和处理，对所接收的信息进行解释，形成自己的理解。正因为如此，教学不是简单地对学习者进行知识灌输，而是应当把学习者原有的知识经验作为新知识的生长点，引导学习者从原有的知识经验中，生长新的知识经验。教学的根本任务是帮助学生进行意义建构，而创建有利于意义建构的理想学习环境是教学活动中最重要的一个环节。建构主义认为，理想的学习环境包括"情境""协作""会话"和"意义建构"四大要素。而虚拟仿真实验就是为学生创建理想的学习环境。

3. 情境认知理论

情境认知理论（Situated Cognition）认为，人类的认知活动有赖于情境，也就是说，人类的认知活动包括两部分内容，一是环境刺激的适应过程，二是人自身的解释和构造过程。我们所有的认知都不可能独立于特定的情境而进行解释和适应，这两个过程相互作用，辩证统一。将情境认知理论应用于教学实践，产生了许多新的教学理念：情境教学主要关注学生认知方面的成长，通过提供复杂的任务，让学生在解决实际问题的过程中意识到需要学习哪些知识，锻炼哪些能力。因此学习的内容与活动的安排要与人类社会的具体实践相联通，通过类似人类真实实践的方式来组织教学，同时把知识的获得与学习者的发展、身份建构等统合在一起。在情境教学中教师从知识的传授者转变为学生理解的引导者和促进者,在复杂的情境中调动学生的主观能动性,引导学生自己解决问题。总之,情境认知理论的观点影响着教学系统设计与学习环境开发等多方面的教学理念,为信息技术与课程整合、计算机支持协作学习和虚拟学习共同体的建设等提供了理论依据。

五、政策依据

(一)《国家级虚拟仿真实验教学中心遴选要求》

为贯彻落实《教育部关于全面提高高等教育质量的若干意见》(教高〔2012〕4号)精神,根据《教育信息化十年发展规划(2011—2020年)》,教育部连续多年开展国家级虚拟仿真实验教学中心建设工作,并在2015年下发了《教育部办公厅关于开展2015年国家级虚拟仿真实验教学中心建设工作的通知》(教高厅函〔2015〕24号),并以附件形式一并下发了《国家级虚拟仿真实验教学中心遴选要求》。这个遴选要求中,明确指出虚拟仿真实验教学中心建设应充分体现虚实结合、相互补充、能实不虚的原则,实现真实实验不具备或难以完成的教学功能。在涉及高危或极端的环境,不可及或不可逆的操作,高成本、高消耗、大型或综合训练等情况时,提供可靠、安全和经济的实验项目。明确说明虚拟仿真实验教学中心重点开展资源、平台、队伍和制度等方面的建设,形成持续服务实验教学,保证优质实验教学资源开放共享的有机整体。关于具体的建议内容,文件提到了虚拟仿真实训教学资源、虚拟仿真实验教学管理和共享平台、虚拟仿真实验教学队伍、虚拟仿真实验教学中心管理体系等。

(二)《关于开展职业教育示范性虚拟仿真实训基地建设申报工作的通知》

教育部职成司《关于开展职业教育示范性虚拟仿真基地建设工作的通知》(教职成厅函〔2020〕26号)通知指出:随着信息技术的发展,建设职业教育虚拟仿真实训基地,既是改革传统教学育人手段,推进人才培养模式创新的迫切需要,也是强化教学、学习、实训相融合的教育教学活动,有效弥补职业教育实训中看不到、进不去、成本高、危险性大等特殊困难的重要措施。虚拟仿真实训基地建设要以社会和市场需求为导向,用新思路、新机制、新模式设计基地建设实施方案,融合多方资源,探索建立院校主导、企业协同、各具特色的实训基地创新建设模式,搭建校企合作桥梁。具体内容包括:坚持科技引领,虚实结合;坚持育训结合,教学创新;坚持一校一策,共建共享;坚持科学管理,规范考核。

(三)《职业院校数字校园规范》

教育部2020年发布了《职业院校数字校园规范》(教职成函〔2020〕3号),

明确规范、引导职业院校在新形势下的信息化工作,促进职业院校数字校园从建设转向应用促进发展"互联网＋职业教育"。其内容包括总体要求、师生发展、数字资源、教育教学、管理服务、支撑条件、网络安全、组织体系、评价指标等。本课题主要选取了其中涉及虚拟仿真资源建设相关的内容进行参考。重点关注其在高等职业学校的评价指标体系中所设有的师生发展、数字资源、教育教学、管理服务、网络安全等指标。

(四)各省市的虚拟仿真建设方案

本研究参照了四川中医药高等专科学校、四川工商职业技术学院、天津医学高等专科学校、天津铁道职业技术学院的建设方案,对其建设基础进行分析,对其建设目标和建设内容进行比较,从而确定本虚拟仿真实训基地评价指标。

六、高职院校虚拟仿真实训基地评价体系的设计

根据上述文件精神,参考高职院校相关实践经验,从高职院校当前实际出发,对虚拟仿真实训基地评价体系设计如下:

虚拟仿真实训基地评价一览表

一级指标	二级指标	观 测 点
基地建设	虚拟仿真实训教学资源建设	虚拟仿真实训教学资源的种类和数量,能够支撑相关专业的数量;虚拟仿真实训教学项目数量,支撑的核心课程数量;虚拟仿真实训教学资源适应跨专业交叉实训和社会培训的不同特点,兼顾实训课程设计的专业性和兼容性
		根据人才培养供给侧与企业岗位需求侧的精准对接需求,建设对接实际工作岗位且符合教学需要的虚拟仿真实训场景和企业文化育人环境;实训场地建筑面积能满足学生独立操作的实训要求;实训场地设备布置、安全、环保等满足国家相关法规的要求;设备数量上达到一定规模,核心实训环节满足学生独立操作的教学要求;引入多形态的虚拟仿真实训系统开发技术,搭建虚拟仿真创研中心,为师生共同参与虚拟仿真开发实践及创新提供平台
	虚拟仿真实训教学平台建设	具备支持开放共享的网络环境,保障平台稳定运行,可在网上通过配置、连接、调节和使用虚拟实验仪器设备进行实训;支持使用移动端、VR/AR/MR等用户终端设备开展实训教学
		建有集建、管、评一体的网上教学平台;提供教学资源建设、使用、共享、考核、多元评价等相关服务;具有信息发布、数据收集分析、互动交流、成果展示等功能

一级指标	二级指标	观 测 点
基地建设	建设规划与方案	能结合人才培养的实际需求、地区行业企业发展需要和新一代信息技术发展趋势,制定具有前瞻性、发展性和针对性的建设规划;有切实可行的实训基地建设方案,有探索符合学校实际需要和当地产业需求的创新路径与方法,可持续发展的思路和办法可操作性强
	校企共建共享	跨校及校企共建实训基地联合体,形成区域共建共享机制,具备成熟的校企共建共管的合作模式;校企合作开发教学资源,共建教学平台,实现优质虚拟仿真实训资源的开放共享和持续应用
基地管理	管理团队	团队负责人学术水平高,教学能力强,实训教学经验丰富,具有较高的治理能力和应用推广能力,熟悉新一代信息技术及其应用方法,对新一代信息技术发展趋势有一定的洞察力;学校设立专门的实训基地管理机构;配有相应的专职管理人员,人员配置合理;职责分工明确,考核、评价、奖惩制度健全
	教学团队	学科专业教师与信息技术研发人员配置合理,有足够的熟悉虚拟现实技术或仿真技术的专业人员;有校企双主体合作育人的专兼结合教学团队,企业工程技术人员参与虚拟仿真实训教学建设;实训基地聘请企业技术人员或社会能工巧匠担任兼职教师比例符合相关文件要求
		有较强的实训教学能力和资源建设、使用、推广能力;有较强的学习能力和较高的信息化素养;"双师"素质教师所占比例满足实训教学需要和国家相关文件要求;有科学合理的团队培养计划,团队培养取得实际效果
	保障体系	学校设有专门的管理和服务机构;有专兼结合的建设实施团队;建立由行业、企业、学校共同参与的管理体制,融合企业管理理念,渗透企业管理文化;建立规范化的运行机制,按国家标准和行业标准及相应的培训规范进行教学、培训、考核
		经费预算合理,有持续稳定的基地建设经费支撑实现可持续发展;合理利用专项财政补助;通过招商引资等手段,有企业及其他社会力量的赞助
		实训基地管理制度健全,教学文件齐备,实训教学安排科学、合理,能严格执行相关专业工艺守则;建有实训教师、学生、环境、劳动保护、安全操作规程等管理制度,文明生产实训管理制度执行到位;建有设备设施、实训耗材管理制度,能规范做好设备运行、维护、更新和管理工作;建立有利于激励学生学习和提高学生创新能力、提高各级各类培训质量的教学效果考核、评价和反馈机制,配备教学质量控制体系发挥质量监控作用

续表

一级指标	二级指标	观　测　点
基地运行成效	建设成效	仪器设备具有一定的先进性,部分设备达到行业企业领先水平,有与全国、省级技能大赛相适应的设施设备;合理利用人工智能、虚拟现实等新一代信息技术,信息技术和实训设施融合程度深,虚拟仿真实训的沉浸性、交互性和创新性强,与企业真实设备实践环节操作的接近程度高,能通过反馈信息实现真正生动的交互效果
		虚拟仿真实训教学资源与职业能力培养目标一致,能根据实际工作岗位核心技能的需要设计实训项目,实训项目涵盖的知识点、技能点明确、全面;虚拟仿真教学项目能解决真实设备进不去、看不见、危险大、难再现、成本高、污染严重等问题;资金、场地、人员等方面的投入合理
		实训基地利用率高,每年惠及学生人次数、完成教师培训人次数达到一定比例;每年举办职业教育虚拟仿真实践教学交流达到一定规模
	人才培养	建成与各专业大类相配套、动态更新的虚拟仿真实训课程体系;建立突出职业能力和素质培养的课程标准及评价标准,促进人才培养方案改革
		实施以真实工作任务或社会产品为载体的教学方法,对接产业人才需求;充分发挥不同虚拟仿真技术的特点,使虚拟仿真技术与教学需求有机结合,实现实训与生产的对接;充分利用虚拟仿真技术的沉浸性、交互性开展教学,激发学生的学习兴趣和潜能,增强学生创新创造能力
		学生的实训教学满意度保持在较高水平;仿真实训资源和仿真实训系统环境在促进学生技能和工作岗位能力提升方面效果显著;通过学生竞赛获得奖励(特别是省市级以上)情况、创新创业项目获批情况考核人才培养质量
	公共服务	网上虚拟仿真实训教学项目能够平稳运行;校外实训人数多,开放共享程度高;网上实训教学能做到学习过程有监督、学习结果有评价、疑难问题有解答
		能为当地行业企业开展技术开发、技术服务的数量及收益;开展企业职工、军转人员、社会人员技术技能培训的数量及收益;为同类学校提供教师培训、专业实践、技能考证等服务的数量及收益;服务中小学科普教育以及社区教育的人次;在当地或同类院校中示范辐射作用显著

续表

一级指标	二级指标	观 测 点
基地运行成效	应用创新	开发基于虚拟仿真实训项目的综合型、创新型项目课程,编写配套新型教材;基于虚拟仿真实训环境,创新多样化的教学方式方法
		申报和参与的政府、行业、企业课题数量;获得的科研成果及奖励;科研成果转化数量与专利转让收入

七、关于高职院校虚拟仿真实训基地评价体系设计的说明

虚拟仿真实训基地建设基本上是一项技术性工作,有它的"硬件"建设要求;同时,这个基地是为学生实习实训服务的,其建设内容必须融入教育教学的基本要求这部分"软件"内容。于此,共设计了三个一级指标:第一个是"基地建设",包括虚拟仿真实训教学资源建设、虚拟仿真实训教学平台建设、建设规划与方案、校企共建共享四个二级指标;第二个是"基地管理",包括管理团队、教学团队、保障体系三个二级指标;第三个是"基地运行成效",包括建设成效、人才培养、公共服务、应用创新四个二级指标。

参考文献

[1] 胡命杰. 谈计算机仿真技术的新发展[J]. 信息安全与技术,2015,(002):3-4.

[2] 王卫国,胡今鸿,刘宏. 国外高校虚拟仿真实验教学现状与发展[J]. 实验室研究与探索,2015(05):214-219.

[3] 于双和,刘祺,张美薇,于婷婷. 虚拟仿真技术与职业教育教学融合应用研究[J]. 工业和信息化教育,2015(08):66-71+75.

[4] 曾峻. 虚拟仿真实验教学理论基础初探[J]. 教育教学论坛,2020(29).

[5] 张敏,刘俊波. 对高校虚拟仿真实验教学项目建设的若干思考[J]. 中国现代教育装备,2020,No.329(01):13-16.

[6] 曹洪玉、冯宝民、唐川、史丽颖. 虚拟仿真平台建设利用策略[J]. 广州化工,2020,v.48(18):127-129.

[7] 骆其城,赵国信,李柏辉. "互联网+"时代虚拟仿真实训教学资源的建设[J]. 广西广播电视大学学报,2020,v.31;No.131(05):7-11.

[8] 山东省职业教育示范性虚拟仿真实训基地建设遴选指标体系.

(课题承担单位为天津海运职业学院,课题主持人为陈永利。课题组成员:张如凯、蒋瑛、黄跃华、马志超、王皓、代广树、兰洋。)

第三十一章　职业技能大赛成果应用评价

一、核心概念界定

（一）技能竞赛

广义的技能竞赛,指的是有关组织和机构结合生产和经营工作实际,依据国家职业技能标准开展的群众性竞赛活动,其特点是突出操作者的职业技能以及解决实际问题的能力。由此可见,开展技能竞赛的出发点是组织带有竞赛性质的活动,不是为分出某项技术技能的高低,而是服务社会经济效益与劳动者的职业技术发展,是一项基于公平、公正、公开的竞赛活动。

（二）全国职业院校技能大赛

在我国历时最长、影响力最广的"全国职业技能大赛",一般是指"全国职业院校技能大赛",是教育部发起并牵头,联合国务院有关部门以及有关行业、人民团体、学术团体和地方政府共同举办的一项公益性、全国性职业院校学生综合技能竞赛活动,每年举办一届。全国职业院校技能大赛坚持"以赛促教、以赛促学,以赛促改、以赛促建"的总体思路,其举办宗旨可归纳为三大方面:一是对接产业发展,服务国家战略;二是突出以赛促教,服务专业和教学;三是通过促进校企深度融合,服务地方经济。该赛事已经成为专业覆盖面最广、参赛选手最多、社会影响最大、联合主办部门最全的国家级职业院校技能赛事。

首届全国职业院校技能大赛于 2008 年在天津举行以来,经过数年快速发展和日益完善,至今已发展成为超过 81 个赛项规模,具有完整的竞赛体系、制度框架、组织架构、影响拓展力的国家级重要技能赛事。当前全国职业院校技能大赛高度契合适应职业教育教学改革需求,在促进产教融合、工学结合的办学模式和人才培养方式等方面具有方向上的内在一致性,对于推动职业教育专业设置与产业需求对接,教学过程与生产过程对接,课程内容与职业标准对接,毕业证书与职业资格证书对接,职业教育与终身学习对接,提供了重要的实践展示载体与技能提升平台。

（三）全国职业技能大赛

经国务院批准,人力资源和社会保障部从 2020 年起举办全国职业技能大赛。习近平总书记致信祝贺首届全国职业技能大赛举办,强调大力弘扬劳模精神、劳动精神、工匠精神,培养更多高技能人才和大国工匠。李克强总理作出批示,强调提高职业技能是促进中国制造和服务迈向中高端的重要基础。首届大赛以"新时代 新技能 新梦想"为主题,设 86 个比赛项目,共有 2500 多名选手、2300 多名裁判人员参赛,是中华人民共和国成立以来规格最高、项目最多、规模最大、水平最高的综合性国家职业技能赛事。全国职业院校技能大赛与全国职业技能大赛这两项国家级重要职业技能赛事的成功举办,深刻表明职业技能竞赛已经成为广大技能人才展示精湛技能、相互切磋技艺的常态化重要平台,教育部、人社部等各级部委和政府通过技能大赛平台,大力弘扬劳模精神、劳动精神、工匠精神,对于进一步完善技能人才培训培养体系,积极营造有利于技能人才脱颖而出的良好环境,提供了强有力的制度支撑。

（四）世界技能大赛

世界技能大赛被誉为"世界技能奥林匹克",诞生于 20 世纪 50 年代,经过近 70 年的发展,在世界范围内共吸纳了 78 个国家和地区成员,覆盖了全球 70% 的人口范围。该赛事展现了当今职业技能发展的世界先进水平,为各国职业技能教育训练领域的合作和交流提供了舞台,已成为职业技能教育教学改革的导向标杆。从赛事举办宗旨上看,作为一项具有全球影响力的职业竞技赛事,世界技能大赛和全国职业院校技能大赛的目标本质一致,均是通过职业技能的展示、竞赛,传播和交流来自不同国家地区、院校企业各自的技能。该项赛事已形成非常成熟的赛事组织机构、完备的赛事程序、竞技评价标准和服务保障制度,极大地促进了世界范围青年技术人才成长以及企业院校间合作交流与产教融合。世界技能大赛的赛项成绩,备受工业制造、智能制造大国强国的高度关注,已成为衡量一个国家或地区职业教育开展情况和技能发展水平的重要标志,对世界制造业水平和工业化进程产生重要影响。

综上所述,全国职业院校技能大赛在"以赛促教、以赛促学、以赛促改、以赛促建"发展理念指引下,不仅有力推动了世界范围内职业技能发展,更极大地助力于"中国制造2025"高质量进程。世界技能大赛作为世界技能发展的风向标，为全国职业院校技能大赛的发展方向提供了重要参照。同时，两项重要赛事之间的差异应成为赛事间相互融合借鉴的重要方面，从宏观层组织架构与赛事制度，到比赛技能展示过程，从微观层面创设比赛场景，到成绩评定标准，国赛应积极主动从与世赛差异化的各个方面寻求完善自身、交流融合、借鉴汲取的有效路径，如更加关注竞赛的"赛程质量"和价值理念，汲取技能大赛内容和标准改造原有教学项目，转化为创新教学项目，对接世界技能标准，创新校企合作机制，加强竞赛流程的标准化、操作的规范化运作，依托世界技能大赛，借鉴国际先进标准促进人才培养模式改革，将全国职业院校技能大赛办成具有国际影响力的世界级高水平技能大赛。

二、已有相关国内外研究成果和实践发展的综合性评述

（一）相关国内研究状况

1. 关于职业院校技能大赛内涵研究

技能大赛内涵研究具有一定意义，是判断大赛性质和评价标准的重要参照。该方面研究中比较有代表性的有：时任天津市教委主任靳润成的《全国职业院校技能大赛对职业教育发展的影响力研究》一书，该书将全国职业院校技能大赛定义为"由中华人民共和国教育部发起，联合国务院有关部门、行业和地方共同举办的一项年度全国性职业教育学生竞赛活动"；王娟娟在《职业技能大赛对中等职业教育生态的影响研究》中，将全国职业院校技能大赛中关于职业技能竞赛重新界定为"由教育行政部门、行业部门或其他组织依据职业资格标准、专业教学标准而举办的面向中等职业学校教师和学生的，重点考查其职业技能水平的比赛活动"。可见，职业技能大赛举办主体多元、方式和类型较为丰富，主旨在于培养、提升和检验职业学校师生的职业技能水平。

2. 关于职业技能大赛制度研究

杨鉴、沈军在《以赛促教的高职院校"三教"改革：理念、问题与路径》中，以"职业技能大赛"为抓手，遵循技能形成、最近发展区、刻意训练等理论视域观点，较为全面地分析了国内高职院校教师、教材、教法存在的现实困境，对于高职院的"三教"改革中技能大赛作用发挥的应然选择给予了一定判断：助长通过教赛标准、教赛师资等多个层面的交叉融合，将"三教"改革新路径纳入到"以赛促教"技能大赛视阈。

3. 关于职业院校技能大赛成果运用评价体系、教学模式、方法改革的研究

张科丽在《全国职业院校技能大赛评价体系研究——以2019年技能大赛为

例》中,采用内容分析法,通过对评价主体、维度、依据、方法和功能等方面所具有情境性、多元性和发展性等特点分析,全面回顾和评析了 2019 年全国职业院校技能大赛的评价体系。张倩在《对职业院校技能大赛的理性思考》中,基于文献研究,围绕职业院校技能大赛,全面把握了职业院校技能大赛的有关政策规定并进行了竞赛制度中的问题思考,就成果运用的评价机制进行了论述。

以上这些关于大赛评价机制的文论研究,为职业院校提供技术技能竞技标准和平台提供了一定的经验归纳和理论参照,在一定程度和范围内对明确职业院校高技能人才培养标准、提升职业教育办学质量都具有积极推动作用。

(二)相关国外研究状况

职业技能大赛在国际上的开展,最为重要的是世界职业技能大赛。从实践层面来看,世界职业技能大赛是由世界技能组织每两年举办一次,涉及 40 余个工种的国际化技能竞赛,被称为"技术工人的奥林匹克"。针对世界职业技能大赛的研究成果,国际工程教育界推出了"CDIO"工程教育模式,这一教育模式的提出得到国际广泛认可,是一种融合工程项目构思、设计、实施和运用,更加强调职场环境和通过具体的项目培养学生通用能力的教学模式。在该教学模式的应用方面,美国的"技能美国锦标赛"(Skills USA Championships)发挥了很好的应用平台作用。这一类似于国家职业院校技能大赛的活动不论是评判标准制定、赛项设置或者内容设计方面都保持了较为持久的影响力。不仅在国家层面的技能大赛,美国在各州和地方的职业技能大赛之所以能保持良好的可持续性,与其层层选拔的赛制设计有很大关系,运行管理机制促进了技能竞赛成果的转化和评价等各个环节日趋完善。

英国自 2015 年开始,就有相关研究者针对如何提高职业教育和培训水平发表专项研究报告,这一报告肯定了英国在技能竞赛提高英国职业教育综合水平上的成绩。英国职业技能大赛更侧重于以学校为载体,利用技能竞赛建立年轻人积极的社会形象,将职业教育作为一个受人认可和高效的学习途径,辅之以技能竞赛作为实践体验,强调改进技能竞赛作为职业教育的体验模式,并与职业服务部门建立合作的类似于校企合作的一种伙伴关系,以便为所在地的社区和人口提供良好的职业和就业服务环境。

除英国以外的欧洲主要国家,均较早组织并参与到国际性的职业技能赛事和培训组织中,如 1953 年西班牙邀请德国、英国、法国等欧洲国家纷纷加入"国际职业技能训练组织"。1954 年由各成员选派的行政代表和技术代表组成的组委会成立,专门负责制定和完善竞赛规则,这种模式沿用至今。[①]

综观有关职业技能大赛的国内外研究情况,可以发现国内关于职业技能大赛的研究虽然不少,但关于技能大赛对职业教育人才培养影响的成果应用及其评价机制的研究尚不多见。本课题以"职业院校技能大赛"为关键词在中国知网进行搜索,频次最高的主题词包括了"教学改革""职业学院师生""机制建设"等词。在相关研究层面,目前国内学界较为广泛地收集和分析了国际职业教育和竞赛模式的理论文本,从职业教育模式到职业院校办学模式,从课程建设到专业群建设等研究都有较强的系统性科学性,不少借鉴和参照在实践中取得了很好的效果,如对德国职业教育"双元制"的借鉴和引入,以及对标世界技能大赛而在国内开展若干研究所取得的创新成果等,这些研究为国内开展技能大赛及其成果应用评价的研究提供了有益借鉴。

从国际有关研究成果来看,各国对技能大赛的重视程度较高,多类比普通高等教育的各类赛事进行职业教育的赛事安排,特别是在发达国家,关于职业教育的关注面和重视程度尤甚,主管教育部门积极引导社会各界参与职业教育,建立职业教育为国家经济服务的体系。同时为了实现这一目标,不少国家开展了对职业教育的立法活动和制度化建设,产生了较为完备的职业教育技能竞技的法治环境。国外关于职业教育的重视程度与职业教育法治环境的营造,有值得我国学习的部分。

总体上,我国职业技能大赛对职业院校人才培养方面的影响是明显的。从研究成果分布和观点归纳来看,我国大部分学者都认同一点:虽然我国的职业技能大赛起步较晚,大赛对职业教育人才培养各方面的影响巨大;技能大赛不仅使教师的教学观念与教学方式有了极大的改变,也促使相关专业的课程进行改革,对职业学校学生的专业性也有很大的提高。但是如前所述,关于职业技能人才培养的成果转化、评价模式与评价机制的研究文献仍较少,关于赛事促进职业技能人才培养的规章制度建设、教学改革提及较少,这是当前研究赛事成果应用中较薄弱的方面。

三、研究方法

(一)文献分析法

本研究采用教育研究中常用的文献分析法,先根据研究需求对相关文献进行收集整理,鉴别查阅,比较与研究,进而对所研究的问题形成独到观点。本研

---

① 高玲茹.职业技能大赛对高职人才培养生态的影响[D].天津职业技术师范大学,2019:05

究在选题阶段通过学术期刊和书籍等文献,查阅整理了大量有关技能大赛方面的相关内容,了解选题的背景、发展现状后确定了自己研究的内容,并在论文的写作过程中不断充实完善。此外,通过联系和请教相关领域专家,获得了指导性著作和实证材料。

(二)调查法

本研究采用分析调查法,通过对调查的材料进行分析、研究,最终形成问题和建议。本研究通过文献分析法构建了研究的基本框架,通过访谈了解职业院校技能大赛对职业学校的影响,通过研究思考提出建议,希望为技能大赛成果转化的标准制定、为促进职业学校发展提供参考。

(三)信息处理研究法

信息化是职业技能大赛成果应用的主要特征之一,教育现代化也通过信息资源的展示反映现代化建设的成就与程度。因此,利用信息资源来处理和研究职业技能大赛成果应用的发展规律和特征,是研究现代职业教育的重要手段。具体来说,可以从相关文献研究中,揭示职业技能大赛发展过程中的信息联系,用信息概念和理论考察和研究系统的行为功能结构;可以从信息的获得、转换、传输和存储过程来研究职业技能大赛在不同历史时期的发展演变规律。例如,构建职业技能大赛成果应用的监测指标体系,首先要对相关信息、数据进行分析,其次要对监测的各类指标进行核实校对,必要时还要对相关结果进行验证等,最终形成职业技能大赛成果应用的评价指标体系。

四、理论依据

(一)建构主义理论

建构主义也被称为结构主义,在职业教育话语体系中,该理论强调技能教学中以学生为中心的教学目标,即在教学中倡导学生自主学习,自觉完成对知识技能的主动探索、发现和知识体系的自我认同与建构。建构主义与职业院校强调培养应用型技能型人才具有目标上的一致性。在职业技能大赛的应用指标方面,建构主义学习理论以及建构主义学习环境相适应的教学模式,为技能大赛所设定的岗位要求和技能操作标准提供了理论依据。

(二)新职业主义理论

新职业主义是 20 世纪 70 年代由英国学者提出的以培养核心能力为核心的新职业主义教育思想的总称。新职业主义随后在美国制造业劳动人才培养中得到广泛应用。该理论认为,技能人才要适应新技术革命对劳动者素质的要求,就须结合制造业需求,培养一支具有应变能力和创新能力的产业技术队伍。为此,新职业主义更加强调学生在掌握一定专业技能之前,对该项技能相关领域的各类普遍职业知识能力做到通识,即从意识态度上拥有立足产业的职业观念,从技能知识上拥有聚焦职业群的通用和应用性素养,从具体工作岗位上拥有独立完成一项专门技术的应用知识与态度。职业技能大赛及其应用指标从目标上推动了职业教育、技能培训与产业之间的联系,强调学生充分认识和践行"技能标准"在职业课程、教学、培训、考核、竞赛、实操等方面的导向和媒介作用,是新职业主义理论从"技能标准"视角应用于技能岗位的具体体现,能够帮助学生更好地完成从学校到工作岗位的过渡,对于增强学生职业适应性、提升产业劳动者竞争力具有重要价值。同时,新职业主义倡导"工作为本"的学习机会,有利于学生在高度仿真化、关联化的技能竞赛中增强自身职业技能的针对性和有效性;而技能竞赛赛后应用指标的设定,则从教育机构、雇主、劳动力组织、政府、社区、家长和学生的整体联结中,通过相关具体能力指标的导向作用有力促进赛后职业教育与岗位技能培养的融合。

（三）刻意训练理论

1993 年美国心理学家 Ericsson 提出刻意训练(Deliberate Practice)理论,以解释不同领域专长的获得。他认为,刻意训练活动是领域特殊的、长期的、精心设计用以改进当前行为水平的活动,有别于工作和玩耍,需个体付出较高的意志努力,且活动本身不具有娱乐性。这表明,"刻意训练"所强调的是对于高级技能的重复训练,这个过程中要求受训者克服枯燥无味的重复性劳动,以巨大的毅力和决心付出比他人更多的时间精力才能获得所需技能,通过一系列小任务的按顺序完成最终目标。刻意训练的理论假设契合了职业技能大赛的训练过程,在职业院校教学、实训、集训等整个环节,都对应着技能大赛中每个赛项的若干具体模块,而每一个模块又往往是由多个任务组合构成,刻意训练理论视域中的技能训练者,实际上须按照任务目标要求,按照受训顺序在比赛中完成每个模块的功能以及整个项目,这是必须经过专门教学和实践训练方可达到的水平,需要过程性的成果评价指标设定来进行测量。所以,通过技能大赛的刻意训练,能有效地提升教师实践教学能力和学生实践技能水平,在赛事实践中,以往课程教学零散孤立的知识技能能够有效融为一个科学有效的竞赛项目整体,并从技能训练角度有助于职业院校日常教学的改革实践活动。

五、政策依据

党的十八大以来,国家层面对职业教育以及技能大赛的政策面的利好不断增多,投入逐年加大。2013 年,教育部发布"全国职业院校技能大赛三年规划

（2013—2015 年）"，要求把全国大赛办成面向职业院校在校学生、基本覆盖职业院校主要专业群对接产业需求、反映国家职业教育水平，国内一流、国际有影响的学生技能赛事。规划提出的具体目标包括"提高技能大赛国际化水平，使大赛成为职业教育国际交流合作的平台"。规划提出的主要任务包括"研究世界技能大赛要求，大力优化已有赛项，提升赛项质量；继续推进开放办赛，倡导赛项组织国（境）外职教人士（包括学生）观摩和参加比赛"。这一安排为国家层面技能大赛提出了更高和更明确的发展目标，从政策面的高度为全国职业技能大赛对标国际赛项提供了支持。

2014 年，国务院颁布的《关于加快发展现代职业教育的决定》继续了较早前政策中的国际化发展理念思路，提出提升全国职业院校技能大赛的国际影响的要求，在充分肯定举办全国职业院校技能大赛的意义和作用的同时，明确指出通过大赛提升我国职业院校技能人才培养国际影响力的重要意义。同时在当年发布的《全国职业院校技能大赛赛项资源转化办法》中，明确提出了对技能大赛成果应用和转化问题，要求将各赛项竞赛过程中的技术文件、竞赛平台、试题库和视频资料等各类资源，转化成满足职业教育教学要求的共享性职业教育教学资源，使大赛更有效地为专业建设和教学改革服务。这就从成果应用和转化角度对技能大赛的成果评价提供了实施基础。

2016 年，教育部组织实施了关于《全国职业院校技能大赛实施规划（2017—2020 年）》的意见征询和出台准备工作，并在 2018 年会同多个部门印发了关于《全国职业院校技能大赛章程》，这一系列制度文本旨在进一步完善技能大赛制度体系的顶层设计，强调全国职业院校技能大赛的内容设计，须围绕专业教学标准和真实工作的过程、任务与要求进行，锚定了技能大赛的重点内容是考查选手的七项职业技能：职业素养、实践动手能力、规范操作程度、精细工作质量、创新创意水平、工作组织能力以及团队合作精神。

除此之外，2010 年《国家中长期教育改革和发展规划纲要（2010—2020年）》、2014 年《关于加快发展现代职业教育的决定》《现代职业教育体系建设规划（2014—2020 年）》、2018 年《职业学校校企合作促进办法》、2019 年《国家职业教育改革实施方案》《职业教育提质培优行动计划（2020—2023 年）》、2020 年《全国职业院校技能大赛改革试点赛实施方案》、全国职业教育大会报告等制度性文本的出台，都对职业教育发展改革特别是技能大赛的定位给予了具体规范，对大赛的健康良性发展具有极大的促进意义，为赛事成果的应用和转化提供了制度依据。

从这些政策中可以看出,新时代职业院校技能大赛坚持"以赛促教、以赛促学,以赛促改、以赛促建"的总体思路,旨在进一步引导学校和教师以立德树人为根本任务,推进"三全育人",落实"课程思政"要求,对于激发学生学习使用技能的热情、提高职业院校师生职业技能水平具有巨大作用。随着政策面的关注和投入加大,大赛已逐渐成为职业教育为社会培养高素质技能专门人才、促进技能型人才脱颖而出的一种途径和方式。实际上,职业院校技能大赛的实质是一种评价,技能型人才在这一旨在为职业院校师生提供展示风采的舞台上脱颖而出,进一步验证了现场操作技能。对职业院校而言,技能大赛成为检阅职业院校的教育教学改革工作,评价和促进职业院校办学模式、教学模式和人才培养模式转变的重要抓手,有力地推动了当代职业教育质量和办学水平的不断提高。

六、关于高职院校职业技能大赛成果应用评价体系的设计

对高职院校职业技能大赛成果应用情况进行评价,重在"应用"上,而不是研究大赛的过程。据此,将这个评价体系设计如下:

职业技能大赛成果应用评价一览表

一级指标	二级指标	观　测　点
学校参赛情况	参赛规模	学校学生参加各级各类技能大赛的人数、指导教师的人数、师生观赛的人数、参加的赛项数量、涉及的专业数量
	获奖情况	参赛所获得的奖项级别及数量;对获奖选手及指导教师的奖励情况
	校内选拔	建立多轮选拔机制,学生参加校内竞赛选拔的人数;校内技能大赛赛制赛项公平公正
	参赛的保障条件	建立健全竞赛管理机构和管理机制,有效组织管理参赛事宜;建立激励机制,提高师生参赛积极性;建立学生公平参赛的保障制度,确保学生参赛的公平性;与技能大赛相关的经费投入占学校教育经费总数的比例

一级指标	二级指标	观测点
赛教关系	融通机制	课程、教材、实训等日常教学融通技能竞赛及其成果的机制保障
	课程建设	把技能大赛所对应的知识、技能和素质要求系统地融入课程体系;将技能大赛中的新技术、新工艺、新工具、新规范引入课程并转换为教学资源;课程、证书、大赛相互融通
	人才培养过程	对标竞赛标准,技能大赛成果应用于教学、实训、实习等人才培养全过程并实现相关专业全覆盖
	教学改革	根据竞赛项目、任务要求、竞赛规程、评分标准改革教学方法、教学手段和评价标准,并有效提高教学质量
	双创教育	大赛成果应用于双创教育实践,特别是在双创教育实践中的项目应用占比
	职业素质养成	将大赛中体现出的劳动精神、工匠精神融入日常教学
	师资队伍	通过指导学生、观摩大赛、大赛培训及教学改革,教师技术技能、教学能力得到提升
赛训关系	训练环境建设	学校参照技能大赛比赛形式、竞赛场地、竞赛设备新增(改建)的实训面积和工位数量
	训练内容开发	学校根据技能大赛竞赛内容和竞赛标准开发的训练项目和评价标准
	训练组织	学校成立的竞赛社团、兴趣小组的数量,配置的指导教师数量,参加训练的学生数量
	赛训结合	通过自主学习、专业指导、仿真训练、赛训交替、以赛促训、层层选拔等方式提高训练水平,促进学生快速成长
赛学关系	学分管理制度	竞赛成绩、职业资格证书与学分转换的认证制度健全
	学习态度	教学中采用的竞赛形式及竞赛内容激发学生学习兴趣及学习潜能,增强学生学习的主动性和创造性
	学习方式	借鉴竞赛规程和竞赛项目改革的教学方式促使学生向自主式、合作式、探究式学习转变;学生通过慕课、线上教学、虚拟仿真课堂、微课等信息化手段使用技能大赛资源

续表

一级指标	二级指标	观　测　点
赛研关系	大赛研究	以技能大赛为研究对象的科研课题立项情况;有关技能大赛的科研成果获奖情况;有关技能大赛的科研成果应用情况
	技术开发	利用赛事新技术开发的技术项目及科技成果数量;利用赛事新技术申请的专利数量及专利转让数量
总体成效	人才培养成效	参加技能大赛学生的就业率、对口率、"双证"获取率、平均起薪;用人单位对参加技能大赛学生岗位胜任能力与综合素养的认可度和满意度;引入大赛成果的专业数量及应用大赛成果培养的人才数量;在校学生、家长、社会组织对学校参赛的认可与评价
	教学改革成效	技能大赛引领下修订的人才培养方案数量;引入技能大赛成果开发的课程及教材数量;借鉴技能大赛赛程改革教学方法、手段、评价取得的效果
	校企合作成效	赛事教学、实训、集训等环节中校企协同育人的合作项目数量;以赛事参与为合作内容的现代学徒制试点取得的成果;行业企业在赛前、赛后为学校所提供的系统、设备、标准对实训基地建设所起的作用;合作参与国际性职业技能大赛赛项标准制定的数量与应用成果输出的情况
	社会服务成效	技能大赛成果应用于岗前、职后和专项培训的人次;利用赛事新技术为行业企业开展技术服务的数量及收益;基于大赛技术技能的课程资源面向社会开放共享情况

七、关于高职院校职业技能大赛成果应用评价体系设计的说明

从一般意义上看,这个评价体系是很难设计好的,因为大赛成果应用本身不好把握。但这项研究又是有较大意义的,毕竟职业技能大赛对职业教育本身的作用力是十分明显的。从高职院校的角度来看,从参赛到应用赛事成果是一个基本的研究思路。所以,上述评价体系共设计了六个一级指标,单从数量上看是比较多的设计,但各个一级指标之间是既有区别又有联系:第一个是"学校参赛情况",包括参赛规模、获奖情况、校内选拔、参赛的保障条件四个二级指标;第二个是"赛教关系",包括融通机制、课程建设、人才培养过程、教学改革、双创教育、职业素养养成、师资队伍七个二级指标,表明赛教关系比较突出和重要;第三个是"赛训关系",包括训练环境建设、训练内容开发、训练组织、赛训结合四

个二级指标;第四个是"赛学关系",包括学分管理制度、学习态度、学习方式三个二级指标;第五个是"赛研关系",包括大赛研究、技术开发两个二级指标;第六个是"总体成效",包括人才培养成效、教学改革成效、校企合作成效、社会服务成效四个二级指标。

（课题承担单位为天津市三方现代职业教育发展研究院,课题主持人和完成人为李墨。）

第四部分

学生评价

第三十二章 学生学业评价

一、核心概念界定

(一)学业

学业是指学生课业情况,具体体现为学生课业最终的表现成绩。课题研究中所提到的学业特指高等职业教育学校学生在理论课、实践课中的学习水平。

学业评价一般被认为是对照一定的目标和标准,采用一定的方法和证据来对学生的知识和能力进行价值判断,是一个事实判断和价值判断合二为一的过程。当然,目标和标准当以教育教学目标和标准为依据,工具和途径也需要运用恰当、有效,对学生认知行为上的变化信息和证据要系统丰富,对学生的知识和能力水平价值判断要合理。这里的"教育教学目标",包括出现在由国家教育部门制定的有关人才培养标准或课程学业标准的文件中的"静态"目标,也包括教师在教学过程中即时生成的、师生共同协商的"动态"的目标。教育部人事司组织编写的《现代教育评价》认为,学业评价,即学生学业成绩评价,是指对学生个体学习进展和变化的评价。对学业评价的定义不同学者有不同的表达。

本课题所称的学业评价,是指以教育教学目标为依据,确立一定的评价标准,多个主体以不同的参与评价比重,运用恰当的、有效的评价手段,收集学生在学习过程中的思想品德、文化素质、职业技能、身心健康等方面发生的变化,对学生课业中所体现出来的无法量化的学习态度等必备品格及可量化的技术技能等综合能力共同评价,并对学生的学习水平做出过程性及结果性评测,实现指导学生依据评测结果改进学习方法、态度,提高职业意识等要素的促进学生不断成长的实践活动。

（二）高职院校学业评价

高等职业教育工学结合课程的实施，基于具有职业效度的典型工作任务实际上要求将教学及评价的目标转向为表征综合职业能力的完整工作过程，这样的完整工作过程关联着活动与工作（尽量）真实的工作环境。高等职业学生学业评价是以基于典型工作任务的学习性工作任务为载体，这种"工作任务"的开放度、难度和复杂程度是划定中职与高职的界限，以职业的典型工作任务作为高等职业教育的课程基础也廓清高等职业教育与普通高等教育作为类型不同的知识观基础。

二、已有相关国内外研究成果和实践发展的综合性评述

（一）国内现有研究成果

1. 职业教育的学业评价研究现状

随着近年来国家对职业教育重视程度加深，学者们也对高等职业教育中学生学业评价方式、内容、指标体系等日益重视，并获得了更多的研究成果，为当前高等职业教育学生学业评价体系的理论发展提供了较好的基础。但是，目前的研究中多为抽象性的理论思辨，少有的包含实践调查内容的研究成果也缺乏针对性。

具体来说，在国内的研究中，关于高职学业评价体系的研究，有许多学者分别从在工学结合的背景下、在现代学徒制的培养体系下、在"1＋X"的背景下在对学业等国际上职业教育学业评价的标准进行分析，通过分析这些国家在职业教育学业评价方面的经验，得出对我国职业教育学业评价体系建设的启示，对职业教育学业评价的发展具有一定的理论和借鉴意义。关于高职学业评价理论的研究，有学者基于综合职业能力对高职学生学业评价进行研究，将综合职业能力的观念融入学业评价活动中，提出学业评价的优化策略。

2. 职业教育的多元化视角下的评价研究现状

职业教育领域将多元化评价或多元化视角下进行评价的研究成果较少，国内的研究成果主要是从中职、高职两个职业教育层次对使用多元化手段或视角对评价展开讨论。

第一，关于多元化教学评价的研究。有学者基于多元化视角融合教学评价理念，并结合高职院校的性质和特点，构建出以"目标—理论基础—操作程序"为框架的多元化教学评价模式。

第二，关于多元化评价机制的研究。有学者从多元评价入手，对高职人才培养质量的多元社会评价机制进行探析，提出要重点解决如何实现评价多元化，减

少评价反馈信息功利化倾向,建立常态稳定的评价制度等问题。同时有的研究成果以学生为研究点,并以某高职院校实际情况为例,对高职院校学生进行多元评价研究,提出完善高职院校学生多元评价机制的对策。

（二）国外现有研究成果

世界各国对职业教育学业评价做了不少的尝试,其中关于学业评价的标准都各具特色。20世纪80年代以来,一些发达国家在终身教育等教育改革的思想下,制定了不同的职业教育学业评价标准。目前德国职业教育学者对学生学业评价的研究主要集中在双元制下以培养职业能力为主的评价标准,注重过程的导向原则,将学生的学习过程这一环节纳入学生学业评价的标准,对提升学生的职业能力制定一系列操作性强的职业能力评价标准。在英国职业教育的评价标准中则十分注重将职业能力、等级评定分解,在各个行业和专业中制定了许多职业资格标准,将各个行业的职业标准进行分解,纳入相应的专业资格标准当中去。同时,通过文献研究发现,国外的一些职业院校职业教育学生学业评价的类型主要包括客观性和主观性评价,德国、英国、澳大利亚等国家主要以主观性评价中的表现型评价为主,尤其注重学生在学习过程的证据的收集,对学生是否可以进行良好的学以致用能力进行评价,评价以真实的生活或模拟的练习为出发点,以引发学生的独特反应思维。

三、研究方法

（一）文献分析法

通过阅读国内外相关研究文献,在整理资料的基础上理清思路,对现有研究成果进行系统梳理、归纳与对比分析,总结出国内外学者对高职院校学业评价的研究现状、成果及不足之处,进而提出自己的观点和认识,从而为本研究提供基础性材料支撑。

（二）问卷调查法

通过调查问卷的方式,不仅可以搜集传统学业评价体系中存在的不足,也可以在开展新型学业评价过程中搜集相关参与者的意见。同时,在当前信息化发展的背景下,采用信息化方式开展问卷调查将成为本课题问卷调查的主要方式。

（三）专家访谈法

广泛搜集专家意见,建立学业评价专家指导小组,结合德尔菲法等专业化的专家意见搜集方法,以保证高职院校学业评价体系构建的科学性。根据德尔菲法中专家人数一般不超过20人的原则,本文选取了来自高职院校学校主管部门、企业和行业协会的专家,采用调查问卷的方式征询专家对学业评价体系的改革意见,最后根据专家的意见得出对学业评价体系构建的科学方法。

（四）实证分析法

实证分析法是一个非常重要而且较有说服力的研究方法。本文以天津机电职业技术学院成熟的专业为试点,在分析其进行新型学业评价方法评价学生前后对于人才培养的提升效果,进而提出改进建议。

四、理论依据

（一）多元智能理论

多元智能理论由美国教育学家和心理学家加德纳博士提出,是一种全新的人类智能结构的理论。多元智能理论认为,人类思维和认识的方式是多元的;人的智力不是单一的能力,而是多种智能的统一体。因而,除了在对学生课业进行考核时所使用的方法需要多元化之外,学校的评价标准、评价理念等也需要多元化,使职业教育评价从纸笔测验中解放出来。

多元智能理论表示,每个人身上都存在多种不同的智能,这些智能不存在高低之分,只存在智能类型的差别。因而,在评价中,要树立积极乐观的学生观,注重对不同学生不同智能的培养,从而使学生在评价过程中发现自我价值。评价结果只被认作是被评者智能状况的部分表现,既不是其智能的唯一指数,也不与其他人相比较并排序。因此,要将评价结果及时反馈给学生,以期学生能够主动改进,这也是学生学业评价的主要目的。

总之,依据多元智能理论应认识到,对高职学生学业评价的内容、方法、主体等应该是多元的,以此完善的评价指标体系能帮助学生结合自身的优势促进智能发展,更甚于开发其他领域智能。

（二）三元学习理论

"三元学习论"是班杜拉提出的学习理论。班杜拉强调:只有环境因素并不能决定人的学习行为;除了环境因素之外,个人自己对环境中的人、事、物的认知,更是学习行为的重要因素。在学习环境中,环境因素、个人对环境的认知和个人的行为三方面,彼此交互影响,最后才确定所学到的行为。因此,人的行为表现不只是受内在力量的驱使,人所学到的行为也并不纯然是由于行为表现后受到外在环境所控制的。人受环境中其他人、事、物的影响,人也能影响环境中的人、事和物。班杜拉的社会学习论强调环境、个人与行为三项因素的交互影响及其对学习的影响,故被称为三元学习论。

这一理论运用于职业教育中,有效打破了学校的封闭状态,将学生的学习与具体的实践活动场景进行了更加有效的连接,并将学校、家庭、实践场所沟通在一起,形成一个更加稳定的整体,从而拉近了教师、学生、学习共同体、实践场所人员等之间的关系,并将主体、客体以及环境融合在一起、相互协作。因而,在评价过程中,更需要重视学校、家庭、实践企业、学生等相关主体参与学生学业评价的作用,体现出评价主体多元化的理念。

"三元学习论"有效消解了传统教学中主体客体之间所存在的对立或不平等关系,赋予主体与客体相同的地位,使学习主体走向多元化。在这一过程中,促使学习主体共同创造新知识,提高学生参与学习并创造知识的积极性和主动性,也体现出职业教育学生在多个学习场景下,所掌握与创造的知识内容的多元化及丰富性,更加要求在学业评价中针对不同主体、知识内容要采用多元化的评价方法这一要求。

三元交互学习状况对学生学业的评价,要求从传统的结果评价走向多元化的形成性评价。在学习过程中,学生所做出的任何关于知识创新或创造的尝试都被视为为学习所做出的努力。因此,在高职学生学业评价过程中,要结合多种评价类型开展评价。

(三)职业能力开发理论

职业能力开发是指通过一定途径针对劳动者所具有的符合职业要求并且能够承担家庭社会等责任,也能够具有普遍性、可迁移性、快速适应工作生涯变化的能力所开展的持续性的学习活动。职业教育是一种对学习者职业能力进行开发的教育,针对职业能力开发,人们也开展了很多研究。由于职业院校人才培养具有职业能力开发的内容,以这一理论为依据,学生学业评价体系中可以有职业能力的内容。

五、政策依据

对本课题研究具有重要的直接指导意义的文件,是2020年10月中共中央、国务院印发的《深化新时代教育评价改革总体方案》。该文件明确提出要落实好立德树人根本任务,健全国家职业教育制度框架,健全育人机制,完善评价机制,规范人才培养全过程。特别强调"三教"改革,使新的教材形式、课程模式等进入职业教育领域,需要新的人才培养质量评价体系与制度进行引领与调控。该文件指明:完善各级各类学校学生学业要求,严把出口关;完善过程性考核与结果性考核有机结合的学业考评制度,加强课堂参与和课堂纪律考查,引导学生树立良好学风;完善实习(实训)考核办法,确保学生足额、真实参加实习(实训)。所有这些,都为高等职业教育学业评价体系的健全指明了方向。

在2019年全国教育工作会议上,教育部负责人曾明确表示:"五唯"是当前教育评价指挥棒方面存在的根本问题。当前高职学生学业评价中存在"唯分数"的倾向,重视学生基本理论的掌握与技术水平的熟练程度,而对学生综合素质等方面关注较少。在此背景下,研究高职学生学业评价,告别唯分数论的传统,是非常必要和紧迫的任务。

六、高职院校学生学业评价体系的设计

根据上述理论分析和政策解读,从高职院校当前的实际出发,对学生学业评价体系的设计,首先明确构建体系的原则,然后依此原则设计出具体框架。

(一)高职学生学业评价指标体系建立的原则

在构建高职院校学生学业评价体系的过程中,指标的选择除应遵守科学性、系统性、相互独立性等基本原则外,还要根据学业评价的特点,从以下几方面考虑选取评价指标:

1. 科学独立性

所谓科学独立性,即选取的指标必须科学合理并且具有独立性。这里所说的科学,强调符合教育规律和学生学业实际;独立性则是指评价指标各自独立,不能有重复评价的指标内容。

2. 关键影响性

在"破五唯"的背景下进行学生学业评价的过程中,考量学生学业综合水平的可选择的因素众多,而评价指标的选取需要将因素数量控制在合理范围内。因此在选择评价指标时,主要选取对于学生学业评价有着关键性影响的因素。

3. 标准可比性

在进行学业评价过程中,选取的评价指标应具有评价可比性,即这些指标必须具有确定的含义、有比较明确的标准,从而确保或体现出指标的科学合理性。为区别于传统的"唯分数论"的导向,本体系选取指标会更加重视学生学业状况的综合性和全面性。

4. 职教应用性

构建高职院校学生学业评价体系在指标选取的过程中,必须明确其与本科教育的区别,坚持体现高等职业教育的特点,与传统评价学生学业的要求和做法区别开来,凸显职业教育属性及应用。

5. 指标全面性

优化过程性评价,以此加强学生课堂参与和课堂纪律的考察。强调关注学生的个性化发展,也就必须将评价因素由智力因素扩展至涵盖多种非智力性因素,如沟通能力、学习态度、情感等,具体到高等职业教育领域则涵盖到更多方

面,如学生职业能力、安全意识、团队合作能力等,这样才能实现对学生学业评价的全面、科学、客观。

(二)高职学生学业评价体系的架构

学生学业评价一览表

一级指标	二级指标	观 测 点
品德素养	政治理论和思想素质	对习近平新时代中国特色社会主义思想的正确理解和自觉认同;具有正确的政治理性、政治信仰、政治行为表现;具备正确的世界观、人生观、价值观
	习惯养成素质	遵守社会公德,养成良好个人私德习惯;日常言行自律,不违背公序良俗
	法纪素质	对法律法规认真学习并敬畏遵从;法治意识的自觉并知行一致;严格遵守学校纪律规范,知错必改
专业素养	专业知识	系统掌握专业知识,融会贯通,举一反三;能够转换、改写、举例说明或解释、归纳、计算、推断专业知识;具备计算、操作、证明、解决和解答能力;过程性、终结性考核成绩达标;专业知识的自主学习能力较强
	实践能力	实践操作文明规范,熟练流畅;操作过程的安全意识具备;实践操作考核成绩达标
	创新意识	具备独立思考与探索精神、知识整合与拓展能力、进取意识并有实际表现;参加创新创业比赛获得成绩
职业素养	劳动素质	具备职业意识和岗位职责认知;劳动精神、工匠精神认知明确并有具体表现;日常实践教学中能吃苦耐劳,专注勤恳
	职业技能	熟练掌握所学专业的基本技能,积极参加职业技能大赛并获奖,参加 1 + X 证书培训并取得相应的职业技能等级证书
	社会实践	顶岗实习积极主动、工作过程规范有效;积极参加各类社会公益、志愿者活动,并做出有效成绩

455

续表

一级指标	二级指标	观 测 点
人文素养	文史知识	对中华优秀传统文化知识有一定的掌握并能应用到工作实践;对生活中的文化现象具有正确的辨析方法和能力
	审美素养	具有健康的审美意识和情趣;在专业学习和实习实训工作中能发现美、创作美,达到审美个性化发展
	群体意识	在学习、工作和生活集体中,能主动沟通表达意愿,积极参与活动并尽力完成个人所负职责,对团队精神认同并努力维护团队协作,必要时展示团队内的协调能力
身心素养	身心素质	心理健康,阳光向上,无心理障碍;身体素质达到国家规定标准;养成绿色生活习惯,无不良嗜好
	身心发展	具有良好的环境适应能力、人际交往能力;具备终身发展意识,有比较坚定的发展理想

七、关于高职院校学生学业评价体系的说明

上述评价体系表较好地贯彻了本课题研究中所依据的国家文件精神和相关理论体系。在设计本评价体系时,最初的内容比较庞杂,力求面面俱到,并对评价指标进行了量化分析。根据高职院校当前的实际情况,出于本书体例上的一致性要求,经多轮听取专家和高职院校校长的意见,最后确定了本评价体系。

本评价体系共设计了五个一级指标,即品德素养、专业素养、职业素养、人文素养和身心素养,符合全面评价的基本原则和评价导向,同时也突出了职业教育特点,在观测点上具有操作性。第一个一级指标"品德素养",包括政治理论和思想素质、习惯养成素质、法纪素质三个二级指标,突出政治思想要求、法律意识;第二个一级指标"专业素养",包括专业知识、实践能力、创新意识三个二级指标,表明智育内容不限于专业知识;第三个一级指标"职业素养"包括劳动素质、职业技能、社会实践三个二级指标,突出职业教育特点;第四个一级指标"人文素养"包括文史知识、审美素养、群体精神三个二级指标,显示对学生全面发展和可持续发展的要求;第五个一级指标"身心素养"包括身心素质、身心发展两个二级指标,突出心理健康和人际交往。从总体上看,这些评价指标已大大区别于以往内容单一的评价体系,具有一定的超前性和可持续性。

参考文献

［1］　张肇丰,徐士强.教育评价的30种新探索［M］.华东师范大学出版社.2014:95.

［2］　李坤崇.学业评价——多种评价工具的设计及应用［M］.华东师范大学出版社.2016:4.

［3］　胡中锋.教育评价学［M］.中国人民大学出版社.2008:121.

［4］　廖桂芳,徐园媛.大学生综合素质中评价体系构建［M］.西南交通大学出版社.2013:35.

［5］　苏启敏.价值反思与学生评价［M］.北京师范大学出版社.2010:9.

［6］　全国十二所重点师范大学联合编写.教育学基础［M］.教育科学出版社.2014:308.

［7］　比尔·约翰逊.学生表现评定手册［M］.李雁冰,译.上海:华东师范大学出版社,2001:35-36.

［8］　韩玉.英、德、日三国职业教育学业评价标准建设的经验与启示［J］.教育与职业.2017,(24):22-27.

［9］　柳洁,陈泽宇.SOLO分类理论在职业教育学业评价领域的应用剖析［J］.中国职业技术教育.2018,(17):5-10.

［10］　聂延庆,卢萌.职业教育办学多元评价体系构建［J］.职教论坛.2014,(7):64-67.

［11］　钱红.学习与就业:欧洲职业教育与培训的政策研究［J］.考试周刊.2013,(86).

［12］　谢奇.“工学结合”背景下高职院校学生学业评价体系探讨［J］.学校党建与思想教育.2014,(22):50-51.

［13］　吴均辰.高职艺术院校学生学业评价方式改革探索［J］.教育与职业.2013.

［14］　武娟玲.三元交互学习模式下的大学英语异步教学［J］.教学探究.2016,(1):91-94.

［15］　闫飞龙.以自我评价为基础的日本大学多元化评价体系研究［J］.复旦教育论坛.2008,(2):13-17.

［16］　周衍安.不同视角下的高职院校职业能力开发［J］.江苏高教.2017,(5):95-98.

［17］　赵昊星,陈小祥,蒋涛,张启蒙.高职院校大学生创新能力多元化评

价方法的研究[J],黑龙江畜牧兽医.2015,(2):204－207.

[18] 李茹.基于社会培训适应性、有效性问题研究[J].教育与职业,2014－02－21.

[19] 武继彪,王琳,郭丽.大学生学业评价的理论与实践机制研究[J].山东教育(高教).2019,(7):55－57.

[20] 张君.ZS技师学院教学质量多元评价模型研究[D].华南理工大学.2014.

[21] 柴培.基于综合职业能力的高职生学业评价研究[D].广东技术师范院.2014.

[22] 刘湘琼.高职院校学生多元评价研究—以DS职业学院为例[D].湖南师范大学.2016.

[23] 马明月.基于信息素养的信息技术课程学业评价研究[D].渤海大学.2017.

[24] 李豆豆.高职学生学业评价的实践路径研究——以武汉市H高职为例[D].华中师范大学.2020.

（课题承担单位为天津机电职业技术学院,课题主持人为梁宇栋。课题组成员:杨国梁、张妍、杜晓坤、赵轩、冯亚萌、张礼、刘登宇、王欢、杨晓岑、陶文超、赵迪、陈莹、王延盛、李欣、孙鑫。）

第三十三章　学生就业质量评价

一、核心概念界定

(一)学生就业质量标准

就业作为民生之本,一直都受到普遍关注。从20世纪70年代美国第一次提出"工作生活质量"开始,关于就业质量的相关研究即已出现,随着后期国际劳动组织提出的"体面劳动"、欧盟提出的"工作质量",就业质量的内涵不断深入扩展。2000年,比森(Beatson)将反映劳动经济回报内容和反映雇主、雇员关系的心理契约内容来衡量就业质量,2007年,施罗德(Schroeder)等认为高质量就业为"个人在其认为具有挑战性和满意感的工作的综合环境中获得谋生所需工资的能力"。2009年,拉斐尔(Rafael)等研究了满意度对就业质量的影响。

高职院校学生就业质量问题,是将就业质量的思考和研究具体到高职院校学生这一特定群体。根据前述就业质量的研究,从质量管理学角度看,可以将高职院校就业质量界定为"顾客"对高职院校学生就业的满足程度,这里的"顾客"具体是指学校、企业、学生、第三方机构等多个主体。就业质量标准作为一个多维度的概念,在厘清毕业生就业质量标准内涵的前提下,提出标准的可操作性和指标筛选的真实性、有效性,是影响毕业生就业质量标准发挥作用的主要因素。

因此,本研究中的学生就业质量标准,可初步界定为:依据国家政府要求的新时代高职教育技术技能型人才培养目标,采用科学合理的方式方法而获得的对高职毕业生就业满意度的综合评价体系。

(二)学生就业质量评价体系

2020年10月,中共中央、国务院颁布《深化新时代教育评价改革总体方案》,提出要健全职业学校评价,重点评价职业学校毕业生就业质量等情况,扩大行业企业参与评价,引导培养高素质劳动者和技术技能人才。由此,职业学校在培养学生就业能力、搭建就业平台时要充分考虑学生就业质量。毕业生就业质量高低,影响着学校的信誉度,也影响毕业生在社会上的生存发展,事关国家社会稳定的大局。因此,对毕业生就业质量进行客观评价并采取措施不断提升就业质量,已是职业学校就业部门的一项重要任务。为了做好这些工作,研究和构建学生就业质量评价体系已是必需的迫切的任务。学生就业质量评价体系,就是依据上述学生就业质量标准对学生就业质量进行全面评价的标准系统。

二、已有相关国内外研究成果和实践发展的综合性评述

(一)国内现有研究成果

针对就业质量这一概念,至今我国仍没有统一定义。目前较为权威的解释是刘素华提出的就业质量概念,即"反映整个就业过程中劳动者与生产资料结合并取得报酬或收入的具体状况之优劣程度的综合性范畴"。

国际劳工组织就如何衡量就业质量所制定的标准是我国学者研究就业质量评价体系的重要依据,由此可以判断我国学者对就业质量评价体系研究的深入程度较国际先进水平来说稍有落后。但在其评价体系的设计上,国内学者也有一些颇有见地的思路和认知,目前主要集中在对大学生就业质量评价指标的研究和对农民工的就业质量评价指标的研究两个方面。对大学生的就业质量研究,既涉及毕业生本人的情况,又关乎学校人才培养能力等多方面的问题。本项研究只针对大学生中的高职院校毕业生进行评价指标的分析研究。

国内对大学生就业质量研究较全面。程蹊、尹宁波(2003)认为,就业质量包括工作环境、工作效率和劳动贡献率等三个方面。马庆发(2004)等研究认为,就业质量包括个人对职业认同度、就业者的发展空间、薪酬水平、社会保障等四个方面。张桂宁(2007)认为,就业质量涉及一切与就业者个人工作状况有关的全部因素。

对大学生就业质量的评价,还有以下几种观点:一是刘燕斌(2003)提出,就业质量的衡量应是宏观层次与微观层次衡量的结合,每个方面应包含一系列详细的具体指标。北京师范大学劳动力市场研究中心根据公开出版的官方统计年鉴数据,建立了包括就业环境、就业能力、就业状况、劳动者报酬、社会保护、劳动关系等六个维度指标的就业质量评价指标体系。

此外,教育行政主管部门对高职院校毕业生就业质量的评价仅局限在就业率上。就业率虽能反映就业工作"量"的成果,但却不能体现"质"的高低。因

此,科学评价高职毕业生就业状况,尽快构建就业质量评价指标显得尤为重要和迫切。

我国自 1998 年制定《面向 21 世纪教育振兴行动计划》开始,高校进入快速发展的新时代,学生规模迅速扩大,2021 年毕业的全国普通高校毕业生总规模达 909 万,与 2020 年的 874 万相比,增长了 35 万;与 2011 年的 660 万相比,增加了 249 万,十年间增长率达到 37.7%。大学生就业问题已成为一个社会关注的热点。在这种情况下,学生就业质量评价体系的研究开始出现。2013 年,卫铁林提出薪酬福利、劳动关系、个人发展 3 个一级指标和 15 个二级指标的评价体系。2016 年,宋丽贞提出社会稳定需求、人才培养目标、就业相关方满意度、社会建设需要等 4 个一级指标和 11 个二级指标的评价体系。2017 年王志兰从政府、学校、用人单位和个人四个方面,提出由 29 个指标构成的评价体系。2018 年,田洪军在其硕士论文中提出,从就业量、就业质、岗位能力、职业发展、教学与技能培养、学生素质、就业指导与就业途径、学校基础条件等八个方面构建了 31 个一级指标和 48 个二级指标的评价体系。2018 年,王莹莹从通用维度和特色维度两个方面,构建 7 个一级指标、22 个二级指标的评价体系。

(二)国外现有研究成果

一是国际劳工组织方面。国际劳工组织就如何衡量就业质量所制定的主要指标体系,包括就业机会、不可接受的工作、足够的收入和生产性的工作、合理的工作时间、工作的稳定性、社会公平待遇、劳动安全、社会保障、工作与家庭生活、社会对话与劳动关系、经济和社会因素。

二是比森(Beatson)学派。其通过反映劳动和回报之间关系的经济契约、反映雇主和雇员之间关系的心理契约来评价就业质量。

三是 Clark 和 Oswald 学派。其将劳动力作为一个整体来研究工作满意度。但其以劳动力作为索引和贯穿,考虑的层面过于单一,回避了社会因素的影响。

另外,有的研究者认为,就业质量由相对就业补偿指数、就业稳定性指数、全日制等量就业的比例这三个测量指标构成。

三、研究方法

就业质量是一个反映就业优劣的综合评价结果,就业质量不是凭空产生的,而是形成于就业过程,本身具有一定的动态性。因此,本研究首先以发展的眼光将高职院校学生就业质量的生成视为一个动态过程,基于质量管理学中的全面质量管理理论,采用过程性评价和结果性评价,并以此为主线展开系统研究。在具体操作上,查阅大量相关文献和权威政策文本,根据各高职院校学生就业质量报告采集样本进行分析,并运用访谈法、文献资料法、文本分析法、调查问卷等多种方法总结出影响就业质量结果的关键要素。最后,才建立起动态就业质量评价体系,以促进就业质量的整体提升和优化。

本课题采取调查研究法、比较研究法、文献研究法、专家访谈法开展研究。

(一)调查研究法

深入企业、行业进行调研,收集和分析就业单位评价意见。通过网络平台、信息化软件等方式展开问卷调查。

(二)比较研究法

分析国内外学者对学生就业质量评价的研究情况,综合我国高职院校学生就业质量评价现状和存在问题,对各种观点和评价体系进行对照分析,同时基于职业教育特色、区域产业发展特点而研究制定一套行之有效的学生就业质量评价体系。

(三)文献研究法

通过图书馆、档案馆及互联网等广泛查阅相关文献资料,梳理高职院校就业统计数据、就业质量评价体系等相关文献资料,通过对文献资料的分析、整理、提炼,确定本课题要解决的重点问题。同时,归纳总结其研究内容并合理分类,根据比较研究的结果,总结归纳合理的就业质量评价做法和经验。

(四)专家访谈法

邀请国内高职院校就业指导中心和就业研究机构的专家、一线工作者共同探讨高职院校毕业生求职就业相关问题,并进行学生就业质量的深层次讨论,总结阶段性成果。

四、理论依据

(一)PDCA 理论

本研究按照"PDCA"质量管理的方式进行研究。PDCA 循环是全面质量管理所应遵循的科学程序。全面质量管理活动的全部过程,就是质量计划的制订和组织实现的过程,这个过程就是按照 PDCA 循环不停顿地周而复始地运转。

PDCA 是按照 Plan(计划)、Do(执行)、Check(检查)和 Action(处理)的顺序进行质量管理:P(Plan)即计划,包括方针和目标的确定,以及活动规划的制定。在本研究中,即为高职毕业生就业质量评价指标库的建立。D(Do)即执行,表示根据已知的信息,设计具体的方法、方案和计划布局;再根据设计和布局,进行具体运作,实现计划中的内容。在本研究中,即为高职毕业生就业质量评价指标体系的构建。C(Check)即检查,总结执行计划的结果,分清哪些对了,哪些错了,明确效果,找出问题。在本研究中,通过访谈专家、企业人力、毕业生等就业相关群体,对高职毕业生就业质量评价评价指标进行筛选合并。A(Action)即处理,对总结检查的结果进行处理,对成功的经验加以肯定,并予以标准化;对于失败的教训也要总结,引起重视。对于没有解决的问题,应提交给下一个 PDCA 循环中去解决。在本研究中,即针对反馈结果修改指标体系,重新进行下一循环的毕业生就业质量提升。

以上四个过程不是运行一次就结束,而是周而复始地进行,一个循环完了,解决一些问题,未解决的问题进入下一个循环,这样阶梯式上升,以螺旋的方式建立一个长效的毕业质量评价体系。

(二)顾客满意理论

顾客满意研究兴起于 20 世纪 70 年代,并于 90 年代在欧美国家日趋成熟。高职院校为以培养技能型高素质应用型人才为主要培养目标,直接向企业输送合格的技能人才,因此以企业为评价主体的满意度,将直接影响学校毕业生的就业质量。

(三)需求理论

在高职毕业生就业质量评价过程中,毕业生是关键主体之一。根据马斯洛需求层次理论,毕业生需求能否得到相应满足影响就业质量。将需要理论从内部和外部两个维度展开,运用于毕业生就业质量指标选取。

五、政策依据

2019 年,教育部办公厅《关于进一步加强高校毕业生就业状况统计核查工作的通知》(教学厅函〔2019〕22 号)中指出要规范高校毕业生就业统计工作,确保实事求是反映高校毕业生就业状况。2020 年 9 月,教育部等九部门印发的《职业教育提质培优行动计划(2020—2023 年)》(教职成〔2020〕7 号),提出完善职业学校评价制度,把职业道德、职业素养、技术技能水平、就业质量和创业能力作为衡量人才培养质量的重要内容。2020 年 10 月,中共中央、国务院颁布《深化新时代教育评价改革总体方案》,提出要健全职业学校评价,重点评价职业学校毕业生就业质量等情况,扩大行业企业参与评价,引导培养高素质劳动者和技术技能人才。通过对所有与就业质量相关文件的收集,与本课题直接相关的重要政策文件以列表方式展示如下:

表1 有关学生就业质量的政策文件汇总

序号	文件	发布日期	发布机构	文件级别	文件类别
1	《深化新时代教育评价改革总体方案》	2020-10-13	中共中央国务院	国家级	行动计划&方案
2	《职业教育提质培优行动计划（2020-2023年）》	2020-9-16	教育部等九部门	国家级	行动计划&方案
3	《职业院校全面开展职业培训促进就业创业行动计划（2019-2022年）》	2019-11-22	教育部等14部门	国家级	行动计划&方案
4	《关于开展高校毕业生就业状况跟踪调查的通知》	2020-9-18	教育部	国家级	通知
5	《关于进一步加强和完善高校毕业生就业状况统计核查工作的通知》	2004	教育部	国家级	通知
6	《职业院校全面开展职业培训促进就业创业行动计划》	2019-11-19	教育部办公厅等十四部门	国家级	行动计划&方案
7	《教育部2021年工作要点》	2021	教育部国家级	其他
8	《国家促进普通高校毕业生就业政策百问》	2009-4-29	教育部	国家级	政策咨询
9	《乘势而上 狠抓落实 加快建设高质量教育体系——在2021年全国教育工作会议上的讲话》	2021-2-4	教育部	国家级	讲话
10	《2020年高校毕业生总体就业率超90%》	2021-2-27	《中国教育报》	国家级	数据统计
11	《构建新发展格局，教育如何作为——代表委员聚焦"十四五"规划热议教育高质量发展（上）》	2021-3-9	全国两会代表	国家级	讲话

序号	文件	发布日期	发布机构	文件级别	文件类别
12	教育部办公厅印发《关于开展高校毕业生就业状况跟踪调查的通知》，跟踪调查如何组织实施？调查结果如何运用？	2020－10－9	教育部	国家级	政策咨询
13	构建符合中国实际、具有世界水平的教育评价体系——教育部负责人就《深化新时代教育评价改革总体方案》答记者问	2020－10－13	教育部	国家级	政策咨询
14	《深入推进高校招生就业制度体系和治理能力现代化》	2019－12－18	教育部	国家级	讲话
15	推动职业院校全面开展职业培训，服务和促进就业创业——教育部职业教育与成人教育司负责人就《职业院校全面开展职业培训 促进就业创业行动计划》答记者问	2019－11－18	教育部	国家级	政策咨询
16	新闻发布会——介绍"十三五"期间职业教育改革发展情况	2020－12－8	教育部	国家级	讲话
17	新闻发布会——李克强总理出席记者会并回答中外记者提问（就业方面）	2021－3－12	国务院	国家级	讲话
18	天津实施毕业生就业补贴政策	2021－1－23	天津市	省部级	政策
19	西北农林科技大学深化考核评价改革 不断增强改革发展内生动力	2021－3－2	西北农林科技大学	高校	政策

　　与毕业生就业质量紧密相关的，还有毕业生就业去向落实率的统计表。早

在 2004 年,《教育部办公厅关于进一步加强和完善高校毕业生就业状况统计报告工作的通知》(教学厅函〔2004〕7 号)就提出:毕业生就业状况统计办法,需统计高校毕业生就业率和待就业率。《关于进一步加强高校毕业生就业状况统计核查工作的通知》(教学厅函〔2019〕22 号),通过严格落实"四不准"要求、强化就业统计工作责任落实和追究、健全就业工作核查机制、规范就业数据使用、加强就业队伍建设等四方面要求严格保证就业统计数据准确。教育部办公厅关于严格核查 2020 届高校毕业生就业数据的通知等文件的具体通知》(教学厅函〔2020〕19 号),界定了就业去向及统计分类,明确指出要统计学校就业率、签约率、灵活就业率、创业率、升学率、待就业率和暂不就业率,并且指出要规范高校毕业生就业统计工作,确保实事求是反映高校毕业生就业状况,并提出了如下两个统计数据表:

表 2　高校毕业生就业去向及就业统计分类

分类	包含内容	包含的毕业去向	统计 7 个数据	
就业	协议和合同就业	签就业协议形式就业(编码 10) 签劳动合同形式就业(编码 11) 科研助理、管理助理(编码 27) 应征义务兵(编码 46) 国家基层项目(编码 50) 地方基层项目(编码 51)	协议和合同就业率＝协议和合同就业数/毕业生总数	就业率＝协议和合同就业率＋创业率＋灵活就业率＋升学率
	自主创业	自主创业(编码 75)	创业率＝自主创业数/毕业生总数	
	灵活就业	其他录用形式就业(编码 12) 自由职业(编码 76)	灵活就业率＝灵活就业数/毕业生总数	
	升学	升学(编码 80) 出国、出境(编码 85)	升学率＝升学数/毕业生总数	

续表

分类	包含内容	包含的毕业去向	统计7个数据
未就业	暂不就业	不就业拟升学(编码71) 其他暂不就业(编码72)	暂不就业率 = 暂不就业数/毕 业生总数
	待就业	待就业(编码70)	待就业率 = 待 就业数/毕业生 总数

表3 高校毕业生就业去向界定及标准

	分类	分类界定	审核依据
就业	1. 签就业协议形式就业(编码10)	包含以下七种情况	
		1. 与就业单位签订省级就业部门统一制定的就业协议书,且盖有单位人力资源(人事)部门公章或单位行政公章	依据签订的省级就业部门统一制定的就业协议书或相关制式协议书
		2. 具有人事调配权限的单位出具的接收毕业生及其人事关系(档案、户口、党团组织关系等)的录用接收函	依据用人单位出具的录用接收函
		3. 定向、委托培养毕业生回原定向、委托培养单位就业	依据毕业生与定向委培单位签订的定向、委培协议或回原定向、委托培养单位就业的报到证
		4. 部队招收士官或文职人员	依据招收士官或文职人员协议书
		5. 医学规培生	依据与规培基地签订的协议书
		6. 国际组织任职	依据国际组织出具的接收材料
		7. 出国、出境就业	依据国外用人单位开具的接受证明或出国签证文件

	分类	分类界定	审核依据
就业	2. 签劳动合同形式就业（编码11）	毕业生与用人单位签订劳动合同或用人单位提供的录用文件	劳动合同相关解释参见《中华人民共和国劳动法》十六、十八、十九条
	3. 科研助理（编码27）	高校、科研机构和企业聘用作为研究助理和辅助人员参与研究工作	依据高校、科研机构和企业出具的证明
	4. 应征义务兵（编码46）	应征义务兵	依据预定兵通知书或入伍通知书
	5. 国家基层项目（编码50）	包括特岗教师、大学生村官、三支一扶、西部计划中央基层项目	依据录用单位出具的录用文件或有关部门出具的接收证明
	6. 地方基层项目（编码51）	包括特岗教师、大学生村官、选调生、农技特岗、乡村医生等地方基层项目	依据录用单位出具的录用文件
	7. 其他录用形式就业（编码12）	用人单位不签订就业协议或劳动合同，仅提供聘用证明	依据用人单位出具的聘用证明或毕业生本人提供的工资收入证明、收入流水等其他证明材料
	8. 自主创业（编码75）	指创立企业（包括参与创立企业），或是新企业的所有者、管理者。包括个体经营和合伙经营两种类型，包含以下三种情况：	
		1. 创立公司（含个体工商户）	依据工商执照或股权证明
		2. 在孵化机构中创业，暂未注册或注册当中	依据与孵化机构签订的协议或孵化机构提供的证明材料
		3. 电子商务创业，利用互联网平台从事经营活动，如开设网店等	依据网店网址、网店信息截图和收入流水

	分类	分类界定	审核依据
就业	9. 自由职业（编码76）	指以个体劳动为主的一类职业,如作家、自由撰稿人、翻译工作者、中介服务工作者、某些艺术工作者、互联网营销工作者、公众号博主、电子竞技工作者等	依据毕业生本人签字确认的证明材料,并由校、院两级就业部门负责同志审定
升学	10. 升学（编码80）	包括专科升普通本科、第二学士学位、研究生	依据拟录取名单、录取院校调档函或录取通知书
	11. 出国、出境（编码85）	毕业生出国、出境深造	依据出国学习录取通知书
未就业	12. 待就业（编码70）	有就业意愿尚未就业毕业生,包含以下五种情况	
		1. 求职中:正在择业,尚未落实工作单位	
		2. 签约中:已确定就业意向,准备正式签订协议或合同	
		3. 拟参加公招考试:准备参加公务员、事业单位公开招录考试	
		4. 拟创业:准备创业,尚未在工商行政管理部门注册登记,拟创立的实体尚未开始实际运营	
		5. 拟应征入伍:准备应征入伍,尚未被批准	
	13. 不就业拟升学（编码71）	暂不打算就业,准备升学考试	
	14. 其他暂不就业（编码72）	包含以下两种情况	
		1. 暂不就业:暂时不想就业等无就业意愿的毕业生	
		2. 拟出国出境:准备出国出境学习或工作	

上述两表是以学校为就业质量评价主体,统计毕业去向落实率等静态指标,主要是满足教育职能部门了解和监测毕业生就业工作进展情况,也是对学校按计划推动学生就业工作进展情况的监测。一般来说,高职院校专业设置贴近市场需求,就业率较高。这些就业的监测指标往往也是用于高职院校对就业工作的考核指标。但对于本研究来说,亦具有政策导向依据的作用,即本研究成果必须反映这些统计工作状况。

六、关于高职院校学生就业质量评价体系的设计

(一)学生就业质量评价体系构建的原则

根据上述理论、政策的梳理和归纳,从高职院校的实际出发,可以设计学生就业质量评价指标。考虑到这些评价指标必须科学、实用,有必要确定构建这个评价体系所必须坚持的若干原则:

1.科学规范原则

所谓科学规范,即选取的指标必须是科学合理并且独立的,可以科学地进行选取和操作,确实对于学生的就业质量评价起到较大的影响作用。此外,各项评价指标相互独立,不能有交叉重复的内容。

2.主体明确原则

高职院校学生就业质量评价体系在指标选取和体系构建过程中,应明确其与本科教育的区别,必须充分体现高等职业教育的特点。这也是确保指标科学性和独立性的必要条件。

3.坚持个体全面发展和个性发展相统一的原则

对高职学生就业质量的评价,就学生自身素质而言,要全面推介和展示。同样,在设置评价指标时,要兼顾学生个性和一般要求。所以,评价指标要涉及学生职业能力、沟通能力、学习态度、安全意识、团队合作能力等多方面,力求做到对于学生就业质量评价的全面、科学、客观。

(二)学生就业质量评价体系的构建

表4 学生就业质量评价

一级指标	二级指标	观 测 点
就业保障	组织领导	学校党政领导将就业工作列入重要议事日程,常态化督促检查;根据政策要求成立就业工作机构,配备专职人员,有效开展工作;开展专兼职就业工作人员培训
	制度落实	严格执行国家就业政策,落实就业要求;建立健全就业工作制度体系;建立就业工作责任制,分工明确,责权明晰
	物资投入	配齐配足设备场地;经费保障到位,并确保专款专用
就业实施	管理工作	院系(二级单位)明确就业工作目标,制定合理的年度就业工作计划;毕业生生源数据报送及时、准确,无漏报、错报;及时报送就业方案,并做到准确,无漏报;毕业生推荐材料及毕业生登记表的填写发放及时无误;毕业生档案整理规范,材料完整,报送及时;做好毕业生"三方协议"审核、签订工作,落实派遣环节工作;毕业生离校各种手续(包括转组织关系、户口迁移、报到证办理等)有序办理,证件齐全;发放准确无误,材料移交清楚;建立特困毕业生就业帮扶档案,有效开展特困毕业生就业帮扶活动
	教育引导	在学生入校初期即开展职业生涯规划教育,在学习过程中组织学生参加就业创业活动,对毕业生进行全程化就业创业指导,提供有效的就业咨询服务
	市场开拓	持续开展广泛的市场人才需求调查,并形成调查分析报告;建立一批相对稳定的实习、就业基地;积极组织举办面向各专业毕业生的专场招聘活动;按要求邀请用人单位参加学校大型毕业生就业双选会
	基础建设	建立规范的毕业生信息资源库,及时有效地向毕业生发布需求信息;提高学生就业信息利用率,提升就业工作信息化水平
业绩评价	跟踪调查	建立待就业登记制度,与未就业的毕业生保持联系,及时提供就业帮助;召开毕业生座谈会,收集毕业生对学校人才培养及就业工作评价意见,收集毕业生对本校、本院系就业工作的满意度资料;建立毕业生跟踪调查机制
	业绩总结	毕业生就业率、升学率、去向落实率、留在本地工作比率等就业质量通过达标考核;调查并收集毕业生典型事迹材料,特别是优秀毕业生风采、自主创业案例等;做好年度就业工作总结,并形成书面分析报告

七、关于高职院校学生就业质量评价体系的说明

本课题组在设计高职院校学生就业质量评价体系时,兼顾了评价与统计两个方面,所含内容非常丰富。根据本书的统一要求和评价体系设计规范,在反复征求专家和高职院校校长的意见之后,才最后确定上述评价体系表。

现所设计的评价体系主要针对学校的就业工作进行评价,较少考虑学生个体的素质评价(其在学业评价中已有体现),毕竟就业质量主要由学校的工作来体现。于此,共设计了三个一级指标:第一个是"就业保障",包括组织领导、制度落实、物资投入三个二级指标;第二个是"就业实施",包括管理工作、教育引导、市场开拓、基础建设四个二级指标;第三个是"业绩评价",包括跟踪调查、业绩总结两个二级指标。这样的评价设计体现了宜简不宜繁、宜粗不宜细的原则,自然会随着实践的发展而不断充实和完善起来。

参考文献

[1] 刘晓莉.高职院校学生就业质量问题及对策研究[D].天津大学. 2018.12.

[2] 田洪军.高职毕业生就业质量评价指标体系的构建[D].天津职业技术师范大学.2018.4.

[3] 黄碧珠.职业院校毕业生就业质量研究[D].天津大学.2017.12

[4] 杨彬.基于学校和专业群的高职毕业生就业质量评价体系研究[J].文化创新比较研究.2020,4(36):5-7.

[5] 刘和军.高职院校毕业生就业质量评价体系的构建与探索[J].现代职业.2018(34):312-313.

[6] 张德宜.高职毕业生就业质量评价体系构建及启示——基于学生视角的实证研究[J].高教探索.2020(3):101-107.

[7] 冯庆媛.高职毕业生就业质量评价体系研究[J].当代职业教育,2010(050):18-23.

[8] 武亚.高校就业质量评价模型研究[J].济源职业技术学院学报,2010(02):34.

[9] 张扬.劳动关系视角下的大学生初次就业质量评价研究[D].湖南:湖南大学,2015:5-6.

[10] 李巧巧.大学毕业生就业质量评价指标体系研究[D].长春:东北师范大学,2012:10-16.

[11] 徐文.高校毕业生就业状况监测系统研究[D].长春:东北师范大

学,2011.

[12]　龚媛媛.高职院校毕业生就业质量评价体系的研究[J].江苏建筑职业技术学院学报,2015(01):74-76.

[13]　吕路平."双高计划"背景下高职院校产教融合质量评价体系研究[J].职业技术教育,2020(30):31-36.

[14]　李俊.毕业生就业质量评价模型构建及应用[J].区域治理,2019,(36):163-165.

[15]　王凌燕.产教融合背景下高职院校教育质量评价体系构建研究[J].哈尔滨职业技术学院学报.2020,(05):15-17.

[16]　张倩.高等职业院校大学生就业能力评价及提升对策研究[D].河北大学.2020.6.

[17]　张书娟.高职机电专业毕业生就业质量与满意度分析[J].柳州职业技术学院学报.2013,13(02):19-22.

[18]　倪依纯.高职教育人才培养的就业质量评价研究[J].邯郸职业技术学院学报.2015,28(02):63-65.

[19]　葛美玲.高职院校毕业生就业质量实证分析-以廊坊燕京职业技术学院为例[J].河北企业.2019,(02):129-130.

[20]　刘浩.高职院校院系就业工作考核评价体系构建[J].现代职业教育.2017,(28):214-215.

(课题承担单位为天津机电职业技术学院,课题主持人为王维园。课题组成员:袁子明、张洪红、王振兴、白龙温、李潇楠、孙长辉。)

后 记

　　中共中央、国务院于 2020 年 10 月 13 日印发《深化新时代教育评价改革总体方案》之后,在教育界迅速引起强烈反响。为贯彻落实这个重要文件精神,天津市高等职业技术教育研究会(以下简称"研究会")立即行动起来,开展高职院校评价体系研究。2020 年 12 月 27 日,研究会会长(扩大)会议做出重要决定:由研究会设立重大课题"新时代高职院校评价体系研究",组织研究会各会员单位开展集体攻关,对高职院校从学校整体到各个方面的评价进行系统研究;这项研究工作可以作为研究会和各高职院校对天津市打造职业教育创新发展标杆的具体行动,其研究成果将首先用于各高职院校的自我评价及相关工作指引,为天津市高职教育继续走在全国前列做出应有的贡献。

　　研究会会长(扩大)会议的这个决定,得到有关领导的肯定,受到各高职院校的热烈响应。研究会组织专家在认真学习领会《深化新时代教育评价改革总体方案》的基础上,根据该文精神并结合天津市高职院校实际,列出了 31 个重点课题,涉及高职院校整体和单项评价、教师和教学评价、学生评价各个方面。根据自愿承担研究任务并负担研究费用的原则,共有 17 个单位参加了这项研究。这 17 个单位分别是:天津中德应用技术大学、天津职业大学、天津医学高等专科学校、天津电子信息职业技术学院、天津海运职业学院、天津轻工职业技术学院、天津交通职业学院、天津渤海职业技术学院、天津机电职业技术学院、天津滨海职业学院、天津工业职业学院、天津铁道职业技术学院、天津城市职业学院、天津城市建设管理职业技术学院、天津工艺美术职业学院、天津体育职业学院和天津市三方现代职业教育发展研究院;其中一半以上课题由学校领导牵头,约三分之一课题由学校主要负责人牵头,天津渤海职业技术学院和天津滨海职业学院党政主要负责同志同时牵头课题研究,形成浓厚的集体攻关氛围。

从 2021 年 3 月起,研究会每个月组织一次研究活动:当年 3 月完成课题申报书填写,4 月完成开题工作,5 月请教育部评估专家直接为各课题进行指导,6 月完成评价体系初稿,7 月请专家评审初稿,8 月在各项课题修改成果的基础上再请专家评审和修改,9 月完成全部成果初稿,10 月中旬全部书稿交出版社。这次集体攻关能在不到 8 个月的时间内完成全部研究任务,不仅体现了各参研人员的积极进取、勇于创新精神和研究能力,而且显示了研究会特有的动员力、凝聚力和工作效率。

"新时代高职院校评价体系研究"这个课题的成果,有两个版本:一是将各项评价体系表单独汇编成册,发到各参与研究单位使用;二是将各项课题研究报告的内容摘要集中编成一部专著,交出版社正式出版。前者已于 9 月份完成,后者因出版工作周期较长,预计在 2021 年底前完成。各项课题最终形成的研究报告,虽然都遵从总课题组提出的写作体例,但在具体表述的样式和语言风格等方面仍存在一定的差异,将这些成果合编为一本书,工作量非常大。总课题组的主要成员荣长海、赵丽敏、李维利分别审阅部分初稿并做出形式上的修改,最后由荣长海对全部书稿进行统修并定稿。总的来看,本书在贯彻《深化新时代教育评价改革总体方案》、从天津市各高职院校实际出发提出高职院校评价体系,在形式和内容上都有明显的创新,并具有可操作性,能够直接运用于日常工作之中。同时也要看到,由于时间紧、任务重,特别是职业教育形势发展很快,这些成果中的结论、判断甚至个别字句,难免有不周延、不及时跟进新形势的地方,这些需要我们在使用这个评价体系的过程中,不断对其进行修订和完善。这里还需要特别说明的是,所有评价体系表都只设一、二级指标体系,原来有的课题组设计了三级指标,这次都与观测点合并起来,统一作为观测点并必须做到量化评价;各指标体系框架和具体指标内容一律不设计权重或打分,这部分内容由各学校自评时自行界定。这样做,更易于各高职院校使用这些评价体系表。

最后,研究会要对参加本课题研究的 260 余位学校领导和教师表示衷心的感谢! 对研究过程中参与评审并提出修改建议的 30 余位高职院校校长和专家(共约 60 余人/次)表示衷心的感谢! 向对课题组做过研究辅导的职教评价专家李志宏研究员表示衷心的感谢! 对应邀为本书写序并向同行推荐本书的职教研究专家姜大源研究员表示衷心的感谢!

天津市高等职业技术教育研究会

2021 年 10 月 20 日